서버리스 보안

Korean-language edition copyright ⓒ 2025 by Acorn Publishing Co. All rights reserved.
First published in English under the title
Serverless Security: Understand, Assess, and Implement Secure and Reliable Applications in AWS, Microsoft Azure, and Google Cloud
by Miguel Calles, edition: 1
Copyright ⓒ Miguel A. Calles, 2020

This edition has been translated and published under licence from APress Media, LLC, part of Springer Nature.
APress Media, LLC, part of Springer Nature takes no responsibility and shall not be made liable for the accuracy of the translation.

이 책은 APress Media, LLC와 에이콘출판㈜가 정식 계약하여 번역한 책이므로
이 책의 일부나 전체 내용을 무단으로 복사, 복제, 전재하는 것은 저작권법에 저촉됩니다.

서버리스 보안

서버리스 환경의 보안 위협과 실무 대응 전략

미겔 A. 카예스 지음 한정원 옮김

에이콘

 에이콘출판의 기틀을 마련하신 故 정완재 선생님 (1935-2004)

지은이 소개

미겔 A. 카예스^{Miguel A. Calles}

클라우드 컴퓨팅 프로젝트를 수행하며 사이버 보안^{cybersecurity}에 관한 글도 쓰는 공인 사이버 보안 엔지니어다. 개발자 및 보안 엔지니어로서 여러 가지 서버리스 프로젝트에 참여했고, 오픈 소스 프로젝트에도 기여했으며, 대규모 국방 시스템에서도 다양한 엔지니어링 역할을 맡았다. 2016년 미국 정부 계약을 통해 사이버 보안 분야에서 일하기 시작했고, 2007년부터 기술문서를 작성해 왔으며, 2004년부터 여러 가지 엔지니어링 업무를 수행하고 있다. 중학생 시절부터 웹사이트를 리버스 엔지니어링하며 사이버 보안에 흥미를 느꼈다.

현재 베리톨 유한책임회사^{VeriToll, LLC}의 수석 솔루션 및 보안 엔지니어다. 매사추세츠 공과대학교^{MIT, Massachusetts Institute of Technology}에서 재료 과학 및 공학 학사 학위를 받고, 플로리다 대학교^{University of Florida}에서 경영학 석사 학위를 받았으며, CSA^{Cloud Security Alliance}의 클라우드 보안 지식 인증^{CCSK, Certificate of Cloud Security Knowledge} 및 CompTIA A+ 자격을 갖고 있다.

기술 감수자 소개

데이비드 거슈만 David A. Gershman

정부 계약업체의 사이버 보안 엔지니어이며 CISSP(Certified Information Systems Security Professional) 자격을 갖고 있다. 또한, 캘리포니아 폴리테크닉 대학교 포모나 캠퍼스(California Polytechnic University, Pomona)에서 프로그래밍 입문부터 컴퓨터 네트워킹 및 사이버 보안에 이르는 주제로 컴퓨터 공학을 20년 넘게 가르치고 있다. 여가시간에는 레트로 8비트 컴퓨터를 복원하고 프로그래밍하는 것을 즐긴다.

감사의 말

다음 분들과 여러 단체에 감사의 말씀을 전한다.

- 이 책을 출판하도록 지지하고 도와준 아내와 아이들.
- 내가 전문성을 개발하도록 도와 주고 새로운 성장 방법을 모색하도록 격려해 준 멘토 리차드슨 J.R. Richardson.
- 내게 사이버 보안 분야를 알려 주고 이 책을 꼼꼼히 감수해 준 데이비드 거슈만 David Gershman.
- 사이버 보안 및 서버리스 컴퓨팅에 대해 처음 글을 쓰기 시작한 Secjuice(사이버 보안 및 정보 보안에 대한 글을 홍보하는 블로그 사이트)에 초대해 준 기즈 불 Guise Bule.
- 대학 시절부터 친구이자 8장의 주제를 해결하는 데 도움을 준 패러다임 시프트 Paradigm Sift의 데이비드 후앙 David Huang.
- 이 책을 쓸 수 있도록 허락해 주고 서버리스 컴퓨팅의 세계를 소개해 준 베리톨 유한책임회사(이 글을 쓸 당시 내 고용주).
- 몇 년 동안 기술 매뉴얼과 디자인 문서를 작성해 내가 첫 번째 책을 집필할 수 있도록 도움을 준, 레이시온 테크놀로지 Raytheon Technologies가 되기 전의 레이시온 Raytheon.
- 내게 지속적으로 영향을 준 여러 선생님 - 메리 랭 Ms. Mary Lang, 마이클 스와텍 Mr. Michael Swatek, 피오나 반스 Fiona Barnes 교수님.
- 마지막으로 중요한 분은 삶의 목표를 이루도록 나를 도와주신 창조주 하느님.

옮긴이 소개

한정원(pentester3590@gmail.com)

여러 보안 분야를 거쳐 현재는 개인 정보 보호 담당자로 일하고 있다. 클라우드 환경에서의 보안을 계속해서 고민하고 있으며, 실무에서 마주하는 다양한 문제를 더 잘 이해하고 풀어가기 위해 꾸준히 배우고 있다. 천천히 성실하게 한 걸음씩 나아가는 중이다.

옮긴이의 말

이 책은 서버리스 환경에서 어떻게 보안을 진단하고, 대응하고, 구현할 수 있는지를 단계적으로 안내하는 실용 중심의 기술서다. AWS, Microsoft Azure, Google Cloud와 같은 주요 클라우드 플랫폼을 기반으로, 서비스형 함수FaaS 구조에서 발생할 수 있는 보안 과제를 다룬다. 단순히 개념을 설명하는 데 그치지 않고 Serverless Framework와 Node.js를 활용해 직접 코드와 설정을 개선하고 리스크를 줄이는 구체적인 실습 방법까지 제공한다.

이 책은 서버리스 환경의 보안을 체계적으로 다루기 위해 13개의 장으로 구성돼 있으며, 각 장은 실무에 바로 적용할 수 있는 흐름에 따라 정리돼 있다.

1장에서는 서버리스 아키텍처의 개요와 함께 기존 보안 모델의 한계를 살펴보고 서버리스 환경에서 새롭게 고려해야 할 위협 요소들을 설명한다.

2장에서는 위협 모델링, 공격 표면 분석, 신뢰 경계 설정 등 서버리스 애플리케이션에 대한 위험 평가 기법을 실습 중심으로 다룬다.

3장부터 5장까지는 소스 코드 보안, 오픈소스 종속성 관리, Serverless Framework 구성 파일의 안전한 구성 방법 등 개발 단계에서 마주할 수 있는 보안 과제를 중심으로 설명한다.

6장과 7장에서는 최소 권한 원칙을 중심으로 권한을 안전하게 제한하는 방법과 계정 분리 등 서버리스 환경에서의 계정 관리에 대한 보안을 다룬다.

8장부터 10장까지는 서버리스 환경에서 시크릿을 안전하게 관리하는 방법, 인증 및 인가 체계를 구현하는 방법, 그리고 민감한 데이터를 암호화하고 보호하는 전략을 중심으로 실무에 필요한 데이터 보안 전반을 다룬다.

11장부터 13장까지는 서버리스 보안의 운영과 위험 평가의 마무리 단계에 초점을 맞춘다. 모니터링과 감사, 경고 설정을 통해 이상 징후를 탐지하고 대응하는 방법을 설명하고, 소스 관리 같은 보안을 위한 추가적인 고려 사항과 함께 전반적인 위험 평가를 정리해 최종 보고서를 작성하는 과정을 다룬다.

각 장에는 요약과 실습 가이드가 포함돼 있어 실무 적용을 위한 참고서로도 유용하다. 이 책이 서버리스 애플리케이션을 개발하거나 운영하는 개발자, 클라우드 보안을 담당하는 실무자에게 실질적인 도움이 되기를 바란다.

마지막으로, 이 번역 작업을 응원해 준 부모님과 가족, 그리고 좋은 책을 맡겨 주고 출판해 주신 에이콘출판사 관계자분들께 깊이 감사드린다.

독자 안내

한국어판에 대한 질문은 이 책의 옮긴이(pentester3590@gmail.com)나 에이콘출판사 편집팀(editor@acornpub.co.kr)으로 문의할 수 있다. 책의 소스 코드와 정오표는 에이콘출판사 도서 정보 페이지(http://acornpub.co.kr/book/9791161757186)에서 확인할 수 있다.

차례

지은이 소개 005
기술 감수자 소개 006
감사의 말 007
옮긴이 소개 009
옮긴이의 말 010
들어가며 019

Chapter 1 　클라우드 컴퓨팅 보안　021

클라우드 컴퓨팅 서비스 모델 021
　IaaS 022
　CaaS 023
　PaaS 023
　FaaS 023
　SaaS 024

클라우드 컴퓨팅 배치 모델 024
　프라이빗 클라우드 025
　퍼블릭 클라우드 025
　하이브리드 클라우드 026
　FaaS의 클라우드 배치 모델 적용 027

사이버 보안 개요 028
　기밀성 028
　무결성 029
　가용성 030

클라우드 보안의 필요성 031
　위협의 예 031
　위협 식별 032

주요 내용 033

Chapter 2 위험 평가 ... 035

규약 ... 035
- 서버리스 애플리케이션 예제 ... 036
- 서버리스 프레임워크 ... 036
- 프로그래밍 언어 ... 037
- 용어 정의 ... 037

애플리케이션의 이해 ... 038
- 문서 검토 ... 039
- 소스 코드 검토 ... 044
- 계정 검토 ... 046
- 애플리케이션 사용 ... 047

보안 평가의 범위 정의 ... 050
위협 동향의 이해 ... 050
- 위협 행위자 ... 051
- 공격 표면 ... 053

위협 모델 생성 ... 054
위험 평가 준비 ... 056
주요 내용 ... 058

Chapter 3 코드 보안 ... 061

애플리케이션 코드 보호의 중요성 ... 061
런타임 엔진 및 버전 선택 ... 062
라이브러리 및 의존성 평가 ... 068
- 의존성 트리 평가 ... 069
- 취약점 검사 ... 070
- 기타 고려 사항 ... 071

정적 코드 분석 도구 사용 ... 073
단위 테스트 및 회귀 테스트 ... 074
입력 값 검증 ... 075
- 이벤트 소스 ... 075
- 이벤트 유형별 정리 ... 076

주요 내용 ... 084
참고 ... 085

Chapter 4 인터페이스 보안 091

인터페이스 보안의 중요성 091
인터페이스 및 사용 사례 이해 092
    AWS 093
    Azure 097
    Google Cloud 101
    외부 인터페이스와 사용 사례 105
인터페이스 식별 105
    Serverless 구성 파일 105
    함수 코드 111
공격 표면 평가 및 축소 115
주요 내용 119

Chapter 5 애플리케이션 스택 구성 121

애플리케이션 스택 구성의 중요성 121
Serverless 구성의 이해 122
Serverless 구성 참고 사례 124
    다양한 서비스 정의 124
    서비스 제공자 구성 125
    함수 구성 및 정의 133
    프레임워크 버전 고정 137
    플러그인 사용 138
    사용자 지정 섹션 사용 140
    AWS 특수 구성 설정 141
주요 내용 143

Chapter 6 권한 제한 145

권한 제한의 중요성 145
권한의 이해 147
    일반적인 원칙 147
    AWS 150

  Azure 162

  Google Cloud 173

 권한 구현 180

  일반적인 원칙 180

  AWS 185

  Azure 191

  Google Cloud 194

 주요 내용 196

Chapter 7   계정 관리   199

 계정 관리의 중요성 199

 서비스 제공자 계정의 이해 200

  일반적인 원칙 200

  AWS 202

  Azure 205

  Google Cloud 207

 계정 보호 208

  일반적인 원칙 208

  AWS 211

  Azure 215

  Google Cloud 217

 주요 내용 218

Chapter 8   시크릿 관리   219

 시크릿 관리의 중요성 219

 시크릿 보호 220

  일반적인 원칙 220

  AWS 223

  Azure 236

  Google Cloud 240

 주요 내용 245

Chapter 9　인증 및 권한 부여　247

인증 및 권한 부여 247
인증 및 권한 부여의 중요성 248
　　일반적인 원칙 249
　　AWS 262
　　Azure 270
　　Google Cloud 273
주요 내용 274

Chapter 10　민감 데이터 보호　277

중요 데이터 보호의 중요성 277
민감 데이터 보호 279
　　일반적인 원칙 279
　　AWS 287
　　Azure 297
　　Google Cloud 301
주요 내용 305

Chapter 11　모니터링, 감사, 경고　307

모니터링, 감사, 경고의 중요성 307
모니터링 309
　　일반적인 원칙 309
　　AWS 315
　　Azure 319
　　Google Cloud 321
감사 323
　　일반적인 원칙 323
　　AWS 327
　　Azure 329
　　Google Cloud 330
경고 332

일반적인 원칙 332
AWS 335
Azure 336
Google Cloud 337
주요 내용 338

Chapter 12 추가 고려 사항 339

보안과 기타 요구 사항의 균형 339
CI/CD 340
소스 관리 341
Serverless Framework 플러그인 342
Serverless 구성 크기 343
함수 최적화 344
결함 트리 345
주요 내용 346

Chapter 13 위험 평가 마무리 347

모든 결과 수집 347
조사 결과 스코어링 348
비즈니스 영향 평가 349
주요 내용 350

APPENDIX A 축약어 목록 351

APPENDIX B 설정 가이드 355

APPENDIX C 연습 문제 검토 359

찾아보기 363

들어가며

Serverless Framework로 작업을 시작했을 때 보안은 궁금한 부분이었다. 당시 나는 모바일 애플리케이션의 백엔드를 서버리스^{serverless} 환경으로 전환하는 프로젝트를 진행했다. 이전에는 미국 정부의 국방 시스템에서 정보 보증$^{IA,\ Information\ Assurance}$을 담당하는 엔지니어로서 사이버 보안 업무를 수행했다. IA 엔지니어로서 명확하게 정의된 프로세스와 요구 사항을 따르는 데 익숙해져 있었다. 우리가 보호하던 시스템은 엄격한 IA 요구 사항이 적용되는 광범위한 시스템 네트워크의 일부였다. 위협은 제한적으로 보였고 대부분의 사이버 보안은 체크리스트와 요구 사항 목록을 기반으로 구현했다. 그러나 서버리스 개발 세계에서 사이버 보안은 완전히 새로운 영역이었다.

서버리스 환경에서 작업할수록 사이버 보안에 대한 궁금증은 더욱 커졌다. 서버리스 프로젝트에서는 IA 세계에서 경험했던 보안 검토 절차가 부족하다고 느꼈다. 그당시 프로젝트를 진행했던 팀은 별다른 보안 조치 없이도 서버리스 애플리케이션을 배포할 수 있었다. 나는 서버리스 보안에 대해 검색해 봤지만 정보는 제한적이었다. 서버리스 보안의 주요 위험 요소에 대해 유용한 문서와 특정 주제를 잘 작성한 블로그 게시물 몇 개는 찾을 수 있었다. 나는 서버리스 보안에 대한 전반적인 개요와 접근 방식을 안내해 주는 책을 찾고 있었다.

나는 그 공백을 메우고 서버리스 보안의 여러 측면을 다룬 자료를 소개하고자 이 책을 쓰기로 결심했다. IA 및 사이버 보안 경험, 서버리스에 대한 실무 경험, 관련 연구를 바탕으로 이 책을 집필했다. 한 가지 관점에서 본다면, 이 책은 서버리스 보안에 대한 개요를 소개한다. 서버리스를 처음 접하는 사람이라면 위험 평가를 통해 서버리스 보안에 접근하는 방법을 배울 수 있다. 또 다른 관점에서 이 책은 서버리스 보안을 다루는 실질적인 방법을 소개한다. 서버리스 프로젝트에서 적용할 수 있는 예제와 권장 사항을 찾는 이들에게 도움이 될 것이다. 서버리스 애플리케이션을 보호할 때 고려해야 할 영역을 파악하는 데 이 책이 도움이 될 것이라고 믿기 때문에 여러분과 공유하게 된 것을 기쁘게 생각한다.

CHAPTER 01

클라우드 컴퓨팅 보안

1장에서는 클라우드 컴퓨팅의 개념과 보안이 어떻게 발전해 왔는지를 살펴본다. 서버리스 컴퓨팅이 클라우드 컴퓨팅과 어떤 관련이 있는지, 서버리스 보안이 일반적인 클라우드 보안과 어떻게 다른지를 알아본다. 또한, 사이버 보안을 클라우드 컴퓨팅에 어떻게 적용하는지, 왜 사이버 보안이 필요한지도 함께 다룬다. 1장은 클라우드 컴퓨팅과 보안의 맥락에서 서버리스 보안의 기초를 다지는 출발점이 될 것이다.

클라우드 컴퓨팅 서비스 모델

클라우드 컴퓨팅은 사용자가 원격에 위치한 컴퓨팅 리소스resource를 서비스 제공자로부터 임대해 사용하는 방식이다. 리소스는 필요에 따라 사용할 수 있고, 사용자는 인터넷을 통해 접근한다. 네트워킹 및 스토리지 장비부터 완전히 개발된 소프트웨어 애플리케이션까지 다양한 리소스를 임대할 수 있다. 서비스 제공자가 클라우드 컴퓨팅 리소스를 사용자에게 제공하는 방식에 따라 다섯 가지 주요 서비스 모델, 즉 서비스형 인프라IaaS, Infrastructure as a Service, 서비스형 컨테이너CaaS, Container as a Service, 서비스형 플랫폼PaaS, Platform as a Service, 서비스형 함수FaaS, Function as a Service, 서비스형 소프트웨어SaaS, Software as a Service로 나뉜다. 다섯 가지 주요 서비스 모델은 공급자가 클라우드 컴퓨팅 자원을 클라이언트에게 제공하는 방법을 정의한다. 표 1-1은 클라우드 컴퓨팅 서비스 모델별로 리소스에 대한 책임이 어떻게 다른지 그리고 전통적인 온프레미스(on-premise) 방식과 어떤 차이가 있는지 보여 준다. 각 클라우드 컴퓨팅 서비스 모델에 대해 간략히 살펴보자.

표 1-1. 클라우드 컴퓨팅 서비스 모델과 온프레미스 컴퓨팅의 비교

리소스	IaaS	CaaS	PaaS	FaaS	SaaS	온프레미스
애플리케이션	C	C	C	C	VR	C
데이터	C	C	C	C	V	C
함수	C	C	C	VR	V	C
런타임	C	C	VR	V	V	C
보안†	C	C	VR	V	V	C
미들웨어	C	C	VR	V	V	C
데이터베이스	C	C	VR	V	V	C
운영체제	C	C	VR	V	V	C
컨테이너	C	VR	V	V	V	C
가상화	VR	V	V	V	V	C
서버/워크스테이션	VR	V	V	V	V	C
스토리지	VR	V	V	V	V	C
네트워킹	VR	V	V	V	V	C
데이터 센터	V	V	V	V	V	C

V = 서비스 제공자 관리, R = 임대 가능 자원, C = 사용자 관리
† 보안 리소스에는 일반적으로 보안 소프트웨어 및 장비가 포함된다. 사이버 보안은 리소스 유형별로 필수적이다.

IaaS

IaaS는 인프라(예: 네트워킹 장비 및 컴퓨팅 장비)를 사용할 수 있도록 제공하는 서비스다. 사용자는 인프라를 직접 구매하지 않고도 리소스를 사용할 수 있으며, 인프라 구성 요소를 설정하고 요구 사항에 맞춰 튜닝을 할 책임이 있다. 서비스 제공자는 인프라를 유지 관리하고 접근 가능하게 하며 최소한의 안정성과 가용성을 보장할 책임이 있다. 이러한 유형의 클라우드 컴퓨팅은 인프라 구성 요소를 구매, 보관, 전원 공급, 환경 설

정, 유지 보수, 관리하는 온프레미스 모델과 가장 비슷하지만, 구성이 단순하고 유지 보수 부담이 줄어드는 점이 다르다.

CaaS

CaaS는 소프트웨어 컨테이너 생성과 오케스트레이션orchestration(예: Docker[1] 및 Kubernetes[2])을 사용할 수 있도록 제공하는 서비스다. CaaS를 사용하면 인프라를 구축할 필요 없이 모든 소프트웨어 패키지(애플리케이션에 필요한)를 컨테이너로 구성할 수 있다. 사용자는 컨테이너 오케스트레이션을 정의하고 설정해야 할 책임이 있다. 서비스 제공자는 인프라, 컨테이너 가상화, 오케스트레이션 소프트웨어를 유지 보수할 책임이 있다. 이러한 유형의 클라우드 컴퓨팅은 인프라를 설정하거나 오케스트레이션 소프트웨어를 설치할 필요 없이 경량화된 플랫폼을 실행할 수 있는 이점이 있다.

PaaS

PaaS는 특정 플랫폼 환경(예: 운영체제OS, Operating System, 데이터베이스, 웹 서버)을 사용할 수 있도록 제공하는 서비스다. PaaS를 통해 사용자는 인프라를 구축하지 않고도 플랫폼을 임대해 사용할 수 있다. 사용자는 특정 요구 사항을 충족하도록 플랫폼을 설정하고 튜닝할 책임이 있다. 서비스 제공자는 인프라를 유지 보수하고, 플랫폼 소프트웨어를 최신 상태로 유지하며, 최소한의 안정성과 가용성을 보장할 책임이 있다. 이러한 유형의 클라우드 컴퓨팅은 어떤 인프라 위에 플랫폼을 구동할지 사용자가 신경 쓰지 않아도 된다는 점에서 개발과 배포의 효율성이 높다.

FaaS

FaaS(일반적으로 서버리스 컴퓨팅과 관련됨)는 사용자가 개별 함수 단위의 코드를 실행하고 이를 상호 연결해서 애플리케이션을 만들 수 있도록 제공하는 서비스다. FaaS를 통

---

1 Docker는 도커(Docker, Inc.)의 등록 상표다.
2 Kubernetes는 리눅스 재단(Linux Faundation)의 등록 상표다.

해 사용자는 소프트웨어 및 하드웨어를 유지 관리할 필요 없이 함수를 실행하는 데 필요한 컴퓨팅 시간을 임대할 수 있다. 사용자는 모든 소프트웨어 함수를 작성하고 오케스트레이션을 정의할 책임이 있다. 서비스 제공자는 실행하는 데 필요한 인프라 및 플랫폼을 적절하게 설정하고 유지 보수할 책임이 있다. 이러한 유형의 클라우드 컴퓨팅은 PaaS 및 CaaS 서비스와 유사한 이점을 제공하지만, 플랫폼 및 컨테이너를 구성할 필요 없이 사용자가 SaaS 수준의 서비스를 개발할 수 있게 한다.

SaaS

SaaS는 사용자가 특정 소프트웨어(예: 웹 애플리케이션)를 사용할 수 있도록 제공하는 서비스다. SaaS를 통해 사용자는 인터넷에 연결된 디바이스만으로 소프트웨어를 임대해 사용할 수 있다. 사용자는 애플리케이션이 제공하는 소프트웨어 환경을 요구 사항에 맞춰 설정할 책임이 있다. 서비스 제공자는 웹 애플리케이션을 사용할 수 있도록 보장하고 다른 사람이 사용자의 계정 데이터에 접근하는 것을 방지할 책임이 있다. 이러한 유형의 클라우드 컴퓨팅은 유지 보수 없이 소프트웨어를 사용할 수 있는 이점이 있다.

클라우드 컴퓨팅 배치 모델

클라우드 컴퓨팅이 등장한 초기부터 사이버 보안은 중요한 관심사였으며, 지금도 마찬가지다. 클라우드 컴퓨팅은 기존 온프레미스 환경의 사이버 보안 모델을 혁신시켰다. 이 새로운 모델은 사이버 보안을 구현하기 위해 기존과는 다른 전략이 필요했고, 사용자가 원하는 방식과는 다르게 시스템을 보호하기 위한 권한을 가진 제3자 서비스 제공자와 책임을 공유했다. 또한, 서비스 제공자는 사용자와의 신뢰를 쌓기 위해 보안을 적용할 뿐만 아니라 사용자를 포함한 외부 위협으로부터 자신을 보호하기 위해 보안 조치를 적용했다. 클라우드 컴퓨팅을 도입하려는 기업들의 다양한 보안 요구 수준에 맞추기 위해 새로운 모델이 등장하게 됐다.

프라이빗 클라우드

기업은 프라이빗 클라우드private cloud를 사용해 온프레미스 컴퓨팅 장비와 네트워킹 장비를 상호 연결한다. 컴퓨팅 장비가 인트라넷(즉, 내부 인터넷)을 통해 상호 연결되기 때문에 이 구성을 클라우드라고 한다. 최상의 사이버 보안을 위해서는 기업의 물리적 범위 내에서만 데이터에 접근할 수 있는 것이 이상적이다(그림 1-1 참고). 기업은 민감한 데이터를 보호하기 위해 프라이빗 클라우드를 선택하는 경우가 많다.

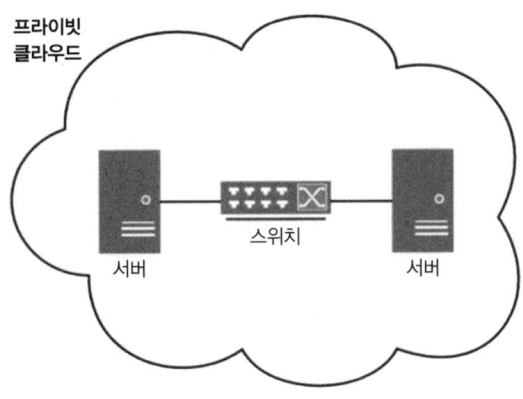

그림 1-1. 프라이빗 클라우드

적절한 사이버 보안 대책이 마련돼 있는 경우에 프라이빗 클라우드는 사이버 보안 위험이 가장 낮을 수 있다. 사이버 보안에 대한 책임은 대부분 또는 전적으로 기업에게 있다. 따라서 기업은 사이버 보안 대책의 구성과 관리, 네트워킹 및 컴퓨팅 장비의 유지 보수, 설정, 구축까지 해야 하므로 비용이 더 많이 드는 결과를 낳는다. 기업은 프라이빗 클라우드를 선호할 수 있는데, 그 이유는 사이버 보안 침해로 인한 손실보다 비용이 낮을 수 있고, 사이버 보안 조치에 대한 통제권을 더 많이 가질 수 있기 때문이다.

퍼블릭 클라우드

서비스 제공자는 인터넷을 통해 컴퓨팅 리소스를 대여할 수 있도록 퍼블릭 클라우드public cloud를 구축하고 제공한다. 이 구성을 통해 기업은 퍼블릭 클라우드에 데이터를 저장할 수 있고, 인터넷이 연결된 모든 장치에서 접근이 가능하게 된다(그림 1-2 참고). 특정 인원에 대한 접근을 제한해서 데이터를 보호하는 것이 이상적인 사이버 보안 조치다. 기업은 비용을 절감하고 접근성과 가용성을 높이고 위험을 상쇄하기 위해 퍼블릭 클라우드를 선택할 수 있다.

그림 1-2. 퍼블릭 클라우드

퍼블릭 클라우드는 인프라 및 사이버 보안 조치에 대해 직접적인 권한이 없기 때문에 사이버 보안 위험이 더 높을 수 있다. 서비스 제공자와 기업은 사이버 보안 위험을 공유한다. 기업은 클라우드의 사이버 보안 조치를 적절하게 설정하고 데이터를 보호할 수 있는 전문성을 갖춰야 한다. 기업은 프라이빗 클라우드를 구축하고 유지 보수할 형편이 안 되거나, 프라이빗 클라우드를 보호할 전문성이 부족하거나, 더 빠른 개발 및 배포를 선호하기 때문에 사이버 보안 위험을 공유하는 구조를 선호할 수 있다.

하이브리드 클라우드

기업은 하이브리드 클라우드hybrid cloud를 채택해 프라이빗 클라우드와 퍼블릭 클라우드를 함께 사용하도록 구축한다. 이 구성을 통해 기업은 더 민감한 데이터는 프라이빗 클라우드를 사용하고, 덜 민감한 데이터는 퍼블릭 클라우드를 사용할 수 있다(그림 1-3 참고). 또한, 두 클라우드의 기능과 컴퓨팅 역량을 모두 활용할 수 있다. 기업은 법과 계약에 따른 요구 사항을 충족하고 비용을 절감하며 다양한 수준의 사이버 보안 조치를 구성하기 위해 하이브리드 클라우드를 선택할 수 있다.

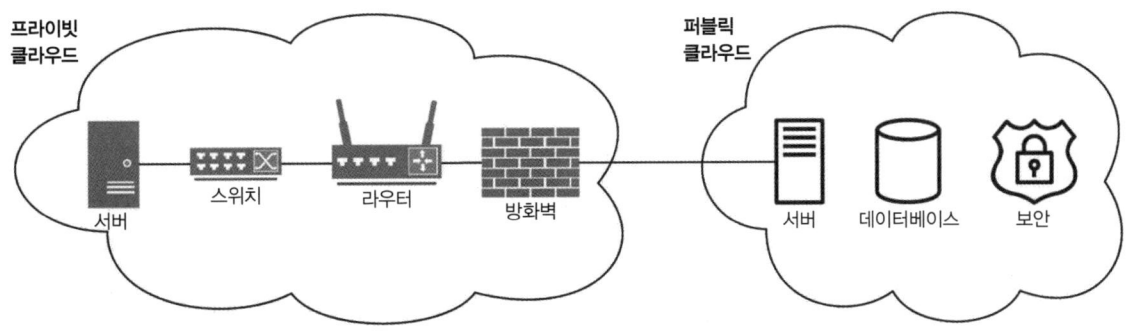

그림 1-3. 하이브리드 클라우드

하이브리드 클라우드는 상황에 따라 두 가지 방식의 장점을 모두 취하는 최적의 선택일 수 있다. 그러나 하이브리드 클라우드가 잠재적으로 프라이빗 클라우드보다 사이버 보안 위험이 높고 퍼블릭 클라우드보다 위험이 항상 낮은 것은 아니다. 퍼블릭 클라우드와 프라이빗 클라우드를 연결할 때는 적절하게 설정된 보안 장비(예: 방화벽 시스템, 침입 탐지/방지 시스템, 보안 정보 및 이벤트 관리 시스템)를 사용해야 한다. 프라이빗 클라우드와 퍼블릭 클라우드 간의 연결은 보안 장비를 우회하거나 프라이빗 클라우드 내의 데이터를 노출시킬 수 있는 위험 요소가 된다. 그럼에도 불구하고 기업이 이런 위험을 감수하는 데에는 몇 가지 이유가 있을 수 있다. 먼저, 퍼블릭 클라우드의 기능을 활용할 때의 이점을 얻길 원하고, 외부 연결에 대한 위험을 완화하기 위한 여러 계층의 사이버 보안 조치를 갖추고 있을 수 있다. 또는 여러 개의 프라이빗 클라우드를 운영하고 있고, 퍼블릭 클라우드는 제한된 프라이빗 클라우드에만 접근할 수 있다.

FaaS의 클라우드 배치 모델 적용

FaaS는 세 가지 배치 모델을 모두 지원한다. FaaS는 구성 및 유지 관리 부담이 적다는 점 때문에 초기에는 퍼블릭 클라우드 기반의 솔루션으로 도입됐다. FaaS 제품이 성숙해짐에 따라 공급자들은 프라이빗 클라우드 환경에서도 FaaS를 지원하도록 기능을 확장했다. 업계는 프라이빗 클라우드 환경에서 FaaS를 실행할 필요성을 인식했고 프라이빗 클라우드 내 서버에 설치된 소프트웨어 컨테이너에서 실행되는 FaaS 솔루션을 개발했다. 이 책에서는 주로 퍼블릭 클라우드의 사이버 보안 문제를 중심으로 설명한다.

사이버 보안 개요

사이버 보안(또는 줄여서 보안)은 보호해야 하는 자산을 식별하고, 해당 자산에 대한 위협 및 해당 자산을 보호하는 데 필요한 방어책을 파악하는 관행이다. 많은 엔지니어, 개발자, 관리자는 데스크톱 컴퓨터, 랩톱, 서버, 네트워킹 장비, 운영체제 등의 기존 온프레미스 시스템에서 보안을 구현하는 데 익숙하다. 클라우드 컴퓨팅 시대는 기업과 개인이 자산을 바라보는 개념 자체를 바꿔 놨고, 결과적으로 보안 관행은 이 새로운 환경에 맞게 진화해야 했다. 클라우드에서는 자산과 인프라를 제3자인 서비스 제공자가 소유하거나 운영하기 때문에 보안 구현에 대한 책임 또한 제공자와 사용자가 공유한다.

보안은 흔히 기밀성^{Confidentiality}, 무결성^{Integrity}, 가용성^{Availability}(약어로 CIA)이라는 세 단어로 요약할 수 있다. CIA 모델(또는 CIA 3요소라고도 함)을 사용하는 것은 이러한 위험을 줄이기 위해 보안 위험과 보안 조치를 식별하는 한 가지 방법이다. 각 요소를 살펴보자.

기밀성

데이터에 기밀성을 적용하는 것은 의도된 수신자만 접근할 수 있도록 제한하는 것이다. 다시 말해, 인가되지 않은 사용자가 접근하지 못하도록 막는 것이 기밀성의 핵심이다. 최근 뉴스 등에서 자주 언급되는 '프라이버시^{privacy}'라는 개념도 이와 관련이 있다. 기업은 암호화 및 접근 통제를 활용해 기밀성을 구현할 수 있다.

기본적으로 데이터는 암호화돼 있지 않다. 데이터에 암호화를 적용하면 인가되지 않은 주체가 해당 데이터에 접근하거나 열람하는 것을 막을 수 있다. 데이터는 특정 키를 사용해 암호화하며, 해당 키로만 파일을 복호화해 원래 상태로 되돌릴 수 있다. 키는 비밀번호, 파일 또는 인증서 등의 형태일 수 있다. 암호화는 데이터가 저장돼 있는 동안(즉, 데이터가 파일 시스템에 있는 동안) 또는 데이터가 전송되는 동안(즉, 인터넷을 통해 전송되는 동안) 적용돼야 한다.

데이터에는 기본적으로 접근 통제가 없지만 최신 운영체제는 일정 수준의 접근 통제가 있다. 접근 통제는 접근할 수 있는 데이터와 해당 데이터를 어떻게 사용할 수 있는지 정의한다. 이를 지원하는 운영체제에서 접근 통제는 현재 사용자가 데이터를 읽고 수정하거나 실행할 수 있는지 여부를 결정하고, 다른 사용자가 비슷한 권한을 가질 수 있는지 여부도 정의한다. 또한, 데이터를 읽고 수정하거나 실행할 수 있는 사용자의 하위 집합을 지정할 수도 있다.

FaaS 솔루션은 암호화 및 접근 통제 기능을 제공한다. 퍼블릭 클라우드에서 계정을 관리하는 계정 소유자는 공유 접근 또는 퍼블릭 접근을 활성화해야 한다. 퍼블릭 클라우드에 저장된 데이터를 관리하는 데이터 소유자는 해당 데이터에 대한 읽기, 수정, 삭제 권한을 할당할 수 있다. 계정 소유자는 원하는 수준의 기밀성을 설정하도록 클라우드 인프라를 구성할 책임이 있다. 클라우드 인프라는 전송 중인 데이터, 저장 데이터, 데이터 소유자 및 다른 사람에 대한 접근 통제와 암호화를 제공한다. 서비스 제공자의 클라우드 인프라는 계정 소유자에게만 데이터 접근 권한을 부여한다. 클라우드 인프라는 데이터가 전송 중이거나 저장 중일 때 모두 암호화를 지원한다.

무결성

데이터의 무결성은 송신자가 보낸 데이터와 수신자가 받은 데이터가 동일하다는 것을 보장하는 것이다. 다시 말해서 무결성은 데이터에 의도하지 않은 수정이 없는지 확인하고, 의도한 수신자가 예상한 데이터를 수신했음을 신뢰하는 것이다. 기업은 체크섬checksum, 버전 관리 또는 로깅logging을 사용해 무결성을 구현할 수 있다.

체크섬은 마지막으로 접근한 이후 파일이 변경됐는지 확인하는 데 사용되는 데이터를 말한다. 예를 들어, 사용자가 파일을 만들 때 시스템은 체크섬을 기록한다. 이후 사용자가 파일을 수정하면 체크섬도 변경된다. 사용자 또는 파일 시스템은 파일이 변경됐는지 확인하기 위해 체크섬을 사용할 수 있다.

사용자가 파일을 생성, 수정 또는 삭제할 때마다 버전 관리 시스템 또는 로깅 시스템이 변경 내용을 기록한다. 버전 관리 시스템은 버전(때로는 체크섬)마다 파일 사본을 저장한다. 반면에 로깅 시스템은 변경 유형, 변경을 호출한 사용자, 변경이 발생한 시간, 기타 관련 정보를 기록한다.

FaaS 솔루션은 무결성을 보장하기 위한 기능을 애드온add-on 형태로 제공한다. 계정 소유자는 원하는 무결성 수준을 설정하도록 클라우드 인프라를 구성할 책임이 있다. 또한, 소유자는 로깅 시스템이 파일의 변경 사항을 기록하고 다른 버전의 데이터에 체크섬을 추가하는 기능을 설정할 수 있다. 클라우드 인프라는 파일의 버전 관리 기능을 지원하고, 기본적으로 하드웨어 수준에서 데이터 복제를 수행해 무결성을 유지한다.

가용성

가용성은 의도된 수신자가 언제든지 필요한 데이터에 접근하고 이를 사용할 수 있도록 보장하는 보안 속성이다. 다시 말해, 데이터가 중단 없이 지속적으로 제공되는 상태를 유지하는 것이 가용성의 핵심이다. 기업은 유지 보수, 데이터 복제, 이중화를 통해 가용성을 높일 수 있다.

유지 보수를 수행하면 데이터를 호스팅하는 하드웨어가 중단 없이 가능한 한 오랫동안 계속 작동할 수 있다. 예를 들어, 사용자가 한 장비에 데이터를 저장했다가 작동을 멈추면 사용자는 해당 데이터에 더 이상 접근할 수 없다. 해당 장비를 적절히 유지 보수했다면 더 오래 계속 작동하거나 유지 보수 관리자가 임박한 고장의 증상을 관찰할 수 있었을 것이다. 따라서 가용성을 높이려면 하드웨어를 계속 실행할 수 있도록 유지 보수하는 것이 필수적이다.

복제 및 이중화는 다른 하드웨어에 데이터 복제본을 생성한다. 예를 들어, 한 장비가 고장 난 경우 다른 장비는 사용자가 접근할 수 있도록 데이터를 제공한다. 기업은 이중화 독립 디스크 배열(RAID, Redundant Arrays of Independent Disk)과 같은 하드웨어 구성 요소를 사용해 로컬 내장 이중화를 제공하고, 데이터 백업 소프트웨어를 제공해 지리적으로 분산된 이중화를 달성할 수 있다.

FaaS 솔루션은 최소한의 가용성이 보장되는 퍼블릭 클라우드에 데이터를 저장할 때 기본적으로 가용성을 제공한다. 계정 소유자는 원하는 가용성 수준에 맞는 클라우드 인프라를 선택하고 추가적인 가용성 설정을 구성할 책임이 있다. 가용성을 높이기 위해 데이터 소유자는 퍼블릭 클라우드 인프라 내의 다양한 지리적 위치에서 데이터를 복제할 수 있다. 클라우드 인프라를 사용하면 일상적인 하드웨어 유지 보수를 수행할 필요가 없다. 그러나 계정 구성 및 데이터 접근에 대한 정기적인 점검은 여전히 사용자의 책임이다.

클라우드 보안의 필요성

퍼블릭 클라우드와 하이브리드 클라우드에서 사이버 보안에 접근하는 방식은 비슷하지만, 프라이빗 클라우드에서는 차이가 있다. 기업은 프라이빗 클라우드 환경의 보안 조치에 대해 더 많은 통제권과 직접적인 책임을 갖는다. 보안 조치는 일반적으로 위험 평가를 통해 식별된 위협을 바탕으로 수립되고 구현된다. 기업은 퍼블릭 클라우드와 하이브리드 클라우드를 사용할 때도 프라이빗 클라우드와 마찬가지로 위험 평가를 수행해야 하며, 이들 환경은 위협의 유형과 범위가 더 다양할 수 있다는 점을 인식해야 한다.

위협의 예

위협은 세 가지 클라우드 컴퓨팅 모델에서 다양한 형태로 나타날 수 있다. 위협이 어떻게 나타나는지 몇 가지 사례를 살펴본다.

안전하지 않은 데이터 스토리지로 인한 데이터 침해

클라우드 스토리지 구성은 비공개, 공유, 퍼블릭 액세스$^{public\ access}$를 지원하는데, 퍼블릭 액세스가 의도치 않게 설정될 수 있다.[3] 예를 들어, 잘못 구성된 클라우드 스토리지 시스템을 통해 공격자가 민감한 데이터에 접근할 수 있다. 경험이 부족한 사용자는 공유를 소규모 그룹으로 제한하려고 설정하다가 뜻하지 않게 퍼블릭 액세스를 허용할 수 있다. 또한, 다른 사람에게 데이터를 전송하기 위해 일시적으로 퍼블릭 액세스 권한을 부여할 수 있지만, 비공개 접근으로 되돌리는 것을 잊어버릴 수 있다. 이러한 설정 실수로 인해 민감한 정보가 외부에 노출되는 데이터 침해 사고가 발생할 수 있다.

신원 및 접근 관리 구성 오류로 인한 데이터 침해

신원 및 접근 관리$^{IAM,\ Identity\ and\ Access\ Management}$ 시스템이 잘못 구성된 경우 다른 사용자의 계정에 접근할 수 있다. 데이터 소유자는 IAM 시스템을 사용해 여러 사용자와 데이터 접근을 공유할 수 있다. 공유는 정해진 사용자에게만 제한돼야 하며, 그 외 사용자에

---

[3] '보호되지 않은 AWS S3 버킷에서 발견된 비밀 NSA 데이터 100GB.' 2017. 11. 29. 아담 셰퍼드(Adam Shepard), IT Pro. www.itpro.co.uk/security/30060/100gb-of-secret-nsa-data-found-on-unsecured-aws-s3-bucket

게는 접근이 허용되지 않아야 한다. 예를 들어, 재무 팀만 기밀 재무 기록에 접근할 수 있어야 하고 엔지니어링 팀이나 외부 공급자는 접근해서는 안 된다. 실제로, 공급자가 접근 가능한 네트워크에서 중요 데이터가 처리되면서 데이터 침해가 발생한 사례도 있다.[4] 데이터 침해는 하나의 계정이 취약해질 경우, 그 계정이 접근해서는 안 되는 데이터에 접근하게 되면서 발생할 수 있다.

소프트웨어 취약점으로 인한 서비스 거부 공격

인터넷에 노출된 모든 애플리케이션은 서비스 거부$^{DoS, Denial of Service}$ 또는 분산 서비스 거부$^{DDoS, Distributed Denial of Service}$ 공격에 취약할 수 있다. 클라우드 서비스는 클라이언트가 주어진 시간에 사용할 수 있는 컴퓨팅 성능을 제한한다. 공격자는 동시에 수많은 요청을 보내 사용자가 애플리케이션을 이용하지 못하게 하며, 이를 통해 애플리케이션의 취약점을 악용해 시스템을 중단시키려 한다. 이러한 서비스 중단 시간^{downtime}은 재정적 손실과 생산성 저하로 이어질 수 있다.

애플리케이션의 취약점은 여러 계층에서 존재할 수 있다. 예를 들어, 공격자는 많은 양의 데이터를 보내 애플리케이션이 전체 데이터를 처리하는 데 시간이 지연되거나 초과되도록 유도하고, 이 과정에서 취약한 소프트웨어 라이브러리를 악용할 수 있다.[5] 수천 또는 수백만 개의 요청이 취약한 소프트웨어 기능으로 동시에 전송되면, 애플리케이션은 모든 사용자에 대한 응답을 중지하고, 결국 전체 사용자에게 DoS 상태를 초래할 수 있다.

위협 식별

앞서 살펴본 세 가지 사례는 실제 위협이 어떻게 발생할 수 있는지를 보여 준다. 애플리케이션에 어떤 위협이 존재하는지를 이해하면, 위협으로부터 어떻게 보호할지 결정하는 데 도움이 된다. 2장에서는 이러한 위협을 어떻게 식별할 수 있는지 살펴본다.

---

4 '소매업체가 유사한 공격을 방어하기 위해 타깃 공격으로부터 배워야 하는 것.' 2014. 1. 31. 크리스 폴린(Chris Poulin). Security Intelligence. https://securityintelligence.com/target-breach-protect-against-similar-attacks-retailers

5 '서버리스 보안 및 가장 취약한 링크(앱 DoS 방지)', 2019. 2. 8. 오리 시걸(Ory Segal). https://securityboulevard.com/2019/02/serverless-security-and-the-weakest-link-or-how-not-to-get-nuked-by-app-dos/

주요 내용

1장에서는 클라우드 컴퓨팅과 사이버 보안을 살펴봤다. 1장은 이 책의 나머지 내용을 이해하는 데 필요한 기초적인 개념들을 다지는 데 목적이 있었다. 클라우드 컴퓨팅의 주요 구성 요소를 다음과 같이 정리했다.

클라우드 컴퓨팅 서비스 모델을 살펴봤다.

- IaaS는 인터넷을 통해 인프라(예: 컴퓨팅 및 네트워킹 장비)를 사용한다.
- CaaS는 인터넷을 통해 소프트웨어 컨테이너(예: 도커Docker)를 사용한다.
- PaaS는 인터넷을 통해 구성된 플랫폼(예: 데이터베이스)을 사용한다.
- FaaS는 인터넷을 통해 개별 함수(예: 이메일 구독 기능)를 실행하고 오케스트레이션한다.
- SaaS는 인터넷을 통해 애플리케이션(예: 웹 기반 이메일)을 사용한다.

클라우드 컴퓨팅 배치 모델과 각 환경에서 FaaS를 어떻게 배포할 수 있는지도 설명했다.

- **프라이빗 클라우드**는 기업이 구매한 컴퓨팅 장비를 사용하고 내부 네트워크를 통해 접근하는 곳이다. 기업은 해당 하드웨어에 내부 FaaS 솔루션을 설정할 수 있다.
- **퍼블릭 클라우드**는 기업이 제3자의 컴퓨팅 장비를 사용하고 인터넷을 통해 접근하는 곳이다. 기업은 서비스 제공자의 FaaS 솔루션을 사용할 수 있다.
- **하이브리드 클라우드**는 기업이 다양한 목적으로 프라이빗 클라우드와 퍼블릭 클라우드를 사용하고 위험을 최소화하기 위해 보안 장비를 사용해 상호 연결하는 곳이다. 양쪽의 보안 장비가 접근 가능하도록 구성된 경우, 기업은 퍼블릭 클라우드에서 데이터에 접근하도록 프라이빗 FaaS 솔루션을 구성할 수 있고 그 반대의 경우도 마찬가지다.

사이버 보안의 기밀성, 무결성, 가용성 모델과 FaaS가 이 세 가지를 모두 지원하는 방법을 배웠다.

- **기밀성**은 원하는 수신자만 데이터에 접근할 수 있도록 보장한다. FaaS는 접근 통제 시스템으로 계정 소유자에 대한 데이터 접근을 제한하고 암호화를 사용해 기밀성을 보장한다.
- **무결성**은 데이터가 마지막으로 접근한 시점부터 변경되지 않고 손상되지 않도록 보장한다. FaaS는 버전 관리 시스템 및 로깅 시스템을 이용해 무결성을 제공한다.
- **가용성**은 의도된 수신자가 중단 없이 데이터에 접근할 수 있도록 보장한다. FaaS는 최소 수준의 가용성을 제공하고 지리적 지역 간 복제를 이용해 가용성을 높인다.

마지막으로, 클라우드 컴퓨팅에서 사이버 보안의 필요성과 관련된 위협의 예시를 통해 실제적인 보안 문제들을 검토했다.

2장에서는 FaaS 애플리케이션의 보안 위험을 평가하고 이를 분석하는 방법을 살펴본다.

CHAPTER 02

위험 평가

2장에서는 서버리스 애플리케이션에 대해 위험 평가를 수행하는 방법을 다룬다. 애플리케이션이 어떻게 작동하는지를 이해하기 위해 문서 검토, 소스 코드 분석, 시스템 계정 확인, 애플리케이션 사용 등 여러 방법을 살펴본다. 위험 평가의 범위를 정하는 이유에 대해 설명하고, 위협 모델을 개발하는 방법과 이를 활용해 위험 평가를 시작하는 방법을 알아보겠다.

규약

이 책 전반에 걸쳐 사용된 규칙을 검토해 보겠다. 명확한 설명을 위해 전체적으로 하나의 예제 애플리케이션을 사용할 예정이다. 개념을 더 잘 설명하기 위해 필요에 따라 예제 애플리케이션에서 벗어날 수 있다. 일관성을 위해 하나의 FaaS 프레임워크(또는 일반적으로 서버리스 프레임워크라고 함)를 사용하겠지만, 학습 중인 보안 구성이 미지원되거나 직접 수정해 원칙을 더 효과적으로 학습할 수 있는 경우는 제외하겠다. 서버리스 서비스 제공자와 프레임워크가 지원하는 모든 프로그래밍 언어로 동일한 원리를 다루는 것은 너무 복잡해질 수 있기 때문에 예제에서 하나의 프로그래밍 언어만 사용할 예정이다. 이 책의 목적은 보안 개념을 실현하는 절차 중심 접근보다 보안 원리를 효과적으로 이해하는 데에 중점을 두는 것이다.

서버리스 애플리케이션 예제

이 책 전반에 걸쳐 가상의 이커머스[ecommerce] 모바일 애플리케이션을 예제로 사용한다. 이 애플리케이션은 사용자가 모바일 애플리케이션을 사용해 상품을 사고 팔 수 있게 한다. 이 애플리케이션은 구매자와 판매자 모두가 보호되도록 거래를 중개한다. 모바일 애플리케이션은 애플리케이션 프로그래밍 인터페이스[API, Application Programming Interface]와 통신해 거래를 실행한다. API는 서버리스 프레임워크에 의해 자동으로 생성된다. 서버리스 애플리케이션은 기능을 확장하기 위해 다양한 타사 서비스와 통합된다. 예제와 실습은 이 가상의 애플리케이션을 기반으로 하지만, 완전히 작동하는 실제 시스템을 제공하지는 않는다.

서버리스 프레임워크

주요 FaaS 및 서버리스 서비스 제공자는 AWS[Amazon Web Services], Microsoft Azure[1], Google Cloud[2]다. 각 서비스의 웹 기반 콘솔을 사용해 기능을 수동으로 설정할 수 있으며, FaaS 또는 서버리스 프레임워크를 활용해 함수를 자동으로 배포하는 방법을 사용할 수 있다. 다양한 프로그래밍 언어와 서비스 제공자를 지원하는 여러 서버리스 프레임워크가 있지만, 이 책에서는 AWS, Azure, Google Cloud를 모두 지원하는 프레임워크에 중점을 둘 것이다.

이 책에서는 '서버리스 프레임워크'라는 일반 용어와 혼동하지 않도록 고유 명칭인 'Serverless Framework'[3]를 사용한다. 서버리스 주식회사[Serverless, Inc]는 AWS, Azure, Google Cloud, 기타 서버리스 서비스 제공자를 지원하는 서버리스 프레임워크를 개발했다. Serverless Framework는 Node.js[4] 자바스크립트[JavaScript]로 작성됐으며 오픈 소스 및 유료 버전이 있다. 이 책을 쓰는 시점에서 오픈 소스 프로젝트는 30,000개 이상의 별, 3,000번 이상의 포크[fork]를 기록하고 있으며, 활발하게 유지 관리되고 있다.[5]

---

1 Azure는 마이크로소프트(Microsoft Corporation)의 등록 상표다.
2 Google 및 Google Cloud는 구글(Google LLC)의 등록 상표다.
3 Serverless Framework는 서버리스(Serverless, Inc.)의 등록 상표다.
4 Node.js는 조이넷(Joyent, Inc.)의 등록 상표다.
5 서버리스 GitHub 리포지터리. https://github.com/serverless/serverless

이러한 이유로 이 책에서는 Serverless Framework를 사용한다.

프로그래밍 언어

Serverless Framework는 Node.js를 사용해 개발됐으며 npm[6] 패키지 매니저에 등록된 패키지로 제공된다. npm은 이 책을 쓸 당시 적어도 100만 개의 패키지를 가진 가장 빠르게 성장하는 패키지 저장소 중 하나다. 이러한 인기의 이유는 자바스크립트가 가장 배우기 쉬운 프로그래밍 언어 중 하나로 평가받고 있기 때문일 것이다.[7] 이해의 용이성, Serverless Framework와의 호환성 및 AWS, Azure, Google Cloud의 런타임 엔진 지원을 고려해 이 책의 예제에서는 Node.js를 기본 프로그래밍 언어로 사용할 것이다.

용어 정의

이 책 전반에 걸쳐 다양한 용어, 키워드, 축약어가 반복적으로 사용된다. 이러한 용어들은 처음 등장할 때 정의할 것이며, 이해를 돕거나 혼동을 줄이기 위해 필요한 경우에는 다시 정의하기도 할 것이다. 표 2-1은 책 전반에 걸쳐 반복적으로 사용되는 용어, 키워드, 축약어를 정리한 것이다.

표 2-1. 책 전체에서 사용되는 용어, 키워드, 축약어

용어	정의
API	Application Programming Interface
AWS	Amazon Web Services, 서버리스 플랫폼
Azure	Microsoft Azure, 서버리스 플랫폼
CLI	Command-Line Interface
Google Cloud	서버리스 플랫폼
HTTP	HyperText Transfer Protocol
HTTPS	HyperText Transfer Protocol Secure
JavaScript	프로그래밍 언어

---

6 npm은 npm, Inc.의 등록 상표다.
7 '가장 배우기 쉬운 10가지 프로그래밍 언어.' 2017. 7. 17. 앨리슨 데니스코 레이옴(Alison DeNisco Rayome). TechRepublic. www.techrepublic.com/article/the-10-easiest-programming-languages-to-learn

용어	정의
Node.js	자바스크립트 런타임 환경
npm	Node.js 패키지 매니저
OS	운영체제
Serverless	Serverless Framework의 축약어, 서버리스 프레임워크
serverless	서비스형 함수의 다른 용어
serverless.yml	Serverless Framework의 구성 파일
sls	Serverless Framework의 CLI 명령

애플리케이션의 이해

애플리케이션마다 요구 사항, 목적, 기능이 다르기 때문에 위험 평가를 수행할 때 해당 애플리케이션을 깊이 있게 이해하는 것이 중요하다. 다양한 애플리케이션이 유사한 기능을 수행하더라도 설계 방식이나 구현 구조는 동일하지 않을 수 있다. 예를 들어, Microsoft Office[8] 제품군에는 워드 프로세싱, 프레젠테이션, 스프레드시트 기능이 있으며, 이에 상응하는 제품군으로는 오픈 소스 문서 재단Document Foundation의 LibreOffice[9]로 워드 프로세싱, 프레젠테이션, 스프레드시트 기능을 갖추고 있다. Microsoft Office는 주로 C++를 사용하는 반면 LibreOffice는 C++, XML eXtensible Markup Language, 자바Java를 함께 사용한다. 두 제품은 서로 다른 XML 기반 파일 형식을 지원하지만 각 형식에 대한 지원은 제한적일 수 있다. Microsoft Office는 마이크로소프트Microsoft 윈도우Windows 운영체제, Microsoft Office 365 온라인 편집기, 클라우드 기반 파일 공유 서비스인 Microsoft SharePoint와 잘 통합된다.

반면 LibreOffice는 크로스 플랫폼cross-platform 데스크톱 애플리케이션이다. 이처럼 두 애플리케이션은 유사한 기능을 제공하더라도 구현과 통합 방식에서 중요한 차이가 있다. 따라서 보안 평가자는 각 애플리케이션을 고유한 환경과 특성을 가진 대상으로 보고 기존에 익숙한 보안 기준을 그대로 적용하기보다 해당 애플리케이션에 적합한 보안

---

8   Office, Office 365, SharePoint, Windows는 마이크로소프트의 등록 상표다.
9   'LibreOffice' 및 'The Document Foundation'은 등록한 소유자의 등록 상표이거나 하나 이상의 국가에서 실제로 등록 상표로 사용된다.

조치를 적용해야 한다.

문서 검토

문서를 검토하는 것은 애플리케이션이 어떻게 설계됐는지를 이해하는 첫 번째 단계다. 설계 관련 주요 결정 사항은 일반적으로 문서에 기록돼 있다. 그러나 다음과 같은 이유로 인해 문서와 실제 애플리케이션 사이에는 종종 차이가 존재한다.

- 문서가 더 이상 유지 관리되지 않을 수 있다.
- 애플리케이션을 개발하거나 업데이트하는 과정에서 문제가 발생해서 설계 변경이 이뤄졌으나 아직 문서화되지 않았다.
- 문서 업데이트가 진행 중이지만 아직 공개되지 않았다.
- 문서가 특정 버전만을 대상으로 작성됐을 수 있다.
- 팀 구성원들이 해당 문서가 존재하거나 업데이트가 필요하다는 사실을 모를 수도 있다.

어떤 경우든 문서를 읽고 분석하는 과정은 애플리케이션에 대한 통찰력을 제공하며 추가적인 정보가 필요한 부분을 파악하는 데에도 도움이 될 수 있다. 검토해야 할 주요 문서 유형은 다음과 같다.

- **아키텍처 및 디자인 다이어그램**은 애플리케이션이 의도한 기능을 수행하기 위해 다양한 구성 요소를 통합하고 작동시키는 방법을 시각적으로 표현한다. 이러한 다이어그램은 시스템을 다양한 시각에서 보여 주는 여러 유형으로 구성될 수 있다.
- **요구 사항 문서**에는 애플리케이션이 달성해야 할 기능 및 목표를 명시하고 있다. 이러한 요구 사항은 계약 또는 기술 요구 사항을 포함할 수 있다.
- **매뉴얼**은 애플리케이션 구성 및 사용에 대한 지침을 제공하며, 개발자, 기술 지원 인력 또는 사용자를 위해 작성된다.

각 문서 유형은 애플리케이션의 의도된 설계, 목적 또는 용도에 대한 이해를 돕는다. 검토할 문서가 너무 많고 검토할 시간이 제한적일 수 있다. 따라서 개발팀과 협의해 중요한 문서를 우선 선정하고, 비용과 일정이 허용하는 범위 내에서 다른 문서도 샘플로 선택하는 것이 중요하다.

아키텍처 및 설계 다이어그램은 애플리케이션 개발에 참여하지 않은 상태에서 검토 요청을 받았을 경우 애플리케이션을 이해하는 데 가장 유용한 자료가 될 수 있다. 여러 유형의 다이어그램이 있으며, 그중 일부는 다음과 같다.

- **아키텍처 다이어그램**은 애플리케이션의 상위 레벨 구조를 보여 주는 다이어그램이다.
    - **시스템 아키텍처 다이어그램**은 모든 시스템 구성 요소(예: 하드웨어 및 소프트웨어)와 외부 시스템 간의 관계, 통신 방식을 보여 준다.
    - **소프트웨어 아키텍처 다이어그램**은 다양한 소프트웨어 요소(예: 모듈, 기능) 간의 관계와 이들이 통합되는 방식을 보여 준다.
    - **애플리케이션 아키텍처 다이어그램**은 애플리케이션의 다양한 측면(기술 요구 사항, 운영 요구 사항, 기능) 간의 관계를 보여 준다.
    - **엔터프라이즈 아키텍처 다이어그램**은 조직에 미치는 영향과 이해관계자의 상호 작용을 보여 준다.
    - **보안 아키텍처 다이어그램**은 위험을 완화하기 위해 사용하는 보안 구성 요소를 보여 준다.
- **디자인 다이어그램**은 다음과 같은 애플리케이션의 하위 레벨 구조를 보여 준다.
    - **액티비티 다이어그램**은 애플리케이션이 수행하는 다양한 활동을 보여 준다.
    - **사용 사례 다이어그램**은 사용자가 애플리케이션을 어떻게 사용하는지를 보여 준다.
    - **타이밍 다이어그램**은 애플리케이션 내 다양한 상호 작용 간의 타이밍을 나타낸다.
    - **시퀀스 다이어그램**은 애플리케이션의 이벤트 시퀀스를 보여 준다.
    - **클래스 다이어그램**은 소프트웨어 클래스가 어떻게 정의되고 서로 어떻게 연관되어 있는지를 보여 준다.

각각의 다이어그램은 애플리케이션에 대한 통찰력을 제공하며, 보안 취약점을 드러낼 수도 있다. 예를 들어, 어떤 다이어그램에서 권한 부여 기능이 IAM 시스템과 연동되지 않는 것처럼 보인다면 그 기능은 무단 데이터 접근을 허용할 가능성이 있는 잠재적 취약점으로 간주해 기록해 둘 수 있다. 다이어그램만으로 보안 약점이 명확히 드러나지 않더라도 보안 평가에서 집중해야 할 영역을 식별하는 데에 도움이 된다.

실습 2-1: 문서 검토의 수행

목표:

아키텍처 및 디자인 다이어그램 검토하고 잠재적인 보안 문제를 식별하는 방법을 실습한다.

관련 정보:

이커머스 모바일 애플리케이션 팀에서 다음과 같은 문서 세트를 제공했다.

- 시스템 아키텍처 다이어그램(그림 2-1)
- 애플리케이션 아키텍처 다이어그램(그림 2-2)
- 사용 사례 다이어그램(그림 2-3)
- 액티비티 다이어그램(그림 2-4)

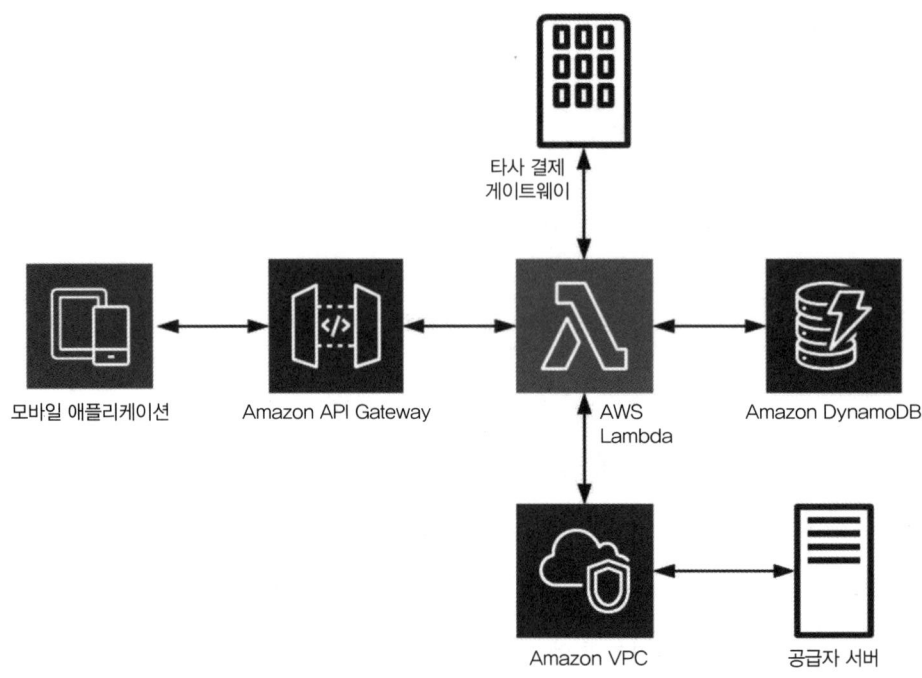

그림 2-1. 애플리케이션 시스템 아키텍처 다이어그램

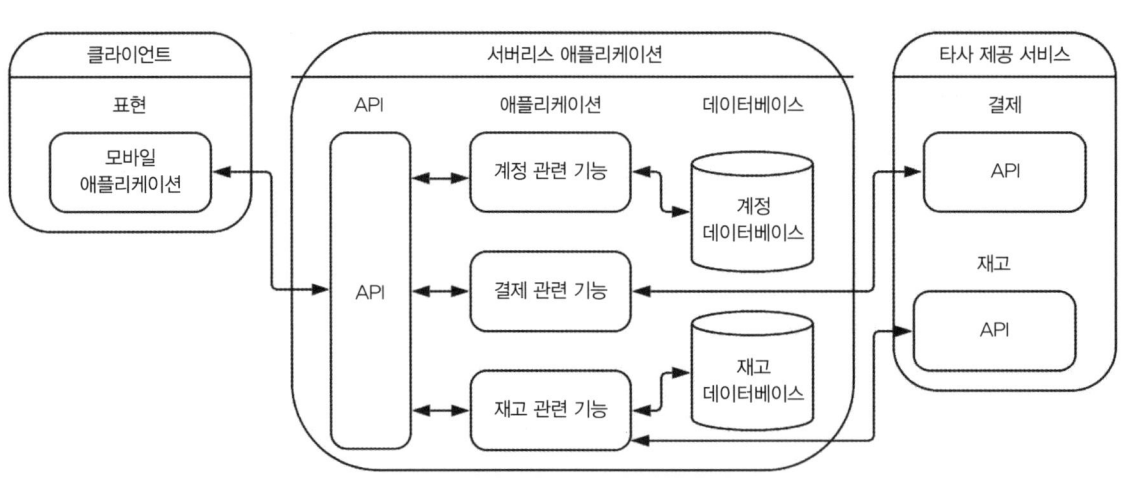

그림 2-2. 애플리케이션 아키텍처 다이어그램

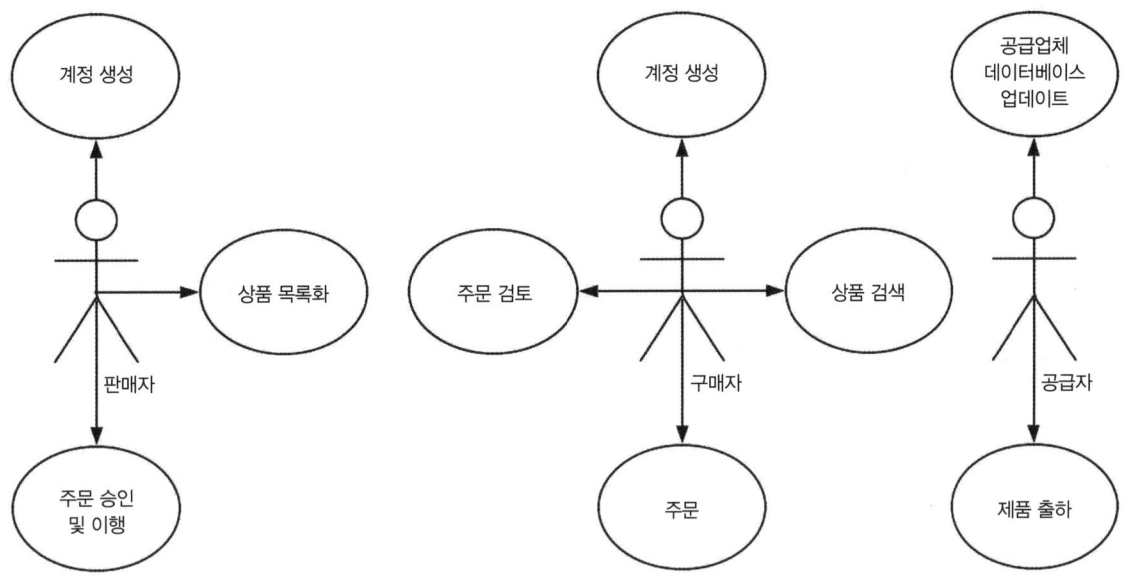

그림 2-3. 사용 사례 다이어그램

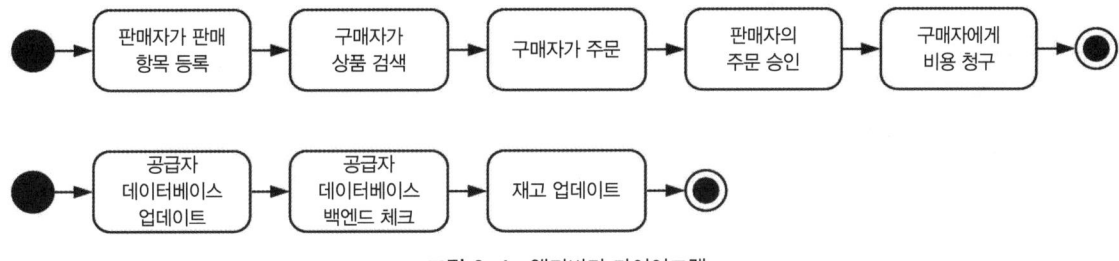

그림 2-4. 액티비티 다이어그램

지침:

각 다이어그램을 검토해 애플리케이션이 작동하는 방식을 이해하고 어떻게 연관됐는지를 식별한다.

팀에 문의할 후속 질문 리스트를 포함해 중요 영역을 강조하는 문서를 작성한다.

소스 코드 검토

소스 코드^{source code}를 검토하면 개발자가 설계를 어떻게 구현했는지 확인하고 구현된 애플리케이션이 설계 의도와 일치하는지 평가할 수 있다. 다양한 자동화 도구를 통해 소스 코드를 분석할 수 있으며, 이러한 도구는 코드 내 결함을 체계적으로 탐지하는 데 유용하다. 3장에서는 코드를 보호하는 방법을 다룰 예정이다. 시간이 허락한다면 자동화된 도구를 사용하는 것 외에도 수동으로 코드 분석도 병행하는 것이 바람직하다. 애플리케이션에서 사용된 모든 소스 코드 파일을 나열하면 애플리케이션에서 사용되는 기능을 파악할 수 있다. 플로 다이어그램^{flow diagram}을 작성해 각 기능이 상호 작용하는 방식을 설명하거나 기존 다이어그램의 차이를 평가할 수 있다. 함수 목록이 있으면 모든 입력, 이벤트 트리거^{event trigger}, 출력, 기타 관련 정보를 정리할 수 있다. Serverless Framework는 이러한 함수 목록을 단순화해 준다(예제 2-1 참고).

예제 2-1. Serverless Framework 구성 파일 예시

```
service: eCommerceAuthentication

provider:
  name: aws
  runtime: nodejs10.x
functions:
  login:
    handler: login.handler
    events:
      - http:
          path: auth/login
          method: post
  verifyMfa:
    handler: verifyMfa.handler
    events:
      - http:
          path: auth/verifyMfa
          method: post
```

Serverless 구성 파일('serverless.yml')은 다음 정보를 식별한다.

- **서비스** 이름은 'eCommerceAuthentication'이다. 이름과 명명 규칙은 다음과 같다.
  - 이 서버리스 함수 그룹을 다른 애플리케이션과 구별하기 위해 'eCommerce'를 애플리케이션 이름에 붙여 리스팅한다.
  - 'Authentication'을 지원하는 함수를 설명하고 'eCommerce' 애플리케이션에서 이 그룹을 다른 그룹과 구별한다.
- **서비스 제공자**는 AWS다.
- **프로그래밍 언어 런타임** 엔진은 Node.js 버전 10이다. 각 함수는 필요에 따라 다른 런타임을 사용할 수 있다.
- **함수**는 'Login'과 'verifyMfa'다. 함수 이름은 목적을 설명하기 위해 명명한다.
- **파일 정보**는 'handler' 키에 나열되며 다음과 같다.
  - 'handler' 값에 지정된 디렉터리가 없기 때문에 파일은 서버리스 프로젝트 디렉터리의 루트 레벨에 있다.
  - 파일 이름은 'login', 'verifyMfa'이며 함수 이름과 동일하다(경로의 '.handler' 부분 앞의 이름).
  - '.handler'가 경로의 두 번째 부분이기 때문에 함수의 진입점entry point은 소스 코드 내의 'handler' 메서드다. 참고로, 실제 파일 확장자는 Node.js를 사용하기 때문에 '.js'다.
- **이벤트 트리거**event trigger는 HTTPHTTP, HyperText Transfer Protocol 이벤트다. 'path' 값이 추가된 서비스의 웹 주소로 HTTP 요청을 보내면 함수가 실행된다.

이 정보를 사용해 스프레드시트를 작성하면 모든 함수를 문서화할 수 있다(표 2-2 참고).

표 2-2. 샘플 함수 목록

서비스	함수명	런타임	파일 경로	진입 포인트	이벤트 트리거
eCommerceAuthentication	login	Node.js 10	login.js	handler	HTTP
eCommerceAuthentication	verifyMfa	Node.js 10	verifyMfa.js	handler	HTTP

표 2-2에는 Serverless 구성 파일에서 추출한 모든 정보가 정리돼 있다. 필요에 따라 다른 칼럼column(예: 설명, 임포트된 모듈, 외부 인터페이스, 내부 인터페이스 등)을 확장해 평가 작업에 활용할 수 있다. 표 2-2는 소스 코드를 자동 및 수동으로 검토할 때 평가 과정을 단순화하고 정보를 통합하는 데 도움을 준다.

계정 검토

보안 평가에는 애플리케이션에서 사용하는 시스템 계정의 검토가 포함돼야 한다. 서버리스 애플리케이션을 실행하는 데 사용하는 계정도 평가 범위에 포함돼야 한다. 또한, 타사 서비스 및 통합 기능에서 사용하는 계정을 검토하는 것도 고려해야 한다. 평가를 수행하려면 시스템 계정에 로그인해야 할 수도 있다. 애플리케이션 팀은 관리자 자격 증명을 제공하는 데 약간 주저할 수 있지만, 읽기 전용 또는 제한된 권한을 가진 계정에 대한 접근 권한을 제공해 줄 수도 있다. 6장에서는 서버리스 서비스 제공자의 계정을 보호하는 방법에 대해 살펴본다.

다양한 계정을 검토할 때 다음과 같은 표준 질문을 고려할 수 있다.

- 각 애플리케이션 환경(예: 개발, 테스트, 프로덕션)에 대한 계정이 있는가? 아니면 하나의 계정이 여러 환경을 지원하고 있는가?
- 팀 구성원들이 공유 계정을 사용하고 있는가?
- 애플리케이션에 접근 권한이 제한된 전용 계정이 있는가?
- 계정 자격 증명(예: 사용자 이름과 비밀번호)이 안전하게 저장되고 있는가?
- 다중 요소 인증MFA, Multi-Factor Authentication이 지원되고 활성화되는가?
- 과도한 로그인 시도가 있을 경우 제한하고 잠금 처리하는가?
- 서버리스 애플리케이션과 해당 데이터의 수정을 제한하기 위해 접근 통제가 적용되고 있는가?

이러한 샘플 질문은 검토를 시작할 때 활용할 수 있으며, 계정 접근 권한이 없는 경우에는 개발팀에 조사를 요청하는 데 사용할 수도 있다. 목표는 외부 위협으로부터 계정을 보호하고, 해당 계정이 애플리케이션에 보안 위협이 되지 않도록 적절한 대응 조치를 마련하는 것이다.

애플리케이션 사용

애플리케이션을 실제로 사용해 보는 것은 동작 방식을 파악하는 데 가장 효과적인 방법이다. 프론트엔드front end와 상호작용하면서 프론트엔드가 백엔드back end를 호출하는 방식을 확인할 수 있다. 이 과정에서 네트워크 트래픽을 캡처하는 도구가 필요하다. 프론트엔드에서 작업을 수행한 시점을 기록하면 백엔드와 네트워크 호출 간의 상관관계를 파악할 수 있다.

네트워크 분석기를 사용해 트래픽을 기록하면 분석에 큰 도움이 된다. 와이어샤크Wireshark[10]는 마이크로소프트 윈도우, 애플Apple 맥OSmacOS[11], 리눅스[12] 운영체제에서 실행되는 무료 오픈 소스 네트워크 분석기다. 와이어샤크를 사용하면 해당 컴퓨터의 네트워크 연결을 통해 송수신되는 모든 트래픽을 실시간으로 확인할 수 있다(그림 2-5 참고). 네트워크의 전체 트래픽을 분석하려면 연결된 네트워크 포트를 스위치 포트switched port 분석기(또는 포트 미러port mirror) 모드로 설정해야 한다. 이렇게 설정하면 와이어샤크가 네트워크의 모든 트래픽을 수집하고 분석할 수 있다. 와이어샤크는 강력한 네트워크 분석기이지만 필요한 모든 트래픽을 수신하려면 네트워크 엔지니어의 지원이 필요할 수 있다.

---

10 Wireshark는 와이어샤크 재단(Wireshark Foundation)의 등록 상표다.
11 Apple 및 macOS는 미국 및 기타 국가에 등록된 애플(Apple, Inc.)의 등록 상표다.
12 Linux는 리누스 토발즈(Linus Torvalds)의 등록상표다.

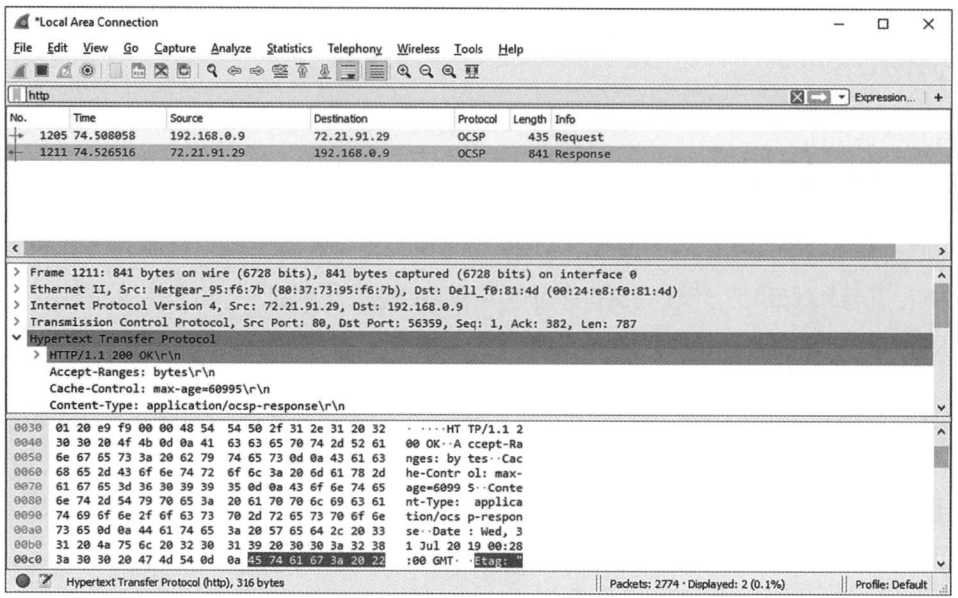

그림 2-5. 와이어샤크 네트워크 캡처

애플리케이션을 사용할 때 네트워크 분석을 단순화해 주는 개발자 도구들이 있다. 웹 기반 애플리케이션의 경우 네트워크 분석기가 내장된 구글 크롬[Google Chrome] 및 Mozilla Firefox[13] 웹 브라우저의 개발자 도구를 사용할 수 있다(그림 2-6, 그림 2-7 참고). 모바일 애플리케이션의 경우 애플 iOS 애플리케이션용 애플 Xcode[14]와 안드로이드[Android] 애플리케이션용 Google Android Studio[15]를 사용할 수 있다. 둘 다 애플리케이션을 빌드하고, 시뮬레이션 또는 에뮬레이션 장치에서 실행하며, 애플리케이션 로그를 확인할 수 있다. Xcode와 안드로이드 스튜디오를 사용하려면 소스 코드가 필요하고, 로그를 통해 제한된 수준의 네트워크 분석을 수행할 수 있다. 이러한 개발자 도구는 프론트엔드 동작과 백엔드 요청을 연관 지어 분석하는 데 도움이 될 수 있다.

---

13 Mozilla 및 Firefox는 미국 및 기타 국가에 등록된 모질라 재단(Mozilla Foundation)의 등록 상표다.
14 Apple, iOS, Xcode는 미국 및 기타 국가에서 등록된 애플의 등록 상표다.
15 'Android' 이름과 기타 Google 상표는 구글의 자산이다.

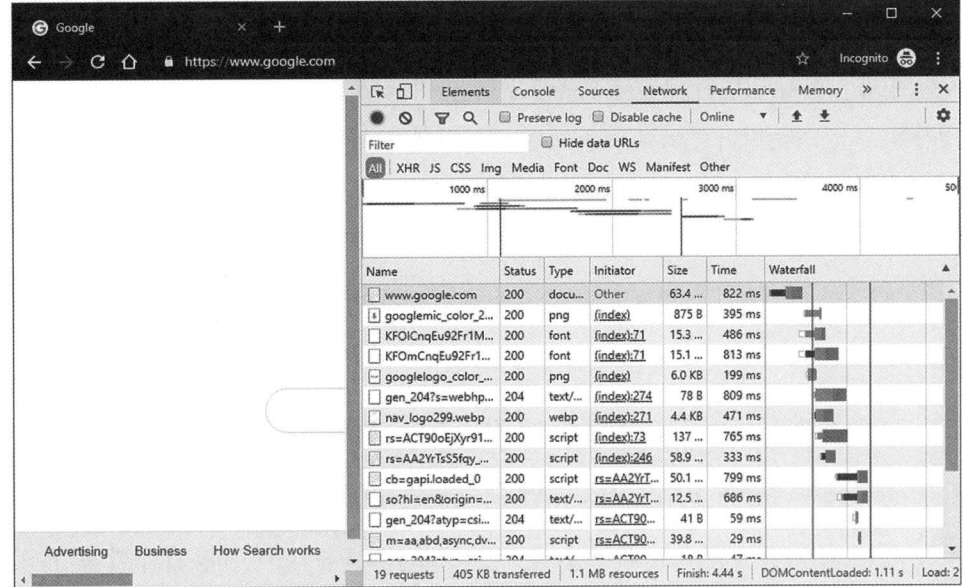

그림 2-6. 크롬 개발자 도구

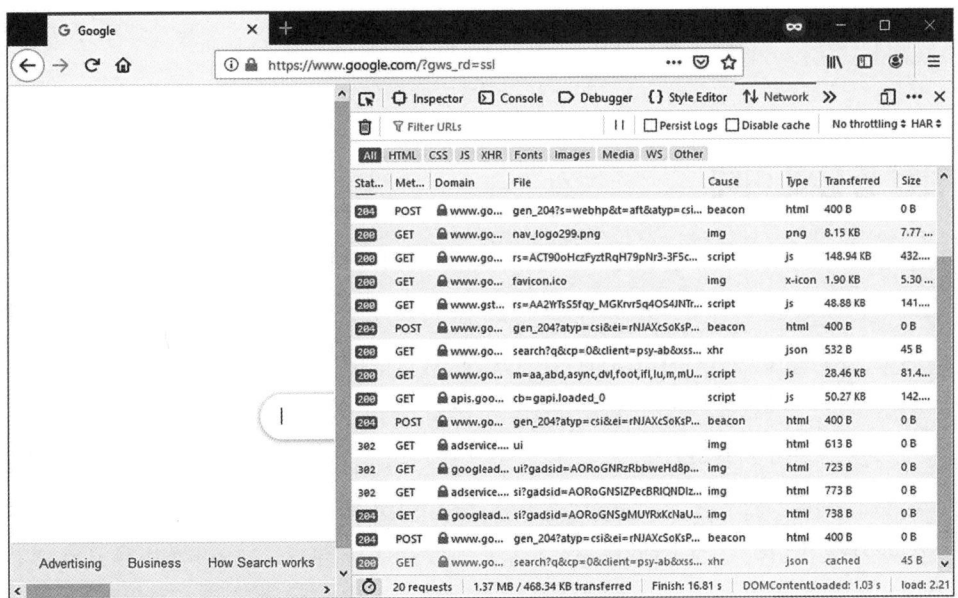

그림 2-7. 파이어폭스 개발자 도구

보안 평가의 범위 정의

보안 평가는 할당된 범위 내에서 수행해야 한다. 바꿔 말하면, 서버리스 애플리케이션만 평가할 수 있는 권한이 주어졌고, 모바일 애플리케이션, 타사 서비스, 또는 외부 인터페이스에 대한 권한은 없을 수도 있다. 평가 대상이 되는 모든 구성 요소를 둘러싸는 점선을 그릴 수 있다. 이 선을 보안 영역security enclave 또는 신뢰 경계trust boundary라고 한다.

이 경계는 철저한 평가가 필요한 구성 요소를 정의하며, 일반적으로 다음과 같은 기준을 따른다.

- 경계 가장자리에는 외부 위협으로부터 보호할 수 있는 보안 조치가 있어야 한다.
- 경계 내부의 구성 요소는 최소 보안 수준을 충족해야 한다.
- 경계 외부의 구성 요소와 서비스는 필수 보안 요구 사항이 적용되지 않을 수 있다. 그러나 해당 구성 요소를 애플리케이션 팀이 관리하거나 영향을 미칠 수 있는 경우, 추가적인 보안 조치를 권장할 수 있다.

이제 위협으로부터 보호해야 하는 자산 목록이 나왔다.

위협 동향의 이해

최근 뉴스에 보도된 수많은 보안 침해와 인터넷 범죄 사례들을 보면, 마치 이틀에 한 번 꼴로 사건이 발생하는 것처럼 느껴질 수 있다. 위협 행위자(예: 해커)는 다크웹Dark Web에서 훔친 정보를 판매하거나 금전을 탈취할 수 있기 때문에 인터넷 범죄를 수익성이 높은 활동으로 생각한다. 다른 위협 행위자들 또한 훔친 정보를 구입하고 싶어하며 상당한 금액을 기꺼이 지불하기도 한다. 미국 연방수사국FBI, Federal Bureau of Investigation 인터넷 범죄 신고 센터IC3, Internet Crime Complaint Center는 인터넷 범죄로 인한 손실이 매년 지속적으로 증가하고 있다고 보고했다(그림 2-8 참고).[16] 2012년부터 2018년까지 보고된 연간

---

16 '2018년 인터넷 범죄 보고서.' FBI IC3. https://www.ic3.gov/AnnualReport/Reports/2018_IC3Report.pdf

피해액은 5억 8,140만 달러[17]에서 27억 640만 달러로 465.5% 증가했다. 10년도 채 안 되는 기간에 이처럼 급격히 증가한 현실을 감안하면 위협 행위자와 그 위협을 이해하고 이에 대비하는 것이 필수적임을 알 수 있다.

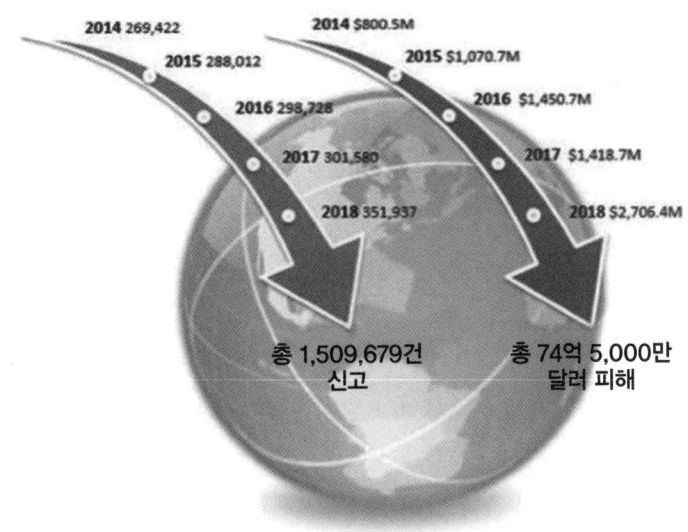

그림 2-8. FBI IC3 신고 통계 2014-2018

위협 행위자

위협 행위자는 애플리케이션에 위협이 되는 개인 또는 그룹이다. 이들은 다양한 수준의 기술력과 동기를 갖고 있으며 다양한 유형의 위협 행위자 그룹이 존재한다.

- **스크립트 키디**script kiddie는 스스로 공격을 설계하거나 조정할 능력은 부족하지만, 오픈 소스 해킹 도구나 이미 만들어진 스크립트를 활용해 공격을 시도한다. 이들

---

17 '2013년 인터넷 범죄 보고서.' FBI IC3. https://www.ic3.gov/AnnualReport/Reports/2013_IC3Report.pdf

의 동기는 단순한 호기심부터 대상을 당황하게 만들려는 목적, 악의적인 의도까지 다양하다. 그들은 오픈 소스 해킹 도구나 이미 만들어진 스크립트를 활용해 공격을 시도한다. 그들의 공격은 정교함이 부족하지만 여전히 피해를 줄 수 있다. 표준 보안 조치(예: 방화벽 활성화 및 소프트웨어 패치로 시스템 최신 상태 유지)를 구현하면 일반적으로 스크립트 키디로부터 애플리케이션을 보호할 수 있다.

- **사이버 범죄자**cybercriminal는 전략적으로 공격을 기획하고 수행할 수 있는 능력이 있으며, 일반적으로 금전적 이득을 주요 동기로 삼는다. 이들은 스크립트 키디와 동일한 도구를 사용하기도 하고, 소셜 엔지니어링 기법을 통해 사람들을 속여 민감한 정보를 유출시키며, 악성 소프트웨어(예: 랜섬웨어ransomware)를 배포하기도 한다. 공격 비용이 목표 대상의 가치보다 높을 경우, 공격이 이뤄질 가능성은 낮아진다. 표준 보안 조치 외에도 보안 인식 교육과 탐지 도구를 함께 도입하면 이러한 공격을 사전에 탐지하고 예방하는 데 도움이 된다.

- **핵티비스트**hacktivist는 전략적으로 공격을 기획하고 수행할 수 있는 능력이 있으며, 주요 동기는 특정한 대의명분을 지지하거나 미션을 달성하는 데 있다. 이들은 금전적 이익이나 투자 수익에는 관심이 없기 때문에 자신의 목적을 달성하기 위해 모든 수단을 동원하는 경향이 있다. 따라서 이들의 동기, 아젠다, 공격 패턴을 이해하는 것은 이에 맞춘 맞춤형 방어 전략을 수립하는 데 도움이 된다.

- **국가가 후원하는 공격자**state-sponsored attacker는 전략적으로 공격을 기획하고 수행할 수 있으며, 자신들을 통제하는 후원 국가로부터 직접적인 지원을 받는다. 공격자는 국가의 자원, 위협 인텔리전스, 전문 인력 등을 활용해 목표 달성을 위한 지원을 받으며, 필요 시 외부 해커 그룹과 협력하거나 하청 형태로 공격을 위임할 수도 있다. 따라서 각국의 정치적 이해관계와 지정학적 배경을 이해하는 것은 이러한 공격에 대응하기 위한 맞춤형 방어 전략 수립에 도움이 된다.

- **내부자 위협**insider threat은 기술 수준과 동기 모두 매우 다양하다. 일부 내부자는 의도치 않게, 또는 무의식적으로 위협을 유발할 수 있다. 이 경우에는 사회공학 공격 기법이나 보안 정책 위반에 쉽게 노출되므로 기본적인 사이버 보안 교육과 예방 수단에 대한 안내가 큰 도움이 된다. 반면, 불만을 가진 내부자는 시스템에 피해를 주려는 의도를 가질 수 있으며, 공격을 성공시킬 기술을 갖췄을 수도 있고,

그렇지 않을 수도 있다. 따라서 내부자에게는 반드시 직무 수행에 필요한 최소한의 접근 권한만 부여해야 하며, 내부자 위협을 탐지하고 보고하는 절차에 대한 보안 교육도 필수적이다. 궁극적으로, 조직 내부에 악의적인 행위자가 존재할 수 있다는 전제하에 시스템을 설계하고 보호하면 피해 가능성을 효과적으로 줄일 수 있다.

이제 다양한 위협 행위자와 동기를 이해했으니 이들이 목표를 달성하기 위해 활용할 수 있는 공격 표면attack surface에 대해 살펴본다.

공격 표면

위협 행위자 또는 공격자는 취약성을 이용해 공격을 실행할 수 있다. 취약성은 소프트웨어의 오류, 잘못된 구성 또는 보안 설정 누락으로 인해 발생하는 보안상의 약점이다. 공격자가 발견하는 취약성의 수가 증가할수록 공격은 더욱 강력하고 효과적으로 변한다. 공격 표면은 알려진 취약성과 알려지지 않은 취약성을 모두 포함한 영역을 의미한다.

다트dart와 다트판dartboard이 있다고 상상해 보자. 다트판은 공격 표면, 다트는 공격, 던지는 정확도는 공격자의 기술 수준이다. 취약성이 많을수록 다트판은 더 넓어진다. 다트판이 넓어질수록 다트를 명중시킬 확률도 커진다. 하지만 1/4 크기의 다트판을 명중시키기 위해선 특별한 기술과 정밀함이 필요하다. 방어자의 입장에서 가장 중요한 목표는 공격 표면을 가능한 한 줄이고 그 상태를 오랫동안 유지하는 것이다.

서버리스 애플리케이션의 공격 표면은 웹 애플리케이션과 유사하지만, 배포 방식과 관리 방식의 차이로 인해 일부 다르게 작용한다.[18] 표 2-3에서는 일반적인 웹 애플리케이션과 서버리스 애플리케이션의 차이점을 설명한다.

---

18 OWASP 재단은 GitHub 페이지에 '공격 표면 분석 치트 시트(Attack Surface Analysis Cheat Sheet)'를 게시했다. https://github.com/OWASP/CheatSheetSeries/blob/master/cheatsheets/Attack_Surface_Analysis_Cheat_Sheet.md

표 2-3. 일반적인 웹 애플리케이션과 서버리스 애플리케이션의 공격 표면 차이점

중요 영역	웹 애플리케이션	서버리스 애플리케이션
코드 플랫폼/엔진	웹 서버	함수 서비스
코드 배포	서버 업로드	서비스 업로드
구성 설정	웹 서버 구성	함수 서비스 설정
데이터 입력/요청	HTTP, 데이터베이스, 로컬 저장소	HTTP, 데이터베이스, 이벤트 트리거
보안 구성	웹 서버 플랫폼과 OS	시스템 계정/서비스 설정
보안 패치	웹 서버 플랫폼과 OS, 소프트웨어 패키지	소프트웨어 패키지

공격 표면을 정량적으로 평가할 때는 일반적으로 중요도가 높은 영역부터 시작한다. 취약성 스캐너 및 기타 도구를 활용하면 공격 표면을 구성하는 취약성 목록을 체계적으로 생성할 수 있다. 이 과정에서 배포 리소스, 이벤트 트리거, 시스템 계정 설정을 평가한다. 이렇게 파악한 공격 표면의 구성 요소를 바탕으로 위협 모델을 만들 수 있다.

위협 모델 생성

지금까지 평가한 결과는 다음과 같다.

- 애플리케이션과 설계에 대한 이해
- 신뢰 경계 및 보호할 자산 식별
- 잠재적 위협 행위자 및 그들의 동기 파악
- 문서화된 잠재적 취약성

이 정보를 사용하면 위협 모델을 만들기에 충분한 데이터가 확보된 셈이다.[19] 다이어그램 또는 매트릭스를 사용해 위협 모델을 문서화할 수 있다.

---

19 OWASP 재단은 GitHub 페이지에 '위협 모델링 관리 치트 시트(Threat Modeling Control Cheat Sheet)'를 게시했다. https://github.com/OWASP/CheatSheetSeries/blob/master/cheatsheets/Threat_Modeling_Cheat_Sheet.md

위협 모델은 위협 및 위협 행위자로부터 자산을 보호하는 데 사용되는 방어 수단을 가장 간단한 형태로 보여 준다. 위협은 시스템의 취약성 또는 약점을 악용하는 행위 또는 이벤트를 말하며, 위협 행위자는 위협을 실제로 실행하는 사람 또는 조직을 뜻한다. 위협 행위자가 해당 위협을 이해하는 데 중요한 요소라면 위협 모델에 포함되지만, 그렇지 않은 경우에는 생략될 수도 있다. 그림 2-9는 예제 애플리케이션의 위협 모델을 보여 준다.

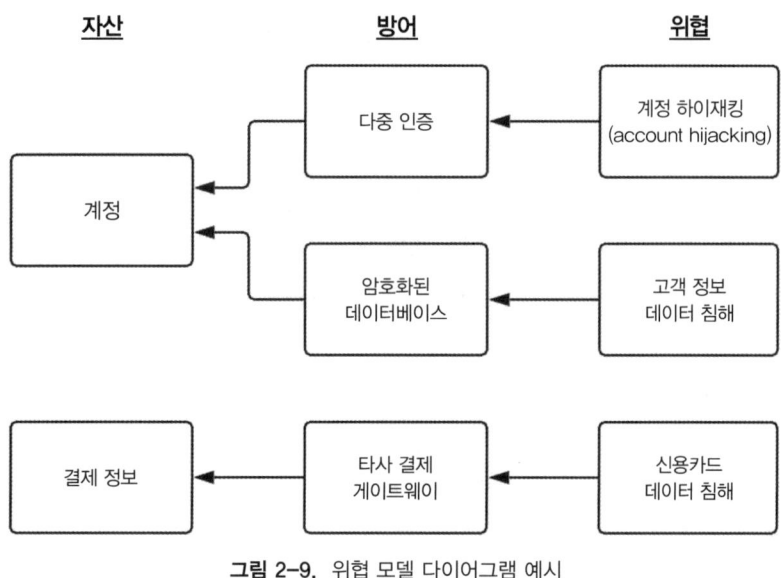

그림 2-9. 위협 모델 다이어그램 예시

표 2-4는 예제 애플리케이션의 위협 모델을 매트릭스 형태로 보여 준다.

표 2-4. 위협 모델 매트릭스 예시

자산	위협	완화 대책
계정(시스템)	계정 하이재킹	다중 인증
계정(애플리케이션)	고객 정보 유출	암호화된 데이터베이스
결제 정보	신용 카드 정보 유출	타사 결제 게이트웨이

위협 모델은 이해관계자에게 제시할 보안 위험 평가의 출발점이 된다.

위험 평가 준비

위험 평가를 통해 이해관계자에게 애플리케이션에 존재하는 위험 수준을 알릴 수 있다. 위험이 실현될 경우 비즈니스에 미치는 부정적인 영향을 기준으로 위험 수준을 판단해야 한다. 예를 들어, 로비의 디스플레이에 공지 사항을 표시하는 컴퓨터 시스템에 취약성을 발견할 수 있다. 해당 컴퓨터가 비즈니스 로직이나 데이터를 사용하는 경우 심각한 취약성으로 분류할 수 있다. 그러나 인터넷이 연결되지 않고 비즈니스 데이터에 접근할 수 없는 독립된 네트워크에서만 실행된다면 이는 비즈니스에 큰 영향을 주지 않는 낮은 수준의 위험으로 간주할 수 있다.

사소한 것처럼 보일지라도 위험은 항상 존재한다. 손님과 직원에게 정보를 전파하지 못하는 것과 장비를 교체하기 위해 예상치 못한 비용이 발생하는 것도 위험으로 볼 수 있다. 그러나 정보를 전파할 수 있는 다른 수단이 있고 예산에 여유가 있어 장비 교체가 문제가 되지 않는다면, 기업은 이를 낮은 수준의 위험으로 판단할 수 있다. 보안 전문가는 조사 결과에 따라 다른 위험 수준을 제시할 수 있다. 만약 로비 시스템이 서버리스 애플리케이션에 로그인하기 위해 정해진 사용자 이름과 암호를 사용하고, 고객 데이터에 접근할 수 있는 권한으로 상승할 수 있다면 위험 수준이 높음 또는 치명적 수준으로 변경될 수 있다. 이처럼 위협 모델과 비즈니스에 대한 지식을 활용하면 위험 수준을 분류하는 데 도움이 된다(표 2-5 참고).

표 2-5. 위험 평가 예시

자산	위협	위험	발생 가능성	영향도	완화 대책
계정(시스템)	계정 하이재킹	중간	높음	낮음	다중 인증
계정(애플리케이션)	고객 데이터 유출	중간	낮음	높음	암호화된 데이터베이스
결제 정보	신용 카드 데이터 유출	중간	낮음	높음	타사 결제 게이트웨이

위험 수준(낮음, 중간, 높음)을 제시하는 것뿐만 아니라 해당 위험이 발생할 가능성과 비즈니스에 미치는 영향을 함께 고려해야 한다. 기업은 비즈니스 운영과 수익에 실질적인 영향을 줄 수 있는 심각한 위험과 그 발생 가능성에 더 많은 관심을 갖는다. 예를 들어, 극단적으로 전체 인터넷이 작동을 멈춘다는 위협이 있다. 기업은 애플리케이션이 다운될 때마다 수백만 원의 손실을 입을 수 있지만, 이런 일이 일어날 가능성은 극히 드물다. 인터넷 연결이 복원되면 다시 동기화되는 캐싱caching 및 오프라인 기능을 사용해 완화 대책을 제시하면 비즈니스 우려를 줄일 수 있다.

발생 가능성이 매우 높고, 애플리케이션 성능이 저하돼 매일 수백만 원의 손실을 초래하는 위험이 있을 수 있다. 그에 비해 영향도는 낮지만 자주 발생하고 쉽게 실현되는 위협은 누적돼 상당한 피해를 줄 수 있다. 목표는 위험의 발생 가능성과 영향도를 적절한 범위 내에서 관리해서 대부분의 위험이 비즈니스에 미치는 영향을 중간 수준 이하로 유지하는 것이다(표 2-6 참고).

표 2-6. 위험 매트릭스

발생 가능성	영향도				
	매우 낮음	낮음	보통	높음	매우 높음
매우 낮음	낮음	낮음	낮음	낮음	중간
낮음	낮음	낮음	낮음	중간	중간
보통	낮음	중간	중간	중간	높음
높음	낮음	중간	중간	높음	높음
매우 높음	중간	중간	높음	높음	높음

우리의 목표는 비즈니스에 대한 위험을 정확하게 전달하는 것이다. 대부분의 조사 결과가 낮은 위험 수준이며, 일부는 중간 수준이고, 높은 위험은 거의 없거나 아주 적어야 이상적이다. 위험 평가는 현재 적용된 완화 조치와 앞으로 적용해야 할 추가적인 대응 방안을 함께 포함해야 한다. 서버리스 애플리케이션을 보호하고 위험을 줄이기 위한 완화 기법은 이후의 장들에서 다룬다. 마지막 장에서는 위험 평가를 마무리 짓는 방법을 설명한다.

주요 내용

2장에서는 위험 평가를 수행하는 절차를 살펴봤다. 위험 평가를 준비하는 방법을 이해함으로써 평가 과정에서 조사해야 할 핵심 항목들을 파악할 수 있다.

이 책 전반에 걸쳐 사용할 구성을 다음과 같이 설정했다.

- 평가에 사용되는 애플리케이션 예제는 **가상의 이커머스 모바일 애플리케이션**이다.
- Serverless Framework는 FaaS 서비스 제공자에게 함수를 배포하는 데 사용된다.
- Node.js는 함수 코드에 사용하는 프로그래밍 언어다.
- 여러 **용어**, **키워드**, **축약어**를 정의했다.

애플리케이션을 이해하는 다양한 방법을 살펴봤으며 그 방법은 다음과 같다.

- **다양한 유형의 문서**(예: 아키텍처 및 디자인 다이어그램, 요구 사항 문서 및 매뉴얼)를 검토해 개발자가 애플리케이션을 어떻게 설계했고 어떤 목적을 갖고 있는지 파악한다.
- **소스 코드**를 검토해 다양한 함수, 런타임 엔진, 진입점, 이벤트 트리거를 확인한다.
- **시스템 계정**을 검토해 외부 및 내부 위협을 식별한다.
- **애플리케이션**을 실행해 네트워크 트래픽을 캡처하고 설계를 보다 명확하게 파악한다.

이 지식을 바탕으로 다음과 같이 위험 평가를 수행할 수 있다.

- 보안 평가 범위를 설정하기 위한 **신뢰 경계**를 정의한다.
- 스크립트 키디, 사이버 범죄자, 핵티비스트, 국가 후원 공격자, 내부자 **위협을 포함**한 위협 행위자와 그들의 동기를 이해한다.
- 취약성을 식별하고 **공격 표면**을 정량화한다.
- 자산, 위협, 완화 대책을 포함한 **위험 모델**을 생성한다.

마지막으로, 이 평가를 통해 위험의 수준, 발생 가능성, 이해관계자에게 미치는 영향을 정량화했다.

이후의 장들에서는 서버리스 보안의 특정 주제에 집중할 것이다. 각 장은 위험 평가를 정리하는 데 지침으로 활용할 수 있다. 3장에서는 애플리케이션 코드를 보호해 위험을 줄이는 방법을 살펴본다.

CHAPTER 03

코드 보안

3장에서는 애플리케이션 코드 보안의 중요성을 살펴보겠다. 서버리스 함수의 런타임과 버전을 선택하는 방법, 해당 함수가 사용하는 라이브러리와 의존성을 평가하는 방법에 대해 알아본다. 정적 코드 분석 도구, 유닛 테스트, 회귀 테스트가 애플리케이션 코드 보안에 어떻게 기여하는지도 살펴본다. 마지막으로, 다양한 이벤트가 서버리스 함수를 트리거하는 방식을 배우고, 이러한 이벤트에 대한 입력값 검증을 수행하는 방법에 대해서도 살펴본다.

애플리케이션 코드 보호의 중요성

이어지는 장들에서는 애플리케이션을 안전하게 보호하기 위한 실질적인 보안 접근 방법을 다룬다. 서버나 운영체제를 보호하는 기존 시스템의 보안 방식과는 다른 전략이 될 수 있다. 일반적인 시스템에서는 애플리케이션을 실행하는 인프라와 플랫폼의 보호에 더 중점을 두는 경우가 많다. 이러한 보안 요소들이 더 중요해 보일 수 있지만, 이어지는 장들에서 논의되는 주제도 그에 못지않게 중요하다. 3장에서는 애플리케이션 코드 수준의 보안에 중점을 둔다.

사용자는 애플리케이션을 서버리스 환경에 배포할 때 인프라와 플랫폼을 추상화

abstraction[1]하게 된다. 사용자는 운영체제, 코드 플랫폼, 서버리스 애플리케이션을 실행하는 데 사용되는 기타 메커니즘의 보안 상태에 거의 영향을 미치지 않는다. 그러나 애플리케이션 코드 자체는 사용자가 직접 보호할 수 있다. 일반적인 시스템에서는 운영체제와 플랫폼의 보안 대책을 활용해 코드의 위험을 완화할 수 있다. 하지만 서버리스 환경에서는 운영체제와 플랫폼을 보호할 수 없기 때문에 배포하는 코드의 보안을 강화하는 것이 무엇보다 중요하다.

런타임 엔진 및 버전 선택

서버리스 서비스 제공자는 다양한 런타임 엔진(예: Node.js, 파이썬Python, 자바 등)과 그에 따른 여러 버전을 지원한다. 예를 들어, AWS는 여러 가지 런타임 엔진뿐 아니라, 사용자가 직접 커스텀 런타임을 생성할 수 있는 기능도 지원한다. 그림 3-1을 참고하자. 애플리케이션과 보안을 지원하는 방식에 따라 사용할 런타임 엔진을 결정해야 한다.

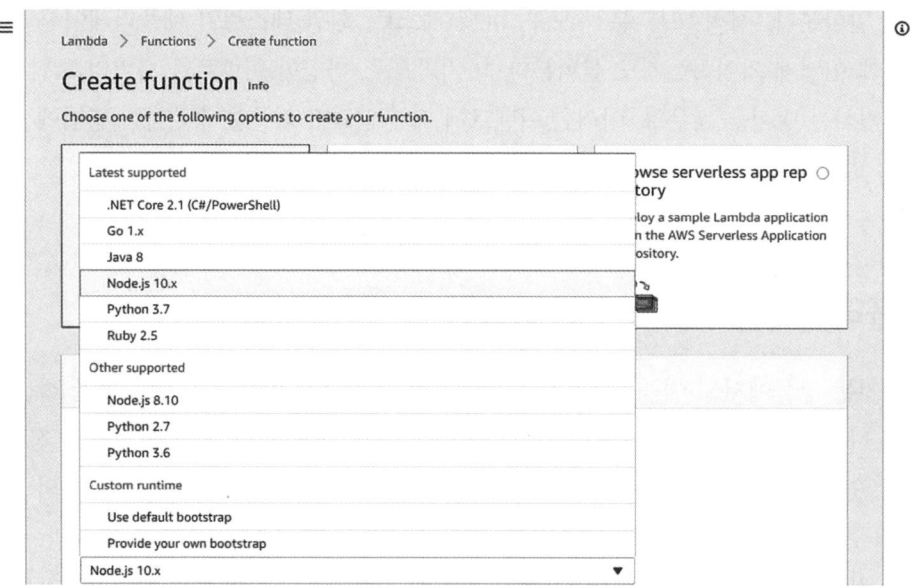

그림 3-1. AWS Lambda 런타임 옵션

---

1   시스템의 복잡한 내부 구현을 감추고, 핵심 기능만 노출하는 개념. 서버리스에서는 인프라 관리가 감춰지고, 개발자는 코드에만 집중할 수 있다. – 옮긴이

이 책은 보안에 중점을 두기 때문에 애플리케이션의 기능 요구 사항을 충족하기 위해 Node.js, 파이썬, 자바, 루비^{Ruby} 등의 언어 중에서 어떤 것을 선택할지에 대한 지침은 제공하지 않는다. 기능 요구 사항을 충족하는 런타임이 단 하나뿐이라면, 가장 최신 버전을 선택하는 것이 일반적으로 취약점이 가장 적고 보안 측면에서도 안전하다. 또한, 함수마다 서로 다른 런타임 엔진을 선택할 수 있는 경우도 있다. 이를 통해 기능 요구 사항을 충족하면서 보안 수준도 균형 있게 유지할 수 있다.

AWS, Azure, Google Cloud는 모두 Node.js를 런타임 엔진으로 지원한다. 이 책을 쓰는 시점에서는 AWS와 Google Cloud만 다른 런타임 엔진을 선택할 수 있다. 2장에서 설명했듯이 이 책에서는 Node.js를 기본 프로그래밍 언어이자 런타임으로 선택했다. 일관성을 위해 모든 서버리스 함수를 Node.js로 작성한다. 다만, 필요에 따라 다른 런타임을 사용할 수도 있다.

서버리스 함수에 대해 여러 런타임 중에서 선택할 수 있는 옵션이 있는 경우 취약점이 가장 적은 런타임을 선택해야 한다. CVE$^{Common\ Vulnerabilities\ and\ Exposure}$[2], NVD$^{National\ Vulnerability\ Database}$[3] 또는 CVE Details[4] 같은 취약점 정보 집계 사이트를 활용해 취약점을 검토할 수 있다. 이 책에서는 상대적으로 더 간단한 사용자 인터페이스를 제공하는 CVE Details 웹사이트를 사용한다. 그래도 CVE와 NVD에 익숙해질 것을 권장한다.

- 런타임별 취약점을 검색하려면 www.cvedetails.com을 방문한다.
- 왼쪽 창의 'Search' 섹션에서 **Version Search**를 클릭한다.
- 표 3-1의 검색 기준에 따라 **공급업체 이름**, **제품 이름**, **버전**을 입력한다(그림3-2 참고).
- **Search** 버튼을 클릭한다.

참고: 이 웹사이트에서는 '%' 기호를 와일드카드로 사용할 수 있다.

---

[2] '공개된 취약점 항목.' MITRE Corporation. https://cve.mitre.org
[3] '국가 취약점 데이터베이스.' 미국 국립표준기술연구소(NIST, National Institute of Standards and Technology). https://nvd.nist.gov
[4] 'CVE Details' 세르칸 외즈칸(Serkan Özkan). www.cvedetails.com

표 3-1. CVE Details 버전 검색 기준

런타임 및 버전	공급업체 이름	제품 이름	버전
.NET Core 2.x	Microsoft	.NET Core	2%
Go 1.x	Golang	GO	1%
Java 8.x	Oracle	JRE	1.8%
Node.js 10.x	Nodejs	Node.js	10%
Node.js 8.x	Nodejs	Node.js	8%
Python 2.x	Python%	Python	2%
Python 3.x	Python%	Python	3%
Ruby 2.x	Ruby-lang	Ruby	2%

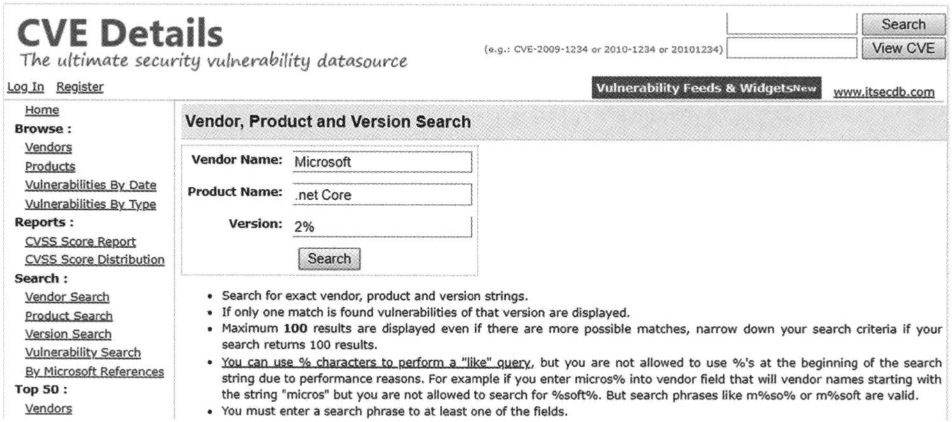

그림 3-2. CVE Details 버전 검색 기준 예시

그림 3-3은 마이크로소프트 .NET을 예로 사용한 검색 결과를 보여 준다. 특정 런타임의 마이너 버전(예: 파이썬 2.7) 또는 메이저 버전의 최신 릴리스(예: 자바 8 또는 Node.js 10.x)에 존재하는 취약점의 수에 주의해야 한다.[5] 선택적으로 로우 데이터raw data를 활용해 메이저 버전별 취약점 수를 막대 차트로 만들어 버전별 취약점 추이를 파악할 수 있다(그림 3-4 참고). 웹사이트에서는 검색 결과의 버전명을 클릭하면 해당 제품 전체에

---

5 메이저 버전과 마이너 버전은 시맨틱 버전 관리에서 정의된 용어다. '시맨틱 버전 2.0.0.' 톰 프레스턴-워너(Tom Preston-Werner). https://semver.org

대한 통계도 제공한다(그림 3-5 참고). 취약점 세부 내용을 함께 검토하는 것이 바람직하다.

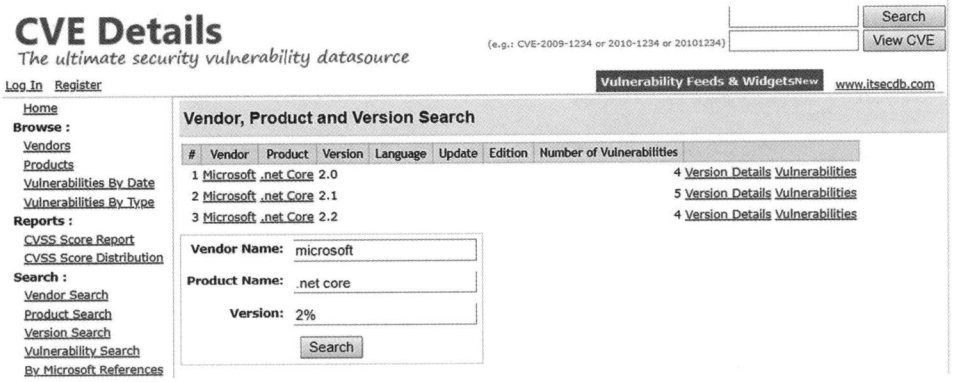

그림 3-3. CVE Details 버전 검색 결과 예시

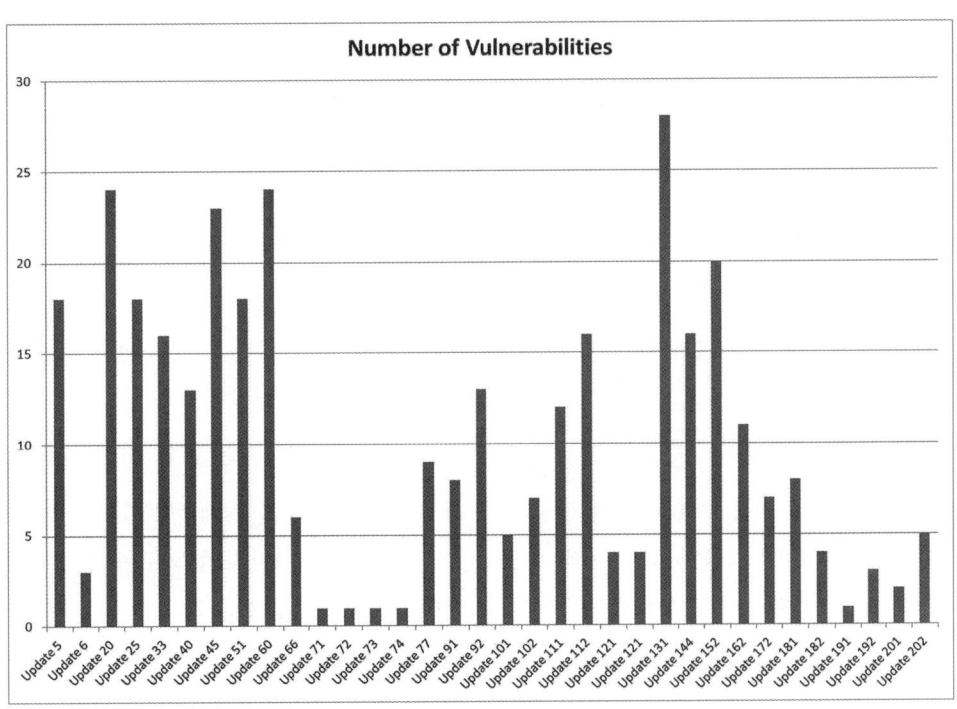

그림 3-4. Java 8.x 런타임 버전 업데이트별 취약점 막대 차트 예시

03장 코드 보안 | 065

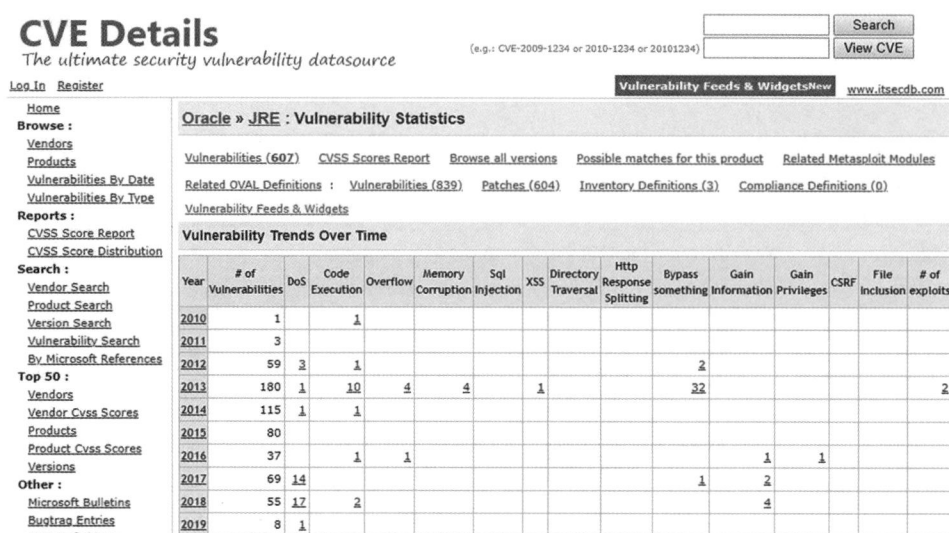

그림 3-5. CVE Details 취약점 통계 예시

취약점 세부 정보를 검토하면 런타임의 보안 상태를 더 잘 이해할 수 있다. 여러 버전에서 취약점의 수는 적지만 심각도 점수는 높은 것을 발견할 수 있다. 반대로 일부 버전에는 여러 가지 취약점이 있지만 심각도 점수가 낮다는 것을 알 수 있다. 또는 취약점이 애플리케이션이나 서버리스 환경에 실제로 영향을 미치지 않는 경우도 있을 수 있다. 이러한 모든 데이터를 종합해 보안 위험 수준에 따라 가장 적합한 런타임 엔진을 결정할 수 있다.

개발자는 특정 목적을 달성하기 위해 Node.js 이외의 런타임을 원할 수도 있다. 멀티스레딩과 라이브러리를 위해 자바를 사용하고, 효율적인 동시성을 위해 고[Go]를 사용하고, 단순성과 라이브러리를 위해 파이썬 등을 선호할 수 있다. 개발자의 의도를 이해하면 개발자가 보안 관점에서 조언이 필요할 때 적절한 추천을 할 수 있다.

취약점을 확인하는 것 외에도 런타임 버전의 EOL[End-Of-Life] 날짜를 반드시 확인해야 한다. 이 책을 쓰는 시점에 AWS Lambda는 파이썬 2.7을 런타임으로 지원하고 있다. 하지만 파이썬 소프트웨어 재단은 파이썬 2.7의 EOL 날짜를 2020년 1월 1일로 발표했는 데[6] 이는 그 이후부터는 더 이상 버그 수정이나 보안 패치를 제공하지 않는다는 것을 의미한다. 이 날짜 이전에 파이썬 2.7을 사용하려는 개발자는 EOL 날짜 이전에 업그레이드를 반드시 고려해야 한다.

실습 3-1에서 CVE Details를 사용하고 EOL 날짜를 조사할 것이다.

실습 3-1: 런타임 선택

목표:

CVE Details를 사용해 런타임 버전에서 알려진 취약점이 있는지 확인하는 방법을 실습한다.

관련 정보:

개발 팀은 서버리스 함수에 사용할 런타임에 선택에 대한 가이드를 요청했다. 파이썬과 자바스크립트 모두 필요한 의존성을 포함하고 있기 때문에 둘 중 하나를 결정하려고 한다.

설명:

1. www.cvedetails.com에 접속한다.

2. 왼쪽 창의 'Search' 섹션에서 **Version Search**를 클릭한다.

3. 공급업체 이름에 'Nodejs', 제품 이름에 'Node.js', 버전에 '8%'를 입력한다(표 3-1 참고).

4. **Search** 버튼을 클릭한다.

5. 데이터를 스프레드시트 프로그램에 복사해 결과 검색 테이블을 스프레드시트로 변환한다.

6. 선택적으로 그림 3-4와 유사한 막대 차트를 만든다.

---

[6] 'PEP 373 — Python 2.7 Release Schedule,' 파이썬 소프트웨어 재단. 2018. 11. 3. www.python.org/dev/peps/pep-0373

7. 공급업체 이름에 'Nodejs', 제품 이름에 'Node.js', 버전에 '10%'를 입력해 검색 파라미터를 업데이트한다(표 3-1 참고).

8. Node.js 10에 대해 4단계와 5단계를 반복한다.

9. 공급업체 이름에 'Python%', 제품 이름에 'Python' 및 버전에 '2%'를 입력해 검색 파라미터를 업데이트한다(표 3-1 참고).

10. 파이썬 2에 대해 4단계와 5단계를 반복한다.

11. 공급업체 이름에 'Python%', 제품 이름에 'Python', 버전에 '3%'를 입력해 검색 파라미터를 업데이트한다(표 3-1 참고).

12. 파이썬 3에 대해 4단계와 5단계를 반복한다.

13. 온라인으로 Node.js 8, Node.js 10, 파이썬 2, 파이썬 3의 'EOL' 날짜를 검색하고 결과를 기록한다.

모든 결과를 평가하고 개발자가 사용해야 하는 패키지를 추천한다.

라이브러리 및 의존성 평가

개발자는 함수에 라이브러리를 사용할 수 있다. 라이브러리를 활용하면 기존 기능을 재사용해 시간을 절약할 수 있지만, 일반적으로 해당 라이브러리가 항상 효율적이고 취약점이 없다는 보장은 없다. 라이브러리를 개발한 쪽에서도 다른 라이브러리를 사용했을 수 있다. 이러한 의존성은 여러 계층으로 중첩될 수 있다. 서버리스 함수에 사용되는 의존성을 평가하는 방법을 알아보겠다.

의존성 트리 평가

코드 실행 로직에서 라이브러리를 사용할 경우 해당 라이브러리를 의존성이라 부른다. 코드에 의존성을 추가하면 코드의 계층이 하나 더 추가된다. 의존성이 다른 의존성을 포함하면서 계층은 점점 깊어지고, 각 의존성은 나무 줄기(즉, 원래 코드)에서 나오는 가지처럼 트리를 형성한다. 단 하나의 의존성을 추가하는 것만으로도 하나의 분기에서 시작된 여러 계층의 의존성 트리가 형성될 수 있다. 취약점은 이런 트리의 모든 계층이나 분기에 존재할 수 있으며, 그 심각도와 악용 난이도에 따라 서버리스 함수에 영향을 미칠 수 있다. 따라서 의존성 트리를 이해하고 이를 가능한 한 짧고 좁게 유지하는 것이 중요하다.

의존성 트리의 크기는 코드에 의존성을 추가할 때 명확하지 않을 수 있다. npm은 Node.js 프로젝트에 사용된 패키지(즉, 라이브러리)의 수를 보여 주지만, 이는 모든 종속 항목을 누적한 총합이다. 프로젝트에 여러 패키지가 있을 수 있지만, 서버리스 함수는 그중 일부만 사용할 수 있다. 표 3-2에 나열된 의존성 트리 도구를 활용하면 트리를 시각화할 수 있다. 그림 3-6은 서버리스 함수에서 사용하는 특정 패키지의 의존성 트리를 보여 준다.

표 3-2. 의존성 트리 도구

도구	라이선스	지원되는 런타임
Anvaka[1]	무료	Node.js
Apache Maven Dependency Plugin[2]	무료 오픈 소스	Java
Bundler[3]	무료 오픈 소스	Ruby
DependencyWalker for .NET[4]	무료 오픈 소스	.NET
Depth[5]	무료 오픈 소스	Go
Gradle Scans[6]	무료 및 유료	Java
NDepend[7]	유료	.NET
Pideptree[8]	무료 오픈 소스	Python

[ ] 안의 숫자는 3장 '참고' 절의 항목을 나타낸다(표 3-4, 3-5 동일). – 옮긴이

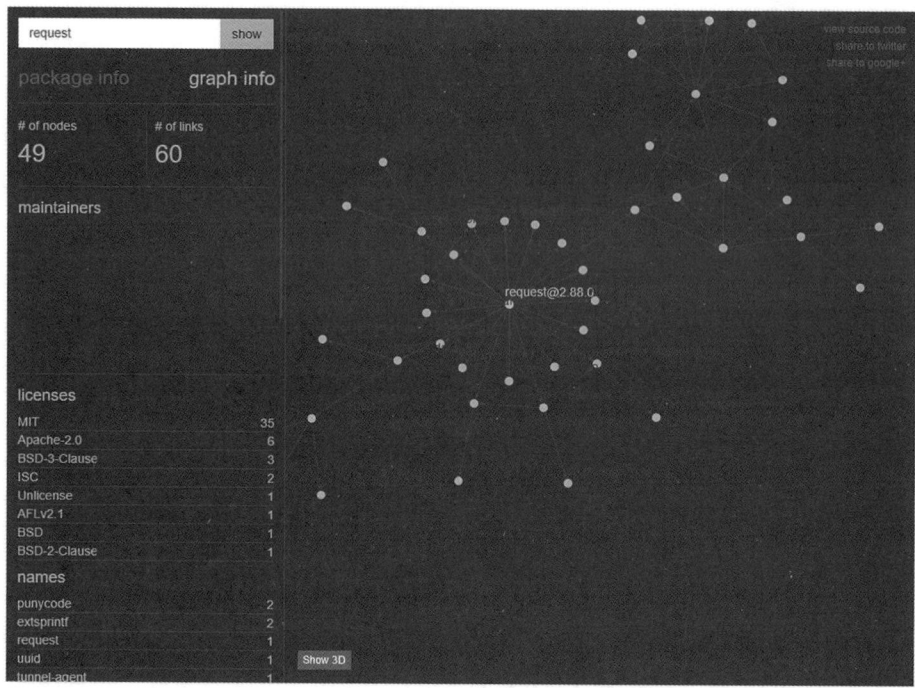

그림 3-6. Anvaka를 사용해 생성된 Node.js 패키지 의존성 트리 예시

의존성 트리 도구는 의존성의 개수를 파악하고 트리의 구조적 크기를 확인하는 데 도움이 된다. 의존성 트리를 활용하면 동일한 기능을 제공하는 여러 패키지를 평가할 때 사용할 패키지를 결정하는 데 도움이 된다. 이에 대해서 실습 3-2에서 자세히 살펴보겠다.

취약점 검사

의존성은 가능한 한 알려진 취약점이 없어야 한다. 코드에 취약점이 없게 작성했더라도 라이브러리를 사용하면서 취약점이 생길 수 있다. 의존성에 대해 취약점을 주기적으로 검사하는 것이 애플리케이션의 보안 상태를 유지하는 좋은 방법이다. 표 3-3에 소개된 취약점 검사 도구를 사용해 의존성에 취약점이 있는지 확인한다. 취약점 검사 도구는 의존성에 포함된 알려진 취약점이나 이미 해결된 취약점을 식별할 수 있다.

패키지에 수정 사항이 제공되지 않는 경우 해당 보안 리스크를 평가한 뒤 그 리스크를 수용하거나 다른 패키지를 사용하거나 보완 조치를 적용하는 방식으로 대응 방안을 마련해야 한다. 이러한 과정을 거치면 알려진 취약점이 없거나, 이미 완화 조치가 적용됐거나, 이해관계자가 수용 가능한 수준으로 판단한 상태에서 코드를 배포할 수 있다.

표 3-3. 라이브러리 취약점 검사 도구

취약점 검사 도구	라이선스	지원되는 런타임
Bundler Audit[9]	무료 오픈 소스	Ruby
Dependency-Check[10]	무료 오픈 소스	Python
npm audit[11]	무료 오픈 소스	Node.js
OSSIndex Audit.NET[12]	무료 오픈 소스	.NET
OSSIndex Gradle Plugin[13]	무료 오픈 소스	Java
OSSIndex Maven Plugin[14]	무료 오픈 소스	Java
OWASP Dependency Check[15]	무료 오픈 소스	Java, .NET (실험 중: Ruby, Node.js, Python)
Safety[16]	무료 오픈 소스	Python
Snyk[17]	무료 및 유료	Java, .NET, Ruby, Python, Go, Node.js
SourceClear[18]	유료	Java, Ruby, Python, Go, Node.js

취약점 검사 도구는 개발 환경에 통합할 수 있다. 많은 조직이 지속적 통합(CI, Continuous Integration)과 지속적 배포(CD, Continuous Deployment)를 도입하고 있다. CI/CD를 통해 개발자는 코드를 작성하고, 구성 관리 도구나 소스 저장소에 저장하며, 애플리케이션에 배포되는 코드를 추적할 수 있다. 취약점 검사 도구를 CI/CD 파이프라인에 통합하면 배포 전에 코드를 자동으로 검사하고 취약점이 발견되면 개발자에게 알릴 수 있다.

기타 고려 사항

의존성 트리의 크기와 알려진 취약점 외에도 패키지를 선택하거나 유지 관리할 때 고려해야 할 다음과 같은 요소가 있다.

- **마지막으로 게시된 날짜**는 해당 패키지가 현재도 유지 관리되고 있는지 알려 준다. 오래된 패키지는 더 이상 지원되지 않거나, 유지 관리자가 보안 취약점을 확인하거나 수정하지 않을 수 있다.

- **사용하지 않는 패키지**가 기존 프로젝트에 여전히 존재할 수 있다. 프로젝트에 사용하지 않는 코드가 있으면 필요 이상으로 커지고, 보안 감사가 왜곡되며, 공격 표면이 넓어질 수 있다.

- **이전 버전**은 최신 패키지 버전보다 취약할 가능성이 높다. 주기적으로 최신 버전으로 업그레이드하면 취약점을 줄이는 데 도움이 된다.

결국, 개발자들이 패키지를 선택하고 사용한 방식과 그 패키지가 유지 관리되고 있는지 이해하는 것이 애플리케이션의 보안 상태를 유지하는 데 중요하다.

실습 3-2: 패키지 평가

목표:

Anvaka를 사용해 의존성 트리를 보고 npm audit를 통해 알려진 취약점을 확인하는 방법을 실습한다.

관련 정보:

개발 팀은 서버리스 Node.js 함수에 사용할 라이브러리에 대한 가이드를 요청했다. 해당 함수는 HTTP 요청을 수행할 것이다. 'request', 'request-promise', 'http-request', 'got' 패키지 중에서 어떤 것을 선택할지 보안 관점에서 조언을 구하고 있다.

지침:

1. CLI를 사용해 chapter03/exercise02 폴더에서 소스 코드를 연다.

2. CLI에서 npm install을 실행해 패키지를 설치한다.

3. package.json 파일을 열고 의존성을 확인한다.

4. https://npm.anvaka.com을 방문해 'package.json' 파일의 각 의존성에 대한 의존성을 생성하고 테이블의 노드 및 링크 수를 저장한다.

5. CLI에서 npm outdated를 실행해 설치된 패키지가 최신 버전인지 확인하고 오래된 패키지를 저장한다.

6. www.npmjs.com을 방문해 각 패키지를 검색한다. 설치된 버전의 시기(연 또는 월)와 마지막으로 게시된 버전의 시기를 확인한다.

7. CLI에서 npm audit을 실행해 설치된 패키지에 취약점이 있는지 확인한다. 취약점이 있는 패키지와 권장하는 문제 해결 방법을 확인한다.

8. https://snyk.io를 방문하고 Vulnerability DB 섹션으로 이동해 npm 저장소를 선택한 뒤 각 패키지를 검색한다. 취약점의 히스토리가 있는 패키지를 확인한다.

모든 결과를 평가하고 개발자가 사용해야 하는 패키지를 추천한다.

정적 코드 분석 도구 사용

정적 코드 분석은 일반적인 코딩 오류와 보안 취약점을 점검하는 규칙에 따라 소스 코드를 검사하는 작업이다. 정적 코드 분석은 일반적인 보안 관행이지만 서버리스 환경에서는 특히 필수적이다. 전통적인 환경에서는 인프라, 운영체제, 플랫폼 등이 애플리케이션을 보호하는 역할을 하지만, 서버리스에서는 코드 자체가 첫 번째 방어선이 되기 때문이다. 서버리스 함수는 사용자가 직접 호출할 수 있으므로 일반적인 실수나 알려진 취약점을 방지하기 위해 잘 작성된 코드가 필요하다. 이를 위해 정적 코드 분석 도구를 사용하는 것이 중요하다.

표 3-4와 같은 정적 코드 분석 도구는 코드에서 흔히 발생할 수 있는 문제를 평가한다. 코드가 구문을 준수하는지 확인할 뿐만 아니라 알려진 보안 위험을 방지하기 위한 규칙도 있다. 예를 들어, Node.js는 자바스크립트 코드를 실행하는 'eval' 함수를 제공한다. 이 함수는 전달된 모든 코드를 평가하고 메인 코드와 동일한 권한으로 실행되기 때문에 악성 코드가 실행될 위험이 매우 높다. 정적 코드 분석 도구에는 이러한 일반적인 문제를 확인하고 결과를 보고하는 규칙을 갖고 있다.

표 3-4. 정적 코드 분석 도구

분석 도구	라이선스	지원 런타임
Bandit[19]	무료 오픈 소스	Python
Pylint[20]	무료 오픈 소스	Python
ESLint[21]	무료 오픈 소스	Node.js
SonarLint[22]	무료 오픈 소스	Java, .NET, Node.js, Python, Ruby
SonarQube[23]	무료 플랜	Java, .NET, Node.js, Python, Ruby, Go

위키피디아에는 더 상세한 정적 코드 분석 도구 리스트가 있다.[7]

단위 테스트 및 회귀 테스트

단위 테스트 및 회귀 테스트를 수행하면 코드 품질을 향상시키고 코드 회귀를 방지하는 데 도움이 된다. 단위 테스트는 코드의 각 부분이 설계한 대로 동작하는지 입력과 출력을 평가한다. 회귀 테스트는 전체 애플리케이션이 예상대로 작동하는지, 회귀하지 않는지(즉, 악화되지 않는지) 확인하는 테스트 케이스로 구성된다. 이러한 테스트의 목적은 보안 문제를 직접적으로 확인하는 것은 아니지만 보안 측면에서도 활용할 수 있다.

개발자는 단위 테스트에 잘못된 입력을 추가해 코드가 예상한 대로 안전한 출력을 제공하는지 확인할 수 있다. 예를 들어, 파일 이름을 입력으로 받는 함수가 있을 수 있다. 단위 테스트는 인젝션 공격(예: 'myfile.jpg; cd /tmp; ls' 파일 이름)에 대한 검사를 실행하고 적절한 응답(예: 오류 코드)이 반환되는지 또는 원하지 않는 응답(예: 임시 디렉터리의 내용)이 반환되는지 확인할 수 있다. 개발자와 보안 팀은 단위 테스트를 통해 잠재적인 익스플로잇 exploit을 창의적으로 설계해 취약점을 찾을 수 있다.

팀은 회귀 테스트를 통해 애플리케이션이 일정 수준의 보안을 유지하는지 확인하는 테스트 케이스를 정의할 수 있다. 예를 들어, 계정을 정상적으로 등록하는 테스트 외에도 사용자가 등록 도중 절차를 중단하는 경우, 동일 사용자가 다시 등록을 시도하는 경우, 또는 등록되지 않은 사용자가 등록된 사용자 기능에 접근하려는 경우 등을 테스트할 수 있다. 회귀 테스트를 통해 애플리케이션을 비표준적인 방식으로 사용하는 다양한 시나

---

7 '정적 코드 분석 도구 리스트' 위키피디아. https://en.wikipedia.org/wiki/List_of_tools_for_static_code_analysis

리오를 팀이 점검하고, 애플리케이션이 그 상황에 적절하고 안전하게 반응하는지를 확인할 수 있다.

입력 값 검증

입력 값 검증은 소프트웨어가 수신한 입력이 예상되는 형식에 맞는지 확인하는 작업이다. 입력 값 검증은 서버리스 환경에서 가장 효과적인 런타임 방어 메커니즘 중 하나로 볼 수 있다. OWASP^{Open Web Application Security Project} 재단[8]과 CSA^{Cloud Security Alliance}[9]는 서버리스 환경의 보안 위험을 정의한 문서를 발표했다. 이들 문서 모두 인젝션 공격을 가장 높은 리스크로 정의하며, 입력 값 검증을 통해 완화할 수 있다고 발표했다. 카네기 멜론 대학교^{Carnegie Mellon University} 소속 SEI^{Software Engineering Institute}의 CERT^{Computer Emergency Response Team}도 보안 코딩 표준[10]을 설정했는데, 입력 값 검증을 가장 중요한 보안 코딩 사례로 제시하고 있다. 서버리스 환경이든 전통적인 서버 기반 환경이든 입력 값 검증은 보안을 위한 필수 요소로 간주돼야 한다.

이벤트 소스

이벤트 트리거는 서버리스 함수를 호출(즉, 실행)하는 역할을 한다. 이벤트는 입력 데이터를 생성하고 실행 로직에서 사용하는 함수로 전송한다. 표 3-5는 이 책을 쓰는 시점에 사용 가능한 AWS[11], Azure[12], Google Cloud[13] 이벤트 트리거 목록을 보여 준다.

---

8 'OWASP Top 10: 서버리스에 대한 해석.' OWASP Foundation. 2017. www.owasp.org/index.php/OWASP_Serverless_Top_10_Project

9 '서버리스 애플리케이션에 가장 중요한 12가지 리스크 2019.' Cloud Security Alliance. 2019. https://blog.cloudsecurityalliance.org/2019/02/11/critical-risks-serverless-applications/

10 '상위 10가지 보안 코딩 사례.' Carnegie Melon University. 2 May 2018. https://wiki.sei.cmu.edu/confluence/display/seccode/Top+10+Secure+Coding+Practices

11 '다른 서비스와 함께 AWS Lamda 사용.' AWS Lamda 개발자 가이드. Amazon Web Services. https://docs.aws.amazon.com/lambda/latest/dg/lambda-services.html

12 'Azure 함수 트리거 및 바인딩 개념.' Microsoft Azure. https://docs.microsoft.com/en-us/azure/azure-functions/functions-triggers-bindings

13 '이벤트와 트리거.' Google Cloud Functions documentation. Google. https://cloud.google.com/functions/docs/concepts/events-triggers

표 3-5. 이벤트 트리거

서비스 제공자	이벤트 트리거
AWS	Amazon Alexa,[24] Amazon API Gateway (i.e., HTTP),[25] Amazon CloudFront (Lambda@Edge),[26] Amazon CloudWatch Events,[27] Amazon CloudWatch Logs,[28] Amazon Cognito,[29] Amazon DynamoDB,[30] Amazon Kinesis,[31] Amazon Kinesis Data Firehose,[32] Amazon Lex,[33] Amazon Simple Email Service,[34] Amazon Simple Notification Service,[35] Amazon Simple Queue Service,[36] Amazon Simple Storage Service,[37] AWS CloudFormation,[38] AWS CodeCommit,[39] AWS Config,[40] Elastic Load Balancing (Application Load Balancer)[41]
Azure	Blob storage,[42] Cosmos DB,[43] Event Grid,[44] Event Hubs,[45] HTTP & Webhooks,[46] Microsoft Graph Events,[47] Queue Storage,[48] Service Bus,[49] Timer[50]
Google	Cloud Storage,[51] Cloud Pub/Sub,[52] Cloud Firestore,[53] Firebase Realtime Database,[54]
Cloud	Firebase Analytics,[55] Firebase Auth,[56] HTTP,[57] Operations and Cloud Logging[58]14

이벤트 유형별 정리

각 이벤트는 입력 구조가 서로 다르다. 이벤트 유형별로 입력 구조를 정리하는 방법을 설명하기 위해 두 가지 이벤트 유형을 살펴보겠다. 이벤트 유형은 다양하므로 애플리케이션에서 사용하는 특정 이벤트를 파악하고 그에 맞는 입력 값 검증을 구현하는 것이 중요하다.

Amazon API Gateway 이벤트 정리 예시

'chapter03/examples-input-validation' 폴더에서 AWS Lamda 함수를 정의하는 'serverless.yml' 구성 파일15을 확인할 수 있다. 함수에는 'example/{myPathParameter}' 경로에 대해 구성된 HTTP 이벤트(즉, API Gateway 이벤트 트리거)를 사용한다. 이 구성을 배포하면 Serverless는 'https://7mzctr1gua.execute-api.

---

14 Stackdriver는 Operations로 명칭이 변경됐으며 Cloud Logging 기능을 제공한다. 'Operations (formerly Stackdriver).' Google. https://cloud.google.com/products/operations

15 'serverless.yml' 구성 파일은 탭에 의존적이고 주석에 '#'을 사용하는 YAML(YAML Ain't Markup Language) 형식을 사용한다. 자세한 내용은 다음을 참고한다. 'YAML: YAML Ain't Markup Language.' %YAML 1.2. https://yaml.org

us-east-1.amazonaws.com/dev/example/testParameter?testKey=testValue1&testKey=testValue2'와 유사한 HTTP 엔드포인트^endpoint 와 Lamda를 생성한다.

참고로, 이벤트 데이터를 이해하는 데 도움이 되도록 '{myPathParameter}'를 'testParameter'로 업데이트하고 'testKey=testValue'라는 쿼리 문자열을 추가했다. 다음 절에서 이벤트 입력 데이터에 대해 알아보겠다.

입력 데이터 예시

'chapter03/examples-input-validation/src/apigateway' 폴더에는 앞에서 설명한 HTTP 엔드포인트를 호출해 생성된 실제 이벤트 데이터 객체를 저장하는 'eventGet.json' 파일이 있다. 이벤트 객체를 사람이 읽을 수 있는 형식으로 지정할 때 91개 라인의 데이터가 있는 것을 확인할 수 있다. 이 이벤트 데이터에는 몇 가지 주목할 만한 속성이 있다.

- 'resource' 속성에는 Serverless 배포 시 생성된 API Gateway 리소스가 포함돼 있다. 'serverless.yml' 파일에 정의된 'path' 속성과 일치하지만 앞에 슬래시(/)가 붙는다.
- 'path' 속성에는 해당 Lamda 함수를 트리거하는 API Gateway 엔드포인트의 실제 경로가 포함돼 있다. 'serverless.yml' 파일에 정의된 'path' 속성을 따르지만 중괄호 안의 텍스트는 실제 값으로 대체된다.
    - 'https://'는 접두사다.
    - '7mzctr1gua.execute-api.us-east-1.amazonaws.com'은 도메인이다.
    - '/dev'는 'serverless.yml' 구성에 정의된 API Gateway의 환경^stage 이다.
    - '/example/testParameter'는 경로^path 다.
    - 'testKey=testValue1&testKey=testValue2'는 쿼리 문자열이다.
- 'httpMethod' 속성은 HTTP 요청에서 사용된 HTTP 메서드(예: GET, POST, PUT, DELETE 등)를 포함한다.
- 'headers' 속성은 HTTP 요청에 제공된 HTTP 헤더를 포함한다.

- 'multiValueHeaders' 속성은 'headers' 속성의 정보를 포함하지만, 중복된 HTTP 요청 헤더 필드를 배열 형태로 표현한 하위 속성으로 구성된다.
- 'queryStringParameters' 속성은 쿼리 문자열에 지정된 키와 마지막 값을 포함한다. 이 예제에서는 'testValue2' 키 값만 반환했음을 알 수 있다.
- 'multiValueQueryStringParameters' 속성에는 쿼리 문자열에 지정된 키와 모든 값이 포함된다.
- 'pathParameters' 속성에는 주소에 사용된 모든 경로 파라미터와 값이 포함된다. 이 예제에서 'myPathParameter' 경로 파라미터의 값이 'testParameters'인 것을 알 수 있다. 왜냐하면 'serverless.yml' 구성 내의 'path'에 '{myPathParameter}'가 정의된 주소에서 해당 값을 사용했기 때문이다.
- 'stageVariables' 속성에는 API Gateway에 대해 정의된 환경 변수가 포함된다. Serverless 플러그인을 활성화해 환경 변수를 정의하지 않는 한 값은 'null'이다.
- 'requestContext' 속성은 추가 정보(예: API Gateway 환경, AWS 계정 식별자$^{ID, IDentifier}$, 요청자의 IP 주소)를 포함한다.
- 'body' 속성은 HTTP POST에서 직렬화된 JSON 형식의 페이로드 데이터를 포함한다. HTTP GET의 경우 값은 'null'이다. HTTP POST에 대한 본문 데이터를 확인하려면 'chapter03/examples-input-validation/src/apigateway/eventPost.json' 파일을 참조한다.
- 'isBase64Encoded' 속성은 페이로드가 base64로 인코딩된 바이너리 형식인지를 나타내는 불리언^{Boolean} 값이다. 페이로드를 base64로 변환하기 위해 Serverless 플러그인을 활성화하지 않는 한 값은 'false'다.

이러한 속성을 활용해 입력 값 검증을 수행하는 방법을 살펴본다.

입력 값 검증 예시

'chapter03/examples-input-validation/src/apigateway' 폴더에는 GET 및 POST HTTP 요청을 모두 수락하도록 구성된 Lambda 함수를 정의하는 'example.js' 파일이

있다. 이 예제 코드는 입력 값 검증에 있어 다양한 고려 사항을 구현하는 방법을 보여준다.

입력 값 검증은 Lambda 함수의 설계 방식에 따라 달라질 수 있다. 이 예제에서 수행하는 주요 작업은 다음과 같다.

- GET 및 POST HTTP 요청을 받는다.
- path 파라미터가 필수다.
- GET 요청은 특정 데이터 구조를 가진 하나의 쿼리 문자열 파라미터를 요구한다.
- POST 요청은 쿼리 문자열 파라미터를 허용하지 않는다.
- POST 요청은 특정 데이터 구조가 있는 두 개의 body 속성을 필수로 요구한다.
- 특정 서버 IP 주소의 요청에 대해서만 실행한다.

코드에서 다음 이벤트 속성을 사용해 지정된 입력 값 검증을 수행하는 방법을 살펴본다.

- **'body' 속성**은 HTTP 메서드를 준수하며 필수 데이터 요소가 있다. 모든 필수 JSON 속성이 존재하는지 확인하고, 필수 및 선택적 JSON 속성이 예상한 입력 값(예: 데이터 타입, 길이, 형식 등)과 일치하는지 검사한다.
  - HTTP GET 요청에서는 본문이 비어 있는지를 확인할 수 있다('예제 입력 값 검증 1' 코드 섹션 참고).
  - HTTP POST에서는 'bodyKey1', 'bodyKey2'의 필수 속성이 있는지를 확인하고, 이 두 값이 모두 영숫자로 구성된 문자열이고, 길이가 1자 이상 20자 이하인지 검증한다('예제 입력 값 검증 2' 코드 섹션 참고).
- **'queryStringParameters' 및 'multiValueQueryStringParameters' 속성**은 HTTP 메서드에 따라 필요한 데이터를 갖고 있다.
  - 입력 값 검증을 통해 HTTP POST요청에 쿼리 문자열 파라미터가 포함되지 않았는지 확인할 수 있다('예제 입력 값 검증 3' 코드 섹션 참고).
  - 입력 값 검증은 HTTP GET요청에 필수 'testKey' 파라미터가 있고 해당 값이

길이 1~20자의 영숫자 문자열인지 확인할 수 있다. 또한, 'multiValueQueryStringParameters' 속성의 'testKey' 파라미터에 값이 하나만 있는지도 검사할 수 있다('예제 입력 값 검증 4' 코드 섹션 참고).

- 'requestContext' 속성 내에 중첩된 **'sourceIp' 속성**은 화이트리스트에 있는 IP와 일치한다.
  - 입력 값 검증을 통해 요청자의 IP 주소가 'serverless.yml' 구성의 'environment' 속성에 지정된 IP 주소와 일치하는지 확인할 수 있다('예제 입력 값 검증 5' 코드 섹션 참고).

이러한 입력 값 검증은 Lambda 함수의 의도에 따라 달라질 수 있다. 목표는 이벤트 데이터가 어떻게 변경될 수 있는지를 파악하고 애플리케이션이 이를 어떻게 검증할지를 이해하는 것이다. Postman[16](그림 3-7 참고) 같은 API 테스트 도구를 사용해 주소, HTTP 메서드, 쿼리 문자열 파라미터, 본문 데이터의 다양한 조합을 테스트할 수 있다.

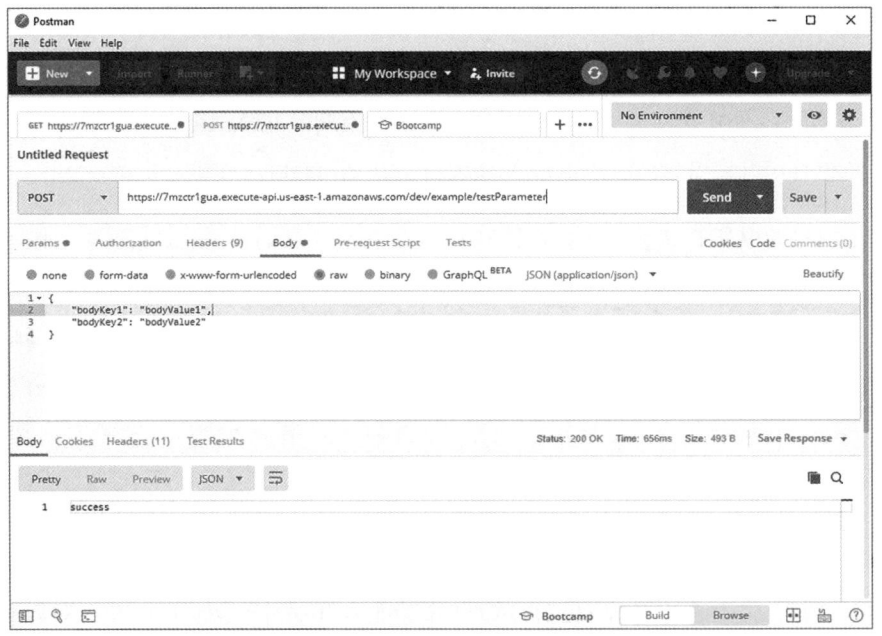

그림 3-7. Postman을 사용한 HTTP 요청 전송

---

16 Postman은 포스트맨(Postman, Inc.)의 등록 상표다.

Amazon Simple Storage Service 이벤트 정리 예시

'chapter03/examples-input-validation' 폴더에는 AWS Lambda 함수를 정의한 'serverless.yml' 구성 파일이 있다. 이 함수는 S3 이벤트로 트리거되도록 설정돼 있다. Serverless를 배포하면 'serverless.yml' 파일의 'resources' 속성에 정의된 대로 Lambda 및 S3 버킷이 생성된다. 이후 S3 버킷에 파일이 업로드되면 Lambda 함수가 트리거된다. 이제 이때 전달되는 이벤트 입력 데이터를 살펴보겠다.

입력 데이터 예시

'chapter03/examples-input-validation/src/s3' 폴더에는 S3 버킷에 파일을 업로드한 후 생성되는 실제 이벤트 데이터 객체를 저장한 'event.json' 파일이 있다. 이벤트 객체는 사람이 읽을 수 있는 형식으로 포맷하면 38줄의 데이터가 포함돼 있는 것을 볼 수 있다. 이벤트 데이터에는 다음과 같은 주요 하위 속성이 있다.

- 'Records' 속성에는 Lambda 함수를 트리거한 모든 파일 업로드 기록을 배열 형태로 포함한다. 각 레코드는 여러 속성을 가진 객체다. 다음은 레코드 객체의 주요 하위 속성이다.

  - 'eventSource' 속성에는 이벤트 유형이 포함된다. 이 예시에서는 'aws:s3'이지만 이벤트(예: 'aws:dynamodb')에 따라 다른 값이 될 수 있다.
  - 'eventTime' 속성은 ISO-8601 형식으로 기록된 이벤트 발생 시각을 포함한다.
  - 'requestParameters' 속성에는 요청에 대한 정보가 포함된다.
  - 'requestParameters' 속성 아래에 중첩된 'sourceIPAddress' 속성에는 파일 업로드를 수행한 클라이언트의 IP 주소를 담고 있다.
  - 's3' 속성에는 S3 버킷 및 업로드된 객체에 대한 정보가 포함돼 있다.
  - 's3' 속성 아래에 중첩된 'bucket' 속성에는 파일이 업로드된 S3 버킷에 대한 정보가 포함된다.
  - 's3' 속성 아래에 중첩된 'object' 속성에는 업로드된 파일 자체에 대한 정보가 포함된다.

이러한 속성을 사용해 입력 값 검증을 수행하는 방법을 살펴본다.

입력 값 검증 예시

'chapter03/examples-input-validation/src/s3' 폴더에는 S3 이벤트를 처리하도록 구성된 Lambda 함수를 정의한 'example.js' 파일이 있다. 이 예제 코드는 다양한 입력 값 검증 방식의 예시를 보여 준다. 입력 값 검증 방식은 Lambda 함수의 설계 방식에 따라 달라진다. 다음과 같은 작업을 수행한다.

- 빈 레코드 **거부**
- S3 이벤트 소스 **허용**
- 10KB보다 작은 파일 **거부**
- 50자보다 긴 파일 이름 **거부**
- 유효한 파일 확장자 **필요**
- 특정 서버 IP 주소에서 발생한 요청만 **실행**

입력 값 검증을 위해 코드에서 다음 이벤트 속성이 어떻게 사용되는지 확인할 수 있다.

- **'Records' 속성**은 하나 이상의 객체가 있는 배열이다('입력 값 검증 예제 1' 코드 섹션 참고).
- 레코드 객체의 **'eventSource' 속성**은 'aws:s3'와 같다('입력 값 검증 예제 2' 코드 섹션 참고).
- 레코드 객체의 's3' 및 'bucket' 속성 아래에 중첩된 **'name' 속성**은 'serverless.yml' 구성에서 정의된 버킷 이름과 동일하다('입력 값 검증 예제 3' 코드 섹션 참고).
- 레코드 객체의 's3' 및 'object' 속성 아래에 중첩된 **'size' 속성**은 비정상적인 파일을 필터링하기 위해 설정한 최소 크기보다 크다('입력 값 검증 예제 4' 코드 섹션 참고).
- 레코드 객체의 's3' 및 'object' 속성 아래에 중첩된 **'key' 속성**은 두 가지 입력 값 검증을 수행한다.

- 이 값은 인젝션 공격을 방지하기 위해 설정한 최대 허용 크기보다 작아야 한다 ('입력 값 검증 예제 5' 코드 섹션 참고).
- 이 값은 유효한 파일 확장자로 끝나야 한다('입력 값 검증 예제 6' 코드 섹션 참고).
- 또한, MIME 유형이 'image/jpeg'와 같은지 파일을 읽고 검사하는 코드를 추가해 JPEG 파일 확장자를 가진 다른 파일 유형이 아니라 실제 JPEG 파일인지 확인할 수 있다. 참고로, 파일을 검사할 때 원격 코드가 실행되지 않도록 주의해야 한다.
- 레코드 객체의 'requestParameters' 속성 아래에 중첩된 **'sourceIpAddress' 속성**은 'serverless.yml' 구성의 'environment'에 정의된 IP 주소와 일치해야 한다('입력 값 검증 예제 7' 코드 섹션 참고).
- 레코드 객체의 **'eventName' 속성**은 'ObjectCreated:Put'과 같아야 하며 다른 방식으로 생성 또는 삭제된 이벤트는 필터링해야 한다('입력 값 검증 예제 8' 코드 섹션 참고). 참고로, 'serverless.yml' 파일의 'rules' 속성에서도 필터링할 수 있지만, 잘못된 S3 이벤트가 함수를 트리거하는 경우를 대비해 코드에서도 검증하는 것이 좋다.
- 레코드 객체의 **'eventTime' 속성**은 5분 이내의 값이어야 하며, 오래된 이벤트는 처리하지 않아야 한다('입력 값 검증 예제 8' 코드 섹션 참고). 참고로, 잘못된 이벤트 트리거를 필터링하기 위해 이벤트 시간이 미래 시간이 아닌지 확인할 수 있다.

이러한 입력 값 검증은 Lambda 함수의 의도에 따라 달라진다. 목표는 이벤트 데이터가 어떻게 변경되는지, 애플리케이션이 이를 어떻게 검증하는지를 파악하는 것이다. AWS S3 Management Console(그림 3-8 참고)을 사용해 다양한 파일 업로드를 테스트할 수 있다.

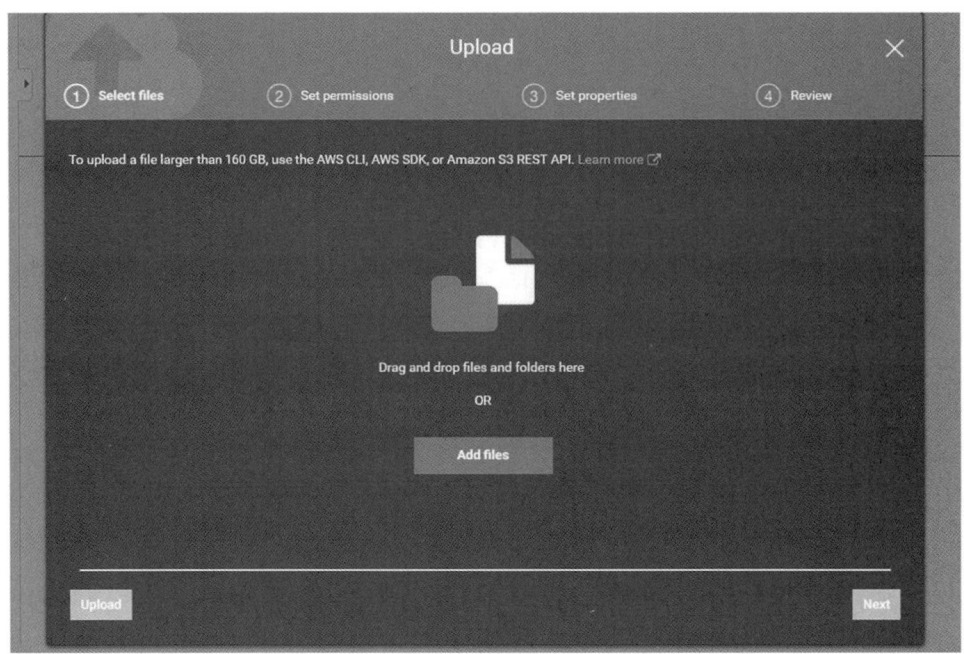

그림 3-8. AWS S3 Management Console

주요 내용

3장에서는 애플리케이션 코드 보안의 중요성과 관련된 여러 주제를 검토했다.

보안 관점에서 런타임 엔진과 버전을 선택하는 방법을 살펴봤다. CVE Details 웹사이트를 활용해 런타임 및 해당 버전에 존재하는 알려진 취약점을 조사했다.

라이브러리와 의존성이 서버리스 함수에 어떤 방식으로 취약점을 유발할 수 있는지 알아봤다. 의존성 트리가 깊어질수록 취약점의 가능성도 높아지므로 의존성 트리 도구와 취약점 검사 도구를 통해 이를 평가하는 방법을 다뤘다.

정적 코드 분석 도구와 단위 및 회귀 테스트가 서버리스 애플리케이션 보안을 어떻게 향상시킬 수 있는지도 살펴봤다. 정적 분석 도구로 일반적인 프로그래밍 및 보안 오류를 찾아내고, 테스트를 통해 비정상 입력이나 예상치 못한 흐름을 점검해 보안 취약점을 조기에 발견할 수 있다.

서버리스 함수에서 입력 값 검증의 중요성을 강조했다. 다양한 이벤트 트리거 유형과 그에 따른 데이터 구조 차이를 살펴보고, 각각에 적합한 입력 검증 방식도 함께 소개했다.

4장에서는 서버리스 애플리케이션의 인터페이스 보호에 대해 다룰 예정이다.

참고

1. 'npm 의존성의 시각화.' Anvaka. https://npm.anvaka.com
2. 'Apache Maven 의존성 플러그인 - 소개.' Apache Maven Project. https://maven.apache.org/plugins/maven-dependency-plugin/index.html
3. 'Bundler.' Bundler. https://bundler.io
4. 'DependencyWalker.Net.' GitHub. https://github.com/isindicic/DependencyWalker.Net
5. 'depth.' GitHub. https://github.com/KyleBanks/depth
6. 'build scans 시작하기.' Gradle Enterprise. https://scans.gradle.com
7. 'Why NDepend.' NDepend. www.ndepend.com
8. 'piptree.' PyPI. https://pypi.org/project/pipdeptree
9. 'bundler-audit.' GitHub. https://github.com/rubysec/bundler-audit
10. 'dependency-check.' PyPI. https://pypi.org/project/dependency-check
11. 'npm-audit.' npm Documentation. https://docs.npmjs.com/cli/audit
12. 'Audit.NET.' GitHub. https://github.com/OSSIndex/audit.net
13. 'ossindex-gradle-plugin.' GitHub. https://github.com/OSSIndex/ossindex-gradle-plugin

14. 'Welcome.' Sonatype OSS Index: Maven. https://sonatype.github.io/ossindex-maven

15. 'OWASP Dependency Check.' OWASP. www.owasp.org/index.php/OWASP_Dependency_Check

16. 'safety.' GitHub. https://github.com/pyupio/safety

17. 'Open Source Security Platform.' Snyk. https://snyk.io

18. 'DevSecOps를 위한 소프트웨어 구성 분석' SourceClear. www.sourceclear.com

19. 'Bandit.' GitHub. https://github.com/PyCQA/bandit

20. 'Pylint.' GitHub. https://github.com/PyCQA/pylint

21. 'ESLint.' GitHub. https://github.com/eslint/eslint

22. '문제가 존재하기 전에 해결하라.' sonarlint. www.sonarlint.org

23. '코드 품질과 보안.' sonarqube. www.sonarqube.org

24. 'Alexa에서 AWS Lambda 사용.' AWS Lambda Developer Guide. Amazon Web Services. https://docs.aws.amazon.com/lambda/latest/dg/services-alexa.html

25. 'Amazon API Gateway에서 AWS Lambda 사용.' AWS Lambda Developer Guide. Amazon Web Services. https://docs.aws.amazon.com/lambda/latest/dg/with-on-demand-https.html

26. 'CloudFront Lambda@Edge와 함께 AWS Lambda 사용.' AWS Lambda Developer Guide. Amazon Web Services. https://docs.aws.amazon.com/lambda/latest/dg/lambda-edge.html

27. 'Amazon EventBridge에 AWS Lambda 사용(CloudWatch Events).' AWS Lambda Developer Guide. Amazon Web Services. https://docs.aws.amazon.com/lambda/latest/dg/with-scheduled-events.html

28. 'CloudWatch Logs에서 AWS Lambda 사용.' AWS Lambda Developer Guide. Amazon Web Services. https://docs.aws.amazon.com/lambda/latest/dg/services-cloudwatchlogs.html

29. 'Amazon Cognito에서 AWS Lambda 사용.' AWS Lambda Developer Guide. Amazon Web Services. https://docs.aws.amazon.com/lambda/latest/dg/services-cognito.html

30. 'Amazon DynamoDB에서 AWS Lambda 사용.' AWS Lambda Developer Guide. Amazon Web Services. https://docs.aws.amazon.com/lambda/latest/dg/with-ddb.html

31. 'Amazon Kinesis에서 AWS Lambda 사용.' AWS Lambda Developer Guide. Amazon Web Services. https://docs.aws.amazon.com/lambda/latest/dg/with-kinesis.html

32. 'Amazon Kinesis Data Firehose에서 AWS Lambda 사용.' AWS Lambda Developer Guide. Amazon Web Services. https://docs.aws.amazon.com/lambda/latest/dg/services-kinesisfirehose.html

33. 'Amazon Lex에서 AWS Lambda 사용.' AWS Lambda Developer Guide. Amazon Web Services. https://docs.aws.amazon.com/lambda/latest/dg/services-lex.html

34. 'Amazon SES에서 AWS Lambda 사용.' AWS Lambda Developer Guide. Amazon Web Services. https://docs.aws.amazon.com/lambda/latest/dg/services-ses.html

35. 'Amazon SNS에서 AWS Lambda 사용.' AWS Lambda Developer Guide. Amazon Web Services. https://docs.aws.amazon.com/lambda/latest/dg/with-sns.html

36. 'Amazon SQS에서 Lambda 사용.' AWS Lambda Developer Guide. Amazon Web Services. https://docs.aws.amazon.com/lambda/latest/dg/with-sqs.html

37. 'Amazon S3에서 AWS Lambda 사용.' AWS Lambda Developer Guide. Amazon Web Services. https://docs.aws.amazon.com/lambda/latest/dg/with-s3.html

38. 'AWS Lambda와 함께 AWS CloudFormation 사용.' AWS Lambda Developer Guide. Amazon Web Services. https://docs.aws.amazon.com/lambda/latest/dg/services-cloudformation.html

39. 'AWS Lambda와 함께 AWS CodeCommit 사용.' AWS Lambda Developer Guide. Amazon Web Services. https://docs.aws.amazon.com/lambda/latest/dg/services-codecommit.html

40. 'AWS Lambda와 함께 AWS Config 사용.' AWS Lambda Developer Guide. Amazon Web Services. https://docs.aws.amazon.com/lambda/latest/dg/services-config.html

41. 'Application Load Balancer에서 AWS Lambda 사용.' AWS Lambda Developer Guide. Amazon Web Services. https://docs.aws.amazon.com/lambda/latest/dg/services-alb.html

42. 'Azure Functions를 위한 Azure Blob Storage 바인딩.' Azure Functions documentation. Microsoft. https://docs.microsoft.com/en-us/azure/azure-functions/functions-bindings-storage-blob

43. 'Azure Functions 1.x를 위한 Azure Cosmos DB 바인딩.' Azure Functions documentation. Microsoft. https://docs.microsoft.com/en-us/azure/azure-functions/functions-bindings-documentdb

44. 'Azure Functions을 위한 Azure 이벤트 그리드 바인딩.' Azure Functions documentation. Microsoft. https://docs.microsoft.com/en-us/azure/azure-functions/functions-bindings-event-grid

45. 'Azure Functions을 위한 Azure 이벤트 허브 바인딩.' Azure Functions documentation. Microsoft. https://docs.microsoft.com/en-us/azure/azure-functions/functions-bindings-event-hubs

46. 'Azure Functions HTTP 트리거 및 바인딩.' Azure Functions documentation. Microsoft. https://docs.microsoft.com/en-us/azure/azure-functions/functions-bindings-http-webhook

47. 'Azure Functions을 위한 Microsoft Graph 바인딩.' Azure Functions documentation. Microsoft. https://docs.microsoft.com/en-us/azure/azure-functions/functions-bindings-microsoft-graph

48. 'Azure Functions을 위한 Azure Queue storage 바인딩.' Azure Functions documentation. Microsoft. https://docs.microsoft.com/en-us/azure/azure-functions/functions-bindings-storage-queue

49. 'Azure Functions을 위한 Azure Service Bus 바인딩.' Azure Functions documentation. Microsoft. https://docs.microsoft.com/en-us/azure/azure-functions/functions-bindings-service-bus

50. 'Azure Functions을 위한 타이머 트리거.' Azure Functions documentation. Microsoft. https://docs.microsoft.com/en-us/azure/azure-functions/functions-bindings-timer

51. '스토리지 트리거.' Google Cloud Functions Documentation. Google. https://cloud.google.com/functions/docs/calling/storage

52. 'Pub/Sub 트리거.' Google Cloud Functions Documentation. Google. https://cloud.google.com/functions/docs/calling/pubsub

53. 'Firestore 트리거.' Google Cloud Functions Documentation. Google. https://cloud.google.com/functions/docs/calling/cloud-firestore

54. 'Firebase 실시간 데이터베이스 트리거.' Google Cloud Functions Documentation. Google. https://cloud.google.com/functions/docs/calling/realtime-database

55. 'Firebase를 위한 Google Analytics 트리거.' Google Cloud Functions Documentation. Google. https://cloud.google.com/functions/docs/calling/google-analytics-firebase

56. 'Firebase 인증 트리거.' Google Cloud Functions Documentation. Google. https://cloud.google.com/functions/docs/calling/firebase-auth

57. 'HTTP 트리거.' Google Cloud Functions Documentation. Google. https://cloud.google.com/functions/docs/calling/http

58. 'Cloud Logging 2차 트리거.' Google Cloud Functions Documentation. Google. https://cloud.google.com/functions/docs/calling/logging

CHAPTER 04

인터페이스 보안

4장에서는 함수 트리거를 검토하고 각각의 사용 사례를 소개한다. Serverless 구성 파일과 함수 코드에 정의된 다양한 인터페이스를 식별하는 방법에 대해서도 알아본다.

인터페이스 보안의 중요성

모든 인터페이스는 애플리케이션이 데이터를 주고받는 지점을 외부에 노출시킨다. 주고받는 데이터는 민감할 수도 있고 아닐 수도 있다. 저장된 데이터가 전송 상태로 이동할 때 제3자가 이를 가로챌 가능성도 있다. 인터페이스는 두 당사자나 서비스, 시스템 간에 정보를 주고받는 연결 지점이기 때문에 이러한 가로채기에 취약하다. 따라서 인터페이스를 보호하려면 인터페이스와 그에 따른 잠재적인 취약점을 먼저 식별해야 한다.

인터페이스는 내부와 외부, 두 가지로 나뉜다. 애플리케이션이 자체 구성 요소와 통신하면 내부 인터페이스이고, 외부 애플리케이션이나 시스템과 통신하면 외부 인터페이스다. 일반적으로 내부 인터페이스는 어느 정도 신뢰를 전제로 하기 때문에 덜 취약한 것으로 여겨진다. 일부 시스템은 내부 구성 요소가 모두 안전하고 위협이 없다고 가정하기 때문에 내부 인터페이스에 별도의 보안을 적용하지 않기도 한다. 이란 핵 시설[1]을

---

1 '스턱스넷은 무엇인가?' McAfee. McAfee, LLC. www.mcafee.com/enterprise/en-us/security-awareness/ransomware/what-is-stuxnet.html

노린 스턱스넷 Stuxnet 웜과 같은 사이버 보안 사고는 내부 인터페이스를 포함한 모든 인터페이스에 보안을 적용해야 한다는 점을 분명히 보여 줬다. 우연히도 스턱스넷 사건과 거의 같은 시기에 제로 트러스트 zero-trust2 보안 모델이 탄생했으며, 내부든 외부든 어떤 것도 신뢰하지 않는 것을 핵심 개념으로 한다. 4장에서는 애플리케이션의 인터페이스를 어떻게 식별하고 보호할 수 있는지 알아보겠다.

인터페이스 및 사용 사례 이해

인터페이스를 식별하기 전에 해당 인터페이스가 존재하는 이유를 먼저 이해해야 한다. 모든 애플리케이션은 2장에서 설명한 바와 같이 서로 다른 사용 사례를 기반으로 구축된다. 애플리케이션에 따라 내부 및 외부 인터페이스가 존재할 수 있다. 따라서 내부 및 외부 인터페이스의 보안 영향을 평가하기 전에 그것이 왜 필요한지부터 파악하는 것이 중요하다.

AWS, Azure, Google Cloud가 제공하는 인터페이스와 각 인터페이스가 존재하는 이유에 대한 사용 사례를 살펴본다. 양쪽이 동일한 서비스 제공자 내의 동일한 계정에 있을 경우 해당 인터페이스를 내부 인터페이스로 간주한다. 반면 한쪽이 다른 계정이나 다른 서비스 제공자에 있는 경우 외부 인터페이스로 간주한다. 서비스 제공자는 함수가 서비스와 통신하는 데 사용할 수 있는 소프트웨어 개발 키트 SDK, Software Development Kit 또는 소프트웨어 라이브러리를 제공한다. 이러한 라이브러리는 요청-응답 패턴을 사용하며, 호출 시 HTTP(S)(즉, HTTP 또는 HTTPS) 요청을 서비스로 전송한다. 서비스는 요청을 처리한 후 응답을 보내고, 라이브러리는 이 응답을 받아 성공 또는 오류 데이터를 기록한 뒤 지정된 비동기 콜백 함수를 호출한다. 라이브러리를 사용해 이벤트 트리거 및 내부 요청을 통해 함수가 내부 서비스와 연결하는 방법을 살펴본다. 또한, AWS, Azure, Google Cloud 외부의 인터페이스가 존재하는 이유와 그것을 활용한 사용 사례도 다룬다. 이 검토는 애플리케이션의 내부 및 외부 인터페이스와 사용 사례를 분석하는 데 도움이 될 것이다.

---

2 '제로 트러스트는 무엇인가? 보다 효과적인 보안을 위한 모델.' 메리 프랫(Mary K. Pratt). CSO Online. 2018. 1. 16. www.csoonline.com/article/3247848/what-is-zero-trust-a-model-for-more-effective-security.html

AWS

AWS Lambda 함수는 이벤트 트리거나 AWS SDK를 통해 다른 AWS 서비스와 통신할 수 있다. AWS SDK는 약 200개의 AWS 서비스[3]에 대한 인터페이스를 제공한다. 각 이벤트 트리거를 더 자세히 살펴보고, AWS SDK를 통해 인터페이스를 식별하는 방법의 예시도 함께 소개한다.

AWS Lambda 이벤트 트리거

각 이벤트 트리거를 살펴보고 사용 사례도 함께 설명하겠다.

- **Amazon Alexa Skills Kit** 및 **Alexa Smart Home**을 사용하면 사용자가 Alexa 지원 장치에 음성 명령을 내리고 상호 작용할 수 있다. Lambda 함수를 트리거해 정적 응답이 아닌 상황별 응답을 제공할 수 있다.

- **Amazon API Gateway**(즉, HTTP)는 Lambda 함수에 HTTP 인터페이스를 제공한다. API Gateway를 사용해 웹 애플리케이션, 모바일 애플리케이션 또는 다른 시스템이 HTTP 요청을 보내 Lambda 함수를 실행하고 필요한 응답을 받을 수 있다.

- **Amazon CloudFront(Lambda@Edge)**는 콘텐츠 전송 속도를 높이기 위한 콘텐츠 전송 네트워크^{CDN, Content Delivery Network}다. CloudFront의 Lambda@Edge를 사용해 전송되기 전에 CDN 콘텐츠를 필터링하는 Lambda 함수를 트리거할 수 있다. 예를 들어, 정적 웹 페이지를 가져오는 과정에서 토큰 값을 업데이트하거나 보안 헤더를 삽입할 수 있다.

- **Amazon CloudWatch**는 로그 그룹의 로그를 수집하고 AWS 이벤트를 모니터링한다.
    - Amazon CloudWatch는 다른 AWS 서비스[4]에서 발생하는 **이벤트**를 수집하고, 해당 이벤트 정보를 기반으로 Lambda 함수를 트리거한다. CloudWatch 이벤

---

3 'AWS SDK for JavaScript.' Amazon Web Services. https://docs.aws.amazon.com/AWSJavaScriptSDK/latest/index.html
4 '지원되는 서비스의 CloudWatch Events 이벤트 예제.' Amazon CloudWatch Events User Guide. Amazon Web Services. https://docs.aws.amazon.com/AmazonCloudWatch/latest/events/EventTypes.html

트를 사용해 데이터베이스에 레코드를 생성하거나 AWS에서 실행되는 가상 머신이 종료될 때 이해 관계자에게 알림을 보낼 수 있다.

- Amazon CloudWatch는 로그 그룹에 새로운 로그 항목이 생기면 해당 로그 **스트림**을 통해 Lambda 함수를 트리거한다. 이 기능을 활용해 로그 데이터를 다른 서비스로 전송하거나 다른 형식으로 저장하는 Lambda 함수를 실행할 수 있다.

- **Amazon Cognito**는 사용자 인증 및 접근 통제 기능을 제공하며, 다른 자격 증명 및 접근 관리 시스템과 통합을 지원한다. Cognito User Pool은 사용자 로그인 정보를 안전하게 저장하고 AWS 서비스에 대한 접근 권한을 정의하는 사용자 자격 증명 데이터 저장소 역할을 한다. Cognito User Pool은 사용자가 가입하고 인증할 때 Lambda 함수를 트리거할 수 있다.[5] 사용자 등록 절차가 완료되기 전에 사용자 메타데이터가 정확하고 유효한지 검증할 수 있는 Lambda 함수를 호출하도록 Cognito User Pool을 사용할 수 있다.

- **Amazon DynamoDB**는 비정형 또는 반정형 스키마의 대규모 데이터셋(즉, NoSQL Not Only Structured Query Language 데이터뿐만 아니라)용으로 설계된 데이터베이스다. DynamoDB는 데이터 테이블이 업데이트될 때 스트림을 통해 Lambda 함수에 이벤트를 전달한다. 사용자가 프로필을 업데이트하면 해당 변경 사항이 DynamoDB 테이블에 반영되고, 이를 기반으로 Lambda 함수를 트리거해 후속 처리를 수행할 수 있다.

- **Amazon Kinesis**는 대량의 데이터를 스트림 형태로 수집하고 이를 구독자에게 실시간으로 전달할 수 있도록 지원한다. 텍스트, 이미지, 영상 등 다양한 형태의 데이터를 처리할 수 있으며, 스트림에 데이터가 수신될 때마다 Lambda 함수를 트리거해 텍스트를 분석하고 메타데이터를 추가하는 등의 작업을 수행할 수 있다.

- **Amazon Lex**를 사용하면 음성 및 문자 챗봇chatbot을 구축할 수 있다. Lex를 사용하면 사용자가 입력한 명령을 처리하기 전에, 해당 명령을 검증하거나 실행하기 위

---

5 'Lambda 트리거를 사용해 User Pool Workflows 사용자 정의.' Amazon Cognito Developer Guide. Amazon Web Services. https://docs.aws.amazon.com/cognito/latest/developerguide/cognito-user-identity-pools-working-with-aws-lambda-triggers.html

해 Lambda 함수를 트리거할 수 있다.

- **Amazon SES**Simple Email Service는 이메일을 송수신할 수 있다. 사용자가 주문을 수락하는 이메일을 보낼 때 SES를 사용해 Lambda 함수를 트리거함으로써 주문을 보류 중에서 승인으로 업데이트할 수 있다.

- **Amazon SNS**Simple Notification Service는 이벤트 데이터를 게시하면 다른 기능과 서비스가 구독해 수신하는 메시징 서비스다. 웹 토론 포럼을 구성하는 방법과 유사하게 데이터를 SNS 토픽으로 구성하고 그룹화한다. SNS 토픽을 사용해 Lambda 함수를 트리거하면 데이터베이스의 레코드를 업데이트할 수 있고, 관련 파일이 장기 저장소로 이동할 때 해당 항목을 아카이브된 상태로 설정할 수 있다.

- **Amazon SQS**Simple Queue Service는 입력 소스로부터 메시지(예: SNS 토픽 메시지)를 수집해 큐queue에 저장한다. SQS는 메시지가 한 번 이상 전송되도록 보장한다. 이 큐를 기반으로 SNS 이벤트를 일괄 처리하는 Lambda 함수를 트리거할 수 있다.

- **Amazon S3**Simple Storage Service는 원격 파일 스토리지 및 보안 기능(예: 파일 암호화, 버전 관리, 액세스 통제)을 제공한다. S3 버킷을 사용해 원격 파일을 저장할 수 있다. S3는 버킷에 업로드된 파일을 분류하는 Lambda 함수를 트리거하는 데 사용할 수 있다.

- **AWS CloudFormation**은 템플릿을 통해 다양한 리소스(예: 네트워킹, 함수, 스토리지 등)를 생성한다. 리소스를 생성하는 동안 필요한 정보를 수집하기 위해 CloudFormation을 사용해 Lambda 함수를 트리거할 수 있다.

- **AWS CodeCommit**은 소스 코드와 파일, 리포지터리의 변경 내역을 추적할 수 있는 소스 코드 관리 기능을 제공한다. CodeCommit을 사용해 코드가 리포지터리에 커밋commit될 때 내부 프로세스를 자동으로 시작하도록 Lambda 함수를 트리거할 수 있다.

- **AWS Config**는 규칙을 기반으로 기존 AWS 리소스 구성을 감사할 수 있다. 변경이 감지되면 기록을 남기고 알림을 전송한다. Config는 새로 생성된 가상 머신이 허용된 최대 크기를 초과할 경우 알림을 보내고, 이에 따라 Lambda 함수가 실행돼 인스턴스 크기를 조정하도록 할 수 있다.

- **AWS EventBridge**는 이벤트 버스를 사용해 애플리케이션과 다른 애플리케이션을 연결하는 서비스다. 기본 이벤트 버스는 AWS 서비스에서 발생한 이벤트를 수신하고, SaaS 이벤트 버스는 AWS의 SaaS 파트너에서 이벤트를 수신하며, 사용자 지정 이벤트 버스는 자체 애플리케이션에서 전송한 이벤트를 수신한다. EventBridge를 사용하면 애플리케이션 아키텍처에서 타사 SaaS 애플리케이션(예: 모니터링 소프트웨어 및 조직 내 다른 팀이 만든 사용자 지정 SaaS 애플리케이션)으로부터 이벤트 데이터를 가져올 수 있다.

- **AWS IoT**를 사용하면 관리, 모니터링, 분석 등을 위해 다양한 사물 인터넷$^{IoT,\ Internet\ of\ Things}$ 장치(온도조절기, 자동차, 센서, 기계 등)를 AWS에 연결할 수 있다. 쿼리^{query}가 유효한 데이터를 반환할 때 Lambda 함수를 트리거하는 규칙을 정의할 수 있다. IoT 장치에서 보고된 오류를 모니터링하는 규칙을 만들 수 있고, Lambda 함수가 현장 담당자에게 문제를 알리는 푸시 알림을 기기 소유자에게 전송할 수 있다.

- **Elastic Load Balancing**은 애플리케이션 또는 네트워크 계층[6]의 트래픽을 서로 다른 서버나 Lambda 함수로 분산한다. NLB$^{Network\ Load\ Balancer}$는 네트워크 프로토콜 및 포트 정보를 기반으로 트래픽을 리디렉션한다. ALB$^{Application\ Load\ Balancer}$는 HTTP(S) 요청 정보를 기반으로 트래픽을 리디렉션한다. ALB는 Lambda 함수를 트리거할 수 있지만, NLB는 불가능하다. ALB를 사용해 허니팟^{honeypot} 웹 주소에 HTTP 요청이 발생할 때마다 요청자의 IP 주소를 차단하도록 방화벽을 업데이트하는 Lambda 함수를 트리거할 수 있다.

- 예약된 이벤트를 사용하면 CRON$^{Command\ Run\ ON}$ 표현식 또는 트리거 비율에 따라 Lambda 함수를 자동으로 실행할 수 있다. 매일 자정에 Lambda 함수를 트리거해 판매 보고서를 생성하거나 10분마다 주문 상태를 확인할 수 있다.

---

[6] '정보 기술 – 개방형 시스템 상호 연결 – 기본 참조 모델: 기본 모델.' ISO/IEC 7498-1:1994(E). Second edition. © 1994 ISO/IEC.

AWS SDK를 통한 AWS 인터페이스

Lambda 함수는 AWS SDK[7]를 사용해 다양한 AWS 서비스 및 리소스와 인터페이스할 수 있다. AWS SDK를 사용하면 DynamoDB 테이블을 쿼리해 계정 데이터를 가져오거나 다른 Lambda 함수를 트리거할 수 있다. AWS SDK 문서를 검토해 보면 사용 사례가 다양하다는 것을 알 수 있다.

Azure

Azure Function은 바인딩 또는 Azure SDK를 통해 다른 Azure 서비스와 인터페이스한다. Azure Function은 바인딩의 개념을 기반으로 어떤 방식으로 함수가 트리거되는 방법과 사용할 수 있는 내장 인터페이스를 정의한다. Azure SDK는 100개 이상의 Azure 서비스에 대한 인터페이스를 제공한다.[8] 각 바인딩을 자세히 살펴보고 Azure SDK를 통해 인터페이스를 식별하는 방법의 예를 설명한다.

Azure Function Binding

트리거는 Azure Function을 실행하는 바인딩이다. Azure Function은 이 외에도 Azure 서비스와의 상호작용을 위한 입력 및 출력 바인딩을 지원한다. 입력 바인딩은 외부 서비스가 함수에 데이터를 전달하도록 지정한다. 예를 들어, Azure Blob Storage에 파일을 업로드하면 해당 이벤트가 Azure Function을 트리거하고 업로드된 파일에 대한 정보가 입력 데이터로 전달된다. 출력 바인딩은 함수가 서비스에 데이터를 보내도록 지정한다. 예를 들어, HTTP 요청이 Azure Function을 트리거하면 함수는 출력 데이터(즉, HTTP 응답)를 반환한다. 표 4-1에는 Azure Function이 지원하는 바인딩이 나열돼 있다.

---

7 'Tools & SDKs,' Amazon Web Services. https://aws.amazon.com/developer/tools
8 'Azure SDK for Node,' Microsoft. GitHub. https://github.com/Azure/azure-sdk-for-node/tree/master/lib/services

표 4-1. Microsoft Azure 입력 및 출력 바인딩

바인딩 유형	함수 트리거	입력	출력
Azure Blob Storage	예	예	예
Azure Cosmos DB	예	예	예
Azure Event Grid	예	아니오	아니오
Azure Event Hubs	예	아니오	예
Azure IoT Hub	예	아니오	예
Azure Mobile Apps	아니오	예	예
Azure Notification Hubs	아니오	아니오	예
Azure Queue storage	예	아니오	예
Azure Service Bus	예	아니오	예
Azure SignalR Service	아니오	예	예
Azure Table storage	아니오	예	예
HTTP and Webhooks	예	아니오	예
Microsoft Graph	예[†]	예[†]	예[†]
Timer	예	아니오	아니오
Twilio	아니오	아니오	예
Twilio SendGrid[9]	아니오	아니오	예

[†] Microsoft Graph Events만 트리거, 입력, 출력 바인딩을 지원한다. 다른 Microsoft Graph 인터페이스는 입력, 출력 또는 두 바인딩을 모두 지원한다.

참고: 이 표는 마이크로소프트 문서에서 가져온 것이다.[10]

각 서비스가 제공하는 기능을 간단하게 살펴보고 사용 사례도 함께 소개하겠다.

- **Azure Blob Storage**를 사용하면 이미지 또는 영상과 같은 바이너리 객체인 blob Binary Large Object을 저장할 수 있다. 컨테이너를 사용해 blob을 저장하고 blob을 만들거나 업데이트할 때마다 트리거하도록 구성할 수 있다. blob은 컨테이너에 저장되며, blob이 생성되거나 업데이트될 때마다 Azure Function이 트리거되도록 구성할 수 있다. 예를 들어, Azure Blob Storage에 파일이 업로드되면 이를

---

9 'Twilio' 및 'SendGrid'는 트윌리오(Twilio) 또는 그 계열사의 등록 상표다.
10 'Azure Functions 트리거 및 바인딩 개념.' Azure Functions Documentation. Microsoft. https://docs.microsoft.com/en-us/azure/azure-functions/functions-triggers-bindings#supported-bindings

분류하는 Azure Function을 실행할 수 있다.

- **Azure Cosmos DB**는 다양한 데이터베이스 API(예: Structured Query Language [SQL], Gremlin 그래프 횡단 언어, MongoDB[11] 문서 데이터베이스, Azure Table 스토리지, Apache Cassandra[12])를 지원하는 완전 관리형 데이터베이스다. Azure Cosmos DB를 사용하면 특정 레코드에 대한 데이터베이스 테이블을 쿼리하는 Azure Function을 트리거할 수 있다.

- **Azure Event Grid**는 애플리케이션 이벤트를 관리한다. 이를 통해 애플리케이션은 다양한 게시자(예: 소스)의 이벤트를 수락하고 처리를 위해 여러 대상으로 해당 이벤트를 라우팅할 수 있다. Azure Event Grid를 사용해 blob 스토리지 컨테이너에 이미지가 업로드될 때 해당 이미지를 처리하도록 Azure Function을 트리거할 수 있다.

- **Azure Event Hubs**는 입력 소스에서 데이터를 수집하고 처리를 위해 Azure Function으로 스트리밍한다. 온프레미스나 클라우드에서 호스팅되는 다양한 프로그래밍 언어의 여러 백엔드 시스템을 지원한다. Azure Event Hubs를 사용해 실시간 분석을 위한 데이터를 준비하는 Azure Function을 트리거할 수 있다.

- **Azure IoT Hub**를 사용하면 여러 IoT 장치를 연결하고 양방향 통신을 설정할 수 있다. Azure IoT Hub를 사용해 IoT 장치에 대한 연결 유지하기 위한 Azure Function을 트리거할 수 있다.

- **Azure Mobile Apps**를 사용하면 윈도우, iOS, 안드로이드용 애플리케이션을 네이티브 또는 크로스 플랫폼으로 개발할 수 있다. 클라우드 기반 데이터 스토리지, 사용자 인증, 푸시 알림, 엔터프라이즈 시스템 통합 등 다양한 기능을 제공한다. 큐 메시지를 트리거로 받아 Azure Mobile Apps 데이터 테이블을 업데이트하거나 처리하는 Azure Function을 구현할 수 있다.

- **Azure Notification Hubs**를 사용하면 다양한 장치(예: iOS, 안드로이드, 윈도우)에 푸시 알림을 보낼 수 있다. Event Hubs를 사용해 Azure Function을 트리거하거나

---

11 'MongoDB'는 몽고DB(MongoDB, Inc.)의 등록 상표다.
12 'Apache' 및 'Cassandra'는 아파치 소프트웨어 재단(Apache Software Foundation)의 등록 상표 또는 상표다.

큐 메시지를 기반으로 Azure Function을 실행해 모바일 사용자에게 푸시 알림을 전송할 수 있다.

- **Azure Queue Storage**는 입력 소스로부터 메시지를 수집하고, 이를 비동기적으로 Azure Function에 전달한다. 입력 소스는 적절한 자격 증명을 사용해 큐의 웹 주소로 요청을 보내 메시지를 큐에 추가한다. 큐에는 대량의 메시지를 저장할 수 있다. Azure Queue Storage를 활용해 지속적인 통합[CI, Continuous Integration] 파이프라인에서 발생한 웹훅webhook 데이터를 처리하는 Azure Function을 트리거할 수 있다.

- **Azure Service Bus**는 큐와 토픽을 활용한 게시/구독 모델을 지원하는 메시지 브로커다. 추가 메시징 기능(예: 자동 전달, 예약 배달, 클라이언트 측 일괄 처리, 필터링) 및 보안 기능(예: Role-Based Access Control[RBAC], Representational State Transfer[REST] 및 Advanced Message Queuing Protocol[AMQP])을 제공한다. Azure Service Bus를 통해 여러 영상 소스에서 얼굴 인식을 수행하는 Azure Function을 트리거할 수 있다.

- **Azure SignalR**은 기술(예: WebSockets)을 활용해 주기적인 폴링polling 없이도 웹 애플리케이션에 데이터를 전송할 수 있도록 해주는 실시간 통신 서비스다. 이 서비스는 다양한 실시간 통신 프로토콜을 추상화해 제공한다. Azure Function을 사용해 웹 기반 채팅방에서 Azure SignalR 연결을 인증하거나 HTTP 요청에 의해 트리거될 때 적절한 데이터를 채팅 룸으로 전송할 수 있다.

- **Azure Table Storage**는 비정형 또는 반정형 스키마(즉, NoSQL 데이터)에 적합한 대규모 데이터셋을 위해 설계된 데이터베이스다. 유연한 스키마로 인해 애플리케이션을 쉽게 확장할 수 있다. HTTP 요청으로 트리거될 때 Azure Table Storage 데이터 테이블에서 항목을 쿼리하는 Azure Function을 사용할 수 있다.

- **HTTP와 Webhook**은 Azure Function에 대한 HTTP 인터페이스를 제공한다. 이를 통해 웹 애플리케이션, 모바일 애플리케이션 또는 다른 시스템에서 HTTP 요청을 수행하고 Azure Function을 트리거해 원하는 응답을 얻을 수 있다.

- **Microsoft Graph**는 Azure AD[Active Directory], Excel, Intune, Outlook, OneDrive,

OneNote, SharePoint, Planner와 통합하기 위한 API를 제공한다. Microsoft Graph를 사용해 Outlook 일정 항목이 수정됐을 때 감사 레코드를 생성하도록 Azure Function을 트리거할 수 있다.

- **Timers**를 사용하면 CRON 표현식을 지정해 Azure Function을 자동으로 트리거할 수 있다. 매일 자정에 Azure Function을 트리거해 아침 이메일 발송을 준비할 수 있다.

- **Twilio**는 SMS 문자 메시지를 휴대폰 번호로 전송할 수 있는 타사(또는 외부) 서비스다. 주문이 배송된 경우, 큐 메시지에 의해 트리거된 Azure Function을 사용해 사용자에게 SMS를 보낼 수 있다.

- **Twilio SendGrid**는 이메일 메시지를 전송하는 타사(또는 외부) 서비스다. 사용자의 비밀번호가 최근에 변경됐을 때, 큐 메시지를 트리거로 해 Azure Function을 통해 사용자에게 이메일을 보낼 수 있다.

Azure SDK를 통한 Azure Interfaces

Azure Function은 Azure SDK[13]를 사용해 다양한 Azure 서비스 및 리소스와 인터페이스할 수 있다. Azure SDK를 사용해 Azure Blob Storage 컨테이너를 만들 수 있다. Azure SDK 문서를 살펴보면 다양한 사용 사례를 확인할 수 있다.

Google Cloud

Google Cloud Function은 이벤트 트리거 또는 Google Cloud 클라이언트 라이브러리를 통해 다른 Google Cloud 서비스와 인터페이스한다. Google Cloud 클라이언트 라이브러리는 100개 이상의 Google Cloud services에 인터페이스를 제공한다.[14] 각 이벤트 트리거를 자세히 검토하고 Google Cloud 클라이언트 라이브러리를 통해 인터페이스를 식별하는 방법을 소개하겠다.

---

13 'Azure 개발자 도구.' Microsoft Azure, Microsoft, https://azure.microsoft.com/en-us/products/category/developer-tools/
14 'Google API Node.js Client.' Google, https://googleapis.dev/nodejs/googleapis/latest/index.html

Google Cloud Function 이벤트 트리거

각 이벤트 트리거를 검토하고 사용 사례를 소개하겠다.

- **Firebase Authentication**은 다양한 유형의 클라이언트(예: 안드로이드 및 iOS 모바일 클라이언트, 웹 클라이언트)에 사용자 인증을 제공하는 SDK를 사용한다. 사용자는 계정을 만들고 이메일 주소와 비밀번호를 사용해 로그인하거나 연합 ID 공급자를 사용해 로그인할 수 있다. Firebase Authentication을 사용하면 새로 생성된 계정의 세부 정보를 기록하는 Cloud Function을 트리거할 수 있다.

- **Firebase Crashlytics**는 모바일 애플리케이션에서 충돌이 발생할 때 충돌 보고서 및 실시간 경고를 제공한다. 이를 통해 충돌의 원인과 여러 사용자에게 영향을 미치는지 여부에 대한 통찰을 얻을 수 있다. Firebase Crashlytics를 사용해 모바일 애플리케이션에서 비정상 종료가 감지되면 개발팀에 이메일을 보내는 Cloud Function을 트리거할 수 있다.

- **Firebase Realtime Database**는 완전 관리형 NoSQL 데이터베이스다. SDK를 사용해 안드로이드, iOS, 자바스크립트 클라이언트에 데이터 저장 및 동기화를 제공한다. 모든 데이터를 JSON^{JavaScript Object Notation} 형식으로 저장한다. 또한, 모바일 및 웹 클라이언트가 네트워크 지연 또는 인터넷 연결 문제를 겪을 때 오프라인 지원을 제공한다. 이 데이터베이스는 다양한 클라이언트 간에 실시간으로 데이터를 자동 동기화해야 하는 경우에 가장 많이 사용된다. 실시간 데이터베이스가 업데이트될 때 Cloud Function을 트리거해서 애플리케이션의 데이터를 자동으로 동기화할 수 있다.

- **Firebase Remote Config**를 사용하면 안드로이드와 iOS 애플리케이션을 다시 배포하지 않고도 설정을 업데이트할 수 있다. 기본값을 정의하고 필요할 때 언제든지 이를 덮어쓸 수 있다. 애플리케이션이 Remote Config에서 값을 자주 가져오기 때문에 사용자는 재정의된 값을 즉시 받을 수 있다. 구성 설정이 변경될 때 Cloud Function을 트리거해 감사 레코드를 생성하는 방식으로도 사용할 수 있다.

- **Firebase Test Lab**을 사용하면 구글 데이터 센터에 위치한 실제 기기에서 안드로이드 및 iOS 모바일 애플리케이션을 테스트할 수 있다. 지원되는 테스트 프레임

워크로 테스트 코드를 작성하고 실행을 예약하면, Firebase Test Lab이 실제 기기를 설정해 테스트를 수행한다. 테스트가 실패하면 Firebase Test Lab을 사용해 개발팀에 이메일을 보낼 수 있다.

- **Google Analytics for Firebase**는 안드로이드와 iOS 애플리케이션에서 발생하는 사용자 이벤트를 분석한다. 이를 통해 사용자 행동, 활동, 인구 통계에 대한 인사이트를 제공하며, 다른 구글 서비스와 통합되면 소프트웨어 충돌 및 로그 이벤트에 대한 분석도 가능하다. 인앱in-app 구매가 발생하면 판매 보고서를 업데이트하도록 Cloud Function을 트리거할 수 있다.

- **Google Cloud Endpoints**는 애플리케이션의 API 관리를 지원한다. API를 정의하고 해당 정의를 기반으로 API 엔드포인트를 생성할 수 있다. API 엔드포인트가 생성되면 사용량을 모니터링하고 사용자 인증, API 키 기반 접근 제어를 할 수 있다. 인증 및 검증을 마친 HTTP 요청이 도착하면 Cloud Endpoints를 통해 Cloud Function을 트리거할 수 있다.

- **Google Cloud Firestore**는 완전 관리형의 유연한 NoSQL 데이터베이스다. 모바일 및 웹 클라이언트와 서버에 데이터 저장 및 동기화를 제공한다. JSON에 제한되지 않는 유연한 데이터 모델을 제공한다. 또한, 오프라인 지원과 데이터 쿼리 기능을 제공한다. Google Cloud Firestore를 사용해 사용자가 사용자 프로필을 업데이트할 때 오타를 수정하고 모든 텍스트를 대문자로 변환하는 Cloud Function을 트리거할 수 있다.

- **Google Cloud Scheduler**를 사용하면 CRON 작업 스케줄러에서 관리하는 작업을 예약해 Google Cloud Function을 자동으로 트리거할 수 있다. 매일 아침 일일 프로모션 이메일을 전송하도록 Cloud Function을 트리거할 수 있다.

- **Google Cloud Storage**를 사용하면 스토리지 버킷에 파일을 저장할 수 있다. 클라이언트 애플리케이션이 파일을 버킷에 업로드하면 서버 측에서 해당 파일을 처리할 수 있다. 클라이언트 SDK는 네트워크 연결에 따라 업로드 및 다운로드를 일시 중지하거나 계속할 수 있다. 파일이 삭제될 때 해당 파일에 대한 모든 데이터베이스 참조를 업데이트하도록 Cloud Function을 트리거할 수 있다.

- **Google Cloud Tasks**를 사용하면 작업을 비동기식, 즉시 또는 예약된 시간에 실행하도록 예약할 수 있다. 작업은 모든 HTTP 엔드포인트를 트리거할 수 있고 작업이 완료되지 않을 때 재시도 로직을 포함할 수 있다. Google Cloud Tasks를 사용해 많은 시간이 걸리는(즉, 30초 이상) Cloud Function을 트리거하고 결과를 Cloud Task를 만든 애플리케이션으로 다시 보낼 수 있다.

- **Google Cloud Pub/Sub**를 사용하면 데이터 소스에서 발생하는 이벤트를 수집해 데이터 대상에 분배할 수 있고, 보안 기능(예: 종단 간 암호화 및 접근 통제)을 사용할 수 있다. 다양한 IoT 기기에서 수집한 데이터를 처리하기 위해 Cloud Function을 트리거할 수 있다.

- **Cloud Logging**을 사용하면 Google Cloud 및 AWS 이벤트의 로그를 저장할 수 있다. 저장된 로그를 검색 및 분석할 수 있고, 로그 이벤트가 지정된 조건과 일치할 때 경고하도록 구성할 수 있다. Cloud Function을 트리거하려면 Google Cloud Pub/Sub 및 Cloud Logging 싱크가 필요하다. Cloud Logging을 사용해 보안 로그 이벤트를 기반으로 메트릭 데이터를 만들 수 있는 Cloud Function을 트리거할 수 있다.

- **HTTP**는 Cloud Function에 HTTP 인터페이스를 제공한다. 이를 통해 웹 애플리케이션, 모바일 애플리케이션 또는 다른 시스템이 해당 함수에 대한 HTTP 요청을 전송하고 원하는 응답을 받을 수 있도록 Cloud Function을 트리거할 수 있다.

Google Cloud 클라이언트 라이브러리를 통한 Google Cloud 인터페이스

Google Cloud Function은 Google Cloud 클라이언트 라이브러리[15]를 사용해 다양한 Google Cloud 서비스 및 리소스와 인터페이스할 수 있고 Google Cloud Storage 버킷을 생성할 수 있다. Google Cloud 클라이언트 라이브러리 문서를 살펴보면 다양한 사용 사례를 확인할 수 있다.

---

15 'Google Cloud 클라이언트 라이브러리.' Google Cloud APIs. Google. https://cloud.google.com/apis/docs/cloud-client-libraries

외부 인터페이스와 사용 사례

서버리스 함수는 클라우드 서비스 제공자 외부의 서비스와도 인터페이스할 수 있다. 이러한 인터페이스는 직접 HTTP 요청을 기반으로 하거나 npm 패키지 또는 타사 SDK를 통해 구현될 수 있다. 외부 인터페이스를 활용하면 결제 프로세서를 통해 결제를 승인하고 받을 수 있다. 코드를 분석할 때 외부 시스템과 통신하는 함수를 식별할 수 있으며, 각 외부 시스템에 대한 문서도 별도로 확인할 수 있다.

인터페이스 식별

애플리케이션의 내부 및 외부 인터페이스를 식별하는 방법을 살펴보겠다. 2장에서 살펴봤듯이 문서를 검토해 인터페이스를 파악하거나 Serverless 구성 파일을 통해 이벤트 트리거를 식별할 수 있다. 이번에는 인터페이스를 식별하는 보다 구체적인 방법과 예시를 살펴보겠다.

Serverless 구성 파일

Serverless 구성 파일에서 인터페이스가 어떻게 정의되는지를 보여 주는 예를 살펴보겠다. 예를 들어, 예제 4-1에 표시된 'serverless.yml' 구성 파일에는 4개의 Lambda 함수가 있고, 이들 모두 API Gateway의 HTTP 이벤트 트리거를 사용하고 있음을 확인할 수 있다.

예제 4-1. HTTP 이벤트 트리거를 사용한 Serverless 구성 샘플[16]

```
functions:
  functionAuthorizer:
    handler: src/authorizer.handler
  function1:
    handler: src/function1.handler
```

---

16 Serverless Framework 문서에서 참조한 Serverless configuration. 'API Gateway.' Serverless Documentation. https://www.serverless.com/framework/docs/providers/aws/events/apigateway/. 'Serverless.yml Reference.' Serverless Documentation. https://www.serverless.com/framework/docs/providers/aws/guide/serverless.yml/.

```yaml
      events:
        - http: GET hello/world
    function2:
      handler: src/function2.handler
      events:
        - http:
            path: hello/country
            method: post
    function3:
      handler: src/function3.handler
      events:
        - http:
            path: hello/state
            method: put
            cors:
              origins:
                - http://*.website1.com
                - https://website2.com
              headers:
                - Content-Type
                - X-Amz-Date
                - Authorization
                - X-Api-Key
                - X-Amz-Security-Token
                - X-Amz-User-Agent
              allowCredentials: false
              maxAge: 86400
              cacheControl: 'max-age=600, s-maxage=600'
            private: true
            authorizer:
              name: functionAuthorizer
              resultTtlInSeconds: 0
              identitySource: method.request.header.Auth
              identityValidationExpression: ^Bearer .*
              type: token
    function4:
      handler: src/function4.handler
      events:
        - http:
            path: hello/city
            method: post
```

```
            integration: lambda
            request:
              template:
                # URL에 ?key=value 형태로 쿼리스트링을 전달하면
                # Lambda 함수에서 event.queryStringParameter로
                # 그 값을 읽을 수 있다.
                application/json: '{
                  "httpMethod" : "$context.httpMethod",
                  "queryStringParameter" : "$input.params(''key'')"
                  }'
            response:
              headers:
                Content-Type: "'text/plain'"
                Cache-Control: "'max-age=120'"
              template: $input.path('$')
              statusCodes:
                201:
                  pattern: ''
                404:
                  pattern: '.*"statusCode":409,.*'
            template:
              application/json: $input.path("$.errorMessage")
            headers:
              Content-Type: "'application/json+hal'"
```

Serverless 문서[17]를 검토해 보면 HTTP 요청을 통해 Lambda 함수를 트리거할 때 Serverless 구성 파일이 두 가지 통합 방식(즉, Lambda Proxy 및 Lambda)을 지원한다는 것을 알 수 있다. Serverless가 요청 및 응답 구조를 미리 구성하기 때문에 일반적으로 Lambda Proxy 통합 방식이 널리 사용된다. Lambda 통합 방식은 요청과 응답 구조를 직접 구성하고자 할 때 유용하지만, 그만큼 더 많은 설정이 필요하다.

이벤트 설정에 한 줄을 추가하면 Lambda Proxy 통합을 정의할 수 있다. 'function1' 함수는 'https://⟨API Gateway ID⟩.execute-api.⟨AWS region⟩.amazonaws.com/⟨stage⟩/hello/world' 경로에 대한 HTTP GET 요청으로 트리거되는 함수를 정의하는

---

[17] 'API Gateway,' Serverless Docs. https://serverless.com/framework/docs/providers/aws/events/apigateway/

방법을 보여 준다(예제 4-2 참고).

예제 4-2. Lambda Proxy 통합 Serverless 구성 샘플

```
function1:
    handler: src/function1.handler
    events:
      - http: GET hello/world
```

'function2' 함수 구성이 더 명확하다. 'https://⟨API Gateway ID⟩.execute-api.⟨AWS region⟩.amazonaws.com/⟨stage⟩/hello/country' 경로에 대한 HTTP POST 요청으로 트리거되는 함수를 정의한다(예제 4-3 참고).

예제 4-3. Lambda Proxy 통합 Serverless 구성 샘플

```
function2:
    handler: src/function2.handler
    events:
      - http:
          path: hello/country
          method: post
```

'function3' 함수 구성은 트리거를 구성하는 데 사용할 수 있는 다양한 옵션을 보여 준다(예제 4-4 참고). 구성은 다음과 같다.

- 교차 출처 리소스 공유CORS, Cross-Origin Resource Sharing를 활성화하고
    - website.com의 모든 하위 도메인에서 발생하는 HTTP 요청을 허용한다.
    - website.com 도메인에서 발생하는 HTTPS 요청을 허용한다.
    - 필수 헤더가 있다.
    - 쿠키, 인증 헤더 또는 TLS 클라이언트 인증서를 허용하지 않는다.
    - 최대 사용 시간은 86,400초다.
    - 브라우저 및 프록시 서버의 콘텐츠를 600초 동안 캐시한다.

- API 키가 필요하다.
- 다음과 같은 권한 부여자를 사용한다.
  - 'functionAuthorizer' 함수를 권한 부여자로 사용한다.
  - 권한 부여 토큰의 유효기간은 0초로 설정돼 있다.
  - '^Bearer.*' 정규식과 일치하는 'Auth' 헤더 이름 필요
  - 인증 방식은 Authorization 토큰을 사용한다.

예제 4-4. Lambda Proxy 통합 Serverless 구성 샘플

```
function3:
  handler: src/function3.handler
  events:
    - http:
        path: hello/state
        method: put
        cors:
          origins:
            - http://*.website1.com
            - https://website2.com
          headers:
            - Content-Type
            - X-Amz-Date
            - Authorization
            - X-Api-Key
            - X-Amz-Security-Token
            - X-Amz-User-Agent
          allowCredentials: false
          maxAge: 86400
          cacheControl: 'max-age=600, s-maxage=600'
        private: true
        authorizer:
          name: functionAuthorizer
          resultTtlInSeconds: 0
          identitySource: method.request.header.Auth
          identityValidationExpression: ^Bearer .*
          type: token
```

함수 구성에서 Lambda 통합을 직접 지정할 수 있다. 하지만 이 방식은 수동 설정이 복잡하기 때문에 여기서는 자세히 다루지 않는다. Serverless는 일반적으로 Lambda Proxy 통합 사용을 권장한다. 다만 개발 팀이 Lambda 통합을 선택했다면 관련 문서를 검토해 보는 것이 좋다. 'function4' 함수 구성은 Lambda 통합의 예를 보여 준다.

예제 4-5의 구성 파일을 보면 두 개의 Lambda 함수가 각각 두 개의 S3 버킷에 대해 S3 이벤트 트리거를 갖고 있는 것을 확인할 수 있다.

예제 4-5. S3 이벤트 트리거를 사용한 Serverless 구성 샘플[18]

```yaml
functions:
  function5:
    handler: src/function1.handler
    events:
      # 새 S3 버킷 생성
      - s3:
          bucket: ${self:service}-${self:provider.stage}-products
          event: s3:ObjectCreated:*
          rules:
            - prefix: new/
            - suffix: .jpg
  function6:
    handler: src/function2.handler
    events:
      # 기존 S3 버킷 사용
      - s3:
          bucket: ${self:service}-${self:provider.stage}-legacy
          event: s3:ObjectRemoved:*
          existing: true
```

Serverless 문서[19]를 검토하면 Serverless 구성 파일을 통해 배포 시 S3 버킷을 새로 생성하거나 기존 S3 버킷을 사용할 수 있다는 것을 알 수 있다. 또한, 특정 S3 이벤트에 따라 Lambda 함수를 트리거하도록 구성할 수 있다.

---

18 Serverless Framework 문서에서 참조한 Serverless configuration. 'S3.' Serverless Documentation. https://www.serverless.com/framework/docs/providers/aws/events/s3/

19 'S3.' Serverless Docs. https://serverless.com/framework/docs/providers/aws/events/s3/

'function5' 함수 구성은 새 버킷을 생성하고 해당 버킷에 새 S3 객체(예: 파일)가 생성될 때 Lambda 함수를 트리거한다. 객체 키(예: 경로 및 파일 이름)는 'new/'로 시작하고 '.jpg'로 끝난다. 예를 들어, 애플리케이션이 'new/profile-picture/b210c69f-c436-4afe-bf02-14eff40bc7fa.jpg' 객체 키를 사용해 S3 버킷에 파일을 업로드하면, S3가 이벤트를 발생시키고 Lambda 함수가 해당 이벤트 정보를 기반으로 트리거된다.

'function6' 함수 구성은 기존 버킷을 사용하고 S3 객체가 삭제될 때 Lambda 함수를 트리거한다.

'chapter04' 폴더에서 추가 예제를 확인할 수 있다.

함수 코드

이제 함수 코드가 인터페이스를 정의하는 방법에 대한 예제를 살펴본다. 앞서 설명했듯이 함수 코드는 SDK 또는 직접 HTTP 요청을 사용해 내부 및 외부 인터페이스와 상호작용할 수 있다.

예를 들어, AWS Lambda 함수 코드는 AWS SDK를 사용해 DynamoDB와 인터페이스할 수 있다. DynamoDB에 쿼리를 생성하는 예제 코드는 예제 4-6에서 확인할 수 있다.

예제 4-6. DynamoDB와 인터페이스하는 Node.js 코드 샘플

```
const AWS = require('aws-sdk');
const dynamodb = new AWS.DynamoDB();

module.exports.handler = (event, context, callback) => {
  const params = {
    TableName: process.env.TABLE_NAME,
    ExpressionAttributeValues: {
      ':id': {
        S: process.env.ACCOUNT_ID,
      }
    },
    KeyConditionExpression: 'AccountId = :id',
  };
```

```
    return dynamodb.query(params).promise()
      .then((data) => {
        console.log(
          'Query results:',
          JSON.stringify(data),
        );
        callback();
      })
      .catch((error) => {
        console.log(`Error: ${JSON.stringify(error)}`);
        callback();
      });
  };
```

AWS SDK 문서를 검토하면서 AWS DynamoDB 서비스와 인터페이스하는 함수가 DynamoDB 객체를 생성한다는 것을 확인할 수 있었다. 각 함수에는 이전에 'params'라고 불렀던 특정 입력이 필요하고 이전에 'data'라고 불렀던 특정 출력을 응답한다. 'params'는 이 함수가 인터페이스하는 DynamoDB 테이블 이름과 실행할 쿼리를 포함한다.

또 다른 예에서 Azure Function 코드는 Azure SDK를 사용해 Azure Blob Storage와 인터페이스할 수 있다. Blob Storage 컨테이너를 생성하는 코드는 예제 4-7과 유사하다.

예제 4-7. Azure Blob Storage 인터페이스 Node.js 코드 샘플

```
const azure = require('azure-storage');
const blobService = azure.createBlobService(
  process.env. AZURE_STORAGE_CONNECTION_STRING
);

const containerName = process.env.NEW_CONTAINER_NAME;

module.exports.hello = function (context, req) {
  blobService.createContainerIfNotExists(
    containerName,
    (error, result, response) => {
```

```
      console.log(`Response: ${JSON.stringify(response)}`);
      if (error) {
        return console.log(error);
      }
      if (result) {
        return console.log(`Created container ${containerName}.`);
      }
      console.log(`Did not create container ${containerName}.`);
      context.done();
    }
  );
}
```

Azure SDK 문서를 검토하면서 Azure Storage 클라이언트 라이브러리를 통해 Azure Blob Storage 서비스와 인터페이스하는 함수가 있다는 것을 확인할 수 있다. 이 Azure Function은 지정된 컨테이너가 존재하지 않을 경우 새 컨테이너를 생성한다.

또 다른 예에서 Cloud Function 코드는 Google Cloud Storage 클라이언트 라이브러리를 사용해 Google Cloud Storage와 인터페이스할 수 있다. 버킷을 삭제하는 예제 4-8과 같은 코드를 볼 수 있다.

예제 4-8. Google Cloud Storage와 인터페이스하는 Node.js 코드 샘플

```
const {Storage} = require('@google-cloud/storage');
const storage = new Storage();
const bucket = storage.bucket('albums');
exports.deleteBucket = (req, res) => {
  const bucketName = req.query.name;
  bucket.delete()
    .then((data) => {
      const apiResponse = data[0];
      console.log(JSON.stringify(apiResponse));
      res.send(`Delete bucket: ${bucketName}`);
    })
    .catch((error) => {
      console.log(`Error: ${JSON.stringify(error)}`);
    });
};
```

Google Cloud Libraries 문서를 검토하면서 Google Cloud Storage 클라이언트 라이브러리에 Google Cloud Storage 서비스와 인터페이스하는 함수가 있다는 것을 확인할 수 있다. 이 Cloud Function은 버킷 삭제를 시도한다.

또 다른 예에서 Lambda 함수 코드는 직접 HTTP 요청을 사용해 타사 결제 서비스와 인터페이스한다. 예제 4-9와 같이 해당 계정에 대한 모든 결제 내역을 나열하도록 결제 판매자 서비스에 요청하는 코드를 볼 수 있다.

예제 4-9. 외부 결제 시스템과 인터페이스하는 Node.js 코드 샘플

```
const rp = require('request-promise');
module.exports.handler = (event, context, callback) => {
  const options = {
    uri: 'https://api.stripe.com/v1/charges',
    method: 'GET',
    headers: {
      Authorization: `Bearer ${process.env.API_KEY}`
    },
  };
  return rp(options)
    .then((response) => {
      console.log(response.data.length, 'transactions');
    })
    .catch((error) => {
      console.log('Error:', JSON.stringify(error));
    });
};
```

결제 프로세서 문서[20]를 검토하면 판매자가 자신의 서비스와 인터페이스하기 위해 HTTP 기반의 REST^{Representational State Transfer} API를 제공한다는 사실을 확인할 수 있다. 이 AWS Lambda 함수는 'request-promise' npm 패키지[21]를 사용해 HTTP 요청을 구성하고 HTTP 응답을 처리한다.

---

20 'API 참조.' Stripe. https://stripe.com/docs/api
21 'request-promise.' npm. www.npmjs.com/package/request-promise

공격 표면 평가 및 축소

2장에서는 표 2-2 '샘플 함수 목록'과 표 2-4 '위협 모델 매트릭스 예시'라는 두 개의 표를 검토했다. 이번 절에서는 인터페이스를 검토할 때 이 표들을 다시 활용한다.

표 2-2는 소스 코드 검토 결과를 정리하는 데 도움이 된다. 여기에서는 함수, 런타임, 진입점, 이벤트 트리거를 식별했다. 앞서 외부 및 내부 인터페이스를 식별하는 열을 추가할 수 있다고 언급했었다. 이제 이러한 열을 추가하거나 4장에서 확인한 내용을 바탕으로 수집한 정보를 검토할 수 있다.

표 2-4는 자산과 해당 자산에 대한 위협, 그리고 이러한 위협으로부터 보호하기 위해 사용하는 보호 대책을 식별하는 데 도움이 된다. 각 인터페이스를 검토하면서 위협 모델을 참조해 각 인터페이스에 대한 특정 위험을 식별할 수 있다. 위협을 포함해 함수 목록(표 2-2 기반)을 업데이트할 수 있다. 또는 새로운 테이블을 만들어 함수, 인터페이스, 위협 요소를 별도로 정리해도 된다. 하지만 이번 예제에서는 표 2-2에서 정의한 형식을 그대로 사용하되 여기에 적절한 열을 추가해서 활용한다(표 4-2 참고).

표 4-2. 인터페이스 및 위협이 추가된 샘플 함수 목록

함수 이름	이벤트 트리거	내부 인터페이스	외부 인터페이스	위협
login	HTTP	DynamoDB 계정 테이블	해당 없음	고객 데이터 노출
verifyMfa	HTTP	DynamoDB 계정 테이블	타사 SMS 서비스	계정 하이재킹

샘플 함수 목록에 새로운 열이 추가된 것을 확인할 수 있다. 여기에는 동일한 두 개의 샘플 함수가 포함돼 있으며 관련된 열만 표시된다. 표 4-2는 함수의 목적을 기반으로 한 인터페이스 샘플과 표 2-4에 해당하는 관련 위협 샘플을 포함한다. 여기에 제안된 방어 또는 완화 대책을 추가할 수도 있다.

이제 인터페이스를 기록하고 공격 표면을 평가하기 위한 체계적인 접근 방식이 필요하다. 어떤 방식이 프로젝트와 일정에 가장 적합한지는 각 팀이 결정하면 된다. 이 책에서 제시하는 방식대로 Serverless 구성 파일을 검토하고 함수 코드를 분석해 나가면 된다.

Serverless 구성에서 예제 4-1과 예제 4-5에는 여러 Lambda 함수가 정의돼 있다. 각 함수 예제를 하나씩 살펴보자.

- 'functionAuthorizer' 함수에는 이벤트 트리거가 없기 때문에 내부 함수로 간주한다. 'function3'에서 해당 함수를 권한 부여자로 참조한다. API Gateway가 먼저 권한 부여자를 실행하고 인증이 성공하면 HTTP 요청을 'function3'으로 전달한다. 그렇지 않으면 API Gateway가 해당 HTTP 요청을 거부한다. 함수 코드를 검토할 때 권한 부여의 유효성을 검증하는 방법을 이해해야 한다. 다음 질문들에 대한 답변을 바탕으로 적절한 완화 대책을 제안할 수 있다.

  - 키를 정적으로 하드코딩해 데이터베이스 항목과 비교하는 방식인가? 이 경우 내부 인터페이스에서 인젝션 공격에 노출될 수 있다.
  - 키를 확인할 때 정규 표현식을 사용하는가? 그렇다면 정규 표현식 서비스 거부 ReDoS, Regular expression Denial of Service 공격의 영향을 받을 수 있다.
  - JWT^{Javascript object notation Web Token} 클레임을 검증하기 위해 타사 서비스를 사용하는가? 이 방식은 외부 인터페이스를 만들게 되며, 애플리케이션 요구 사항에 따라 토큰 만료 정책을 외부에서 조정할 수 있도록 한다.

- 'function1' 함수는 Lambda Proxy 통합을 사용하는 HTTP 트리거를 갖고 있다. 해당 함수는 권한 부여자나 API 키가 정의돼 있지 않기 때문에 모든 에이전트가 제한 없이 액세스할 수 있다. URL^{Uniform Resource Locator} 경로 'hello/world'는 문제 없어 보이지만, 여전히 고객 데이터가 노출되거나 민감한 정보가 포함된 환경 변수를 반환할 가능성이 있다. HTTP GET 메서드는 데이터베이스 쿼리를 통해 데이터를 반환할 수 있다. 이 함수가 쿼리 문자열 파라미터를 허용하는 경우 대량의 레코드를 요청할 수 있어 함수 실행 시간이 길어지고 비용이 증가할 수 있다. 또한, 이는 DoS 공격에 악용될 수 있고, 해당 데이터베이스를 사용하는 다른 함수의 응답 시간도 느려질 수 있다. 이를 완화하기 위해 권한 부여자를 추가하거나, 반환 데이터의 양을 제한하고, 쿼리 문자열을 제한하거나 차단하며, 함수 실행 시간 제한을 설정하는 등의 조치를 고려할 수 있다.

- 'function2' 함수는 Lambda Proxy 통합을 사용하는 HTTP 트리거를 갖고 있다. 해당 함수는 권한 부여자나 API 키가 설정돼 있지 않아 모든 에이전트가 제한 없이 데이터를 전송할 수 있다. 이로 인해 시스템에 잘못된 데이터가 삽입되거나, 데이터베이스 부하가 증가하거나, 인젝션 공격이나 큰 페이로드를 이용한 DoS

공격이 발생할 수 있다. 이를 방지하기 위해 권한 부여자 추가, 페이로드 크기 제한, 함수 실행 시간 제한 등의 대응 방안을 고려할 수 있다.

- 'function3' 함수는 Lambda Proxy 통합을 사용하는 HTTP 트리거를 갖고 있으며, API 키와 권한 부여자 모두를 요구한다. 권한 부여자는 JWT 클레임 검증이 필요하다고 정의돼 있다. XSS^{Cross-Site Scripting} 공격을 완화하기 위해 CORS를 구현하고 있다. HTTP POST와 유사한 HTTP PUT 메서드를 사용한다. 'function3'의 경우 권한 부여자 추가를 제외하고 동일한 완화 대책(페이로드 크기 제한, 함수 실행 시간 제한 등)을 제안할 수 있다.

- 'function4' 함수는 Lambda 통합을 사용하는 HTTP 트리거를 갖고 있다. 이 방식은 더 복잡하며 권한 부여자를 사용하지 않기 때문에 개발 팀과 함께 해당 통합 방식을 선택한 이유를 논의할 필요가 있다. 이 구성은 요청 템플릿을 활용해 API Gateway에서 HTTP 요청을 검사하고 유효하지 않은 경우 Lambda 함수로의 전달을 차단한다. 'function 2' 함수의 관련 권장 사항 외에도 Lambda Proxy 통합 방식으로의 전환을 제안할 수 있다.

- 'function5' 함수는 S3 객체 생성 이벤트[22]를 사용해 트리거된다. 제품 이미지 파일이 생성, 업데이트 또는 복사될 때마다 활성화되는 S3의 내부 인터페이스다. 함수 코드를 검토할 때 이벤트를 어떤 방식으로 처리하는지 이해하는 것이 중요하다.

  - 해당 계정의 데이터베이스 레코드에 파일 이름을 추가하는가? 그렇다면 이는 두 번째 인터페이스를 정의하는 것이다.

  - 생성 외에 객체가 업데이트되거나 복사된 이벤트도 처리해야 하는가, 아니면 첫 번째 생성 이벤트만 처리해야 하는가? 함수가 원하지 않는 이벤트를 처리하면서 고객 데이터를 실수로 덮어쓸 수 있다.

  - 이벤트를 's3:ObjectCreated:Post'로 제한하고 예상보다 많은 데이터를 생성하는 데이터베이스 인젝션 공격을 방지하기 위해 파일 이름에 대한 입력 검사를 수행하도록 제안할 수 있다.

---

22 'Amazon S3 이벤트 알림 구성.' Amazon S3 개발자 가이드. Amazon Web Services. https://docs.aws.amazon.com/AmazonS3/latest/dev/NotificationHowTo.html

- 'function6' 함수는 S3 객체 삭제 이벤트를 사용해 트리거된다. 해당 S3 버킷이 다른 애플리케이션에서 생성된 것인지, 아니면 동일 애플리케이션의 다른 서비스에서 생성된 것인지에 따라 외부 또는 내부 인터페이스를 정의하게 된다. 함수 코드를 검토할 때는 이벤트 처리 방식을 이해해야 한다.
  - 이벤트가 트리거되면 데이터베이스 레코드를 삭제하는가? 이 동작은 두 번째 인터페이스를 정의하며 의도치 않은 데이터 삭제로 이어질 수 있다.
  - 가장 최근에 삭제된 객체를 처리하거나 이전 버전의 객체를 삭제해야 하는가? 이전 버전을 삭제하면 현재 버전이 삭제되지 않았더라도 현재 데이터셋이 무효화될 수 있다.
  - 이벤트를 's3:ObjectRemoved:'로 제한하고 파일 이름에 대한 입력 검사를 수행해 과도한 데이터 삭제로 이어지는 데이터베이스 인젝션 공격을 방지하도록 제안할 수 있다.

Serverless 구성 파일을 검토하며 다양한 인터페이스와 보안 위험을 식별하고, 공격 표면을 줄이기 위한 위험 완화 방안을 제안한 것처럼 앞에서 수행한 평가를 재사용할 수 있다.

예제 4-6부터 예제 4-10까지의 함수 코드에 정의된 인터페이스 예시를 통해 각 사례를 살펴볼 수 있다.

- 예제 4-6은 DynamoDB에 대한 인터페이스를 정의하고 DynamoDB 데이터베이스 테이블에 쿼리를 수행하는 Lambda 함수다. 이 예제는 동일한 테이블과 계정 범위 내에서 인젝션 공격을 방지하는 방식으로 쿼리를 구성한다. 일반적으로 이러한 함수는 HTTP URL의 쿼리 문자열이나 계정 식별자와 같은 입력 데이터를 허용한다. 이 함수가 입력 데이터를 기반으로 여러 사용자 또는 다른 사용자의 데이터 레코드를 반환하게 되면 고객 데이터 노출 가능성이 생긴다. 그러나 이 코드는 'AccountId' 값이 정확하게 일치해야 하기 때문에 우발적으로 노출될 가능성은 낮다(각 계정이 고유한 식별자를 갖는 경우). 사용자가 다른 사용자의 데이터에 접근하지 않도록 하기 위해 계정 식별자에 대한 입력 값 유효성 검사를 수행하고, 'AccountId' 값을 사용자 세션 정보와 교차 검증할 것을 제안할 수 있다.

- 예제 4-7은 Azure Blob Storage에 대한 인터페이스를 정의하고 스토리지 컨테이너 생성을 시도한다. 예제 코드에서는 매번 동일한 컨테이너 이름을 사용한다. 만약 이 함수가 삭제된 컨테이너를 주기적으로 재생성하도록 타이머에 의해 실행된다면 의도된 동작일 수도 있다. 그러나 인프라 생성은 일반적으로 Serverless 배포나 CI/CD 파이프라인에서 수행되므로 함수가 직접 인프라를 생성하는 이유를 파악해야 한다. 이 기능은 CI/CD 파이프라인으로 이전하고, 불필요한 컨테이너 생성을 방지하기 위해 외부 입력을 받지 않도록 제안할 수 있다.

- 예제 4-8은 Google Cloud Storage에 대한 인터페이스를 정의하고 스토리지 버킷 삭제를 시도한다. 예제에서는 쿼리 문자열 파라미터를 사용해 삭제 대상인 버킷 이름을 결정한다. 이 함수는 실제로 버킷을 제거할 수 있다. 함수가 왜 인프라를 직접 수정하도록 설계됐는지 그 이유를 먼저 파악해야 한다. 중요한 버킷이 실수로 삭제되지 않도록 하거나, 삭제 작업을 HTTP 이벤트가 아닌 자동화된 내부 프로세스를 통해서만 수행하도록 제한하기 위해 입력 값에 대한 유효성 검사를 제안할 수 있다.

이전에 수행한 평가 사례를 참고하면 함수 코드를 검토할 때 다양한 인터페이스와 관련 위험을 식별하고, 공격 표면을 줄이기 위한 완화 대책을 제안하는 데 도움이 된다.

주요 내용

4장에서는 AWS, Azure, Google Cloud에서 제공하는 다양한 함수 이벤트 트리거를 검토하고 각각의 사용 사례를 살펴봤다. 함수 코드가 각각의 SDK와 HTTP 요청을 사용해 AWS, Azure, Google Cloud, 외부 서비스에 대한 인터페이스를 어떻게 구성하는지 살펴봤다. Serverless 구성 파일과 함수 코드에서 인터페이스를 식별하고 위협과 위험을 문서화하며, 이에 따른 완화 대책을 제안하는 방법에 대한 예제도 검토했다.

CHAPTER 05

애플리케이션 스택 구성

5장에서는 Serverless 구성 파일의 구조를 살펴보고, 각 구성 섹션에서 참고할 수 있는 사례를 함께 살펴본다.

애플리케이션 스택 구성의 중요성

Serverless Framework는 구성 파일을 통해 애플리케이션 스택application stack을 정의한다. 여기서 '애플리케이션 스택'이란 애플리케이션을 동작시키는 데 필요한 여러 계층의 애플리케이션과 서비스를 말한다. 예를 들어, 그림 2-2의 이커머스 모바일 애플리케이션 사례를 보면 모바일 애플리케이션, API 게이트웨이, 데이터베이스, 함수로 구성돼 있다. Serverless 구성 파일은 이 중 모바일 애플리케이션 코드를 제외한 나머지 요소를 관리할 수 있다. 구성 파일 하나로 대부분의 애플리케이션 구성 요소와 인프라를 정의할 수 있기 때문에 이를 잘 구조화하는 것이 중요하다.

Serverless 구성의 이해

지금까지 Serverless 구성 파일을 활용해 위험 평가를 수행하고 함수와 인터페이스를 식별했다. 이제 이 구성 파일과 그 안의 주요 요소들을 좀 더 구체적으로 살펴보겠다.

Serverless 구성 파일에는 AWS, Azure, Google Cloud에 필요한 세 가지 공통 섹션이 있다.

- 'service' 섹션은 애플리케이션 스택을 정의한다.
- 'provider' 섹션은 서버리스 서비스 제공자와 서비스 제공자별 특수 설정을 정의한다.
- 'functions' 섹션은 서버리스 함수, 이벤트 트리거, 기타 설정을 정의한다.

이 섹션들은 예제 5-1과 비슷한 형태로 작성된다.

예제 5-1. 필수 Serverless 구성 섹션

```
service: myService
provider:
  name: google
functions:
  myFunction:
    handler: myFunctionHandler
    events:
      http: path
```

이러한 섹션들은 세 가지 클라우드 서비스 제공자 모두에서 비슷하게 사용되지만 약간의 차이점도 존재한다. 추가로 정의할 수 있는 공통 섹션이 네 가지 있다.

- 'frameworkVersion' 섹션은 서비스를 배포하는 데 필요한 Serverless Framework 버전을 정의한다.
- 'plugins' 섹션은 배포 중이거나 CLI 명령어 실행 시 사용할 Serverless 플러그인을 정의한다.
- 'custom' 섹션은 구성 파일에서 사용할 사용자 정의 변수를 선언한다. 구성 내에서

는 Serverless 변수(예: '${self:custom.myVariable}')를 사용해 사용자 정의 변수를 참조할 수 있다. 일부 플러그인은 이 섹션을 활용해 사용자 정의 설정을 얻을 수 있다.

- 'package' **섹션**은 함수 코드를 패키징하고 배포하는 방식을 정의한다.

이 섹션들은 예제 5-2와 유사한 형식으로 작성된다.

예제 5-2. 선택 Serverless 구성 섹션

```
frameworkVersion: =1.0.42
plugins:
  - serverless-google-cloudfunctions
custom:
  myVariable: myValue
package:
  include:
    - src/**
    - handler.js
  exclude:
    - .git/**
  excludeDevDependencies: true
  individually: true
```

AWS 서비스에는 다음과 같은 추가 옵션 섹션이 있다.

- 'layers' **섹션**은 업로드 및 배포할 AWS Lambda Layers[1]를 정의한다. 각 레이어에서 최대 250MB의 데이터를 업로드할 수 있다. Lambda 함수는 최대 5개의 레이어를 사용할 수 있다.

- 'resources' **섹션**은 배포할 모든 CloudFormation 리소스(예: S3 버킷 또는 DynamoDB 데이터베이스)를 정의한다. CloudFormation이 배포할 수 있는 모든 리소스를 지정할 수 있다.

---

1 'AWS Lambda Layers.' AWS Lambda 개발자 가이드. Amazon Web Services. https://docs.aws.amazon.com/lambda/latest/dg/configuration-layers.html

이 섹션은 예제 5-3과 유사하게 정의한다.

예제 5-3. AWS 관련 Serverless 구성 섹션

```
layers:
  myLayer:
    path: layers/myLayer
    name: ${self:service}-${self:provider.stage}-myLayer
resources:
  S3BucketUploads:
    Type: AWS::S3::Bucket
    Properties:
      BucketName: ${self:custom.bucketName}
custom:
  bucketName: ${self:service}-${self:provider.stage}-uploads
```

앞에서 설명한 각 섹션의 몇 가지 참고 사례를 살펴보겠다.

Serverless 구성 참고 사례

Serverless 구성 파일은 애플리케이션 스택과 사용하는 서비스 제공자에 따라 달라진다. 각 구성 파일에서 고려할 수 있는 실용적인 사례들을 검토한다.

다양한 서비스 정의

2장에서 함수 그룹이 하나의 서비스라는 개념과, 이커머스 모바일 애플리케이션 예제가 애플리케이션 계층에서 어떻게 세 가지 함수 그룹을 갖는지를 살펴봤다(그림 2-1 참고). 각 함수 그룹은 각각 하나의 Serverless 구성 파일을 가지며, 이를 통해 세 가지 서비스를 별도로 배포한다. 이 세 서비스는 함수와 리소스를 각각 구성하면서 내부적인 서비스 경계를 형성한다. 각 Serverless 구성 파일은 서로 독립적으로 관리되는 하나의 서비스를 배포하는 데 사용된다. 프로젝트의 요구 사항이나 팀의 선호도에 따라 각 서비스를 별도 코드 저장소에 배치하거나 모든 서비스를 하나의 리포지터리(또는 '모노레포monorepo') 내의 하위 폴더로 구성할 수 있다. 어떤 방식이든 각 서비스는 논리적으로

잘 구분돼 있어야 한다.

각 서비스에는 그 목적이 드러나는 이름을 지정해야 한다. 예를 들어, 사용자 계정과 관련된 함수들을 포함하는 서비스라면 'eCommerce Accounts'와 같이 이름을 지을 수 있다. 이런 이름은 계정 관련 함수, 이벤트 트리거, 리소스를 다른 서비스와 독립된 그룹으로 관리하겠다는 의도를 드러낸다. 이렇게 하면 다른 서비스를 중단하지 않고도 새 함수를 추가할 수 있다. 이런 식의 분리는 서비스 경계를 만든다.

서비스 경계가 있으면 각 서비스가 직접 접근하지 않고 다른 서비스의 API를 통해 통신하게 되므로 서비스 수준의 API를 정의할 수 있게 된다. 예를 들어, 결제 서비스가 어떤 계정이 활성 상태인지 확인해야 할 경우 계정 서비스 API에 HTTPS 요청을 보내 계정 조회 함수를 실행하는 방식이 적절하다. 결제 서비스가 계정 서비스 API의 형식만 준수한다면 이 요청은 성공할 것이다. 반대로 결제 서비스가 계정 서비스의 함수를 직접 실행하게 되면 두 서비스 간에 강한 종속성이 생기고, 계정 서비스는 추가적인 권한을 외부에 열어 줘야 하며, 전체 구조도 복잡해진다. 또한, 이런 서비스 단위 분리는 리소스 수준에서도 관리가 가능하다. 예를 들어, 결제 데이터베이스와 계정 데이터베이스를 서로 독립적으로 운영할 수 있다. 따라서 서비스 간 상호작용이 많은 애플리케이션일수록 애플리케이션 개발자와 협력해 서비스 구성이 최적인지 검토하는 것이 중요하다.

서비스 제공자 구성

'provider' 섹션에서는 서비스 제공자 이름뿐만 아니라 AWS, Azure, Google Cloud와 관련된 설정을 정의한다. AWS의 'provider' 섹션은 Azure, Google Cloud에 비해 설정 항목이 가장 많다. Azure, Google Cloud, AWS 순서로 살펴본다.

Azure

Azure 'provider' 섹션에서는 서비스를 배포할 지역을 지정할 수 있으며, API 게이트웨이 설정도 정의할 수 있다.

- **Region:** 네트워크 지연 시간을 줄이려면 사용자가 서비스에 접근하는 위치와 가

장 가까운 지역을 선택하는 것이 좋다(예제 5-4 참고). Azure 문서[2]에서 Azure Functions을 지원하는 지역을 확인할 수 있다.

예제 5-4. Azure Provider 섹션

```
provider:
  name: azure
  location: West US
```

- **API Management**: API 엔드포인트를 관리하기 위해 API 게이트웨이를 정의할 수 있다. 구성에 도움이 되는 태그를 지정하고, 함수의 용도에 맞는 적절한 권한 부여 설정과 CORS 설정을 함께 지정하는 것이 좋다.

예제 5-5. Azure API Management 구성[3]

```
provider:
  apim:
    apis:
      - name: v1
        subscriptionRequired: false
        displayName: v1
        description: V1 APIs
        protocols:
          - https
        path: v1
        tags:
          - eCommerce 1.0
        authorization: none
    cors:
      allowCredentials: false
      allowedOrigins:
        - '*'
      allowedMethods:
        - GET
```

---

[2] '지역별 사용 가능한 제품.' Microsoft Azure. Microsoft. https://azure.microsoft.com/en-us/global-infrastructure/services/?products=functions

[3] 이 구성은 Serverless, Inc.에서 제공한 샘플 구성을 기반으로 한다. 'Serverless. yml Reference.' Serverless Documentation. https://www.serverless.com/framework/docs/providers/azure/guide/serverless.yml/

```
      - POST
      - PUT
      - DELETE
      - PATCH
    allowedHeaders:
      - '*'
    exposeHeaders:
      - '*'
```

- **Environment Variables**: 이 하위 섹션에서는 모든 함수가 공통으로 사용하는 환경 변수를 정의한다. 민감한 데이터를 일반 텍스트로 작성하지 않고, 항상 암호화된 형태로 제공하는 것이 바람직하다. 이 섹션은 공통 변수 정의로만 제한하며, 그 외 함수별 환경 변수는 각 함수 구성 안에서 정의해야 한다(예제 5-6 참고).

예제 5-6. Azure Provider 섹션 – 환경 변수

```
provider:
  name: azure
  environment:
    GLOBAL_VAR1: value1
    GLOBAL_VAR2: value2
```

Google Cloud

Google Cloud 'provider' 섹션에서는 런타임, 프로젝트, 자격 증명의 세 가지 필수 항목을 정의할 수 있다. 설정 방법은 Serverless 문서[4]를 참조한다. 또한, 이 섹션에서는 모든 함수에 공통으로 적용되는 메모리 크기와 실행 시간 제한timeout도 설정할 수 있다.

- **Region**: Azure Region의 경우와 동일하게 사용자가 애플리케이션과 상호작용할 가장 가까운 지역을 설정하는 것이 좋다(예제 5-7 참고). 문서[5]에서 Google Cloud가 Google Cloud Function을 지원하는 지역을 확인할 수 있다.

---

[4] 'Google – Credentials.' Serverless Documentation. https://serverless.com/framework/docs/providers/google/guide/credentials/

[5] '클라우드 위치.' Google Cloud. Google. https://cloud.google.com/about/locations/

예제 5-7. Google Cloud Provider 섹션 - Region

```
provider:
  name: google
  region: us-central1
```

- **Memory Size**: Cloud Function에는 256MB의 기본 메모리가 할당된다. 이 글로벌 설정 값을 작게 유지하고 함수별로 늘려야 한다(예제 5-8 참고). Google Cloud는 더 많은 메모리 사용에 대해 더 높은 가격[6]을 부과한다 메모리를 더 많이 사용하는 함수는 실행 시간이 줄어들 수 있기 때문에 처리 성능이 중요한 함수에는 더 많은 메모리를 할당할 수 있다. 정규 표현식을 사용해 입력의 유효성을 검증하는 함수는 주의해야 한다. ReDoS 공격에 취약할 수 있으며, 메모리 할당이 큰 경우 실행당 비용도 높아진다. 특히 해당 함수가 자주 호출되는 경우 비용이 빠르게 증가할 수 있다. 따라서 정규 표현식을 사용하는 함수에는 정적 분석 도구를 활용해 정규 표현식의 안전성을 검토해야 한다.

예제 5-8. Google Cloud Provider 섹션 - Memory Size

```
provider:
  name: google
  memorySize: 128
```

- **Timeout**: Cloud Function에는 기본적으로 60초의 실행 제한 시간이 설정돼 있다. 이 글로벌 설정 값을 작게 유지하고 함수별로 늘려야 한다(예제 5-9 참고). Google Cloud는 100밀리초 단위로 실행 시간을 과금한다.[7] 함수 실행 시간이 길수록 실행 비용이 높아진다. ReDoS 공격에 취약하거나 응답 없이 대기하는 함수는 제한 시간에 도달할 때까지 계속 실행될 수 있다. Google Cloud는 전체 실행 시간에 대해 비용을 청구하기 때문에 해당 함수가 여러 번 실행되면 누적 비용이 상당할 수 있다.

---

6 '가격 정책.' Google Cloud. Google. https://cloud.google.com/functions/pricing
7 '가격 정책.' Google Cloud. Google. https://cloud.google.com/functions/pricing

예제 5-9. Google Cloud Provider 섹션 – Timeout

```
provider:
  name: google
  timeout: 3s # 초 단위만 허용
```

- **Labels**: Serverless 배포에서 함수를 찾고 구성하는 데 도움이 되는 레이블 정의를 고려해야 한다(예제 5-10 참고).

예제 5-10. Google Cloud Provider 섹션 – Labels

```
provider:
  name: google
  labels:
    projectName: eCommerce
```

AWS

AWS 'provider' 섹션에서는 여러 가지 설정을 정의할 수 있다. 모든 설정 항목은 Serverless 문서[8]에서 확인할 수 있으며 이 책에서는 그중 일부 핵심 설정만 다룬다.

- **Region**: Azure, Google Cloud와 마찬가지로 사용자가 애플리케이션과 상호 작용할 가장 가까운 지역을 설정한다(예제 5-11 참고). AWS 문서[9]에서 Lambda 함수를 지원하는 지역을 확인할수 있다.

예제 5-11. AWS Provider 섹션 – Region

```
provider:
  name: aws
  region: us-east-1
```

---

8 'Serverless.yml 레퍼런스.' Serverless Documentation. https://serverless.com/framework/docs/providers/aws/guide/serverless.yml/

9 'AWS 일반 레퍼런스.' AWS General Reference. Amazon Web Services. https://docs.aws.amazon.com/general/latest/gr/rande.html

- **Memory Size**: Lambda 함수에는 1024MB의 기본 메모리가 할당된다. Google Cloud 섹션에서 설명한 것처럼 글로벌 설정 값은 작게 유지하고, 필요한 경우 함수별로 메모리를 늘리는 방식이 바람직하다(예제 5-12 참고).

예제 5-12. AWS Provider 섹션 – Memory Size

```
provider:
  name: aws
  memorySize: 128
```

- **Timeout**: Lambda 함수에는 기본적으로 6초의 실행 제한 시간이 설정돼 있다. Google Cloud 섹션에서 설명한 것처럼 이 글로벌 설정 값은 작게 유지하고, 필요한 경우 함수별로 늘리는 것이 좋다(예제 5-13 참고).

예제 5-13. AWS Provider 섹션 – Timeout

```
provider:
  name: aws
  timeout: 3 # 초 단위만 허용, 's' 접미사 필요 없음
```

- **Deployment Bucket**: Serverless Framework는 배포 아티팩트를 S3 버킷에 업로드한다. 기본적으로 S3 버킷은 파일을 암호화된 상태로 저장하지만, 인터넷을 통해 접근할 수 있다. 최소한 이러한 Serverless 아티팩트에 대해 공용 접근을 방지해야 한다(예제 5-14 참고).

예제 5-14. AWS Provider 섹션 – Deployment Bucket

```
provider:
  name: aws
  deploymentBucket:
    blockPublicAccess: true
```

- **Environment Variables**: 이 하위 섹션은 모든 함수에서 사용할 수 있는 환경 변수를 정의한다. 민감한 데이터를 일반 텍스트로 포함하지 말고, 항상 암호화된 버전

을 사용해야 한다. 이 섹션은 모든 함수에서 실제로 사용하거나 사용할 가능성이 있는 환경 변수만 정의하는 용도로 제한해야 한다(예제 5-15 참고). 그 외의 환경 변수는 각 함수의 구성에서 별도로 정의해야 한다.

예제 5-15. AWS Provider 섹션 - Environment Variables

```
provider:
  name: aws
  environment:
    GLOBAL_VAR1: value1
    GLOBAL_VAR2: value2
```

- **CloudFormation IAM Role**: Serverless 구성을 배포할 때는 일반적으로 사용자 본인의 AWS 자격 증명이 사용된다. 이 자격 증명에는 Serverless 구성과 무관한 리소스를 생성할 수 있는 권한이 포함돼 있을 수 있다. 배포 시에는 Serverless 구성에 정의된 리소스를 생성, 업데이트, 삭제하는 데 필요한 권한만 가진 전용 IAM 역할을 정의하는 것이 바람직하다(예제 5-16 참고). 6장에서 IAM에 대해 살펴보겠다.

예제 5-16. AWS Provider 섹션 - CloudFormation Role

```
provider:
  name: aws
  cfnRole: arn:aws:iam::XXXXXXXXXXXX:role/CloudFormationRole
```

- **Tags and Stack Tags**: Serverless로 배포된 리소스(예: API Gateway, CloudFormation 스택, Lambda 함수 등)를 식별하고 구성하기 위해 사용자 지정 태그를 정의하는 것을 고려해야 한다(예제 5-17 참고).

예제 5-17. AWS Provider 섹션 - Tags and Stack Tags

```
provider:
  name: aws
  stackTags:
    PROJECT_NAME: eCommerce
```

```
    PROJECT_VERSION: 1.0
  tags:
    PROJECT_NAME: eCommerce
    PROJECT_VERSION: 1.0
```

- **IAM Role Statements**: 이 하위 섹션에서는 모든 함수가 공유하는 IAM 권한을 정의한다. 모든 함수에 필요한 권한(예: 키 관리 시스템^{KMS, Key Management System} 서비스로 암호화된 암호 해독)이 아닌 경우 이곳에서 IAM 권한을 정의하는 것은 피해야 한다(예제 5-18 참고). 대신 각 함수 구성 내에서 IAM 권한을 정의해야 하며, 이에 대해서는 다음 섹션에서 더 자세히 다루겠다.

예제 5-18. AWS Provider 섹션 – IAM Role Statements

```
provider:
  name: aws
  iamRoleStatements:
    - Effect: Allow
      Action: kms:Decrypt
      Resource: arn:aws:kms:${self:provider.region}:*:key/*
```

- **가상 사설 클라우드**^{VPC, Virtual Private Cloud}: VPC를 사용하면 Lambda 함수에 대한 인터넷 접근을 차단하거나, VPC 내부에만 존재하는 리소스에 접근할 수 있다. VPC에 Lambda 함수가 접근하려면 최소 두 개 이상의 서브넷을 정의해야 하며, 그중 하나 이상을 사용할 수 있어야 한다(예제 5-19 참고). 모든 Lambda 함수가 VPC에 접근해야 하는 경우에만 'provider' 섹션에서 VPC를 정의한다.

예제 5-19. AWS Provider 섹션 – Virtual Private Cloud

```
provider:
  name: aws
  vpc:
    subnetIds:
      - subnet-XXXXXXXXXXXXXXXXX
      - subnet-XXXXXXXXXXXXXXXXX
    securityGroupIds:
```

```
      - sg-XXXXXXXXXXXXXXXX
```

- **Tracing**: AWS X-Ray를 사용해 API Gateway에 대한 추적 기능 활성화를 고려해야 한다(예제 5-20 참고). X-Ray는 API Gateway 사용량에 대한 지표 및 데이터를 수집하기 위한 AWS 서비스다. HTTP 상태 코드와 API Gateway에 접근할 때 사용된 웹 URL을 보여 주기 때문에 잠재적인 DoS 공격을 탐지하는 데 유용하다. 예를 들어, 특정 IP 주소에서 정의되지 않은 URL에 대해 403 오류가 반복적으로 발생한다면 해당 IP를 차단하는 등의 대응이 가능하다.

예제 5-20. AWS Provider 섹션 - API Gateway X-Ray Tracing

```
provider:
  name: aws
  tracing:
    apiGateway: true
```

이 책에서 다루지 않은 AWS 'provider' 섹션 설정이 많이 있다. 모든 설정을 살펴보고 익숙해지면, 실제 프로젝트에서 어떤 항목을 설정할지 결정하는 데 도움이 될 수 있다. 자세한 내용은 Serverless 문서[10]를 참고하기 바란다.

함수 구성 및 정의

2장에서는 위험 평가 관점에서, 3장에서는 코드 보안 관점에서, 4장에서는 인터페이스 보호 관점에서 함수를 살펴봤다. 5장에서는 함수를 어떻게 구성하고, 앞서 설명한 함수별 설정을 정의하는지 알아보겠다.

세 가지 클라우드 서비스 제공자 모두 서비스 내의 함수를 추가로 구성할 수 있는 기능을 제공한다. 하나의 서비스에는 해당 서비스와 관련된 모든 함수가 포함돼야 하지만, 필요에 따라 하위 그룹으로 나눌 수도 있다. 예를 들어, 계정 서비스에 등록, 자격 증

---

10 'AWS Provider 문서.' Serverless Framework Documentation. Serverless, Inc. www.serverless.com/framework/docs/providers/aws

명, 데이터 조회 함수가 포함돼 있다고 하자. 이 경우 하위 그룹별로 함수 정의 파일, 즉 'serverless-functions-registration.yml,' 'serverless-functions- credentials.yml,' 'serverless-functions-data.yml' 파일을 만들 수 있다(각각 예제 5-21, 5-22, 5-23 참고).

예제 5-21. Functions 섹션 – 계정 등록 함수

```
# serverless-functions-registration.yml
functions:
  registration1:
    handler: http
    events:
      - http: path
```

예제 5-22. Functions 섹션 – 계정 로그인 함수

```
# serverless-functions-login.yml
functions:
  login1:
    handler: http
    events:
      - http: path
```

예제 5-23. Functions 섹션 – 계정 데이터 함수

```
# serverless-functions-data.yml
functions:
  data1:
    handler: http
    events:
      - http: path
```

Serverless 파일은 하위 그룹 파일을 참조한다(예제 5-24 참고).

예제 5-24. Functions 섹션 – 하위 그룹 참조

```
# serverless.yml
functions:
```

```
    - ${file(serverless-functions-registration.yml):functions}
    - ${file(serverless-functions-login.yml):functions}
    - ${file(serverless-functions-data.yml):functions}
```

모든 서비스 제공자의 함수 섹션에서는 함수를 트리거하는 이벤트를 정의할 수 있다. 이 책에서는 이벤트를 정의하는 방법보다는 각 서비스 제공자가 추천하는 설정에 집중한다.

Azure

Azure 함수 섹션에는 정의할 Azure 특수 설정이 없다.

Google Cloud

Google Cloud Function 섹션에서는 각 함수에 대한 메모리 및 시간 초과를 정의해 서비스 제공자 설정을 재정의할 수 있다(예제 5-25 참고).

예제 5-25. Google Cloud Function 섹션 – Memory Size, Timeout

```
functions:
  registration1:
    memorySize: 512
    timeout: 6s
```

AWS

AWS 함수 섹션에서는 여러 가지 설정을 정의할 수 있다. 모든 'provider' 섹션의 설정을 확인하려면 Serverless 문서를 참고하면 된다. 다음과 같은 특정 설정에 중점을 두고 살펴보겠다.

- **Memory Size**: 'provider' 섹션에 정의된 메모리 및 시간 초과 설정을 재정의할 수 있다(예제 5-26 참고).

예제 5-26. AWS Functions 섹션 – Memory Size, Timeout

```
functions:
  registration1:
    memorySize: 512
    timeout: 6
```

- **Environment Variables**: 함수별 환경 변수를 정의해 서비스 제공자 환경 변수에 추가할 수 있다(예제 5-27 참고). 민감한 데이터에는 일반 텍스트 값을 사용하지 말고 암호화된 값을 사용해야 한다.

예제 5-27. AWS Functions 섹션 – Environment Variables

```
functions:
  registration1:
    environment:
      FUNCTION_VAR1: value1
```

- **VPC**: 서비스 제공자 VPC 설정을 재정의하거나 특정 함수에 대한 VPC 설정을 정의할 수 있다(예제 5-28 참고).

예제 5-28. AWS Functions 섹션 – VPC

```
functions:
  registration1:
    vpc:
      subnetIds:
        - subnet-XXXXXXXXXXXXXXXX
        - subnet-XXXXXXXXXXXXXXXX
      securityGroupIds:
        - sg-XXXXXXXXXXXXXXXX
```

- **Layers**: 사용할 계층을 정의할 수 있다(예제 5-29 참고).

예제 5-29. AWS Functions 섹션 – Layers

```
functions:
```

```
registration1:
  layers:
    - arn:aws:lambda:region:XXXXXXXXXXXX:layer:LayerName:Y
```

- **IAM Role Statements**: 각 함수의 IAM 권한을 정의해야 한다(예제 5-30 참고). 이 설정은 Serverless Framework에 기본적으로 포함되지 않으므로 이 설정을 사용하려면 플러그인이 필요하다. 함수가 적절하게 실행되도록 최소한의 권한만 사용해야 한다. 6장에서 IAM에 대해 살펴보겠다.

예제 5-30. AWS Functions 섹션 – IAM Role Statements

```
functions:
  registration1:
    iamRoleStatements:
      - Effect: Allow
        Action: s3:DeleteObject
        Resource: arn:aws:s3:::${self:custom.bucketName}/*
```

프레임워크 버전 고정

세 가지 서비스 제공자 모두 서비스를 배포할 때 사용할 Serverless Framework 버전을 정의할 수 있다. 프로덕션 배포에 권장되는 특정 버전을 지정할 수 있는데(예제 5-31 참고), 다양한 버전을 갖는 것은 일반적으로 문제가 되지 않는다. 그러나 재현성과 테스트 가능성을 위해 향후 Serverless Framework 버전에 버그나 다른 컴포넌트에 영향을 줄 수 있는 변경이 생길 수 있으므로 정확한 버전을 사용하는 것이 좋다.

예제 5-31. Framework Version 섹션 – 특정 버전

```
frameworkVersion: '=1.42.0'
```

최소 및 최대 버전 범위를 지정할 수도 있다(예제 5-32 참고). 이 옵션은 애플리케이션을 개발하는 동안 최신 버전의 Serverless로 업그레이드할 수 있는 유연성을 제공한다.

이전 버전과의 호환성 문제를 방지하려면 최대 버전을 다음 메이저 버전보다 낮게 제한해야 한다. 애플리케이션이 최종 단계에 가까워지거나 최종 프로덕션 배포 준비가 됐을 때는 특정 버전을 사용하는 것을 고려해야 한다.

예제 5-32. Framework Version 섹션 – 버전 범위

```
frameworkVersion: '>=1.42.0 <2.0.0'
```

플러그인 사용

AWS에서는 옵션 플러그인을 사용해 함수를 배포할 수 있지만, Azure와 Google에는 각각의 플러그인이 필요하다. 각 클라우드 서비스 제공자에 맞춰 고려해야 할 권장 플러그인들이 있다. Serverless Plugins GitHub 페이지[11]에 사용할 수 있는 더 많은 플러그인이 있다. 플러그인을 설치하기 전에 GitHub 페이지와 해당 소스 코드[12]를 검토해야 한다.

Azure

Azure Functions를 배포하려면 'serverless-azure-functions' 플러그인이 필요하다 (예제 5-33 참고). 함수의 업로드 크기를 최적화하는 'serverless-webpack' 플러그인[13] 추가를 고려할 수 있다.

예제 5-33. Azure Plugins 섹션

```
plugins:
  - serverless-azure-functions
  - serverless-webpack
```

---

11 'Serverless Plugins.' GitHub. https://github.com/serverless/plugins
12 Serverless 플러그인은 개발 환경 및 애플리케이션 환경에 취약성을 초래할 수 있다. 소스 코드를 검사하면 잠재적인 보안 문제를 찾는 데 도움이 될 수 있다. '안전하지 않은 Serverless 플러그인: 소스 코드를 검사해야 하는 이유.' Miguel A. Calles. Secjuice. March 29, 2020. www.secjuice.com/insecure-serverless-plugins-why-you-should-inspect-the-source-code
13 'serverless-webpack.' GitHub. https://github.com/serverless-heaven/serverless-webpack

Google Cloud

Google Cloud Function을 배포하려면 'serverless-google-cloud functions' 플러그인이 필요하다(예제 5-34 참고). 'serverless-webpack' 플러그인[14] 추가도 고려해 보는 것이 좋다.

예제 5-34. Google Cloud Plugins 섹션

```
plugins:
  - serverless-google-cloudfunctions
  - serverless-webpack
```

AWS

다음 플러그인 사용을 고려해야 한다.

- 'serverless-iam-roles-per-function' 플러그인[15]을 사용하면 함수별로 IAM 역할을 정의할 수 있다(예제 5-35 참고).

- 'serverless-stack-termination-protection' 플러그인[16]은 Serverless 서비스를 배포하는 데 사용하는 CloudFormation 스택이 실수로 삭제되는 것을 방지한다(예제 5-35 참고).

- 'serverless-webpack' 플러그인[17]은 함수 아티팩트 패키지 크기를 최적화한다(예제 5-35 참고). 이것이 작동하려면 webpack 구성 파일이 필요하다(예제 5-36 참고). 자세한 내용은 GitHub 페이지를 참고하기 바란다.

예제 5-35. Azure Plugins 섹션

```
plugins:
  - serverless-iam-roles-per-function
```

---

14 'serverless-webpack.' GitHub. https://github.com/serverless-heaven/serverless-webpack
15 'serverless-iam-roles-per-function.' GitHub. https://github.com/functionalone/serverless-iam-roles-per-function
16 'serverless-stack-termination-protection.' GitHub https://github.com/miguel-a-calles-mba/serverless-stack-termination-protection
17 'serverless-webpack.' GitHub. https://github.com/serverless-heaven/serverless-webpack

```
    - serverless-stack-termination-protection
    - serverless-webpack
```

예제 5-36. Serverless Webpack 플러그인 'webpack.config.js' 구성 파일[18] 예제

```
const slsw = require('serverless-webpack');
const nodeExternals = require('webpack-node-externals');
const { isLocal } = slsw.lib.webpack;
module.exports = {
  entry: slsw.lib.entries,
  target: 'node',
  externals: [nodeExternals()],
  mode:isLocal ? 'development' : 'production',
};
```

사용자 지정 섹션 사용

세 가지 서비스 제공자 모두 사용자 지정 섹션을 사용할 수 있다. 다른 섹션에서 사용할 변수를 이 섹션에서 저장하는 것이 좋다. 예를 들어, 함수별 IAM 역할 명령문에 대해 표준 명명 규칙을 원할 수 있다(예제 5-37 참고).

예제 5-37. Custom 섹션 – IAM 역할 이름 변수

```
custom:
  stack: ${self:service}-${self:provider.name}
  iamRolesPrefix: ${self:custom.stack}-${self:provider.stage}
functions:
  registration1:
    iamRoleStatementsName: ${self:custom.iamRolesPrefix}-reg1
    iamRoleStatements:
      - Effect: Allow
        Action: s3:DeleteObject
```

---

18 이 구성은 Serverless Webpack 예제에서 파생됐다. 'webpack.config.js.' Serverless Webpack. GitHub. https://github.com/serverless-heaven/serverless-webpack/blob/master/examples/include-external-npm-packages/webpack.config.js

```
            Resource: arn:aws:s3:::${self:custom.bucketName}/*
```

플러그인에 대한 설정도 지정할 수 있다(예제 5-38 참고).

예제 5-38. Custom 섹션 – 플러그인 설정

```
custom:
  serverless-iam-roles-per-function:
    defaultInherit: true
  serverlessTerminationProtection:
    stages:
      - prod
  webpack:
    includeModules: true
```

AWS 특수 구성 설정

이번 절에서는 AWS의 특수 구성 설정에 대해 살펴본다.

패키징 정의

세 가지 서비스 제공자 모두 포함하거나 제외할 파일을 지정해 Serverless 함수 아티팩트를 배포하는 방법을 정의할 수 있다. AWS에서는 Lambda 함수당 하나의 아티팩트를 갖도록 지정할 수 있다(예제 5-39 참고). 이 설정을 'serverless-webpack' 플러그인과 함께 사용하면 아티팩트 크기가 작은 Lambda 함수를 배포하고 Lambda 함수 성능을 향상시킨다.

예제 5-39. AWS Package 섹션

```
package:
  individually: true
```

AWS Lambda Layers 사용

AWS를 사용하면 변경할 수 없는 AWS Lambda Layers를 정의할 수 있다. 즉, 배포 후에는 레이어를 수정할 수 없다. 최대 5개의 레이어를 정의할 수 있는데, 이러한 레이어에 액세스할 수 있는 계정을 특정 계정으로 제한해야 한다. Lambda 함수 코드에서 사용할 크기가 큰 파일(예: 텍스트 데이터베이스 및 런타임 파일)을 위해 레이어를 사용해야 한다. 패키지가 너무 커서 'package.json' 파일로 가져올 수 없는 경우가 아니라면 일반적으로 npm 패키지에는 레이어를 사용하지 않는다. 변경할 수 없는 데이터가 필요할 경우 S3 버킷 대신 레이어를 선택할 수 있으며, S3의 파일은 수정 가능하다. 또한, 레이어의 모든 버전을 유지하는 것을 고려할 수 있다. 그렇지 않으면 배포 시 새 레이어가 생성될 때 이전 레이어가 삭제된다.

예제 5-40. AWS Layers 섹션[19]

```yaml
layers:
  myLayer:
    path: layers/myLayer
    name: ${self:service}-${self:provider.stage}-myLayer
    allowAccounts:
    # 현재 계정에만 공유
    - 'Fn::Join':
      - ''
      - - Ref: 'AWS::AccountId'
    retain: true
```

리소스 정의

AWS를 사용하면 CloudFormation 템플릿을 사용해 사용자 지정 리소스를 생성할 수 있다. 사용자 지정 리소스 생성을 위한 정보는 CloudFormation 템플릿[20]을 사용할 수 있다. 함수 구성과 유사한 파일 구성을 고려해야 한다(예제 5-41 참고).

---

19 이 구성은 Serverless, Inc. 예제에서 파생됐다. 'AWS – Layers.' Serverless Documenation. https://www.serverless.com/framework/docs/providers/aws/guide/layers/

20 '템플릿 참조.' AWS CloudFormation 사용자 가이드. Amazon Web Services. https://docs.aws.amazon.com/AWSCloudFormation/latest/UserGuide/template-reference.html

예제 5-41. AWS Resources 섹션 – CloudFormation 템플릿 참조

```yaml
# serverless.yml
resources:
  - ${file(serverless-resources-s3.yml):resources}
```

각 리소스 정의에서 모든 설정을 평가하고, 최소 권한, 최소 접근, 저장 및 전송 중 암호화 설정이 포함돼 있는지 확인해야 한다. 예제 5-42의 S3 리소스 예제는 접근 통제 및 CORS 설정을 보여 준다.

예제 5-42. AWS Resources 섹션 – S3 CloudFormation 템플릿

```yaml
# serverless-resources-s3.yml
resources:
  Resources:
    S3BucketUploads:
      Type: AWS::S3::Bucket
      Properties:
        BucketName: ${self:custom.uploadsBucketName}
        AccessControl: Private
        CorsConfiguration:
          CorsRules:
            - AllowedMethods:
                - GET
                - HEAD
              AllowedOrigins:
                - '*'
```

주요 내용

5장에서는 Serverless 구성 파일에서 따라야 할 참고 사례를 살펴봤다. 여러 Serverless 구성 파일을 사용해 함수 그룹을 기반으로 서비스를 정의하는 방법을 다뤘다. 서비스 내에서 함수와 리소스를 추가로 그룹화하는 방법을 검토했다. 구성 섹션을 검토하고 AWS, Azure, Google Cloud 서비스 제공자 간 구성 섹션의 공통점과 차이점을 검토했다. 마지막으로, 각 섹션에서 고려해야 할 참고 사례를 다뤘다.

CHAPTER 06

권한 제한

6장에서는 AWS, Azure, Google Cloud에서 권한을 사용하는 방법을 다룬다. 서버리스 환경에서 함수 및 계정 탈취 공격의 1차 방어선으로 권한을 고려할 수 있다. 따라서 권한을 구현하는 방법을 이해하는 것이 중요하다. 각 서비스 제공자가 제공하는 권한 기능과 이를 사용하는 방법을 다룬다.

권한 제한의 중요성

서비스 또는 퍼블릭 클라우드 환경의 권한은 개념적으로 프라이빗 클라우드 환경의 권한과 비슷하다. 둘 다 '무엇'을 사용할 수 있고 '누가' 접근할 수 있는지 정의하는 설정을 제공한다. 윈도우 컴퓨터에서 정보 기술IT, Information Technology 부서는 일반 사용자가 접근할 수 있는 서비스와 관리자가 접근할 수 있는 서비스를 결정한다. 이러한 직무 분리는 일반적으로 일반 사용자가 원치 않는 악성 소프트웨어를 설치하고 조직이 원하는 보안 수준을 손상시키는 것을 방지한다. 악의적인 행위자가 접근 권한의 제한이 거의 없거나 전혀 없는 취약한 컴퓨터를 손상시킨 경우, 잠재적으로 민감한 데이터에 접근하거나 인프라를 수정하거나 기타 악의적인 활동을 수행할 수 있다. 서버리스 환경에서도 상황은 비슷하다. 악의적인 행위자는 권한에 대한 제한이 거의 없거나 전혀 없는 경우,

다른 서비스에 액세스하거나 계정을 탈취할 수 있다.

4장에서는 인터페이스 보안의 중요성을 다뤘다. 서버리스 애플리케이션이 사용할 수 있는 다양한 인터페이스와 식별하는 방법을 검토했다. 예제 4-3은 AWS DynamoDB 데이터베이스를 쿼리하는 함수의 예제 코드를 제공했다. 함수 코드가 입력 값 검증을 수행하지 않고 레코드를 삭제할 수 있는 권한을 가진 경우를 가정해 보자. 악의적인 행위자가 함수 입력을 통해 '레코드 삭제' 명령을 보내는 방법을 결정했다면 악의적인 행위자는 모든 데이터베이스 레코드를 삭제할 수 있다. 이제 모든 AWS 서비스에 접근을 허용하는 사용 권한이 함수에 있다고 가정해 보자. 또한, 악의적인 행위자가 함수 입력을 통해 리눅스 셸shell 명령을 보내는 방법을 결정했다고 가정해 보자. 이 경우 해당 행위자는 모든 AWS CLI 명령을 실행할 수 있다. 그렇게 되면 악의적인 행위자가 계정 전체를 탈취할 수 있기 때문에 함수 권한을 제한해야 한다.

또 다른 예로 계정 하이재킹을 들 수 있다. 일반적으로 계정은 사용자 계정(사람이 사용하는 계정)과 서비스 계정(시스템이 사용하는 계정) 두 가지 유형이 있다. 이러한 계정 중 하나가 손상됐을 수 있다. 악의적인 행위자는 두 가지 유형의 계정 중 하나로 침입해 로그인 자격 증명을 변경해 계정을 탈취할 수 있다. CI/CD 파이프라인 서비스 계정이 있다고 가정해 보자. 개발자들은 Serverless 구성을 배포하는 데 필요한 것보다 더 많은 권한을 계정에 부여한다. 권한을 제한하는 것이 너무 어렵거나 시간이 많이 걸리거나 일정이 빡빡해 나중에 제한하기로 결정했을 수 있다. 개발자들은 관리자 권한을 부여하고 AWS 콘솔 접근 권한을 부여한 액세스 키를 인증을 위해 생성했다. 악의적인 행위자가 어떻게든 비밀 키를 얻었다고 가정해 보자. 이제 이 사용자는 AWS 콘솔에 로그인하고, 관리자 권한을 사용해 기존 키를 파기하는 동안 새 키를 만들고, 다른 사용자가 계정에 접근하지 못하도록 다른 계정을 수정할 수 있다. 이 사용자는 권한이 부여된 계정을 성공적으로 탈취한 것이다. 악의적인 행위자가 계정을 탈취할 수 있는 방법은 여러 가지가 있기 때문에 계정의 권한을 제한하는 것이 필수적이다.

먼저 권한이 무엇인지 이해하고 권한을 제한하는 방법을 다루겠다. AWS, Azure, Google Cloud에 대한 세부 사항을 살펴보기 전에 일반적인 원칙을 다루겠다.

권한의 이해

AWS, Azure, Google Cloud는 각각 권한을 약간 다르게 구현한다. 세 가지 서비스 제공자 모두 적용되는 일반적인 원칙을 검토한 후 각 서비스 제공자가 권한을 구현하는 방법을 살펴본다.

일반적인 원칙

세 가지 서비스 제공자 모두 사용자 계정과 서비스 계정 및 해당 계정의 권한을 정의하는 IAM 서비스를 제공한다. IAM 서비스를 통해 '누가' '무엇'에 접근할 수 있는지 정의할 수 있다. '누가'는 계정(또는 주체)의 한 유형이다. 일반적으로 IAM 계정에는 사용자 계정(또는 사용자 주체)과 서비스 계정(또는 서비스 주체) 두 가지 유형이 있다. 서비스 제공자 계정은 서비스 제공자의 서비스에 대한 액세스를 승인하지만, 이것은 IAM 계정과는 다르다. 6장에서는 주로 IAM 계정에 중점을 두고 살펴본다. 사용자 계정과 서비스 계정을 모두 가지면 계정이 서비스 제공자와 상호작용하는 방식을 구별할 수 있다. 일반적으로 사용자 계정은 웹 기반 인터페이스인 서비스 제공자의 콘솔(포털이라고도 함)에 접근할 수 있다. 사용자는 사용자 이름과 비밀번호로 인증한다. 서비스 계정은 일반적으로 서비스 제공자의 API에 접근할 수 있다. 서비스는 비밀 키로 인증한다. 세 가지 서비스 제공자 모두 사용자 및 서비스 계정의 개념을 지원하지만 서로 다르게 구현했다.

계정은 서비스 제공자의 콘솔 또는 API에 접근하기 위해 성공적으로 인증할 수 있지만, 먼저 계정에 대한 권한을 정의하지 않고는 어떤 작업도 수행할 수 없다. 모든 서비스 제공자의 IAM 서비스는 최소 권한의 원칙 PoLP, Principle of Least Privilege[1] 및 역할 기반 접근 제어 RBAC, Role-Based Access Control[2]를 어느 정도 지원하며 접근할 수 있는 '무엇'을 정의할 수 있다.

---

[1] '최소 권한.' 마이클 게직(Michael Gegick) & 션 바넘(Sean Barnum). Cigital. September 14, 2005. www.us-cert.gov/bsi/articles/knowledge/principles/least-privilege

[2] '역할 기반 액세스 통제.' 데이비드 페라이올로(David Ferraiolo) & 리차드 쿤(Richard Kuhn). 15th National Computer Security Conference (NCSC). October 13, 1992. https://csrc.nist.gov/publications/detail/conference-paper/1992/10/13/role-based-access-controls

PoLP는 작업을 수행하는 데 필요한 최소한의 권한을 부여해야 한다는 원칙을 제안하고 부여된 권한 없이는 어떤 작업도 수행할 수 없다고 가정한다. 예를 들어, 데이터베이스에서 읽기만 필요한 경우 데이터베이스에 대한 읽기 권한만 부여해야 한다. 데이터베이스에서 생성, 업데이트 또는 삭제 작업을 수행할 수 없다. 또한, 특정 데이터베이스의 데이터만 필요한 경우 읽기 권한을 특정 데이터베이스로 제한해야 한다. 예를 들어, 엔지니어링 부서에 있는 사용자의 경우 재무 부서의 데이터베이스를 읽을 수 없어야 한다. 이 글을 쓸 당시 AWS와 Google Cloud는 특정 리소스에 대한 접근 제한을 지원한다. 그러나 Google Cloud는 제한된 기능만 지원한다. RBAC는 역할과 역할이 수행할 수 있는 행위를 정의할 것을 제안한다. 예를 들어, 데이터 입력 역할은 데이터를 데이터베이스에 입력한다. 해당 역할에는 데이터베이스에 대한 쓰기 행위를 수행할 수 있는 권한이 있다. 감사자 역할은 데이터베이스에서 데이터를 조회한다. 이 역할에는 데이터베이스에 대한 읽기 행위를 수행할 수 있는 권한이 있다. 관리자 역할은 데이터베이스를 변경할 수 있다. 이 역할에는 데이터베이스에 대한 모든 행위를 수행할 수 있는 모든 권한이 있다. 사용자는 여러 역할을 가질 수 있으며 적절한 역할을 사용해 원하는 작업을 실행해야 한다.

RBAC와 PoLP의 조합은 주어진 역할이 과도하거나 지나치게 허용하는 권한을 부여하는 위험을 줄인다. 각 서비스 제공자는 PoLP와 RBAC를 다르게 구현하며, 해당 용어도 다르게 사용한다. 일반적인 의미에서 권한을 적용하는 방법을 검토하고, 각 서비스 제공자가 권한을 구현하는 방법을 구분한다.

'역할'은 작업을 수행하거나 리소스에 접근하는 데 필요한 권한을 포함하는 개념이다. 예를 들어, 역할은 스토리지 객체에 대한 읽기 권한 또는 데이터베이스 리소스에 대한 쓰기 권한을 정의할 수 있다. 역할은 필요한 작업 유형에 따라 계정 그룹을 기반으로 정의된다. 보안 감사를 수행하는 역할, 데이터베이스에 데이터를 쓰는 역할 또는 Serverless 구성을 배포하는 역할을 정의할 수 있다. 역할은 권한을 정의하지만 이를 사용할 수 있는 계정은 정의하지 않는다. 계정 또는 계정 그룹에 역할을 할당해 해당 계정에 권한을 부여해야 한다. 이것을 '역할 할당'이라고 한다.

이 책에서는 일반적인 의미의 IAM 용어로 '사용자 계정', '서비스 계정', '역할', '역할 할당'을 설정했다. 그림 6-1은 이러한 용어가 서로 어떻게 관련돼 있는지 보여 준다. 각 서비스 제공자가 이러한 용어와 원칙을 사용하는 방법을 이해하는 데 도움이 된다. 표 6-1에서는 일반적인 용어와 서비스 제공자가 사용하는 용어를 비교한다.

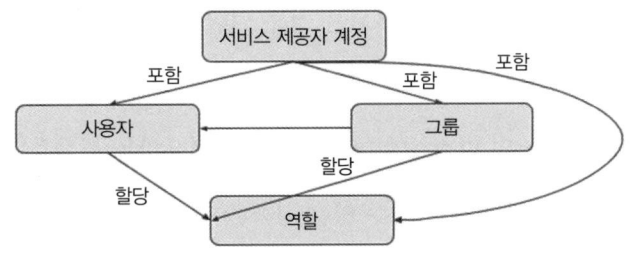

그림 6-1. 일반적인 IAM 용어 간의 관계

표 6-1. IAM 용어 비교

IAM 용어	AWS	Azure	Google Cloud
사용자 계정	User(AWS 관리 콘솔 액세스 가능)	Active Directory User	Member(Google, G Suite, 또는 Cloud Identity 계정)
서비스 계정	Service Role or User(프로그래밍 방식 액세스 가능)	Service Principal	Member(서비스 계정)
역할	Policy	Role Definition	Role
역할 할당	Attach	Role Assignment	Policy(또는 IAM 승인)

일부 용어는 너무 많이 사용돼 혼란스러울 수 있다. AWS에는 사용자 계정 또는 서비스 계정인 IAM 사용자가 있을 수 있다. 반면 Google Cloud는 'member'라는 용어를 사용하지만 Google, G Suite 또는 Cloud Identity 계정 또는 서비스 계정으로 구분한다. AWS는 '역할'이라는 용어를 사용해 AWS 서비스에 권한을 할당하지만, '정책'은 사용자 계정이나 서비스 역할에 할당된 역할이다. AWS는 그룹, 사용자 또는 역할에 정책을 '연결attaching'하는 방식으로 역할을 할당한다. 반면 Google Cloud는 정책(또는 IAM 권한)을 사용해 구성원에게 역할을 할당한다. 각 서비스 제공자가 IAM을 구현하는 방법을 읽으면서 이러한 차이점을 염두에 둬야 한다. 용어가 혼란스러워지기 시작하면 다음과 같은 일반적인 원칙을 생각하는 것이 도움이 될 수 있다. IAM을 통해 '누가'(계정 유형) '무엇'(권한 리스트 또는 역할을 통해)에 접근할 수 있는지 할당(또는 정책 또는 연결)을 정의할 수 있다.

AWS

AWS는 권한을 관리하기 위해 IAM 서비스를 제공한다. IAM은 AWS 서비스 및 리소스에 대한 액세스를 지정할 수 있다.[3] IAM은 접근 권한을 부여하고 제한하기 위해 함께 작동하는 다양한 유형의 설정을 사용한다.

- **정책**은 AWS 서비스 및 리소스에 대한 액세스를 허용하는 권한을 정의한다.
- **그룹**은 할당된 사용자가 사용할 수 있는 정책을 정의한다.
- **사용자**는 AWS 서비스 제공자 계정에 접근할 수 있는 계정을 정의한다. 사용자에게 AWS 콘솔 접근, 프로그래밍 방식 접근(AWS CLI, SDK, API를 통해) 또는 두 가지 방식 모두 제공하고 해당 사용자가 사용할 수 있는 정책을 지정하고 사용자를 그룹에 추가할 수 있다.
- **역할**은 AWS 서비스에서 사용하는 정책을 지정한다.
- **ID 서비스 제공자**는 타사(또는 연계) 로그인을 통합할 수 있는 외부 서비스를 정의한다.

그림 6-2는 설정 관계를 보여 준다. 각 개념에 대해 적절한 예를 들어 살펴보겠다.

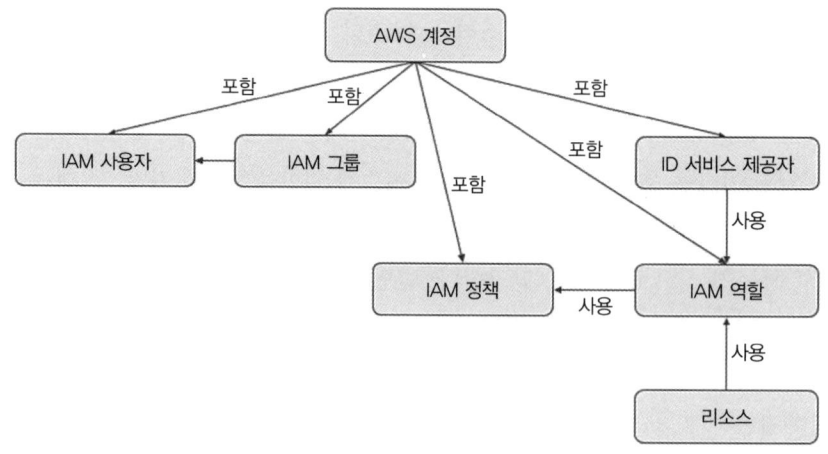

그림 6-2. AWS IAM 설정 관계

---

3 'AWS 서비스에 사용되는 작업, 리소스 및 조건 키.' AWS IAM 사용자 가이드. Amazon Web Services. https://docs.aws.amazon.com/IAM/latest/UserGuide/reference_policies_actions-resources-contextkeys.html

정책

정책을 사용해 권한의 논리적 그룹화를 정의한다. 특정 AWS 리소스에 대한 액세스를 허용하는 정책을 정의할 수 있다. 이러한 정책은 읽기, 쓰기, 생성, 삭제 권한으로 구성될 수 있다. 정책을 정의하는 데 규칙이 있으면 다양한 정책을 할당할 수 있기 때문에 AWS 리소스에 대한 각각의 권한을 부여할 수 있다. AWS에는 사용할 수 있는 관리형(즉, 미리 정의된) 정책[4]이 있다.

DynamoDB 테이블에 대한 읽기 액세스를 허가하지만 다른 접근(예: 수정 또는 삭제)은 허가하지 않는 정책을 만들 것이다. 이 경우 DynamoDB 서비스에 대한 정책을 정의한다. '읽기' 행위를 선택한 해당 서비스에 수행할 작업을 지정한다. 특정 리소스(예: 'ch6'라는 이름의 특정 테이블)에 대해 이러한 작업을 제한하도록 선택할 수 있다. 작업이 실행되기 전에 사용자가 유효한 MFA 자격 증명 정보를 입력하도록 요청 조건을 추가하거나 작업을 특정 IP 주소로 제한할 수 있다. 마지막으로, 정책 이름을 지정한다(예: 'DDB-Chapter 6-'ReadOnly-Policy'). AWS 콘솔을 사용해 정책을 시각적으로 편집하거나(그림 6-3 참고) AWS Policy JSON(예제 6-1 참고)을 사용해 정책을 정의할 수 있다.

---

[4] '관리형 정책과 인라인 정책.' AWS IAM 사용자 가이드. Amazon Web Services. https://docs.aws.amazon.com/IAM/latest/UserGuide/access_policies_managed-vs-inline.html

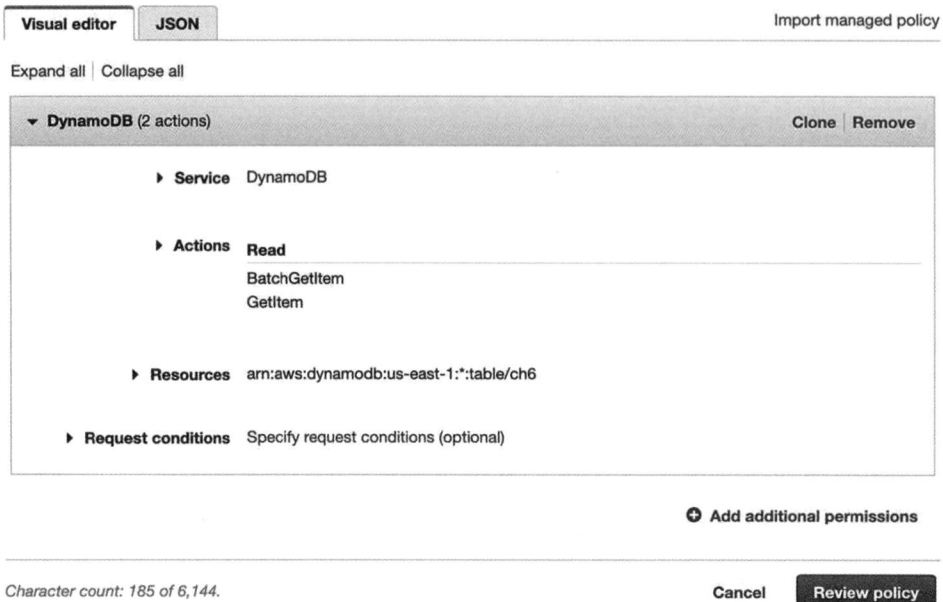

그림 6-3. AWS 정책 비주얼 에디터 사용 예

예제 6-1. AWS 정책 JSON

```
{
  "Version": "2012-10-17",
  "Statement": [
    {
      "Sid": "VisualEditor0",
      "Effect": "Allow",
      "Action": [
        "dynamodb:BatchGetItem",
        "dynamodb:GetItem"
      ],
      "Resource": "arn:aws:dynamodb:us-east-1:*:table/ch6",
      "Condition": {
        "BoolIfExists": {
```

```
                "aws:MultiFactorAuthPresent": "true"
            }
        }
      }
    ]
}
```

이제 'DDB-Chapter 6-ReadOnly-Policy' 정책을 사용해 사용자에게 'ch6' Dynamo DB 테이블에 대해 '읽기' 행위를 수행할 수 있는 권한을 부여할 수 있다. 적절한 경우 (예: 사용자에게 AWS 콘솔에 대한 관리자 권한 부여) AWS 관리형 정책을 사용할 수 있다 (그림 6-4 참고).

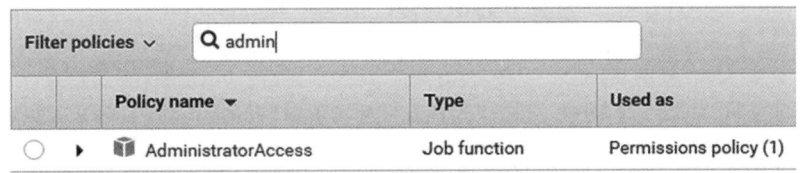

그림 6-4. AWS 관리형 정책 예

예제 6-1의 새로운 JSON 정책 섹션을 살펴본다.

명령문

정책에는 하나 이상의 명령문statement이 포함된다. 비주얼 에디터는 이를 다른 섹션으로 표시한다. JSON 정책은 각 명령문을 'statements' 배열의 객체로 표시한다. 각 명령문은 권한 집합을 정의하고 조건을 충족할 때 지정된 리소스에 수행되는 작업에 미치는 영향을 정의한다.

효과

효과effect는 작업을 허용할지 거부할지를 정의한다. 기본적으로 AWS는 모든 리소스에 대한 액세스를 거부한다. 새 정책에 표시된 것처럼 '허용allow' 효과를 사용하면 지정된 리소스에 작업을 수행할 수 있다. 일반적으로 '허용' 효과를 재정의해야 하는 경우가 아니면 '거부' 효과는 사용하지 않는다. 예를 들어, 모든 데이터베이스에 대한 액세스를 허용하는 첫 번째 정책을 사용자에게 할당하고, 특정 데이터베이스에 대한 액세스를 거부하는 두 번째 정책을 할당할 수 있다.

액션

액션action은 허용되거나 거부된 작업을 정의한다. 서비스와 해당 작업을 지정한다. 새로운 정책은 DynamoDB 서비스와 BatchGetItem, GetItem, Scan, Query와 같은 읽기 작업을 지정했다. 액션을 정의할 때 와일드카드를 사용할 수 있다(예: 모든 'List' 작업을 지정하는 'dynamodb:List*' 또는 DynamoDB에 대한 모든 작업을 지정하는 'dynamodb:*'). 서비스에 모든 작업을 포함하는 지나치게 허용적인 작업(예: 'dynamodb:*')을 사용하는 것은 피해야 한다. 와일드카드를 사용할 때는 원하는 것보다 많은 작업이 포함된 액션을 생성하지 않도록 주의해야 한다. 'dynamodb:*' 액션이 있으면 지정된 리소스에 대한 모든 작업이 허용되거나 거부된다. 이 허용 액션은 구성하기 쉽지만 원하지 않는 결과(예: 다른 애플리케이션에서 사용하는 데이터베이스 삭제)를 초래할 수 있다. 와일드카드는 신중하고 주의해서 사용해야 한다.

리소스와 ARN

5장에서 ARN Amazon Resource Name[5]을 소개했다. ARN은 AWS 리소스를 참조하는 '주소' 역할을 하는 명명 규칙이다. ARN은 예제 6-2에 지정된 형식을 따른다.

예제 6-2. ARN 형식

```
arn:partition:service:region:account-id:resource-id
arn:partition:service:region:account-id:resource-type/resource-id
arn:partition:service:region:account-id:resource-type:resource-id
```

ARN에는 최소 6개의 구성 요소가 있다.

---

[5] 'Amazon Resource Names (ARNs),' AWS General Reference, Amazon Web Services, https://docs.aws.amazon.com/general/latest/gr/aws-arns-and-namespaces.html

1. 모든 ARN은 첫 번째 구성 요소에서 'arn'의 값을 가진다.

2. 두 번째 구성 요소는 AWS 파티션을 지정한다. 미국 서비스의 경우 'aws' 값을 지정한다. 다른 AWS region에는 물리적 위치를 식별하는 파티션 이름이 있을 수 있다(예: 'aws-cn'은 AWS 중국[베이징] 리전region의 리소스를 식별함).

3. 세 번째 구성 요소는 서비스를 지정한다. 이전 정책에서 'dynamodb'를 값으로 사용했다.

4. 네 번째 구성 요소는 리전을 지정한다. DynamoDB 테이블이 해당 리전에 존재하므로 'us-east-1'을 값으로 정의했다. 일부 서비스(예: S3)는 글로벌 리소스(지역에 한정되지 않음)가 있으므로 해당 리전 값이 비어 있다.

5. 다섯 번째 구성 요소는 계정 식별자를 지정한다. 예제 계정 식별자이므로 '*'를 값으로 지정했다. 별표는 모든 계정 식별자의 와일드카드다. 일부 서비스(예: S3)는 계정 식별자가 필요하지 않으므로 값이 비어 있다.

6. 여섯 번째 이후의 구성 요소는 리소스 유형과 해당 식별자를 지정한다. 리소스 유형은 테이블로 해당 테이블의 식별자인 이름을 'table/ch6'로 정의했다. 형식은 AWS 리소스마다 다르다(예: S3 버킷은 버킷 이름을 식별자로 사용함). 반대로 CloudWatch Logs는 여러 구성 요소가 있는 'log-group:log-group-name:*' 과 같은 값을 사용한다.

정책이 ARN을 사용하는 경우 리소스 유형을 제외하고 여섯 번째 이후의 구성 요소에서 특정 ARN을 지정하거나 와일드카드를 사용할 수 있다. 정책에서 와일드카드를 활용해 동일한 유형의 여러 리소스에 적용할 수 있다. 예를 들어, 모든 애플리케이션 데이터베이스의 접두사가 동일한 경우 모두 적용되는 와일드카드와 함께 ARN을 사용할 수 있다. ARN 'arn:aws:dynamodb:us-east-1:*:table/ch6*'는 모든 계정에 대해 'us-east-1' 리전에 존재하는 'ch6'로 시작하는 이름을 가진 모든 테이블을 가리킨다. 해당 계정으로만 액세스를 제한하는 계정 식별자(예: '123456789012')를 지정할 수 있다. 원하는 것보다 더 많은 리소스에 권한을 부여하지 않도록 와일드카드를 사용할 때 주의해야 한다. 테이블 이름에 와일드카드를 사용하는 'arn:aws:dynamodb:us-east-

1:*:table/*'과 같은 ARN이 있으면 애플리케이션의 일부가 아닐 수 있는 테이블에 대한 권한이 부여된다. 이 허용적인 ARN은 AWS에 하나의 애플리케이션만 있는 경우 만족할 수 있지만, 추가 애플리케이션을 도입하거나 사용자가 모든 테이블의 데이터에 액세스하지 않아야 하는 경우 문제가 될 수 있다.

조건

권한을 부여하기 전에 보호 기능을 추가하려는 경우 조건^{condition}을 사용할 수 있다. MFA 조건을 지정하려면 권한을 부여하기 전에 사용자가 유효한 MFA 코드를 입력해야 한다. 리소스를 삭제하기 전 확인을 위해 MFA 조건을 활성화할 수 있다. 조건에서 IP 주소 범위를 지정할 수도 있다. 권한을 부여할 때 오피스 네트워크에서만 액세스할 수 있게 IP 범위를 지정할 수 있다. 권한을 부여할 때 주의를 기울여야 하는 경우 둘 중 하나 또는 둘 다 고려할 수 있다.

그룹

사용자에게 직접 정책을 연결하는 대신, 그룹에 정책을 연결하려는 경우가 있다. 사용자를 동일한 권한이 필요한 그룹으로 분류할 수 있다. 대부분의 회사 또는 프로젝트에는 프로젝트당 슈퍼 관리자, 관리자, 개발자, 뷰어^{viewer}, 배포 사용자가 있다. 슈퍼 관리자는 일반적으로 모든 리소스에 대한 모든 권한을 가진다. 관리자는 일반적으로 프로젝트 리소스에 대한 모든 권한 또는 대부분의 권한을 가진다. 개발자는 일반적으로 프로젝트 리소스에 대한 읽기 및 쓰기 권한이 필요하지만, 생성 및 삭제 권한이 필요할 수도 있다. 뷰어는 일반적으로 프로젝트 리소스에 대한 읽기 권한만 있다. 배포 사용자는 CI/CD 파이프라인에서 사용되며, 일반적으로 Serverless 구성을 배포하려면 생성, 삭제, 읽기, 쓰기 권한이 필요하다. 권한을 표준화하고 고유한 권한을 가진 사용자를 최소화하면 모든 사용자를 분류할 때 관리가 더 복잡해질 수 있다.

여러 정책을 포함하는 그룹을 생성하고 이름을 'DDB-Chapter6-ReadWrite-Group'으로 지정한다. 이 그룹은 사용자가 'ch6' 데이터베이스를 읽고 쓸 수 있도록 한다. 'DDB-Chapter6-ReadOnly-Policy' 및 'DDB-Chapter6-WriteItems-Policy' 정책을 연결한다(그림 6-5 참고). 그룹은 각 정책에 정의된 권한을 갖게 된다.

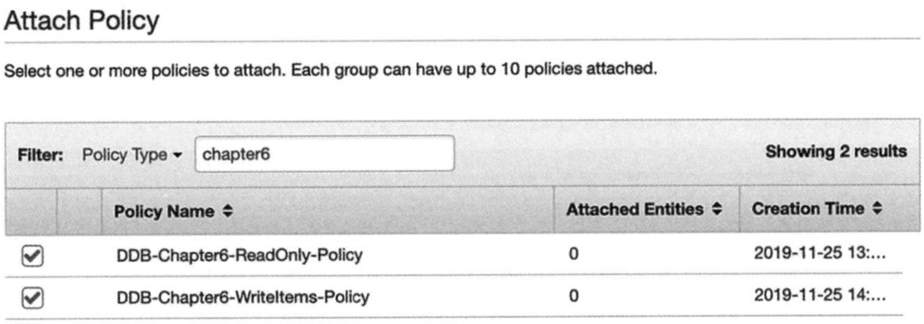

Attach Policy

Select one or more policies to attach. Each group can have up to 10 policies attached.

	Policy Name	Attached Entities	Creation Time
☑	DDB-Chapter6-ReadOnly-Policy	0	2019-11-25 13:...
☑	DDB-Chapter6-WriteItems-Policy	0	2019-11-25 14:...

그림 6-5. 그룹에 정책을 연결하는 예

이 그룹에는 다음과 같은 권한이 있다.

- 'DDB-Chapter6-ReadOnly-Policy' 정책

    - "dynamodb:BatchGetItem"

    - "dynamodb:GetItem"

    - "dynamodb:Scan"

    - "dynamodb:Query"

- 'DDB-Chapter6-WriteItems-Policy' 정책

    - "dynamodb:BatchWriteItem"

    - "dynamodb:UpdateTimeToLive"

    - "dynamodb:PutItem"

    - "dynamodb:UpdateItem"

이 그룹에 추가하는 모든 사용자는 이 권한을 상속받는다.

사용자

AWS 리소스 액세스 권한을 사람이나 시스템(CI/CD 파이프라인 시스템과 같은)에 부여하기 위해 사용자를 생성한다. 관리자 사용자를 만든다. 이 사용자는 프로그래밍 방식 액세스 권한(AWS 개발자 도구를 사용해 Serverless 구성을 배포할 수 있는 권한)과 콘솔 액세스 권한(AWS 관리 콘솔에 액세스할 수 있는 권한)을 갖게 된다(그림 6-6 참고).

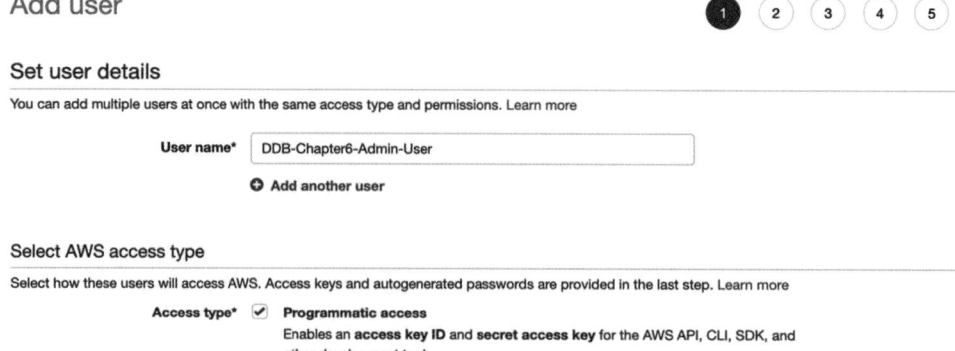

그림 6-6. 사용자에 대한 AWS 액세스 유형 정의 예

해당 사용자를 적절한 그룹에 추가해 읽기, 쓰기, 생성, 삭제 권한을 할당한다(그림 6-7 참고).

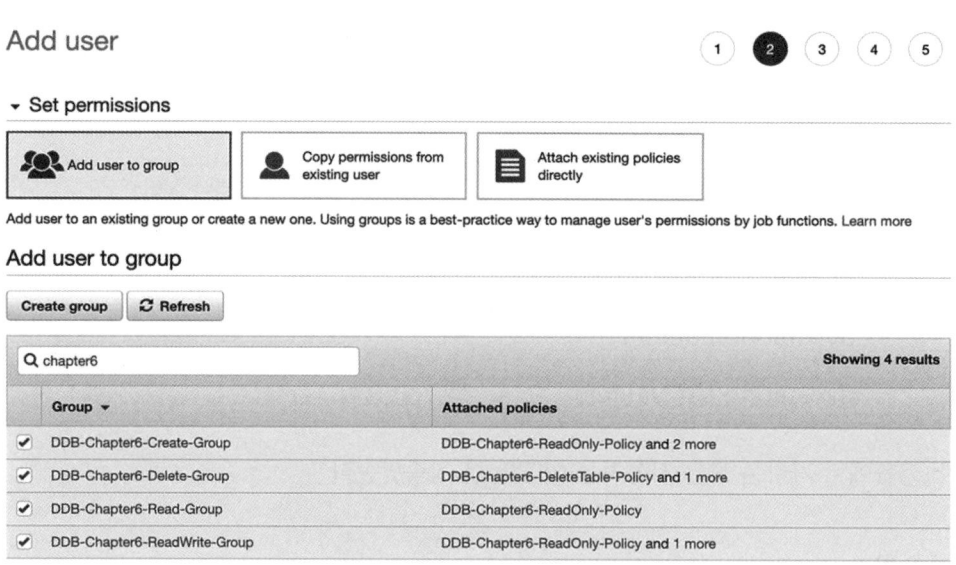

그림 6-7. 사용자에게 그룹을 할당하는 예

사용자는 AWS 콘솔에 로그인해 데이터베이스에 액세스할 수 있고 Serverless Framework 및 AWS CLI를 사용해 데이터베이스에 영향을 줄 수 있다.

각 사용자의 역할을 지원하기 위해 여러 그룹을 사용할 수 있다. 개발자 사용자에게 'DDB-Chapter 6-ReadWrite-Group' 그룹을 할당할 수 있지만, 'DDB-Chapter 6-readWrite-Group' 그룹과 'DDB-Chapter 6-Delete-Group' 그룹은 할당할 수 없다. 특정 사용자에게 기존 그룹에 정의되지 않은 권한이 필요한 경우 다른 사용자에게도 해당 권한이 필요할 수 있으므로 새 그룹을 만들어야 한다. 적절한 정책이 있는 '개발자' 그룹에 개발자 사용자를 할당할 수 있다.

프로그래밍 방식 액세스 권한이 있는 사용자의 액세스 키를 생성할 수 있다. 이를 사용해 Serverless 구성을 배포한다. 프로그래밍 방식으로 액세스할 수 있는 'Serverless Deploy'라는 또 다른 사용자를 생성하고, AWS 관리형 'AdministratorAccess' 정책을 연결한다(그림 6-8 참고). 일반적으로 전체 관리자 권한을 부여하는 것을 지양하지만 예제를 단순화하기 위해 부여한다.

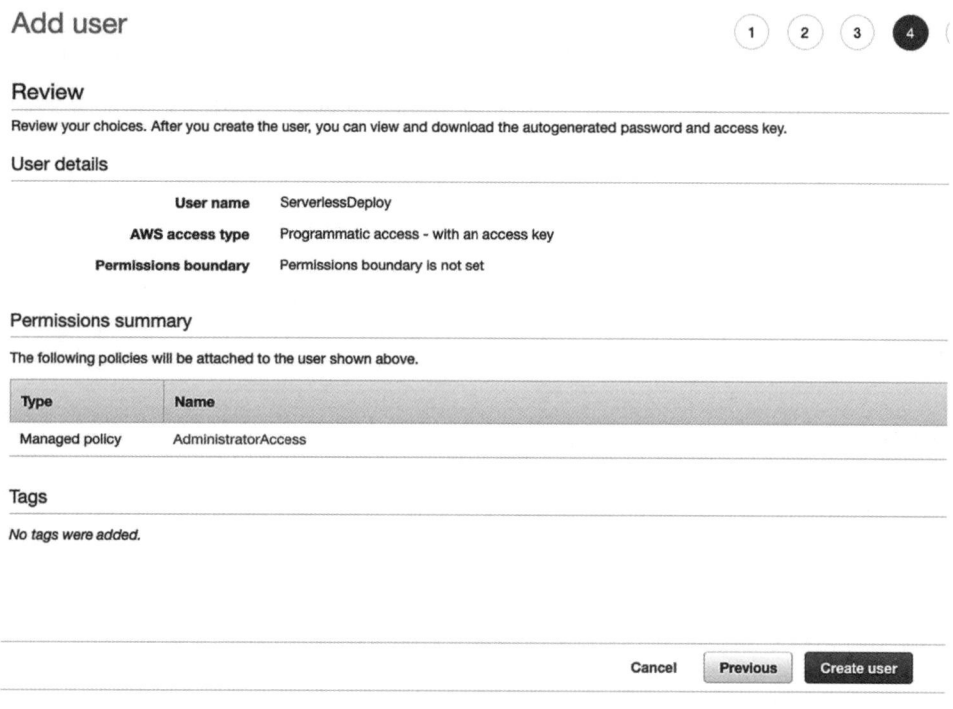

그림 6-8. Serverless 구성 배포를 위한 사용자 생성의 예

AWS 콘솔은 사용자 생성 프로세스의 마지막 단계에서 액세스 키[access key]를 다운로드하라는 메시지를 표시한다(그림 6-9 참고).

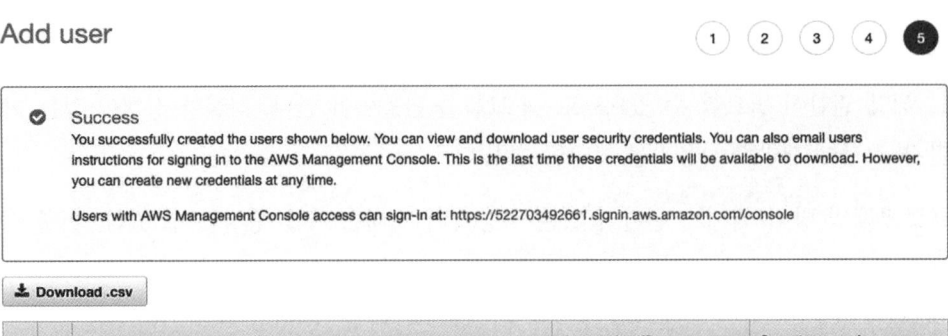

그림 6-9. 액세스 키 획득 예

액세스 키를 AWS 자격 증명 파일에 추가하거나 환경 변수로 저장한다. 예제에서는 액세스 키를 환경 변수로 저장한다. 예제에서는 Linux/macOS[6] 'export' 명령(예제 6-3 참고) 또는 Windows env 명령(예제 6-4)을 사용할 수 있다.

예제 6-3. Linux 또는 macOS 터미널에서 AWS 환경 변수 정의

```
export AWS_ACCESS_KEY_ID='<accessKeyId>'
export AWS_SECRET_ACCESS_KEY='<secretAccessKey>'
```

예제 6-4. Windows PowerShell에서 AWS 환경 변수 정의

```
env:AWS_ACCESS_KEY_ID='<accessKeyId>'
nv:AWS_SECRET_ACCESS_KEY='<secretAccessKey>'
```

이제 'sls deploy' 명령어를 사용해 Serverless 구성 파일을 배포할 수 있다.

6　macOS는 애플의 등록 상표다.

서비스 역할

AWS 서비스, 기타 AWS 계정, 자격 증명 서비스 제공자에게 서비스 역할을 할당한다. 정책을 할당해 역할에 권한을 부여한다. 사용자 및 그룹과 달리 권한을 정의할 때는 세분화하는 것이 좋다. 각 역할에는 서비스 및 리소스에 필요한 최소한의 권한이 있어야 한다. 역할을 IAM 그룹처럼 생각할 수 있지만, 특정 리소스(예: 하나의 Lambda 함수)에 대한 것이다. 각 Lambda에는 전용 역할 또는 적어도 최소한의 권한만 가진 공유 역할이 있어야 한다.

데이터베이스를 읽는 하나의 Lambda 함수를 위한 역할을 생성한다. 'DDB-Chapter6-ReadOnly-Policy' 정책을 재사용해 Lambda 함수에 대한 읽기 전용 액세스 권한을 부여한다. 사용할 Lambda 함수를 식별하는 역할 이름을 선택한다(그림 6-10 참고).

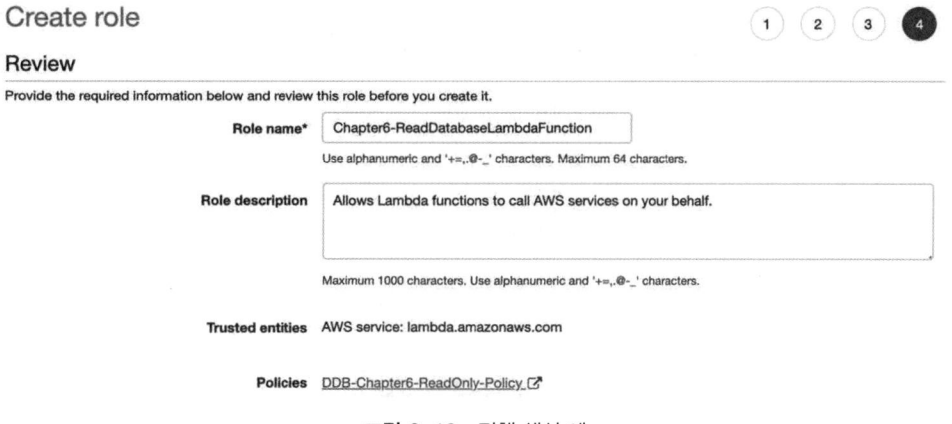

그림 6-10. 정책 생성 예

'ReadDatabaseLambdaFunction' Lambda 함수를 생성할 때 이를 'Chapter6-ReadDatabaseLambdaFunction' 역할에 할당해 6장 DynamoDB 테이블 리소스 읽기 액세스 권한을 부여한다.

자격 증명 서비스 제공자

기존 사용자와 사용자 관리 시스템이 있을 때 자격 증명 서비스 제공자와 통합한다. 사용자는 기존 로그인 자격 증명을 사용해 AWS 서비스에 액세스하므로 사용자 관리가 간소화된다. 자격 증명 서비스 제공자는 SAML^{Security Assertion Markup Language} 프로토콜 또는 OpenID Connect 프로토콜을 지원해야 한다(9장 참고). 일부 자격 증명 서비스 제공자는 적절한 사용 권한을 부여하는 서로 다른 로그인 세션을 허용한다. 자격 증명 서비스 제공자마다 통합 방식이 다르기 때문에 이 책에서는 자격 증명 서비스 제공자와의 통합을 다루지 않는다.

Azure

Azure는 권한을 관리하기 위해 AD 및 IAM 서비스를 제공한다. 이를 통해 Azure 서비스에 대한 액세스를 지정할 수 있다.[7] AD에는 함수 배포에 필요한 것보다 더 많은 특성과 기능이 있지만, 6장에서는 Serverless 구성 배포와 관련된 기능에 중점을 두고 살펴보겠다.

- AD 관리 역할은 Azure 서비스에 대한 액세스 권한을 부여하는 권한을 정의한다.

- AD 그룹은 사용자와 사용자의 액세스를 정의한다. 보안 그룹(Azure 리소스에 대한 권한 부여) 또는 Office 365 그룹(Office 365 서비스에 대한 액세스 권한 부여)으로 만들 수 있다.[8] Azure 리소스를 보안 그룹에 연결해 해당 서비스를 사용자에게 연결할 수 있다.

- AD 사용자는 Azure 계정에 액세스할 수 있는 사용자를 정의한다. 사용자를 역할 및 그룹에 할당할 수 있다.

- 역할 정의는 Azure 서비스에 대한 사용자, 그룹, 서비스 주체에 대한 액세스 권한을 부여하는 권한을 정의한다.

---

[7] 'Azure Resource Manager 리소스 서비스 제공자 작업.' Azure RBAC documentation. Microsoft. https://docs.microsoft.com/en-us/azure/role-based-access-control/resource-provider-operations

[8] 'Azure Active Directory를 사용해 기본 그룹 생성 및 멤버 추가.' Azure Active Directory 기본 문서. Microsoft. https://learn.microsoft.com/en-us/azure/active-directory/fundamentals/how-to-manage-groups

- 애플리케이션 등록은 애플리케이션과 어떻게 액세스하는지 나타낸다.
- 범위는 액세스 권한을 부여하기 위한 레벨을 정의한다. 범위는 관리 그룹(최상위 레벨), 구독, 리소스 그룹 또는 리소스(최하위 레벨)일 수 있다. 상위 레벨에서 액세스를 허용하면 하위 레벨에 액세스할 수 있다.

그림 6-11은 설정에 대한 관계를 보여 준다. 각 개념에 대해 적절한 예를 들어 살펴보겠다.

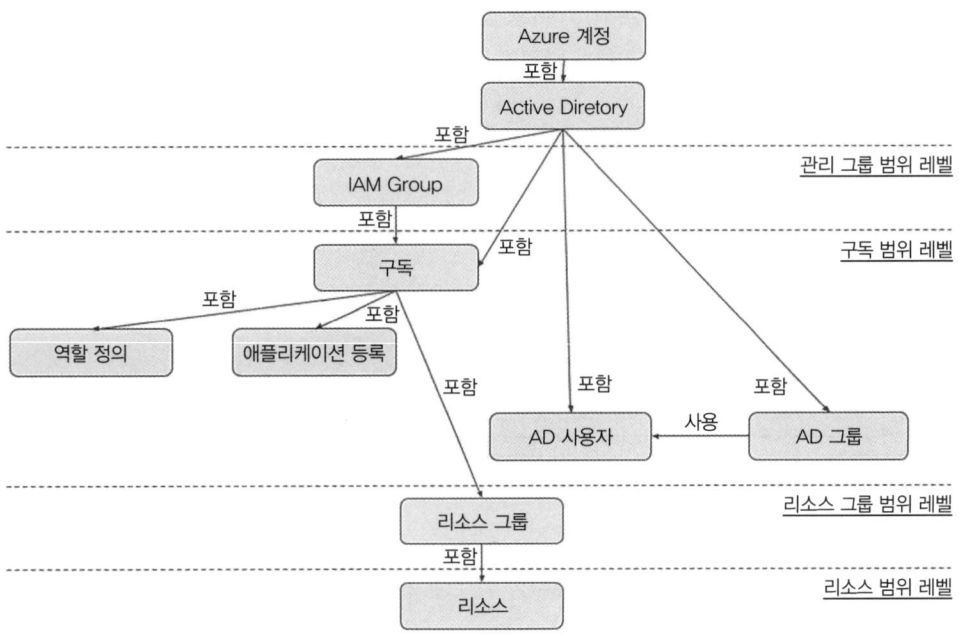

그림 6-11. Azure IAM 설정 관계

AD 관리 역할

관리 역할을 사용해 Azure AD 내에서 권한 세트를 정의한다. Azure AD는 기본 제공(즉, 미리 정의된) 역할과 함께 제공된다.[9] 특정 권한(예: 감사 로그 읽기)을 부여하는 사용자 지정 역할을 생성할 수 있다. 역할은 사용자가 수행하는 기능(예: 보안 감사자)에 따

---

9 'Azure 리소스에 대한 기본 제공 역할.' Azure RBAC documentation. Microsoft. https://docs.microsoft.com/en-us/azure/role-based-access-control/built-in-roles

라 이름을 지정해야 한다. 프리 티어free tier에서는 사용자 지정 역할을 생성할 수 없으므로 생성하지 않는다. 사용자 지정 역할을 만드는 절차에 대한 Azure 문서를 검토할 수 있다.[10]

AD 그룹

보안 그룹을 사용해 사용자에게 서버리스 애플리케이션을 보고 관리하기 위한 Azure Portal 액세스 권한을 부여한다. 'Chapter6SecurityGroup'이라는 이름의 그룹을 하나 생성한다(그림 6-12 참고). 최소한 글로벌 관리자(Azure 서비스 제공자 계정을 생성한 사용자)를 소유자로 추가하고, 나중에 관리자를 추가해야 한다.

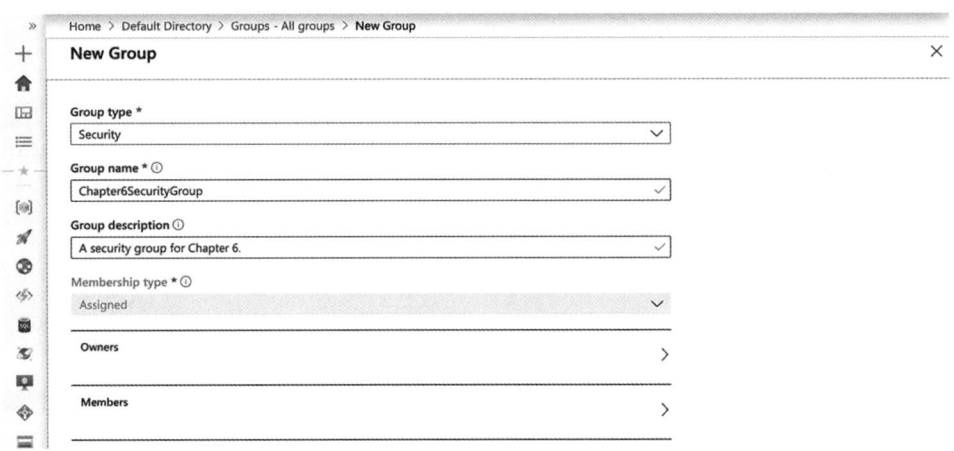

그림 6-12. AD 그룹 생성 예

이제 이 그룹에 사용자를 추가할 수 있다.

AD 사용자

사용자에게 Azure Portal 또는 Office 365에 대한 액세스 권한을 부여하기 위해 사용자를 만든다. 관리자 권한의 사용자를 생성한다. 이 사용자를 'Chapter6Security Group'에 할당한다(그림 6-13 참고). 이 사용자는 Azure Portal에 액세스할 수 있다.

---

10 'Azure Active Directory에서 사용자 지정 역할 생성 및 할당.' 기업 사용자 관리 문서 – Azure AD, Microsoft, https://docs.microsoft.com/en-us/azure/active-directory/users-groups-roles/roles-create-custom

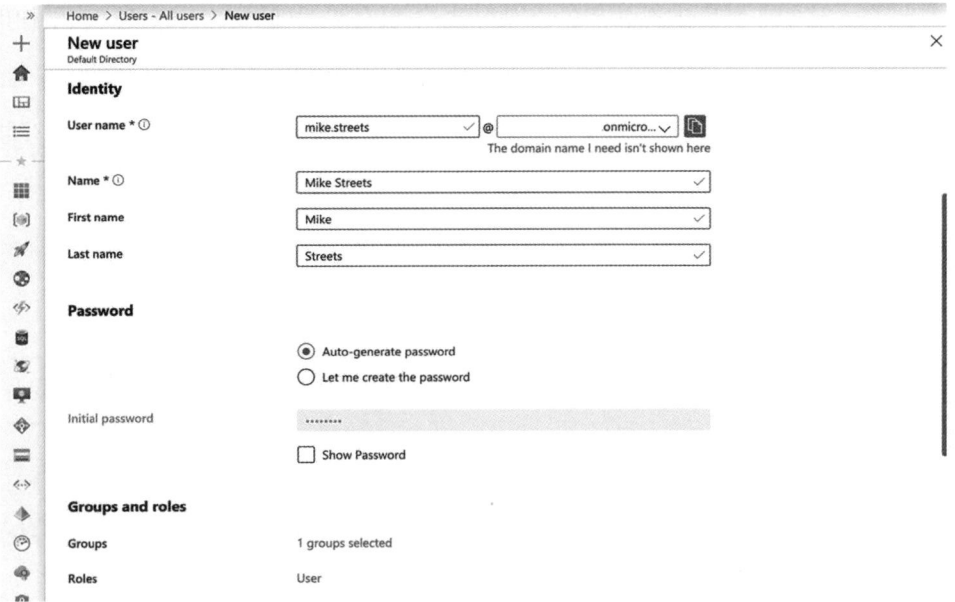

그림 6-13. AD 사용자 생성 예

역할 정의

역할 정의를 사용해 과금 계획 및 배포된 서버리스 애플리케이션을 포함하는 Azure 구독 내에서 권한 세트를 정의한다. 구독에는 기본 제공 역할이 포함돼 있다. 서버리스 애플리케이션당 하나의 역할을 생성하고 할당하거나 여러 기본 제공 역할을 할당할 수 있다. 역할 정의는 사용자가 자신의 책임을 수행하는 데 필요한 최소한의 권한만 갖는 RBAC[11]를 기반으로 해야 한다. 마이크로소프트는 소유자^{owner} 역할(슈퍼 관리자), 기여자^{contributor} 역할(관리자), 리더^{reader} 역할(뷰어)을 설정하는 것을 권장한다.

사용자 지정 기여자 역할을 생성한다. 기본 제공하는 기여자 역할은 특정 서비스 또는 모든 서비스를 관리할 수 있는 액세스 권한을 부여한다. 생성한 역할에는 모든 기여자 역할에 공통적인 권한이 있지만, 어떤 서비스도 관리할 수 없다. 생성한 이 역할을 사용하면 이 '기본' 기여자 역할에 추가적인 기여자 역할을 만들 수 있다. Azure Portal은 이

---

[11] 'Azure RBAC(Azure 역할 기반 접근 제어)란?' Azure RBAC 문서. Microsoft. https://docs.microsoft.com/en-us/azure/role-based-access-control/overview

책을 쓰는 시점에 사용자 지정 역할을 생성할 수 없기 때문에 Azure CLI를 사용해 역할을 생성한다.[12]

화면 캡처 예제와 Azure CLI는 모두 Azure Portal 및 Azure CLI에 로그인했다고 가정한다.

다음 예시를 위해 구독 ID가 필요하다. Azure Portal을 사용해 확인할 수 있다(그림 6-14 참고).

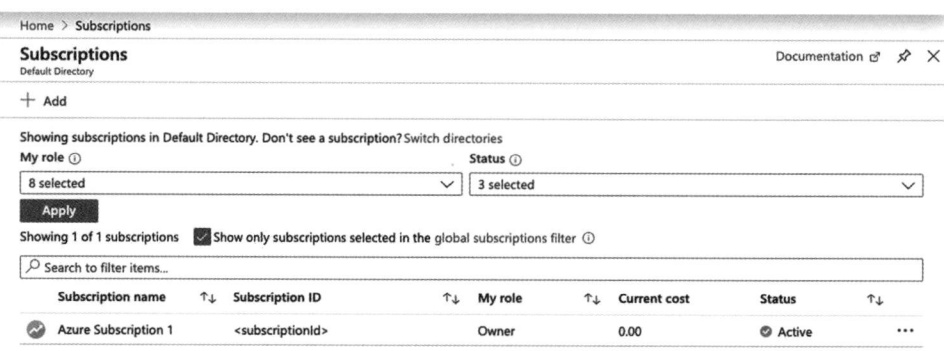

그림 6-14. Azure 구독 식별자 표시 예

새로운 사용자 지정 역할을 정의하는 'ContributorBaseRole.json'이라는 이름의 JSON 파일을 생성한다(예제 6-5 참고).

예제 6-5. Azure 사용자 지정 역할 정의 예

```
{
  "Name": "Contributor - Base",
  "Description": "Manage deployments; no resources defined.",
  "Actions": [
    "Microsoft.Authorization/*/read",
    "Microsoft.Resources/deployments/*",
    "Microsoft.Resources/subscriptions/resourceGroups/read",
    "Microsoft.Support/*"
  ],
```

---

12 '사용자 지정 역할.' Azure RBAC 문서. Microsoft. https://docs.microsoft.com/en-us/azure/role-based-access-control/custom-roles

```
    "NotActions": [],
    "AssignableScopes": ["/subscriptions/<subscriptionId>"]
}
```

JSON 역할 정의에는 다음 속성이 있다.

- **이름**은 역할의 목적을 설명하고 정렬을 용이하게 하기 위해 'Contributor - Base'로 정의했다. 이름의 'Contributor' 부분은 역할 유형을 정의하고 '-'는 구분 기호다. 이름의 'Base' 부분은 기여자가 되기 위해 필요한 최소한의 권한이 있는 기여자 역할의 유형을 명확히 한다. 이 명명 규칙을 통해 추가 기여자 역할을 정의할 수 있다. 예를 들어, Azure Function Apps를 만들고 관리할 수 있는 기여자 역할을 원할 수 있다. 이 역할을 'Contributor - FunctionApp'이라고 부르며, 모든 기여자 역할이 나열되고 정렬되면 함께 표시된다.

- **설명**은 사용자 지정 역할에 대한 추가 정보를 제공한다.

- **작업**은 역할이 실행할 수 있는 권한을 정의한다. 배포에 필요한 최소 권한 세트를 정의했다. Microsoft Azure 문서에서 사용 권한 목록을 확인할 수 있다.[13]

- **'Not Actions'**는 역할의 실행을 거부할 수 있는 권한을 정의한다. IAM은 기본적으로 거부하기 때문에 제한 사항을 정의하지 않았다. 다른 모든 권한을 제한하려고 시도할 수 있지만, 여전히 허용하려는 권한을 제한할 위험이 있다. 이 속성을 사용해 허용된 권한에 정의된 리소스에 대한 권한을 제한하는 것이 더 나을 수 있다. 예를 들어, 기여자 역할이 티켓을 지원하기 위해 생성 및 업데이트하도록 허용할 수 있지만, 티켓을 읽을 수는 없다. 기여자의 감독자만 티켓을 읽기를 원할 수 있다. 이를 위해 'Actions'이 정의된 방법과 유사하게 'NotActions'에 'Microsoft.Support/supportTickets/read'를 추가한다. Azure 문서에서 거부 문 사용에 대해 자세히 확인할 수 있다.[14]

---

[13] 'Azure Resource Manager 리소스 공급자 작업.' Azure RBAC 문서. Microsoft. https://docs.microsoft.com/en-us/azure/role-based-access-control/resource-provider-operations

[14] 'Azure RBAC(Azure 역할 기반 접근 제어)란?' Azure RBAC 문서. Microsoft. https://docs.microsoft.com/en-us/azure/role-based-access-control/overview#deny-assignments

- 'AssignableScopes'는 역할을 할당할 레벨을 정의한다. 구독(식별자 '〈subscription Id〉')을 범위로 설정한다. 범위에 대해서는 나중에 자세히 다루겠다.

Azure CLI를 사용해 사용자 지정 역할을 생성한다(예제 6-6 참고).

예제 6-6. Azure CLI를 사용해 Azure 사용자 지정 역할 생성

```
az role definition create --role-definition \
ContributorBaseRole.json
```

Note 페이지에서 읽기 쉽도록 백슬래시를 사용해 명령을 두 줄로 나눈다. 다음 행에서 명령을 계속하려면 백슬래시 다음에 Enter 키를 누르면 된다.

Azure CLI 명령은 'id' 및 'name' 속성을 포함하는 JSON 응답을 반환한다(예제 6-7의 응답 예시 참고). 이러한 속성은 Azure CLI 명령이 사용자 지정 역할을 성공적으로 생성했음을 나타낸다.

예제 6-7. Azure 사용자 지정 역할 생성 후 응답 예제

```
{
  "assignableScopes": [
    "/subscriptions/<subscriptionId>"
  ],
  "description": "Manage deployments; no resources defined.",
  "id": "/subscriptions/<subscriptionId>/providers/Microsoft.Authorization/roleDefinitions/<roleId>",
  "name": "<uniqueName>",
  "permissions": [
    {
      "actions": [
        "Microsoft.Authorization/*/read",
        "Microsoft.Resources/deployments/*",
        "Microsoft.Resources/subscriptions/resourceGroups/read",
        "Microsoft.Support/*"
      ],
      "dataActions": [],
      "notActions": [],
```

```
      "notDataActions": []
    }
  ],
  "roleName": "Contributor - Base",
  "roleType": "CustomRole",
  "type": "Microsoft.Authorization/roleDefinitions"
}
```

이제 Azure Portal에서 새로운 역할을 확인할 수 있다(그림 6-15 참고). AD 사용자, 그룹 또는 서비스 주체에게 역할을 할당할 수 있다.

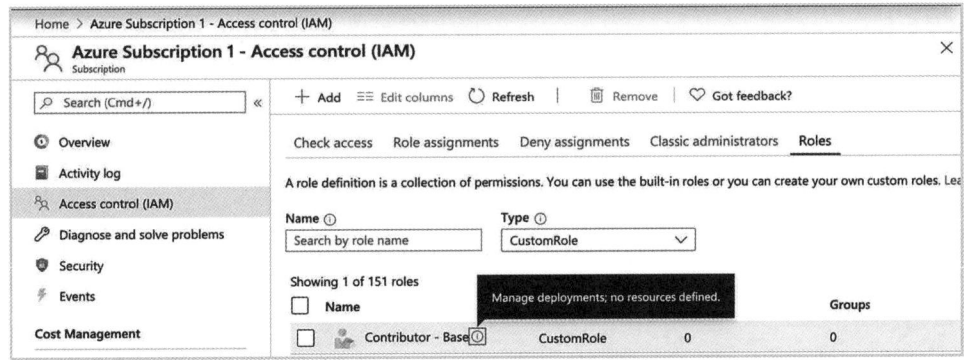

그림 6-15. Azure Portal에 표시되는 사용자 지정 역할의 예

애플리케이션 등록

애플리케이션 등록을 사용해 애플리케이션 객체 및 서비스 주체를 정의한다.[15] 애플리케이션 객체는 애플리케이션을 나타내며, 하나의 Azure AD 테넌트(즉, 인스턴스)에만 등록된다.[16] 반대로 서비스 주체 객체는 Azure AD 테넌트가 애플리케이션에 액세스할 수 있는 방법을 나타낸다.[17] 애플리케이션 리소스에 액세스하기 위한 자격 증명을

---

15 'Azure Active Directory의 애플리케이션 및 서비스 주체 객체.' Microsoft ID 플랫폼 문서. Microsoft. https://docs.microsoft.com/en-us/azure/active-directory/develop/app-objects-and-service-principals

16 '용어집: Microsoft ID 플랫폼.' Microsoft ID 플랫폼 문서. Microsoft. https://docs.microsoft.com/en-us/azure/active-directory/develop/developer-glossary#tenant

17 'Azure Active Directory의 애플리케이션 및 서비스 주체 객체.' Microsoft ID 플랫폼 문서. Microsoft. https://docs.microsoft.com/en-us/azure/active-directory/develop/app-objects-and-service-principals

정의하는 동일한 테넌트(즉, 동일한 Azure AD)에 서비스 주체를 생성한다. 또한, 서비스 주체를 사용해 애플리케이션을 만들고 배포한다.

여러 테넌트가 애플리케이션을 사용할 수 있도록 선택할 수 있다. 이를 위해 다른 테넌트에게 Azure AD 애플리케이션 객체에 대한 액세스 권한을 부여한다. 각 테넌트는 애플리케이션 객체와 연결된 애플리케이션 리소스에 액세스하려면 서비스 주체 객체를 생성해야 한다. 이 예제에서는 단일 테넌트 애플리케이션에 중점을 두고 살펴본다.

먼저 서비스 주체 객체를 만들고 이를 사용해 애플리케이션 객체를 만든다(예제 6-8 참고).

예제 6-8. Azure CLI를 사용해 Azure Service 주체 객체를 생성하는 예

```
az ad sp create-for-rbac -n "MyAppSP"
```

Azure CLI 명령은 'appId' 및 'password' 속성을 포함하는 JSON 응답을 반환한다(예제 6-9의 응답 예제 참고). 이러한 속성은 Azure CLI 명령이 사용자 지정 역할을 성공적으로 생성했음을 나타낸다.

예제 6-9. Azure Service 주체 객체 생성 후 응답 예제

```
{
  "appId": "<appId>",
  "displayName": "MyAppSP",
  "name": "http://MyAppSP",
  "password": "<uniquePassword>",
  "tenant": "<tenantId>"
}
```

이제 Azure Portal에서 새 서비스 주체 객체를 볼 수 있다(그림 6-16 참고).

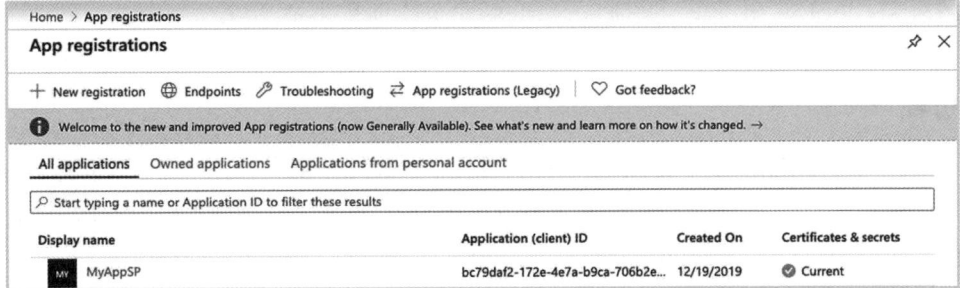

그림 6-16. Azure Portal에 표시되는 서비스 주체 객체의 예

서비스 주체를 사용해 Serverless Framework를 사용하는 Function App을 만들 수 있다. 배포하기 전에 다음 정보가 필요하다.

- Azure 구독 ID
- Azure 애플리케이션 ID(즉, 서비스 주체 ID)
- Azure 애플리케이션 비밀번호
- Azure 테넌트 ID

이러한 값을 환경 변수로 저장한다. 예제에서는 Linux/macOS 'export' 명령(예제 6-10 참고) 또는 Windows env 명령(예제 6-11 참고)을 사용한다.

예제 6-10. Linux 또는 macOS 터미널에서 Azure 환경 변수 정의

```
export AZURE_SUBSCRIPTION_ID='<subscriptionId>'
export AZURE_TENANT_ID='<tenantId>'
export AZURE_CLIENT_ID='<appId>'
export AZURE_CLIENT_SECRET='<uniquePassword>'
```

예제 6-11. Windows PowerShell에서 Azure 환경 변수 정의

```
env:AZURE_SUBSCRIPTION_ID='<subscriptionId>'
env:AZURE_TENANT_ID='<tenantId>'
env:AZURE_CLIENT_ID='<appId>'
env:AZURE_CLIENT_SECRET='<uniquePassword>'
```

이제 'sls deploy' 명령을 사용해 Serverless 구성을 배포할 수 있다.

범위

범위를 사용해 역할 정의 및 서비스 주체 객체가 적용되는 위치를 정의한다. 가장 낮은 범위는 리소스 레벨resource level이고 가장 높은 범위는 관리 그룹 레벨이다. 최상위 범위는 모든 하위 레벨에 영향을 미칠 수 있는 반면, 가장 낮은 레벨은 자신의 범위에만 영향을 미칠 수 있다. 리소스 범위에서 역할 정의 또는 서비스 주체 개체를 만들면 해당 리소스로 제한된다. 다른 리소스는 역할을 상속하지 않는다. 관리 범위에서 생성하면 관리 그룹 내의 리소스, 리소스 그룹, 구독에 역할을 적용할 수 있다.

리소스 레벨

리소스는 Azure 서비스의 인스턴스다. Serverless Framework를 사용해 Function App을 배포할 때 Function App 서비스를 사용해 고유한 Function App(즉, 리소스)을 만든다. Serverless 구성 파일에 정의된 다른 서비스는 적절한 리소스를 생성한다. 이러한 리소스에만 적용되는 역할 정의를 생성하도록 선택할 수 있다.

리소스 그룹 레벨

리소스 그룹을 사용하면 각 리소스를 개별적으로 수정하지 않고도 리소스 그룹을 관리할 수 있다. Serverless Framework는 배포하는 모든 리소스에 대한 리소스 그룹을 자동으로 생성한다. 리소스 그룹에 적용되는 역할 정의를 생성하도록 선택할 수 있으며, 모든 리소스가 해당 역할 정의를 상속한다.

구독 레벨

구독은 요금제를 기반으로 사용 가능한 서비스를 정의한다. 생성된 모든 리소스는 구독과 연결된다. 구독에 적용되는 역할 정의를 만들 수 있고, 모든 리소스 그룹 및 리소스는 역할 정의를 상속한다. 구독에서 역할 정의를 정의하면 각 리소스 그룹 또는 리소스를 위한 역할 정의를 만들지 않고도 재사용할 수 있다.

각 애플리케이션을 별도의 구독에 배치하도록 선택해 다른 애플리케이션에서 모든 리소스를 분리할 수 있다. 또한, 이 액세스 방식을 통해 각 애플리케이션의 적절한 과금 계획을 정의하고 과금 명세서를 얻을 수 있다.

관리 그룹 레벨

관리 그룹을 사용하면 여러 구독을 그룹화할 수 있다. 관리 그룹에 적용되는 역할 정의를 만들도록 선택할 수 있으며, 모든 구독(및 해당 리소스 그룹과 리소스)은 역할 정의를 상속한다. 관리 그룹에서 역할 정의를 정의하면 각 구독, 리소스 그룹 또는 리소스를 위한 역할 정의를 만들지 않고도 재사용할 수 있다.

유사성을 기반으로 여러 애플리케이션을 관리하기 위해 관리 그룹을 사용하도록 선택할 수 있다.[18] 비즈니스 단위, 애플리케이션 유형, 보안 요구 사항 등으로 구성할 수 있다.

Google Cloud

Google Cloud는 권한을 관리하기 위한 Cloud IAM 서비스를 제공한다. Google Cloud 서비스 및 리소스에 대한 액세스를 지정할 수 있다.[19] Cloud IAM은 액세스 권한을 부여하고 제한하는 다양한 유형의 설정을 사용해 함께 작동한다.

- **역할**은 Google Cloud 리소스에 대한 액세스 권한을 부여하는 권한을 정의한다.
- **멤버**는 Google Cloud 리소스에 액세스할 수 있는 ID를 정의한다.
- **정책**은 멤버를 역할에 할당한다.
- **범위**는 액세스를 허용하기 위한 레벨을 정의한다. 범위는 조직(최상위 레벨), 폴더, 프로젝트 또는 리소스(최하위 레벨)가 될 수 있다. 상위 레벨에서 액세스를 허용하면 하위 레벨에 액세스할 수 있다.
- **ID 및 조직**은 G Suite 도메인 또는 Google Cloud ID 도메인을 사용해 조직을 만든다.

---

18 'Azure 관리 그룹이란?.' Azure 관리 그룹 문서. Microsoft. https://docs.microsoft.com/en-us/azure/governance/management-groups/overview

19 'IAM 개요.' IAM 문서. Google. https://cloud.google.com/iam/docs/overview

그림 6-17은 설정에 대한 관계를 보여 준다. 각 개념에 대해 적절한 예를 들어 살펴보겠다.

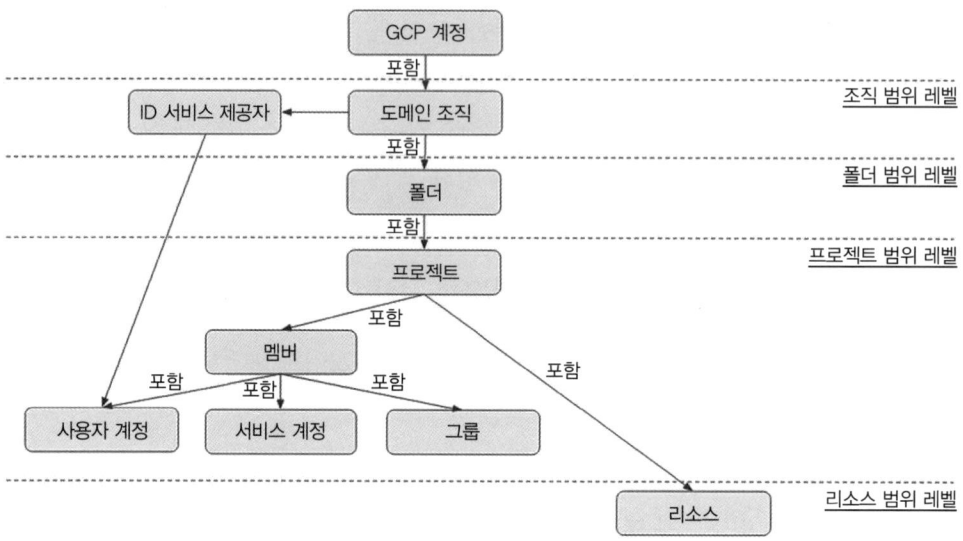

그림 6-17. Google Cloud IAM 설정 간의 관계

역할

역할을 사용해 논리적 권한 그룹을 정의한다. 특정 Google Cloud 리소스에 대한 액세스를 허용하는 역할을 정의할 수 있다. 이러한 정책은 읽기, 쓰기, 생성, 삭제 권한으로 구성될 수 있다. 정책을 정의하는 규칙을 사용하면 여러 역할을 할당할 수 있으므로 Google Cloud 리소스에 대한 각 권한을 부여할 수 있다. 또한, Google Cloud에는 활용할 수 있는 사전 정의된 역할도 있다.[20]

Serverless 구성을 배포하기 위해 사용자 지정 역할을 생성한다.[21] Cloud Function, Deployment Manager, Cloud Logging, Cloud Storage 서비스에 대한 정책을 정의한다. 사전 정의된 Cloud Functions Developer, Deployment Manager Editor, Logging Admin, Storage Admin 역할을 활용해 새 역할을 생성한다. Google Cloud

---

20 '역할 이해.' IAM 문서. Google. https://cloud.google.com/iam/docs/understanding-roles
21 '사용 지정 역할 생성 및 관리.' IAM 문서. Google. https://cloud.google.com/iam/docs/creating-custom-roles

콘솔을 사용해 사전 정의된 역할을 할당하고(그림 6-18 참고), 'Serverless Deploy'라는 이름을 지정한다(그림 6-19 참고).

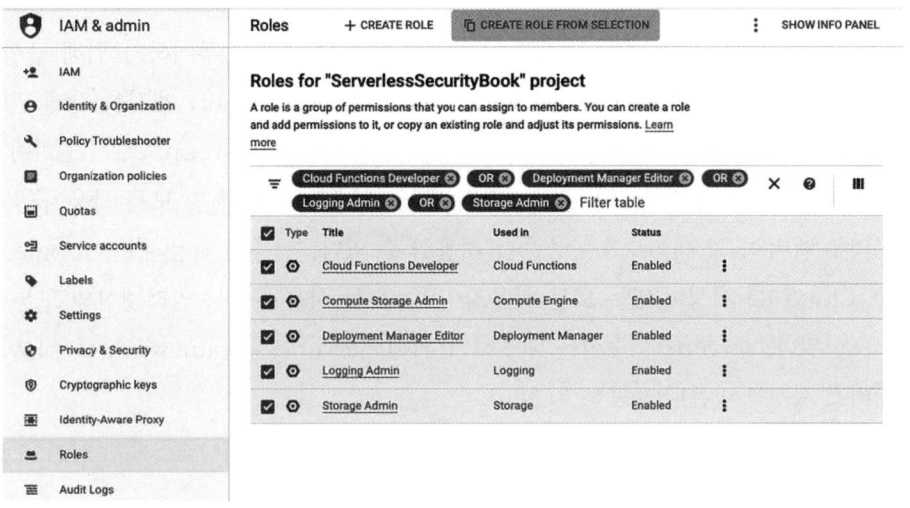

그림 6-18. Google Cloud Console을 사용해 새 역할에 사전 정의된 역할 할당 예

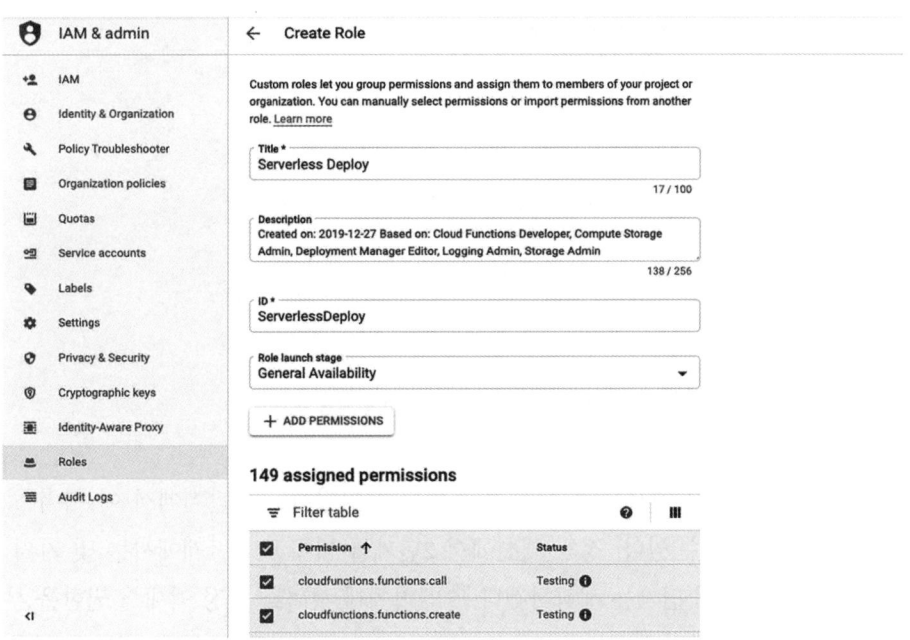

그림 6-19. Google Cloud Console을 사용해 새 역할 이름 지정 예

이제 정책을 정의할 때 이 역할을 사용할 수 있다.

멤버

Google Cloud 리소스에 대한 액세스 권한을 사람이나 머신에 부여하기 위해 구성원을 정의한다. 멤버인 사람은 Google, G Suite 또는 Cloud Identity 계정을 갖게 된다. 멤버인 시스템에는 Cloud IAM 서비스 계정이 있다. Google Group(동일한 권한이 필요한 멤버의 집합)을 멤버로 사용할 수 있다. 또한, '인증된 사용자 및 모든 사용자'를 지정해 외부 멤버(즉, 조직 외부의 구성원)를 허용할 수 있다. '인증된 사용자'는 Google, G Suite, Cloud ID 계정이 있는 모든 사용자이며, '모든 사용자'에는 인터넷상의 모든 사람이 포함된다. Serverless 구성을 배포하기 위해 'Serverless Framework Deploy'라는 서비스 계정을 만든다(그림 6-20 참고).

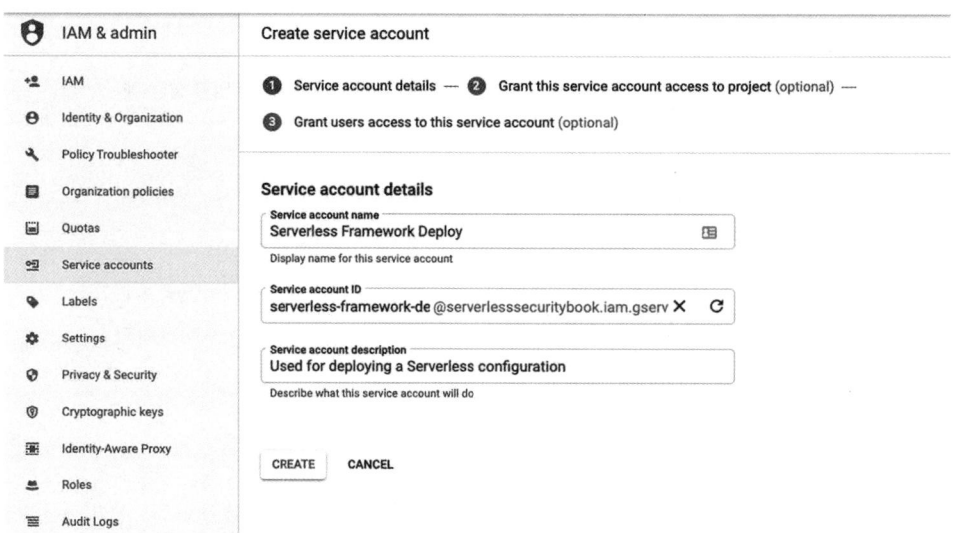

그림 6-20. Google Cloud 서비스 계정 생성 예

생성 프로세스의 2단계에서 서비스 계정에 역할을 할당하고, 3단계에서 이 서비스 계정에 멤버를 추가할 수 있다. 정책 섹션에서 2단계를 다루고, 3단계에서는 몇 가지 복잡성을 소개하므로 이 단계는 생략하겠다.[22] 멤버에게 서비스 계정 액세스 권한을 부여

---

22 '서비스 계정의 이해.' IAM 문서. Google. https://cloud.google.com/iam/docs/understanding-service-accounts

하면 서비스 계정의 권한이 상속된다. 서비스 계정은 리소스를 만들고 수정해야 하므로 사용자 계정보다 더 많은 권한을 가질 수 있다. 사용자 계정이 해당 사용자에게 의도되지 않은 리소스에 대한 액세스 권한을 상속받을 수 있다. 따라서 지금은 Serverless 구성을 배포하는 데 필요한 개인 키 생성에 중점을 두고 살펴본다.

'Serverless Framework Deploy' 서비스 계정을 위한 개인 키를 생성한다(그림 6-21 참고). Serverless 구성에서 이 개인 키를 사용한다.

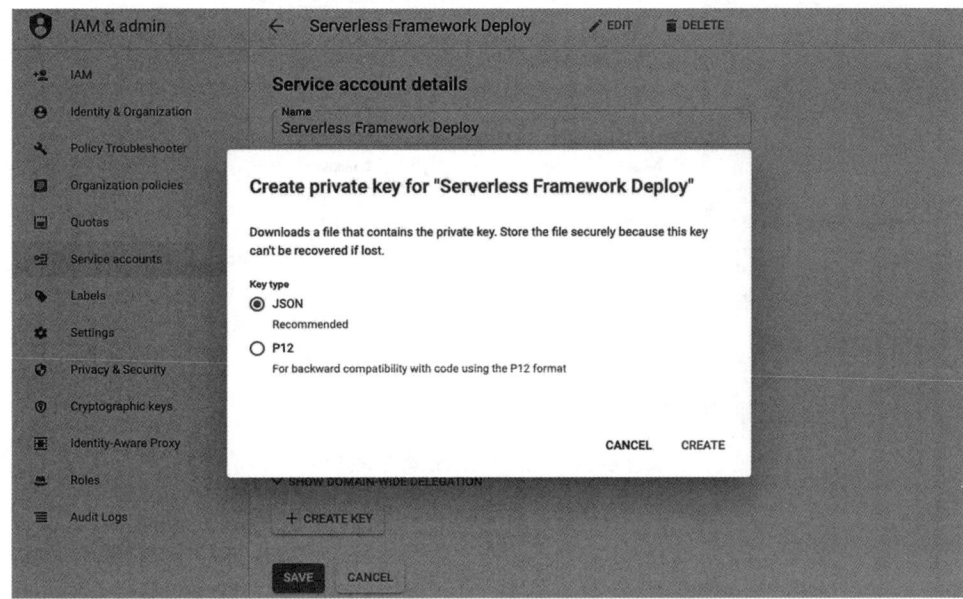

그림 6-21. Google Cloud 서비스 계정 개인 키 생성 예

Google Cloud 콘솔은 자동으로 개인 키 파일을 다운로드한다. Serverless 구성 파일에서 해당 파일 경로를 참조한다. 'sls deploy' 명령을 사용해 배포할 때 Google Cloud는 Serverless 구성에 정의된 리소스를 생성하기 전에 키를 확인한다.

정책

정책을 사용해 멤버와 역할을 연결하거나 바인딩한다.[23] 정책을 정의할 때 하나 이상의

---

23 '허용 정책의 이해.' IAM 문서. Google. https://cloud.google.com/iam/docs/policies

멤버를 하나의 역할에 바인딩할 수 있다. 여러 역할을 한 멤버에게 바인딩하려면 여러 정책이 필요하다. 정책에 시간 기반 또는 리소스 기반 조건을 적용하도록 선택할 수 있다. 'Serverless Framework Deploy' 서비스 계정을 'Serverless Deploy' 역할에 바인딩하는 정책을 생성하겠다(그림 6-22 참고).

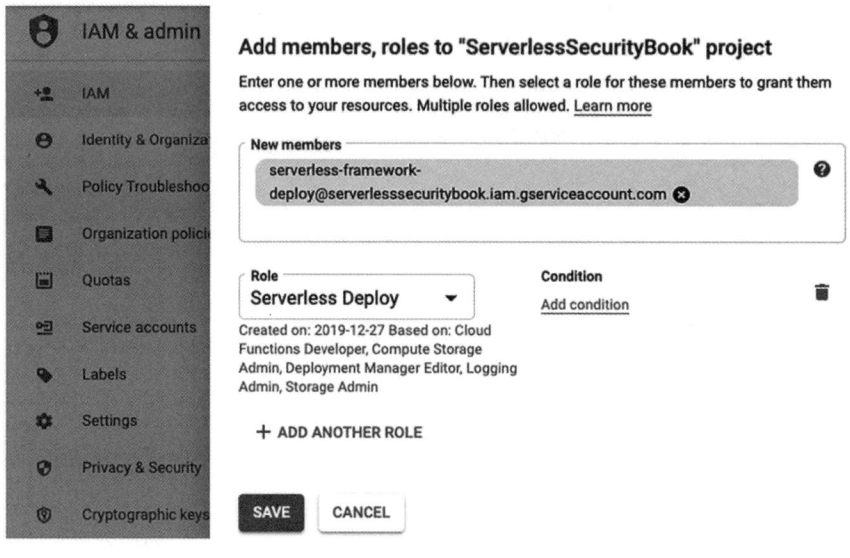

그림 6-22. Google Cloud 정책 생성 예

이제 Serverless 구성을 배포하는 데 필요한 권한을 가진 역할에 서비스 계정을 바인딩하는 정책이 생겼으므로 배포할 수 있다. 'sls deploy' 명령을 사용해 배포할 때 Google Cloud는 Serverless 구성에 정의된 리소스를 생성하기 전에 서비스 계정의 사용 권한을 확인한다.

범위

범위를 사용해 정책, 역할, 서비스 계정이 적용되는 위치를 정의한다. 가장 낮은 범위는 리소스 레벨이고 가장 높은 범위는 조직 레벨이다. 리소스 레벨에서 정책을 생성하면 해당 리소스에 대한 액세스가 제한되며, 정책은 다른 리소스에 적용되지 않는다. 조직 범위에서 정책을 생성하면 리소스, 프로젝트, 폴더에 적용할 수 있다.

리소스 레벨

리소스 레벨에는 Google Cloud 서비스의 인스턴스인 하나의 리소스가 포함된다. Serverless Framework를 사용해 Cloud Function을 배포할 때 Cloud Function 서비스를 사용해 고유한 Cloud Function(즉, 리소스)을 생성한다. 일부 Google Cloud 서비스는 리소스에 대한 정책 적용을 지원하며, 리소스에만 적용되는 정책을 만들도록 선택할 수 있다.

프로젝트 레벨

프로젝트 레벨에는 여러 리소스가 포함될 수 있는 하나의 프로젝트가 포함돼 있다.[24] Serverless Framework를 사용해 Cloud Function을 배포할 때 특정 프로젝트에 배포한다. Serverless 구성 파일에 정의된 다른 모든 서비스는 적절한 리소스를 생성한다. 프로젝트에 정책을 적용하면 모든 리소스가 해당 정책을 상속한다.

폴더 레벨

폴더 레벨에는 프로젝트 및 기타 폴더를 포함하는 하나의 폴더가 포함된다.[25] 폴더가 있으면 각 리소스를 개별적으로 수정하지 않고도 프로젝트 그룹을 관리할 수 있다. 폴더에 정책을 적용하면 폴더의 모든 폴더와 프로젝트가 해당 정책을 상속한다.

조직 레벨

조직 레벨에는 폴더 및 프로젝트를 포함하는 하나의 도메인이 포함된다.[26] 조직 레벨은 폴더 레벨과 비슷해 보일 수 있다. 폴더를 사용하면 조직 내에서 다른 폴더와 프로젝트를 구성할 수 있다. 조직은 폴더 없이도 프로젝트를 포함할 수 있다. 조직에 정책을 적용하면 조직의 모든 폴더 및 프로젝트가 해당 정책을 상속한다.

---

24 '프로젝트 생성 및 관리.' 리소스 관리자 문서. Google. https://cloud.google.com/resource-manager/docs/creating-managing-projects

25 '폴더 생성 및 관리.' 리소스 관리자 문서. Google. https://cloud.google.com/resource-manager/docs/creating-managing-folders

26 '조직 생성 및 관리.' 리소스 관리자 문서. Google. https://cloud.google.com/resource-manager/docs/creating-managing-organization

인증 및 조직

G Suite 또는 Google Cloud Identity를 사용해 도메인을 기반으로 조직을 만들 수 있다. G Suite와 Cloud Identity는 모두 프리미엄 서비스다. 하지만 Cloud Identity는 이 책을 쓸 당시 무료 버전을 제공하고 있다.[27] 서비스와 관계없이 확인할 수 있는 유효한 도메인 이름이 필요하다.[28] 해당 도메인 이름을 사용해 조직 리소스를 생성한다.[29] 조직이 존재하면 조직의 사용자에게 정책을 할당하고 프로젝트를 생성할 수 있다. G Suite와 Google Cloud 간에 도메인 이름 검증이 다르기 때문에 여기서 ID와 조직을 설정하지는 않겠다.

권한 구현

이번 절에서는 권한을 구현하는 방법을 제안한다. 궁극적으로 권한을 어떻게 정의할지는 조직과 프로젝트의 요구 사항에 따라 달라지므로 이 제안은 하나의 권장 사항에 불과하다. 서비스 제공자와 작업할 때 콘텍스트를 제공하기 위한 일반 원칙부터 살펴본다. 차이점을 고려해 AWS, Azure, Google Cloud 간의 일반 원칙을 구현하기 위한 액세스 방식을 채택한다.

일반적인 원칙

권한을 구현할 때 PoLP 및 RBAC를 사용해야 한다. 두 개념을 성공적으로 활용하려면 모델 사용을 고려해야 한다. 이 모델을 통해 높은 수준의 액세스 방식을 정의할 수 있다. 높은 수준의 모델을 유지하면 의사소통이 더 쉬워지고, 구현 중에 유용한 참조가 된다. 이 모델은 Azure 및 Google Cloud 범위로 변환할 수도 있다. 각 서비스 제공자를 논의할 때 사용할 일반적인 권한 모델을 정의한다. 이 모델은 PoLP 및 RBAC를 적용하

---

[27] 'GCP 콘솔에서 Cloud ID에 가입하기.' GCP 관리자용 설정 단계. Google. https://support.google.com/cloudidentity/answer/7389973?hl=en&ref_topic=7555414#

[28] 'Cloud Identity 도메인 확인.' GCP 관리자용 설정 단계. Google. https://support.google.com/cloudidentity/topic/7390701?hl=en&ref_topic=7555414

[29] '조직 생성 및 관리.' 리소스 관리자 문서. Google. https://cloud.google.com/resource-manager/docs/creating-managing-organization

고, 다른 IAM 권한 레벨을 사용한다.

조직 레벨

조직을 모델의 최상위 레벨로 사용한다. 조직에는 유사한 종류의 모든 사용자 계정, 프로젝트, 리소스가 포함된다. 비즈니스를 운영할 직원, 프로젝트, 리소스가 있는 회사 내의 비즈니스 단위와 관련 지을 수 있다. 회사 전체가 하나의 조직이지만, 그 안에 더 작은 조직이 있을 수 있다. 조직 구조가 크고 여러 레벨이 있을 수 있다. 가능한 경우 모델에는 애플리케이션이 정상적으로 작동하는 데 필요한 사용자 계정, 프로젝트, 리소스만 포함하는 조직이 있어야 한다.

소규모 조직에는 여러 가지 이점이 있다.

- 조직 내에서 관리할 사용자 계정이 적다.
- 각 조직은 필요한 설정과 권한만 가질 수 있다.
- 여러 조직을 사용해 데이터와 액세스를 분리할 수 있다.
- 한 조직의 취약한 부분은 다른 조직에 거의 또는 전혀 영향을 미치지 않는다.

몇 가지 단점도 있다.

- 여러 조직의 사용자 계정 관리가 번거로울 수 있다.
- 필요한 설정과 권한을 모든 조직에 적용하려면 상당한 주의가 필요하다.
- 조직 간에 데이터를 공유하면 아키텍처 및 보안에 영향을 미친다.
- 여러 조직에서 침해를 탐지하려면 더 많은 감사가 필요하다.

모든 액세스 방식에는 장점과 단점이 있다. 회사 또는 프로젝트에서 요구 사항을 충족하기 위해 하나의 대규모 조직을 선택할 수 있다. 프로젝트 수가 적은 소규모 기업에 유용하고 프로젝트 수가 많은 대기업도 활용할 수 있기 때문에 6장에서는 소규모 조직을 가정할 것이다.

소규모 조직과 마찬가지로 대규모 조직을 관리하려는 경우 하위에 다른 조직이 있는 것이 합리적일 수 있다. 이 액세스 방식은 관리 및 비용 측면에서 유사한 조직을 조정하는 데 도움이 될 수 있다. 사용자 계정 그룹을 마스터 조직에 할당하고, 액세스가 필요한 경우 하위 조직에 할당한다. 마스터 및 하위 조직 전체에 보안 설정을 적용할 수 있다. 마스터 조직에는 조직 그룹을 가능한 한 작게 유지하기 위해 필요한 최소 하위 조직만 있다고 가정할 것이다.

프로젝트 레벨

조직에는 여러 프로젝트가 있을 수 있다. 각 프로젝트는 하나의 애플리케이션을 지원하는 역할을 한다. 조직은 다양한 애플리케이션을 운영하기 위해 여러 프로젝트를 필요로 할 수 있다. 예를 들어, 이커머스 웹사이트는 고객이 접속하는 웹사이트, 주문 처리를 위한 백오피스back-office 웹사이트, 리포팅reporting 시스템이 있을 수 있다. 각 시스템은 자신의 프로젝트를 갖고 있다고 볼 수 있다. 각 애플리케이션에 하나의 프로젝트를 사용하면 모든 리소스를 그룹화하고, 다른 프로젝트의 리소스와 구분할 수 있다.

잠재적으로 다른 프로젝트와 조직을 지원할 수 있는 프로젝트가 있을 수 있다. 예를 들어, 회계 시스템과 인사 시스템은 모든 조직을 지원할 수 있다. 이러한 프로젝트는 각 프로젝트마다 독립된 조직 아래에 있을 수도 있고, 모든 조직을 위한 하나의 조직 아래에 있을 수도 있다. 이들 프로젝트는 액세스가 필요한 모든 프로젝트와 데이터를 공유해야 한다. 예를 들어, 회계 시스템은 이커머스 리포팅 시스템의 판매 정보가 필요할 수 있다. 비즈니스 요구 사항에 따라 각 조직에는 모든 조직에 적용되는 프로젝트의 인스턴스(또는 복사본)가 있을 수 있으며, 각 인스턴스는 별도로 유지 관리된다.

개발 단계 레벨

각 프로젝트에는 일반적으로 개발과 프로덕션을 포함한 두 가지 이상의 개발 단계가 있다. 프로덕션(라이브) 프로젝트를 변경하지 않으려면 각 개발 단계마다 두 개의 개별 프로젝트 리소스 인스턴스가 필요하다. 개발 단계에서는 개발자에게 권한을 부여할 수 있지만, 프로덕션 단계에서는 이 액세스를 제한하거나 거부할 수 있다. 개발자는 프로젝트에 중단을 일으킬 수 있는 변경 사항을 도입할 수 있으며, 개발자는 변경 사항을 테스트할 수 있는 안전한 장소를 필요로 한다. 권한이 있는 사용자와 CI/CD 파이프라인만 프로덕션 리소스에 액세스할 수 있도록 해야 한다. 개발자는 프로덕션 단계에 액세스할 수 있지만, 읽기 권한으로 제한될 수 있다. 각 사용자의 역할은 서로 다른 단계에서 적절하게 달라야 한다.

역할 레벨

동일한 역할을 모든 프로젝트에 복사(또는 활용)할 수 있지만, 각 프로젝트에는 고유한 역할이 필요하다. 프로젝트의 역할은 해당 프로젝트에 맞게 조정해야 한다. 예를 들어, 각 프로젝트에는 감사자 역할이 필요할 수 있지만, 감사자는 특정 리소스에만 액세스할 수 있어야 한다. 가능하면 역할에 액세스할 수 있는 리소스와 권한을 정의해야 한다.

RBAC 및 PoLP를 기반으로 역할을 정의한다. RBAC 및 PoLP를 사용해 리소스에 액세스해야 하는 사용자 계정과 서비스 계정의 역할을 정의한다. 사용자 계정은 다른 역할을 가질 수 있으며, 원하는 액세스를 수행하려면 역할을 전환해야 한다. 서비스 계정은 다른 Serverless 구성을 배포해야 할 수 있다. 모든 Serverless 구성의 모든 리소스를 배포할 수 있는 권한을 가진 역할이 할당된 서비스 계정이 하나 있을 수 있고, 각 Serverless 구성(또는 그룹)에 대해 하나의 서비스 계정이 있을 수도 있다. 서비스 계정에는 Serverless 구성을 배포할 수 있는 최소한의 권한이 있어야 한다. 목표는 사용자 계정 또는 서비스 계정이 작업을 수행할 때 필요한 것보다 더 많은 권한을 갖지 않도록 하는 것이다.

리소스 레벨

각 리소스에는 자체 권한과 상속된 권한이 있다. 상속된 권한은 상위 레벨(조직, 프로젝트 또는 역할)에서 적용되고 리소스에 자동으로 할당되는 권한이다. 상위 레벨에 포함되지 않은 리소스에는 특정 권한을 적용할 수 있다. 리소스가 다른 리소스에 액세스할 수 있는 권한이 필요하거나 사용자 계정이 역할에 정의되지 않은 리소스에 액세스해야 하는 경우 리소스 레벨에서 권한을 정의한다.

계정

사용자 또는 서비스 계정은 모든 레벨에서 적용될 수 있다. 계정에는 조직, 프로젝트, 역할 또는 리소스의 사용 권한이 있을 수 있다. 일반적으로 계정은 조직 레벨에서 생성하고 권한을 적용한다.

계정이 정확한 프로젝트와 개발 단계에 액세스할 수 있도록 확인해야 한다. 각 프로젝트와 각 단계에 대해 하나의 계정을 만들어야 할 수도 있다. 이러한 액세스 방식은 부담이 될 수 있다. 일부 자격 증명 서비스 제공자와 서비스 제공자의 IAM 기능은 임시 자격 증명을 허용하므로 계정에서 액세스할 프로젝트와 단계를 선택할 수 있다. 적절한 서비스 제공자 섹션에서 이 접근 방식에 대해 간략히 다루지만, 자격 증명 서비스 제공자마다 통합 방식이 다르기 때문에 이 책에서는 구체적인 세부 사항을 제공하지 않는다.

권한 모델의 예

6장에서는 이커머스 조직의 모델을 설명한다(그림 6-23 참고).

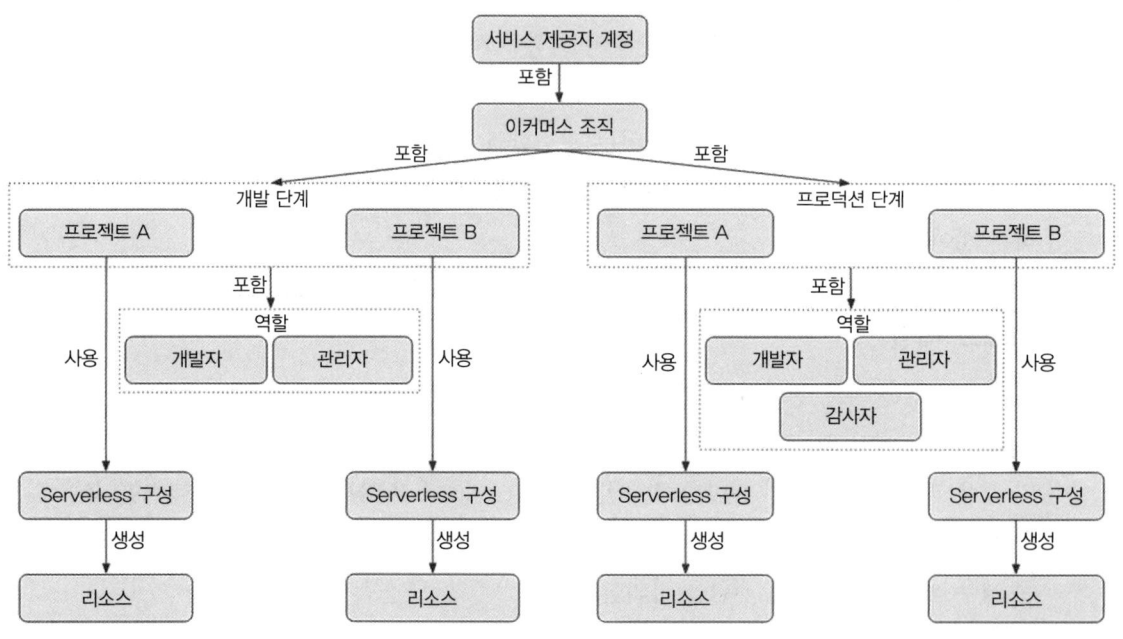

그림 6-23. 권한 모델의 예

이 조직에는 고객이 주문할 수 있는 웹사이트(프로젝트 A)와 주문을 처리하기 위한 백오피스 시스템(프로젝트 B)의 두 가지 프로젝트가 있다. 각 프로젝트에는 필요한 모든 리소스를 생성하기 위해 다양한 Serverless 구성이 있다. 개발 단계에는 프로젝트 개발 및 개선을 위한 단계(개발)와 라이브 시스템(프로덕션)의 두 가지 개발 단계가 있다. 각 프로젝트는 두 개발 단계에 대한 개발자 및 관리자 역할이 있다. 각 프로젝트의 프로덕션 단계에는 감사자를 위한 추가 역할도 있다.

이 모델을 정의하고 이커머스 조직을 포함하기 위해 하나의 서비스 제공자 계정을 사용한다. 7장에서 서비스 제공자 계정 및 조직을 구성하는 방법에 대해 살펴보겠다.

프로젝트와 개발 단계 레벨을 그룹화했다. 각 프로젝트를 개발 단계별로 그룹화하면 다음과 같은 이점이 있다.

- 라이브와 개발 리소스는 논리적으로 분리된다.
- 개발과 라이브 역할은 분리돼 있으며, 이름이 유사하더라도 서로 다른 권한을 가진다.
- 단계 자체가 하나의 조직이 될 수 있다.

대신 프로젝트별로 그룹화할 수 있지만, 동일한 조직 내에서 여러 단계가 혼합될 경우 복잡한 문제가 발생할 수 있다.

그림 6-23에 사용자가 생략된 점을 눈치챘는지 모르겠다. 사용자는 서비스 제공자 계정, 조직, 프로젝트와 같은 여러 레벨에 존재할 수 있지만, 단순화를 위해 다이어그램에서는 생략했다.

일반 권한 모델을 구현하는 방법과 각 서비스 제공자 내에서 사용자를 생성하는 위치를 살펴보겠다.

AWS

6장의 앞부분에서 다룬 AWS 권한 원칙을 기반으로 AWS의 일반 권한 모델에서 레벨을 구현하는 방법을 설명한다.

조직 레벨

6장 앞부분에서 AWS에 대한 조직 레벨이나 범위를 정의하지 않았다. AWS는 조직을 지원하지만 Azure, Google Cloud, 일반 권한 모델과 다르게 구현한다. AWS에서의 조직은 간단히 말해 AWS 계정을 의미한다. AWS 계정은 일반 권한 모델의 조직에 해당된다. 7장에서는 AWS 조직에 대해 자세히 다룬다. AWS에는 명시적인 범위 개념은 없지만, 어느 정도 기본 제공되는 범위가 있다. 예를 들어, 정책에 권한을 적용하면 정책을 사용하는 그룹, 사용자, 역할, 리소스에 영향을 미친다. 간단하게 설명하기 위해 하나의 AWS 계정을 이커머스 조직으로 사용한다.

프로젝트 및 개발 단계 레벨

AWS 계정 내에서 공통 접두사(즉, '⟨projectName⟩-⟨stage⟩')로 프로젝트와 개발 단계를 식별한다. 예를 들어, 프로젝트 A 개발 단계의 모든 IAM 설정 및 리소스는 'projectA-develop'로 시작한다. 이 책을 쓰는 시점에서 AWS는 계정 내에서 리소스를 분리하는 기능을 지원하지 않는다. 7장에서는 리소스를 분리하는 방법에 대해 살펴본다. 명명 접두사를 사용하면 IAM 설정과 리소스를 구분할 수 있다. Serverless 구성에서 적절한 설정을 지정한다(예제 6-12 참고).

예제 6-12. Serverless 구성 이름 지정 예

```
service: projectA
provider:
  name: aws
  stage: develop # 프로젝트 단계(예: 개발 또는 운영)
```

Serverless 구성은 자동으로 'service' 및 'stage' 속성을 사용해 '⟨projectName⟩-⟨stage⟩' 명명 규칙이 접두사로 붙은 리소스 이름을 지정한다.

역할 레벨

일반 권한 모델에서 역할 레벨을 정의하는 각 프로젝트 및 개발 단계에 대해 여러 IAM 설정을 생성한다(표 6-2 참고).

표 6-2. 각 프로젝트 및 개발 단계를 위한 AWS IAM 설정

IAM 설정	개발 단계		프로덕션 단계	
	프로젝트 A	프로젝트 B	프로젝트 A	프로젝트 B
정책	developer, admin	developer, admin	developer, admin, auditor	developer, admin, auditor
그룹	developer, admin	developer, admin	developer, admin, auditor	developer, admin, auditor
개발자 그룹 정책	developer	developer	developer	developer
관리자 그룹 정책	admin	admin	admin	admin
감사자 그룹 정책	해당 없음	해당 없음	auditor	auditor

참고: 표의 각 항목에는 해당 프로젝트 및 구현 단계가 접두사로 표시된다. 예를 들어, 개발 단계의 프로젝트 A에 대한 '개발자' 정책의 정책 이름은 'projectA-develop-developer'다.

각 프로젝트와 해당 개발 단계에는 네 가지 정책과 그룹 세트가 존재한다. 각 프로젝트를 위한 정책은 해당 프로젝트와 단계 내의 다양한 리소스에 액세스하는 데 필요한 권한을 정의한다. 개발 단계의 개발자 정책은 프로덕션 단계의 정책보다 더 많은 권한을 갖는다. 정책과 유사한 이름의 그룹을 생성해, RBAC를 기반으로 정책을 그룹에 연결할 수 있다. 이제 그룹과 정책이 준비됐으므로 사용자를 생성할 수 있다.

사용자

단계별로 권한을 분리하려는 경우 사용자 생성은 다소 번거로울 수 있다. 자격 증명 서비스 제공자를 사용하지 않고 개인에 대한 IAM 사용자를 생성한다. 'Amy Smith'라는 개발자는 'amy.smith'라는 IAM 사용자를 가질 수 있으며, 해당 사용자를 'projectA-develop-developer', 'projectB-develop-developer', 'projectA-production-developer', 'projectB-production-developer' 그룹에 할당할 수 있다. 이제 Amy Smith는 개발 및 프로덕션 단계에 액세스할 수 있다. 그녀는 어떤 프로젝트가 영향을 받고 있는지 주의 깊게 살펴야 한다. 프로덕션 단계 정책은 실수로 변경되지 않도록 보호하는 것이 가장 이상적이다. 하지만 정책이 지나치게 허용적이라면, 개발자가 실수로 프로덕션에서 변경할 수도 있다. 따라서 개발자가 개발 또는 프로덕션 단계에만 액세스할 수 있는 사용자 계정으로 로그인하도록 고려해야 하며, 동시에 두 단계에 모두 로그인하지 않도록 해야 한다.

개발자당 여러 IAM 사용자를 생성하도록 선택할 수 있다. 개발자에게는 'production'을 포함하는 이름과 'develop'을 포함하는 다른 이름을 가진 사용자가 있을 수 있다. 예를 들어, Amy Smith는 'amy.smith.develop' 및 'amy.smith.production' IAM 사용자를 가질 수 있다. 'amy.smith.develop' 사용자를 'projectA-develop' 및 'projectB-develop' 그룹에 할당하고, 마찬가지로 Production IAM 사용자 및 그룹에 할당한다. 이 접근 방식은 개발 리소스와 프로덕션 리소스 간의 액세스를 분리한다. 안타깝게도 이 접근 방식은 개발자와 AWS 계정 관리자가 여러 계정 세트를 유지 관리해야 하는 추가 부담을 안겨 준다.

앞서 자격 증명 서비스 제공자를 사용하는 예제를 다루지 않고, 7장에서 AWS 조직에 대해 다룬다고 언급했지만, 한 사람의 개발 및 프로덕션 리소스에 대한 액세스를 분리하는 데 두 가지 방법을 어떻게 사용할 것인지 언급하는 것이 중요하다고 생각한다. 자격 증명 서비스 제공자를 설정한 경우 그룹을 생성한 방법과 유사하게 각 RBAC 역할에 대해 IAM 역할[30]을 생성할 수 있다. 사용자가 자격 증명 서비스 제공자에 로그인하면 사용자에게 어떤 역할을 맡을 것인지 선택하라는 요청을 하고, 사용자는 선택한 역할[31]을 사용해 AWS 리소스에 액세스할 수 있는 임시 자격 증명을 갖게 된다. 적절한 리소스를 포함하는 각 개발 단계마다 하나씩 여러 AWS 조직을 사용할 수도 있다. 마스터 AWS 조직에 IAM 사용자를 생성하고 AWS 하위 조직의 리소스에 액세스하기 위한 IAM 역할[32]을 생성한다. 사용자는 IAM 사용자 계정에 로그인할 때 원하는 역할을 선택하고 각 개발 단계의 리소스에 액세스할 수 있다.[33] 이 두 옵션 모두 적절한 대안이지만 설정하는 데 더 많은 노력이 필요하다.

CI/CD 파이프라인을 사용해 Serverless 구성을 배포하는 경우, 정책(가능한 경우 그룹)과 프로그래밍 방식 액세스 권한만을 가진 사용자 계정을 생성할 수 있다. Serverless

---

30 '제3자 자격 증명 서비스 제공자의 역할 만들기(연동).' AWS IAM 사용자 가이드. Amazon Web Services. https://docs.aws.amazon.com/IAM/latest/UserGuide/id_roles_create_for-idp.html

31 '외부에서 인증된 사용자에게 액세스 권한 제공(자격 증명 연동).' AWS IAM 사용자 가이드. Amazon Web Services. https://docs.aws.amazon.com/IAM/latest/UserGuide/id_roles_common-scenarios_federated-users.html

32 'IAM 사용자에게 권한을 위임하는 역할 만들기.' AWS IAM 사용자 가이드. Amazon Web Services. https://docs.aws.amazon.com/IAM/latest/UserGuide/id_roles_create_for-user.html

33 '소유한 다른 AWS 계정의 IAM 사용자에게 액세스 권한 제공하기.' AWS IAM 사용자 가이드. Amazon Web Services. https://docs.aws.amazon.com/IAM/latest/UserGuide/id_roles_common-scenarios_aws-accounts.html#id_roles_common-scenarios_aws-accounts-example

구성은 배포를 수행하는 사용자와 관계없이 해당 역할과 함께 배포되는 AWS CloudFormation 역할 지정을 지원한다. 배포에서 필요한 권한만 사용하도록 Serverless 구성에서 사용할 AWS CloudFormation 역할을 하나 이상 생성하는 것이 좋다. 역할에 필요한 리소스를 생성할 수 있는 권한만을 부여하면 원치 않는 리소스를 생성하거나 실수로 리소스를 삭제하는 것을 방지하는 데 도움이 된다. CI/CD 파이프라인을 지원하고 AWS CloudFormation 역할을 지정하기 위해 추가 IAM 설정을 생성한다(표 6-3 참고).

표 6-3. CI/CD 파이프라인 및 CloudFormation 역할에 대한 AWS IAM 설정

IAM 설정	개발 단계		프로덕션 단계	
	프로젝트 A	프로젝트 B	프로젝트 A	프로젝트 B
정책	developer, admin, cicd, slsdeploy	developer, admin, cicd, slsdeploy	developer, admin, auditor, cicd, slsdeploy	developer, admin, auditor, cicd, slsdeploy
그룹	developer, admin, cicd	developer, admin, cicd	developer, admin, auditor, cicd	developer, admin, auditor, cicd
역할	slsdeploy	slsdeploy	slsdeploy	slsdeploy
Developer 그룹 정책	developer	developer	developer	developer
Admin 그룹 정책	admin	admin	admin	admin
Auditor 그룹 정책	해당 없음	해당 없음	auditor	auditor
CI/CD 그룹 정책	cicd	cicd	cicd	cicd
SlsDeploy 역할 정책	slsdeploy	slsdeploy	slsdeploy	slsdeploy

'cicd' 정책을 추가하고 해당 정책을 사용하는 'cicd' 그룹을 생성했다. 이제 CI/CD 파이프라인이 Serverless 구성을 배포하기 위해 AWS에 로그인하는 데 사용할 수 있는 사용자(프로그래밍 방식 액세스 권한만 있음)를 만들 수 있다. 이 CI/CD 사용자는 'cicd' 정책 및 그룹에 정의된 권한을 갖는다.

또한, 'slsdeploy' 정책을 추가하고 해당 정책을 사용하는 'slsdeploy' 역할을 생성했다. 정책의 ARN을 지정해 Serverless 구성에서 이 역할을 CloudFormation 역할로 사용한다.

리소스 레벨

Serverless 구성을 사용해 리소스를 생성한다. 배포할 때 Serverless Framework는 'iamRoleStatements' 속성에 정의된 권한을 기반으로 각 Serverless 구성에 대해 하나의 IAM 역할을 생성한다. Serverless Framework가 배포 중에 생성하는 각 함수는 Serverless 구성을 위해 생성된 IAM 역할을 사용한다. Serverless Framework가 IAM 역할을 생성하고 이를 사용해 각 함수를 생성하는 것은 편리한 기능이지만 단점도 있다.

각 Lambda 함수에 적용되는 하나의 IAM 역할 명령문(권한) 세트를 사용하면 각 함수에 지나치게 허용적인 역할이 부여될 수 있다. 각 함수는 PoLP를 기반으로 성공적으로 실행하는 데 필요한 최소한의 권한만 가져야 한다. 예를 들어, 데이터베이스 레코드를 삭제할 수 있는 포괄적인 역할을 부여하면 해당 함수가 데이터베이스를 읽기만 하면 되는 경우에도 모든 함수에 해당 권한이 부여된다. 데이터베이스를 읽는 Lambda 함수가 삭제 명령을 실행할 때 인젝션 공격에 취약하다고 가정해 보자. 이 익스플로잇은 해당 함수에 데이터베이스 레코드 삭제 권한이 있기 때문에 성공한다. 하지만 읽기 권한만 있었다면 실패했을 것이다. 각 함수에 필요한 권한만 부여하는 것이 유용하고 효과적인 방법이다.

Serverless Framework는 각 함수에 IAM 역할 명령문을 지정하는 기능을 기본적으로 제공하지 않는다. 하지만 함수별 Serverless IAM 역할 플러그인[34]과 같은 플러그인을 사용하면 원하는 결과를 얻을 수 있다. 모든 함수에 공통으로 적용되는 권한은 'iamRoleStatements' 속성에 지정한다. 그런 다음 플러그인을 설치하고 'custom' 속성에서 각 함수가 'iamRoleStatements' 속성에서 권한을 상속받을 수 있는 설정을 정의한다(예제 6-13 참고).

예제 6-13. 함수별 서버리스 IAM 역할에 대한 Serverless 구성 설정 플러그인

```
custom:
  serverless-iam-roles-per-function:
    defaultInherit: true
```

---

34 '함수별 서버리스 IAM 역할 플러그인.' GitHub. https://github.com/functionalone/serverless-iam-roles-per-function

이제 각 함수에 대한 IAM 역할 명령문을 정의할 수 있다(예제 6-14 참고).

예제 6-14. 함수별 역할 명령문을 사용한 Serverless 구성 예시

```
provider:
  name: aws
  iamRoleStatements:
    - Effect: "Allow"
      Action: kms:Decrypt
      Resource: "*"
functions:
  getTransaction:
    handler: getTransaction.handler
    iamRoleStatements:
      - Effect: "Allow"
        Action: dynamodb:GetItem
        Resource: " arn:aws:dynamodb:*:*:table/Transactions"
  deleteTransaction:
    handler: deleteTransaction.handler
    iamRoleStatements:
      - Effect: "Allow"
        Action: dynamodb:DeleteItem
        Resource: "arn:aws:dynamodb:*:*:table/Transactions"
```

Serverless Framework가 업데이트된 구성을 배포하면 'iamRoleStatements' 속성에 대한 역할, 'getTransaction' 함수에 대한 역할, 'deleteTransaction' 함수에 대한 역할의 세 가지 역할이 생성된다. 'getTransaction' 함수는 'dynamodb:GetItem' 권한을 가져오고, 'deleteTransaction'은 'dynamodb:DeleteItem' 권한을 가져온다. 두 함수 모두 'kms:Decrypt' 권한도 받는다. 자체 'iamRoleStatements' 속성이 없는 모든 함수는 공통 'iamRoleStatements' 속성의 역할을 사용한다.

Azure

6장의 앞부분에서 검토한 Azure 권한 원칙을 바탕으로 Azure의 일반 권한 모델에서 레벨을 구현하는 방법을 다룬다.

조직 레벨

Azure는 조직을 지원하지만 Azure DevOps 서비스 내에서만 지원한다. Azure DevOps 서비스를 사용할 수도 있고 사용하지 않을 수도 있기 때문에 AWS 접근 방식과 유사하게 Azure 계정을 조직으로 취급할 수 있다. 또한, 관리 그룹을 사용해 조직을 정의하도록 선택할 수도 있다. 관리 그룹에 추가된 모든 구독은 조직의 일부로 간주하고, 이 범위를 사용해 그 아래의 모든 항목에 권한을 적용할 수 있다. 'ecommerce' 관리 그룹[35]을 생성해 조직을 정의한다.

개발 단계 레벨

각 단계별로 하나의 구독[36]을 생성한다. 개발 단계용 구독과 프로덕션 단계용 구독을 생성해 리소스를 분리할 수 있다.

프로젝트 레벨

Serverless 구성의 'service' 속성을 사용해 리소스 이름에서 프로젝트를 식별한다. Serverless 구성에서 적절한 설정을 지정한다(예제 6-15 참고).

예제 6-15. Serverless 구성 네이밍 샘플

```
service: projectA
provider:
  name: azure
  region: West US 2
  stage: develop # 프로젝트 단계(예: 개발 또는 운영)
```

Serverless 구성은 자동으로 'service', 'stage', 'region' 속성을 사용해 'sls-⟨region⟩-⟨stage⟩-⟨projectName⟩' 명명 규칙이 접두사로 붙은 리소스 이름을 지정한다.

---

35 '빠른 시작: 관리 그룹 만들기.' Azure 관리 그룹 문서. Microsoft. https://docs.microsoft.com/en-us/azure/governance/management-groups/create

36 'Microsoft 고객 계약 구독 생성하기.' Azure 비용 관리 + 과금 문서. Microsoft. https://docs.microsoft.com/en-us/azure/billing/billing-create-subscription

역할 레벨

이 책을 쓰는 시점에 Serverless Framework Azure 플러그인은 사용자 지정 역할 정의를 지원하지 않는다. Serverless 구성을 배포할 때 사용된 서비스 주체 또는 AD 사용자의 역할 정의를 사용한다.

사용자

Azure AD 테넌트에서 사용자를 생성한다. 이 사용자는 주로 Microsoft 및 Azure 서비스(예: Office 365)에 액세스하는 데 사용한다. Serverless Framework는 Azure 대화형 로그인(브라우저 로그인 페이지로 리디렉션)을 사용할 수 있는 옵션을 제공하지만, Serverless Framework 문서에서는 서비스 주체를 사용할 것을 권장한다.[37] 이 책에서는 Serverless 구성을 배포할 때 권장되는 접근 방식을 따른다. 하지만 관리 목적으로 AD 사용자를 보유하는 것이 바람직하다.

Serverless 구성을 배포하기 위해 서비스 주체를 생성한다. Serverless 구성을 배포해야 하는 모든 사용자는 각각 고유한 서비스 주체를 가질 수 있다. 서비스 주체를 생성할 때 구독을 범위로 지정해야 한다. 이제 각 구독에 대한 서비스 주체를 가질 수 있기 때문에 개발 구독의 서비스 주체를 사용해 Serverless 구성을 프로덕션 단계에 배포할 수 없다.

서비스 주체는 콘텐츠에 액세스하지 않고 리소스를 관리할 수 있는 기본 제공 'Contributor' 역할[38]을 사용한다. Serverless 구성을 배포하는 데 필요한 최소한의 권한을 정의하기 위해 각 구독 내에서 사용자 지정 IAM 역할 정의를 생성할 수 있다. 사용자 지정 IAM 역할 정의를 생성하면 PoLP를 적용하고 배포할 수 있는 리소스 유형을 제한할 수 있다.

각 사용자가 서비스 주체를 가질 수 있다고 언급했지만, 여러 개의 AWS 액세스 키를 사용하는 것과 비슷한 부담이 있을 수 있다. 배포할 때 임시 서비스 원칙을 사용하는 것을 고려할 수 있다.

---

[37] 'Azure – 자격 증명.' Serverless 문서. https://serverless.com/framework/docs/providers/azure/guide/credentials/

[38] 'Azure 리소스에 대한 기본 제공 역할.' Azure RBAC 문서. Microsoft. https://docs.microsoft.com/en-us/azure/role-based-access-control/built-in-roles#contributor

리소스 레벨

Serverless 구성을 사용해 리소스를 생성한다. 배포할 때 Serverless Framework는 Serverless 구성에 정의된 모든 리소스를 포함하는 리소스 그룹을 생성한다. 각 함수는 Serverless 구성에 지정된 바인딩에 따라 트리거와 입력을 처리하고 출력을 전송할 수 있다. 바인딩을 제외하고 함수는 IAM 권한을 갖지 않는다.

Google Cloud

6장의 앞부분에서 다룬 Google Cloud 권한 원칙에 따라 Google Cloud의 일반 권한 모델에서 레벨을 구현하는 방법을 설명한다.

조직 및 개발 단계 레벨

Google Cloud는 도메인을 사용해 조직을 정의함으로써 조직을 명시적으로 지원한다. 도메인 이름을 사용해 조직을 생성할 수 있는 기능을 제공하므로 유연성을 확보할 수 있다. 개발 및 프로덕션 단계에 서로 다른 도메인 이름을 사용하고 도메인 조직을 개발 단계 수준으로 처리할 수 있다. AWS와 Azure 구성에서는 서로 다른 도메인 이름을 사용하는 방법에 대해 다루지 않았다. 단순성과 일관성을 위해, 하나의 도메인 이름을 사용해 조직을 생성하고, 폴더를 사용해 개발 프로젝트와 프로덕션 프로젝트를 그룹화한다.

프로젝트 레벨

각 프로젝트 및 개발 단계(총 4개의 프로젝트, 프로젝트 A 개발 프로젝트, 프로젝트 A 프로덕션 프로젝트, 프로젝트 B 개발 프로젝트, 프로젝트 B 프로덕션 프로젝트)에 대해 Google Cloud 프로젝트를 생성한다. 두 개의 개발 프로젝트는 개발 폴더에 배치하고, 프로덕션 프로젝트는 마찬가지로 프로덕션 폴더에 배치한다. Google Cloud의 특이한 점은 프로젝트 리소스가 각 프로젝트별로 분리된다는 것이다. 반면 AWS와 Azure는 동일한 계정과 구독에서 프로젝트 리소스를 공유한다.

역할 레벨

사용자 지정 역할을 만들거나 미리 정의된 역할을 사용하는 옵션이 있다. Google Cloud 문서[39] 및 Serverless Framework 문서[40]에서는 사용자 지정 역할에는 알려진 제한이 있으므로 사전에 정의된 역할을 사용할 것을 권장한다. 따라서 이 책에서는 사전 정의된 역할을 사용한다.

사용자

사용자 계정과 그룹을 생성한다. Google Cloud 조직은 사용자 계정과 그룹을 관리할 수 있는 자격 증명 서비스 제공자의 역할도 한다. 개인별로 사용자 계정을 생성하고, 역할을 기반으로 개발자 그룹, 관리자 그룹, 감사자 그룹 등을 생성한다. 이후 각 그룹에 사용자를 할당해 사용자 권한을 개별 사용자 대신 그룹 단위로 관리할 수 있다.

Serverless 구성을 배포하기 위해 각 프로젝트 내에 서비스 계정을 생성한다. Serverless 구성을 배포해야 하는 모든 사용자는 각각 별도의 서비스 계정을 가질 수도 있고, 그룹에 서비스 계정을 할당할 수도 있다. 관리가 더 필요하지만 각 사용자 계정에 서비스 계정을 할당하면 다른 사용자 계정에 영향을 주지 않고 해당 사용자 계정을 해지할 수 있다. Serverless 구성을 적절한 프로젝트에 배포하려면 각 사용자에게 서비스 계정과 관련 키가 필요하다. Serverless 구성을 배포하는 데 필요한 사전 정의된 역할을 서비스 계정에 할당한다. 이 책을 작성하는 시점에서는 Deployment Manager Editor, Storage Admin, Logging Admin, Cloud Functions Developer 역할이 포함돼 있다.

각 사용자가 고유한 개인 키를 가질 수 있다고 언급했지만, 여러 개의 AWS 액세스 키를 사용하는 것과 비슷한 부담이 있을 수 있다. 대신 배포할 때 수명이 짧은 서비스 계정 자격 증명[41]을 사용하는 것을 고려할 수 있다.

---

39 'IAM 사용자 지정 역할의 이해.' IAM 문서. Google. https://cloud.google.com/iam/docs/understanding-custom-roles
40 'Google - 자격 증명.' Serverless 문서. https://serverless.com/framework/docs/providers/google/guide/credentials/
41 '단기 서비스 계정 자격 증명 생성하기.' IAM 문서. Google. https://cloud.google.com/iam/docs/creating-short-lived-service-account-credentials

리소스 레벨

Serverless 구성을 사용해 리소스를 생성한다. 배포할 때 Serverless Framework는 Serverless 구성에 정의된 모든 리소스에 대한 배포 구성을 생성한다. 리소스는 상위 범위 레벨에서 권한을 상속받는다. 또한, 리소스가 이벤트를 처리하는 데 필요한 추가 권한도 생성한다. 예를 들어, HTTP 트리거를 수락하는 Cloud Function은 모든 사용자(즉, 전체 인터넷)가 해당 HTTP 주소를 호출해 해당 함수를 실행할 수 있도록 허용하는 권한을 생성한다. 이 책을 작성하는 시점에 Serverless Framework는 각 함수에 대한 특정 권한 지정을 지원하지 않는다.

주요 내용

6장은 가장 긴 장이 되고 말았는데, 이는 권한 사용 방법을 살펴보기 전에 기초를 확실히 다지고 싶었기 때문이다. 1장에서 기초를 다졌던 것처럼 6장에도 기초적인 내용이 포함돼 있다. 권한이 어떻게 작동하는지를 이해하면 강력한 권한 모델을 만들 준비가 되고, 이를 부지런히 적용하면 서버리스 애플리케이션의 전반적인 보안을 개선할 수 있다. 6장에서 살펴본 내용을 요약하면 다음과 같다.

6장에서는 함수 인젝션 공격과 계정 탈취를 제한하기 위한 권한의 중요성에 대해 설명했다. 제한된 액세스 권한을 가진 함수와 계정을 사용함으로써 공격이 성공할 위험을 줄일 수 있다. 우선순위를 설정한 후, 권한 원칙을 적용하는 방법을 살펴보기 전에 권한 원칙을 다시 한번 검토했다.

먼저 일반적인 권한 원칙을 다뤘다. 각 서비스 제공자마다 원칙에 접근하는 방식이 다르고 비슷한 용어를 사용하지만, 정의는 다양하기 때문에 이러한 원칙을 먼저 다룰 필요가 있었다. PoLP와 RBAC를 원칙의 기초로 사용하기로 했다. 일반적인 원칙을 수립한 후 AWS, Azure, Google Cloud에서 권한이 어떻게 작동하는지 검토했다.

일반적인 의미와 각 서비스 제공자에 대한 권한 원칙을 이해한 후, 이러한 원칙을 실제로 권한 구현에 적용하는 방법을 다뤘다. 먼저 일반적인 권한 모델을 수립했으며, 이 모델은 AWS, Azure, Google Cloud 내에서 액세스 방식을 정의하는 데 도움이 됐다. 이 모델이 없다면 세 서비스 제공자에 대한 구현을 관련시키는 것이 혼란스럽고 복잡할 수 있다. 사용자의 요구 사항에 따라 최종 설정이 달라지므로 이 모델은 권한을 구현할 때 정답이 아닌 권장하는 접근 방식이다. 하지만 이 방법은 시작점을 제공하는 데 유용할 수 있다.

CHAPTER 07

계정 관리

7장에서는 위험을 줄이고 보안을 강화하기 위해 계정을 관리하는 방법을 다룬다. 서비스 제공자 계정을 사용하면 여러 서비스에 액세스하고 수많은 리소스를 생성할 수 있다. 다양한 계정을 사용해 생성한 리소스를 구성하는 방법과 표준 사례를 적용해 계정을 보호하는 방법을 설명한다.

계정 관리의 중요성

각 서비스 제공자 계정에는 제공업체의 서비스에 액세스할 수 있는 메인/중앙/마스터/루트 계정이 있다. 이 계정으로 서비스를 사용해 비즈니스에 필요한 애플리케이션을 구축할 수 있다. 이러한 서비스를 이용하면 한 달에 적게는 몇 푼에서 많게는 수백만 원의 비용이 발생할 수 있다. 만약 누군가 계정을 장악한다면, 그 사람은 우리 계정의 서비스를 이용해 과도한 비용이 발생하는 청구서를 만들 수 있다. 누군가가 메인 계정을 탈취하지 못하도록 서비스 제공자 계정의 보안을 강화해야 한다.

서비스 제공자 계정의 노출을 최소화하도록 구성할 수 있다. 모든 애플리케이션을 하나의 서비스 제공자 계정에 두는 대신 여러 계정을 사용할 수 있다. 여러 계정에 애플리케이션을 분산하면 취약해진 서비스 제공자 계정으로 인한 피해를 줄일 수 있다. 하지만 더 많은 서비스 제공자 계정을 관리해야 한다는 단점이 있다. 하나의 계정이 탈취되거나 취약해지면 피해 범위를 하나의 애플리케이션으로 제한할 수 있다.

서비스 제공자 계정의 이해

지금까지 구성과 여러 계정에 대해 간략하게 다뤘다. 6장에서는 사용 권한에 중점을 두고 서비스 제공자 계정에 대해 살펴봤다. 7장에서는 계정 관리와 필요한 경우 조직 개념 활용에 중점을 둔다. 일반적인 원칙과 서비스 제공자별 원칙을 검토한다.

일반적인 원칙

서비스 제공자는 클라우드 서비스뿐만 아니라 일반 소비자 서비스도 제공한다. 계정이 있으면 두 가지 서비스 모두에 액세스할 수 있다. 개인용 계정으로 클라우드 서비스를 업무용으로 사용하는 것도 가능하다. 대부분의 전문가가 개인용 이메일과 업무용 이메일을 모두 사용하는 것처럼, 계정을 분리해 사용하는 것을 고려해야 한다. 개인용 계정과 업무용 계정을 분리하면, 서비스 제공자와의 상호 작용을 서로 영향을 주지 않도록 구분할 수 있다. 이는 재정적 책임의 범위를 해당 법인으로 제한하는 데 도움이 된다.

개인용 계정과 업무용 계정을 분리하는 것 외에도 애플리케이션과 개발 단계에 따라 서로 다른 계정을 사용하는 것도 고려할 수 있다. 6장에서는 하나의 계정에 하나의 조직과 두 개의 프로젝트가 있고 각 프로젝트에 두 개의 개발 단계가 있는 예시 모델에 대해 설명했다. 이 모델을 확장해 여러 계정을 사용하는 방식도 고려할 수 있다(그림 7-1 참고). 참고로, 각 계정에 IAM 권한이 있다고 가정하기 때문에 그림 7-1에서 역할은 생략했다.

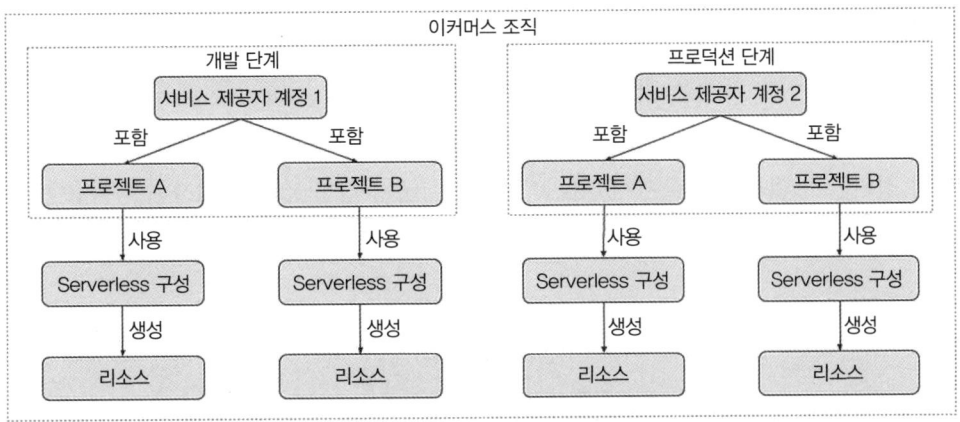

그림 7-1. 여러 개의 서비스 제공자 계정을 사용하는 권한 모델 예시

6장의 예시 모델을 재구성해 모든 서비스 제공자 계정을 조직으로 처리했다. 개발 단계마다 하나의 서비스 제공자 계정을 사용했다. 이렇게 하면 IAM 권한에만 의존하지 않고 개발 및 프로덕션 리소스를 더욱 명확하게 분리할 수 있다.

게다가 두 계정에 대해 동일한 IAM 사용자 계정 이름을 사용할 수 있다. 예를 들어, 개발 계정과 프로덕션 계정 모두 'amy.smith' 사용자 계정을 가질 수 있다. 그러나 앞서 설명한 대로 'amy.smith.develop'과 'amy. smith.production' 계정을 계속 사용할 수 있다. 또한, 여러 계정을 사용하는 경우에도 6장의 예시 권한 모델을 그대로 활용할 수 있다.

여러 개의 계정을 보유하면 보안 외에도 추가적인 이점을 누릴 수 있다. 각 서비스 제공자는 각 계정에 기술적 제한을 적용할 수 있다. 모든 프로젝트와 리소스가 동일한 서비스 제공자 계정에 있을 경우 모든 리소스가 동일한 한도를 공유하게 된다. 만약 서비스 제공자가 한도를 늘릴 수 없다면 개발이 운영 리소스에 부정적인 영향을 미치지 않도록 주의해야 한다. 하지만 별도의 계정을 사용하면 서비스 제공자의 한도가 각 계정에 적용되므로 한 계정에서 리소스를 사용해도 다른 계정에는 영향을 미치지 않는다.

각 서비스 제공자에 대해 2단계 개발 계정 모델을 설정하는 방법을 살펴보겠다.

AWS

AWS는 여러 AWS 계정을 관리할 수 있는 AWS Organizations[1]를 제공한다. AWS는 보안을 강화하기 위해 여러 개의 계정을 보유하는 것을 모범 사례로 권장한다.[2] 따라서 앞서 정의한 모델을 구현할 수 있다(그림 7-2 참고). 조직 구조를 설정하려면 다음 링크 (https://console.aws.amazon.com/organizations)를 방문한다.

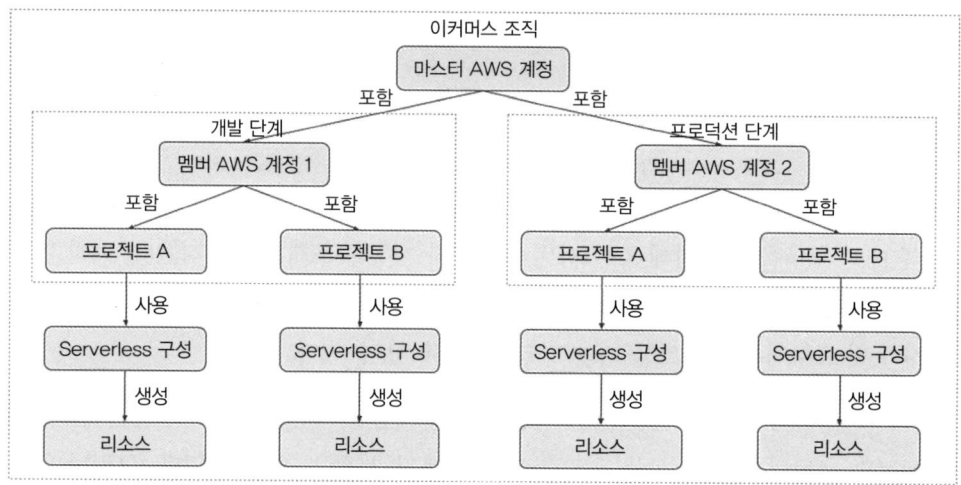

그림 7-2. AWS Organizations 예시

먼저 마스터 계정으로 지정하는 하나의 AWS 계정으로 시작한다. 이 계정을 사용해 멤버 계정이 포함된 조직을 만든다. 새 AWS 계정을 생성하거나 기존 AWS 계정을 초대해 멤버 계정을 추가한다. 새 멤버 계정을 생성해 본다(그림 7-3 참고).

---

1 'AWS Organizations,' Amazon Web Services, https://aws.amazon.com/organizations

2 'AWS Organization 기능,' Amazon Web Services, https://aws.amazon.com/organizations/features

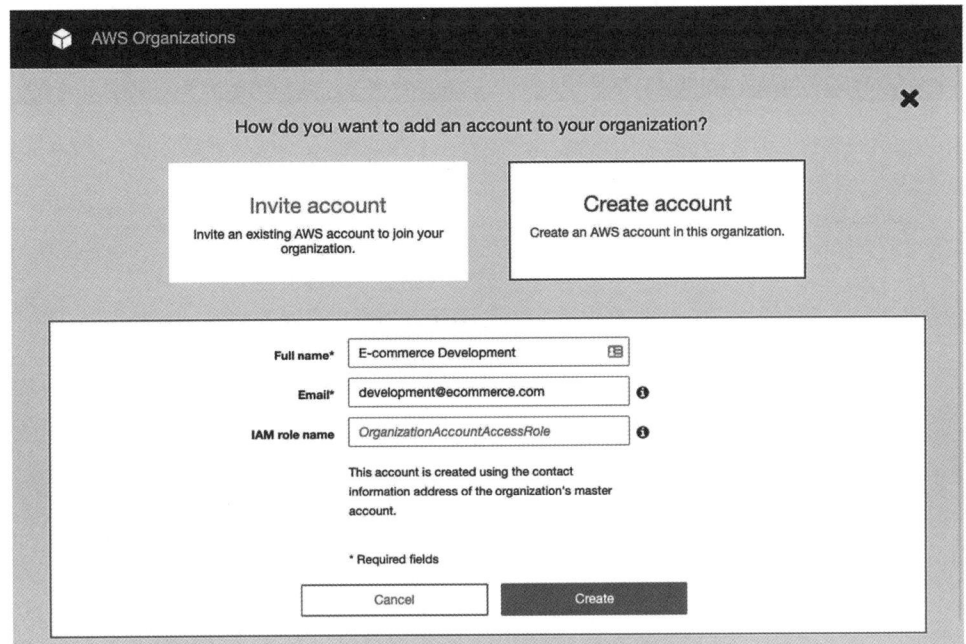

그림 7-3. AWS 멤버 계정 생성

계정 이름, 멤버 계정을 소유한 이메일 주소, 선택 사항으로 IAM 역할 이름을 지정한다. AWS Organizations는 마스터 계정에 대한 트러스트 액세스 권한을 부여하는 서비스 역할을 멤버 계정에 자동으로 생성한다.

'개발' 및 '프로덕션'이라는 두 개의 멤버 계정을 만든다. 각 계정은 별도의 이메일 주소를 사용하며, 가급적이면 그룹 메일링 리스트를 사용한다. 멤버 계정은 하나의 조직 단위OU, Organizational Unit로 구성할 수 있다(그림 7-4 참고).

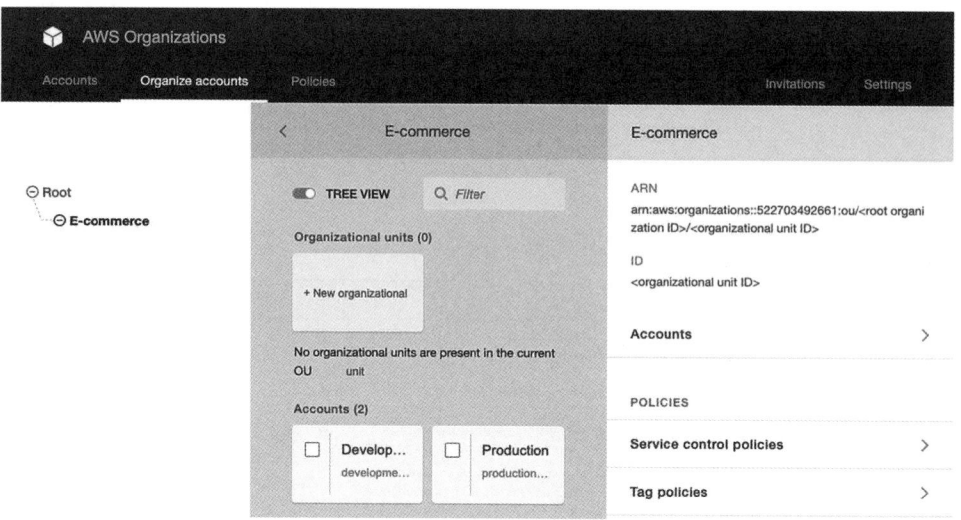

그림 7-4. 조직 단위로 AWS 멤버 계정 구성하기

회원 계정을 처음 만들 때, 계정 정리가 이뤄지지 않았다. 그 후 'Ecommerce'라는 조직 단위를 만들고, 그 아래에 회원 계정을 이동시켰다. 조직 단위를 사용하면 특히 여러 조직이 있을 경우 여러 회원 계정을 효율적으로 관리할 수 있다.

AWS Organizations 사용의 다른 이점은 다음과 같다.

- 중앙 집중식 과금, 감사^{audit}, 모니터링, 보안
- 서비스 제어 정책을 사용해 여러 회원 계정에 권한 적용하기
- 회원 계정 간에 리소스 공유

이제 두 개의 멤버 계정이 하나의 OU로 구성됐으므로 프로젝트를 설정할 수 있다. 개발 리소스는 AWS 개발 멤버 계정에 배포하고, 프로덕션 리소스는 AWS 프로덕션 멤버 계정에 배포할 수 있다. 모든 계정에서 보안, 감사, 모니터링 설정을 비즈니스 요구 사항에 맞게 구성할 수 있다.

Azure

Azure는 Azure AD를 사용해 조직을 구성할 수 있도록 지원한다.[3] Microsoft Active Directory를 활용해 앞서 정의한 모델을 구현할 수 있다(그림 7-5 참고).

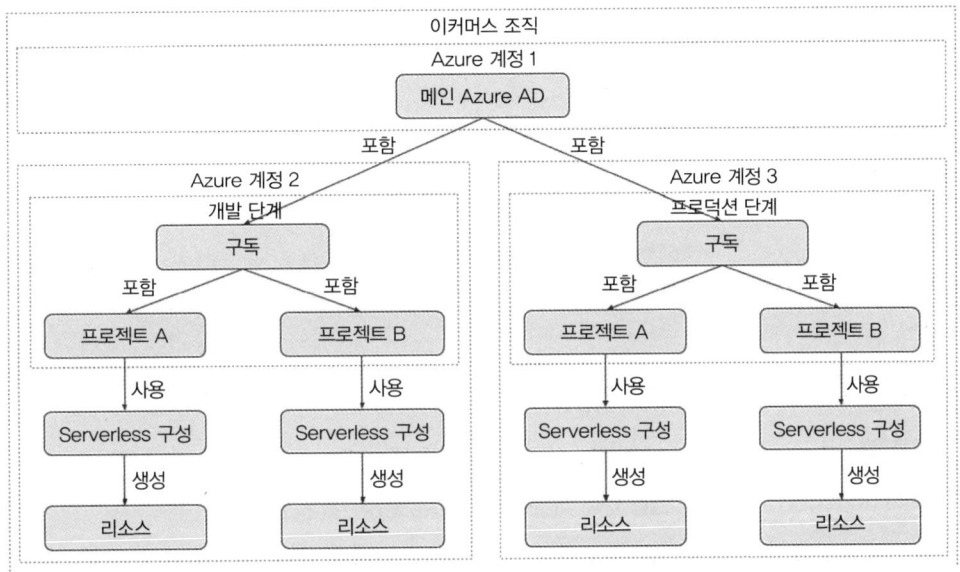

그림 7-5. Active Directory를 사용해 Azure 계정 조직화

하나는 '마스터' 계정, 하나는 개발 단계에 사용되는 계정, 하나는 프로덕션 단계에 사용되는 계정 등 3개의 Azure 계정을 만든다. 각 계정은 별도의 이메일 주소(가급적 그룹 메일링 리스트)를 사용한다. 모든 계정이 사용할 수 있도록 마스터 계정에 AD 테넌트를 만든다(그림 7-6 참고).

---

3   '조직에서 Azure Active Directory를 사용하도록 등록하기.' Azure Active Directory 기초 문서. Microsoft. https://docs.microsoft.com/en-us/azure/active-directory/fundamentals/sign-up-organization

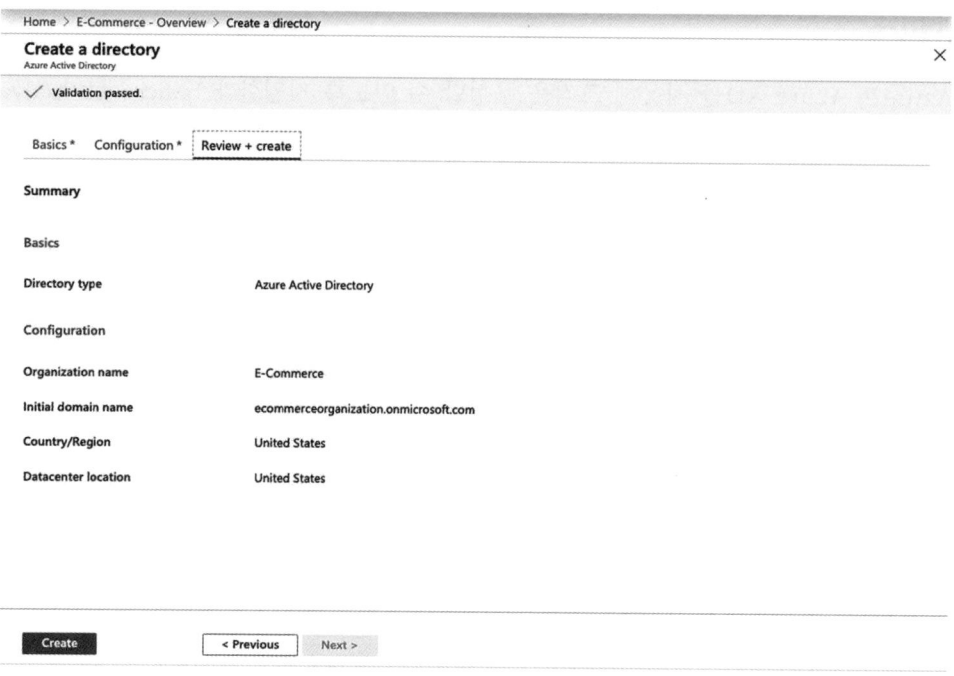

그림 7-6. Azure Active Directory 만들기

다른 계정도 AD 테넌트에 액세스할 수 있도록 설정할 수 있다. 다른 이메일 주소를 AD 테넌트에 초대할 수 있다(그림 7-7 참고).

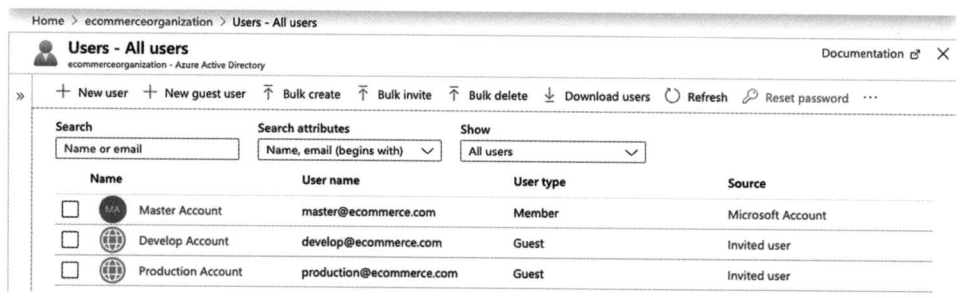

그림 7-7 Azure Active Directory로 다른 사용자 초대

리소스를 배포할 수 있도록 다른 두 계정에서 구독을 생성한다. 디렉터리를 변경해 마스터 계정의 AD 테넌트에 구독을 할당한다(그림 7-8 참고).

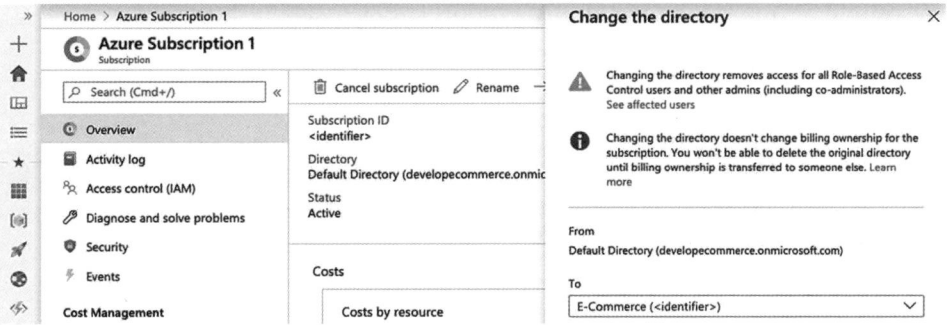

그림 7-8. Azure Active Directory 테넌트에 구독 할당하기

이제 마스터 계정은 개발 및 프로덕션 구독을 하나의 AD로 중앙 집중화한다. 이 방식은 사용자 관리를 중앙에서 처리할 수 있게 한다.

구독 과금은 개발 및 프로덕션 Azure 계정에 그대로 유지된다. 비즈니스 요구 사항에 따라 중앙 집중식 과금이 지정된 경우 마스터 계정에서 구독을 만들고, 다른 계정의 AD 테넌트로 소유권을 변경할 수 있다. 다른 AD 테넌트는 직접 페더레이션federation을 사용해 관리 부담을 줄일 수 있다.[4]

Google Cloud

6장에서는 Google Cloud에서 ID와 조직을 제공하는 방법을 다뤘다. Google Cloud 문서에서는 조직을 모범 사례로 사용할 것을 권장하고 있다.[5]

여러 개의 Google Cloud 계정을 보유하는 대신 이 접근 방식을 따라야 한다. AWS는 마스터 계정을 통해 조직을 구현하고 Azure는 AD를 통해 구현한다. 그러나 Google Cloud는 G Suite 또는 Google Cloud Identity를 사용해 조직을 도메인 이름과 연결해 조직을 구현한다. 조직은 프로젝트를 만든 계정 대신 소유하고 있는 프로젝트를 관리한다. 따라서 6장에서 사용한 조직 접근 방식으로 충분하다.

---

4 '게스트 사용자를 위한 AD FS 및 타사 서비스 제공자와의 직접 페더레이션(미리 보기).' External Identities documentation. Microsoft. https://docs.microsoft.com/en-us/azure/active-directory/b2b/direct-federation

5 '엔터프라이즈 조직을 위한 모범 사례.' Google Cloud 시작하기. Google. https://cloud.google.com/docs/enterprise/best-practices-for-enterprise-organizations

즉, AWS 및 Azure에 구현한 것과 유사하게 여러 계정을 사용할 수 있다(그림 7-9 참고). 그림 7-9에서 조직, 폴더, ID 리소스는 단순화를 위해 생략했다.

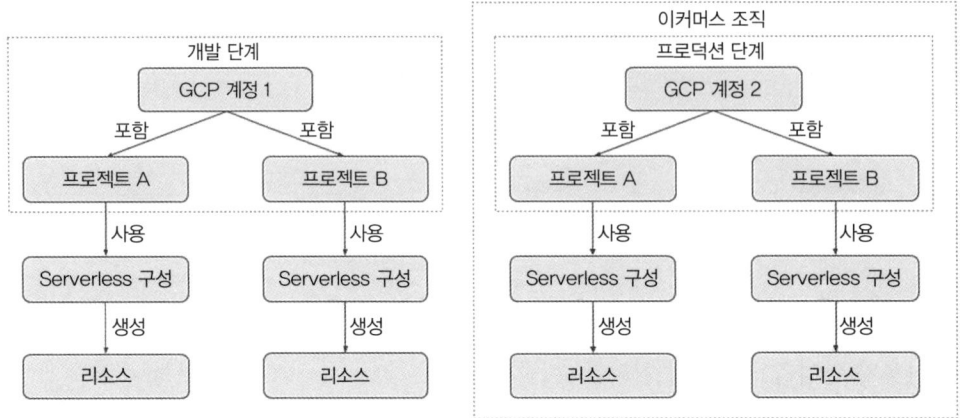

그림 7-9. Google Cloud에서 프로젝트를 구성하는 다른 액세스 방식

모든 프로덕션 리소스를 관리하기 위해 Google Cloud 조직을 사용할 수 있다. 다른 모든 개발 단계에서는 별도의 Google Cloud 계정을 사용할 수 있다. 이렇게 하면 프로덕션 리소스를 중앙에서 관리하면서 리소스를 분리할 수 있다. 이 방식을 사용하면 중앙 집중식 과금과 같은 특정 이점은 없지만, 리소스를 효과적으로 분리할 수 있다.

계정 보호

여러 서비스 제공자 계정을 사용하는 것뿐만 아니라 계정 하이재킹, 불법적인 변경 또는 구매, 애플리케이션이나 데이터의 무단 삭제를 방지하기 위해 계정을 보호해야 한다.

일반적인 원칙

다음 일반적인 원칙은 서비스 제공자 계정을 보호하는 데 유용하며 논의할 가치가 있다.

- 계정에 서비스 또는 그룹 이메일 주소 사용
- 연락처 정보 지정
- 대체 연락처 지정
- 안전하고 강력한 비밀번호 사용
- MFA 사용 설정하기
- 다양한 기능을 수행할 추가 사용자 만들기
- 기본 계정에서 액세스 키 또는 서비스 주체를 만들지 않기
- 보안 질문 사용 설정

서비스 또는 그룹 이메일 주소를 사용하면 신뢰할 수 있는 그룹이 계정에 대한 이메일 알림을 받을 수 있다. 이렇게 하면 신뢰할 수 있는 개인이 계정 복구 절차를 수행할 수 있다. 반면, 개인 이메일 주소를 사용하면 비즈니스에 문제가 생길 수 있다. 예를 들어, 연락처가 예기치 않게 사용할 수 없게 되고, 아무도 계정에 액세스할 수 없는 상황을 가정해 보자. 이 경우 모든 계정 복구 요청은 해당 사용자의 이메일 받은 편지함으로 전송되며 액세스할 수 없게 된다. 그러나 그룹 이메일 주소를 사용하면 여러 사람에게 계정 알림이 전송되므로 여러 사람이 계정 변경 사항, 서비스 알림, 잠재적 문제를 확인하고 적절한 조치를 취할 수 있다.

서비스 제공자가 이용자에게 연락할 수 있도록 적절한 알림을 받을 수 있는 연락처 정보를 지정해야 한다. 마찬가지로, 비밀번호 복구 절차에서도 연락처 정보를 활용할 수 있다. 소셜 엔지니어링이나 비밀번호 복구를 통해 계정을 탈취하려는 시도를 방지하기 위해 공개 웹사이트에 등록되지 않은 실제 주소를 사용하는 것이 좋다. 소규모 비즈니스의 경우 물리적 위치가 한 곳만 있을 수 있으므로, 제3자로부터 사서함을 받아 서비스 제공자 계정의 우편 주소로 사용하는 것도 고려할 수 있다. 연락처 정보에서 생년월일을 요구할 경우, 개인의 생년월일과 관련 없는 날짜를 사용하는 것이 바람직하다.

알림을 받을 수 있는 백업 연락처를 확보하기 위해 대체 연락처를 사용해야 한다. 앞서 언급한 이유로, 이러한 대체 연락처에 그룹 이메일 주소를 사용하는 것도 좋은 방법일 수 있다. 공급자는 사용자가 다른 도메인(예: 과금) 및 보안 연락처에 대한 대체 연락처를 지정할 수 있도록 허용할 수 있다. 일반적으로 이러한 비즈니스 영역을 지원하는 개인에게 적절한 통신을 보낼 연락처를 결정해야 한다.

강력한 비밀번호를 사용하는 것이 기본적이지만, 이러한 일반적인 위험을 피하기 위해 다시 한번 강조할 필요가 있다. 일부 회사에서는 계정을 설정할 때 사용하는 기본 비밀번호가 있을 수 있다. 이 비밀번호는 기억하기 쉽고 직원들끼리 공유하기에도 편리하다. 하지만 회사 외부의 누군가가 이 비밀번호를 알게 될 수도 있다. 다른 회사에서는 여러 웹사이트에 비밀번호를 재사용할 수 있으며, 이 비밀번호가 해커 데이터베이스에 등록될 수도 있다.[6] 누군가 서비스 제공자 계정에 액세스하는 것을 방지하려면 추측하기 어렵고 긴 비밀번호를 주기적으로 변경하면서 사용해야 한다.

MFA는 누군가 비밀번호를 알아내거나 재설정하는 경우에 대비해 추가적인 보호 장치를 제공한다. 계정과 비밀번호가 일치하면 서비스 제공자는 MFA 일회용 비밀번호를 요청한다. 이 일회용 비밀번호를 입력하지 않으면 계정에 액세스할 수 없으며, MFA 관행에 따라 사용자는 다시 로그인해야 한다. 또한, 악의적인 사용자가 물리적으로 MFA 장치를 획득해야 하므로 보안을 강화하기 위해 물리적인 MFA 장치를 사용하는 것도 고려할 수 있다. 하지만 이는 해당 디바이스에 물리적으로 액세스할 수 있는 사람만 서비스 제공자 계정에 로그인할 수 있다는 의미이므로 여러 지역에 회사가 있는 비즈니스의 경우 어려울 수 있다. 이런 상황을 해결하기 위해 다음 원칙을 따를 수 있다. 가상 MFA 디바이스를 사용할 수 있는 옵션이 있으며, 이는 모든 사용자 계정에 대해 좋은 대안이 될 수 있다. 하지만 모든 디지털 데이터가 해킹될 수 있기 때문에 메인 서비스 제공자 계정에는 가상 MFA를 사용하지 않는 것이 바람직하다. 그럼에도 불구하고 서비스 제공자 계정에서 MFA를 전혀 적용하지 않는 것보다는 가상 MFA 장치를 사용하는 것이 더 낫다.

---

6 'Google은 수십억 개의 웹사이트 비밀번호가 해킹당했다고 경고한다 – 지금 바로 비밀번호를 확인하는 방법.' 션 키치(Sean Keach), 『더 선(The Sun)』, 2020년 1월 15일. www.thesun.co.uk/tech/9734757/google-passwords-hacked-how-to-check

메인 서비스 제공자 계정에서 작업을 수행할 수 있도록 다음 사용자 계정을 만드는 것을 고려해야 한다.[7]

- 계정을 볼 수는 있지만 원치 않는 변경은 할 수 없는 읽기 전용 사용자 계정
- 권한을 변경하고 새 사용자 계정을 만들 수 있는 보안 관리자 계정
- 빌링 리포트를 생성하고 결제할 수 있는 빌링 계정
- 서비스 또는 프로젝트에 지정된 계정에 관리자 작업을 수행할 수 있는 관리자 계정

마스터 계정에 대한 액세스 키 또는 서비스 주체를 생성하면 일반적으로 웹 기반 관리 콘솔에서 해당 계정이 가진 권한과 동일한 권한이 부여된다. 액세스 권한을 획득한 사람은 누구나 AWS 서비스 제공자 계정에 제한 없이 액세스할 수 있다. 따라서 마스터 계정에 대한 액세스 키 또는 서비스 주체를 만들지 말고, 액세스를 제한할 수 있는 개별 사용자 계정에 대해 액세스 키를 만들어야 한다.

모든 보안 질문을 활성화해야 한다. 이러한 질문은 답을 추측하기 어려운 경우 추가적인 보안을 제공한다. 또한, 이러한 질문은 계정 복구에 사용되기 때문에 추측하기 어려운 방식으로 답변하는 것이 가장 좋다.[8]

다음 절에서는 이러한 일반적인 원칙과 서비스 제공자별 계정 설정 방법을 검토하겠다.

AWS

AWS 관리 콘솔에 로그인한 후, 오른쪽 상단 메뉴에서 계정 이름을 클릭하고 'My Account내 계정'를 선택한다. 그러면 계정 페이지로 이동한다.

그룹 이메일 주소, 보안 비밀번호, 적절한 우편 주소, 전화번호를 사용해 계정 정보와 연락처 정보를 업데이트한다(그림 7-10 참고).

---

7 이러한 사용자 계정은 강력한 비밀번호를 사용해야 하며, MFA를 사용하도록 설정해야 한다.
8 '헐크는 어렸을 때 가장 친한 친구였다: 보안 질문에 답하기 위한 조언.' 미겔 A. 카예스(Miguel A. Calles). Secjuice. 2020년 1월 5일. www.secjuice.com/advice-on-answering-security-questions

```
▼Account Settings                                              Edit

        Account Id:  123456789012
            Seller:  AWS Inc.
      Account Name:  E-Commerce Co.
          Password:  *****


▼Contact Information                                           Edit

Please note that updating your contact information on this page will not update the information displayed on
your PDF Invoices. If you wish to update the billing address information associated with your Invoice, please
edit it through the Payment Methods page, located here.

         Full Name:  Billing Department
           Address:  12345 Street Bl., Box 321
              City:  Beverly Hills
             State:  CA
       Postal Code:  90210
           Country:  US
      Phone Number:  888-555-5555
      Company Name:  E-Commerce Co.
       Website URL:  https://ecommerce.com
```

그림 7-10. AWS 계정 정보 업데이트

그 아래에는 'Alternate Contacts^{대체 연락처}'와 'Configure Security Challenge Questions^{보안 문제 질문 구성}'가 표시된다. AWS는 기본적으로 이러한 항목을 필수로 요구하지 않는다(그림 7-11 참고). 이러한 설정을 활성화할 때는 앞서 언급한 지침을 따른다.

```
▼Alternate Contacts                                            Edit

In order to keep the right people in the loop, you can add an alternate contact for Billing, Operations, and
Security communications. To specify an alternate contact, click the Edit button.

Please note that, as the primary account holder, you will continue to receive all email communications.

          Billing  ⓘ
          Contact:  None

      Operations  ⓘ
          Contact:  None

         Security  ⓘ
          Contact:  None


▼Configure Security Challenge Questions                        Edit

Improve the security of your AWS account by adding security challenge questions. We use these to help
identify you as the owner of your AWS account if you ever need to contact our customer service for help.

Security questions are currently not enabled.
```

그림 7-11. AWS 대체 연락처 및 보안 문제 질문 구성 섹션

IAM 서비스로 이동해 IAM 대시보드를 확인한다. 마스터 계정의 보안 권장 설정이 포함된 'Security Status^{보안 상태}' 섹션이 표시된다(그림 7-12 참고).

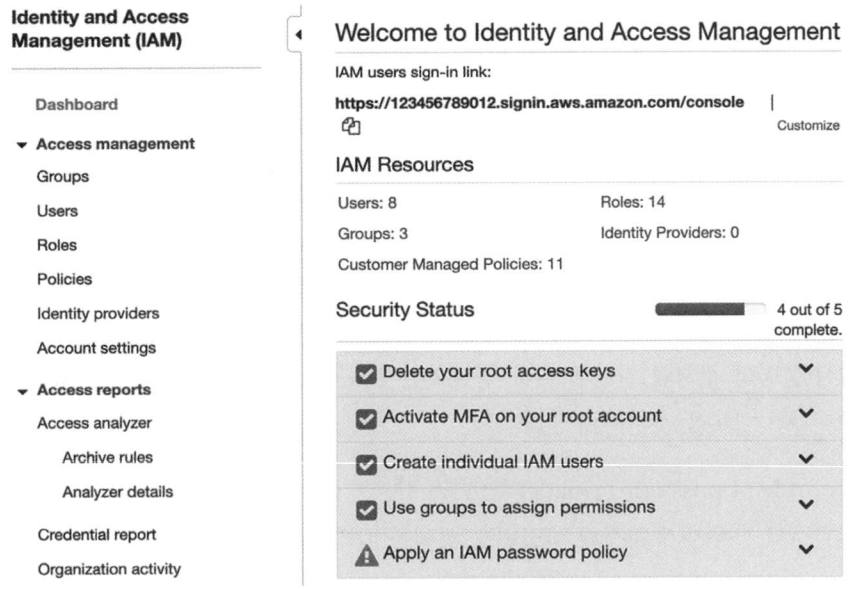

그림 7-12. AWS 보안 상태

이미 'Delete your root access keys^{루트 액세스 키를 삭제}' 했어야 한다. 그렇지 않은 경우, IAM 사용자를 만들고 기존 마스터 계정(즉, 루트 계정)의 액세스 키를 대체할 새로운 액세스 키를 만든 후, 루트 액세스 키를 삭제한다. 이렇게 하면 'Create individual IAM users^{개별 IAM 사용자 만들기}' 항목을 준수할 수 있다.

AWS는 기본적으로 MFA를 활성화하지 않으므로 'Activate MFA on your root account^{루트 계정에서 MFA 활성화}' 섹션을 클릭하거나 오른쪽 상단 메뉴에서 계정 이름을 클릭하고 'My Security Credentials^{내 보안 자격 증명}'를 선택한다. MFA 디바이스를 추가하고 화면의 안내를 따른다. 이후 로그인할 때 일회용 비밀번호^{OTP, One-Time Password}를 입력하라는 메시지가 표시된다(그림 7-13 참고).

Amazon Web Services Sign In With Authentication Device

The page you are trying to access requires users with authentication devices to Sign-In using an OTP.

Provide your One Time Password (OTP) in the field below to complete Sign-In.

Your Email Address: projecta.aws.account@ecommerce.com

Authentication Code:

Sign In

Having problems with your authentication device? Click here

그림 7-13. AWS 일회용 비밀번호 프롬프트 예시

6장에서 설명한 것처럼 권한 모델을 구현하면 'Use groups to assign permissions그룹을 사용해 권한 할당' 항목을 준수하게 된다.

'Apply an IAM password policyIAM 비밀번호 정책 적용' 항목도 준수하는 것이 좋다. 이를 통해 모든 IAM 사용자가 지정된 비밀번호 정책을 따라야 한다(그림 7-14 참고).

Set password policy

A password policy is a set of rules that define complexity requirements and mandatory rotation periods for your IAM users' passwords. Learn more

Select your account password policy requirements:

- ☑ Enforce minimum password length
    - 12 characters
- ☑ Require at least one uppercase letter from Latin alphabet (A-Z)
- ☑ Require at least one lowercase letter from Latin alphabet (a-z)
- ☑ Require at least one number
- ☑ Require at least one non-alphanumeric character (!@#$%^&*()_+-=[]{}|')
- ☑ Enable password expiration
    - Expire passwords in 90 day(s)
- ☐ Password expiration requires administrator reset
- ☑ Allow users to change their own password
- ☑ Prevent password reuse
    - Remember 5 password(s)

그림 7-14. AWS IAM 암호 정책 예시

Azure

몇 가지 일반적인 원칙과 이를 Azure에 적용하는 방법을 살펴보겠다. 계정 설정을 업데이트하려면 다음 링크(https://account.microsoft.com)를 방문한다.

'Your Info^{내 정보}' 섹션으로 이동한다. 비밀번호를 변경하고 연락처 정보를 업데이트할 수 있는 옵션이 표시된다(그림 7-15 참고).

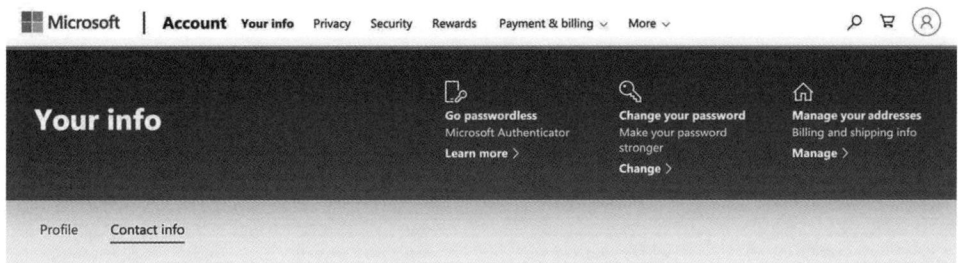

그림 7-15. Azure 계정 정보

비밀번호는 강력한 비밀번호로 변경해야 한다. 앞서 언급한 지침에 따라 주소 정보를 관리한다. 가상 MFA 장치를 사용할 때와 마찬가지로 마스터 계정에서는 비밀번호 없는 로그인 기능을 사용하지 않는 것이 좋다.

'Security^{보안}' 섹션으로 이동하면, 2단계 인증(MFA 등), 연락처 정보, 추가 옵션 등 다양한 보안 설정을 확인할 수 있다(그림 7-16 참고).

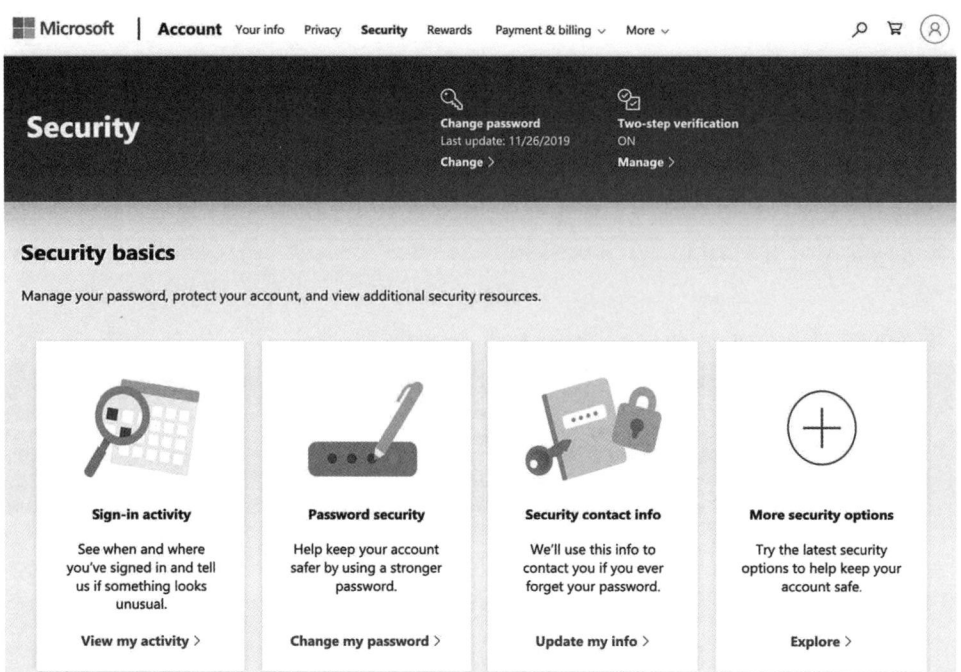

그림 7-16. Azure 보안 섹션

2단계 인증을 클릭하고 화면의 안내에 따라 활성화한다. 그다음 'More security options$^{추가 보안 옵션}$' 섹션을 클릭하고 'Identity verification apps$^{신원 확인 앱}$'로 이동한다.

해당 섹션을 클릭하고, 화면의 지침에 따라 신원 확인 앱(예: 가상 MFA 장치)을 사용하도록 설정한다.

선택 사항으로 'Windows Hello and security keys$^{윈도우 헬로 및 보안 키}$' 섹션으로 이동해 화면의 지침에 따라 보안 키를 설정한다(실제 MFA 장치와 같지만 사용자 이름이나 암호가 필요하지 않다). 보안 키는 로그인할 때 지문이나 PIN이 필요하기 때문에 편의성과 보안 수준을 모두 만족시키는 유용한 방법이다.[9]

'Recovery code$^{복구 코드}$' 섹션으로 이동해 화면의 안내에 따라 계정에 액세스할 수 있는 백업 방법으로 복구 코드를 인쇄한다.

---

9 '윈도우 헬로 또는 보안 키를 사용해 Microsoft 계정에 로그인하기.' Windows 지원. Microsoft. https://support.microsoft.com/en-us/help/4463210/windows-10-sign-in-microsoft-account-windows-hello-security-key

'Payment & billing결제 및 과금' 섹션으로 이동해 'Address book주소록' 링크를 선택한다. 화면의 안내에 따라 과금 및 배송 정보를 설정한다.

Google Cloud

Google Cloud에 일반 원칙을 적용하려면 다음 링크(https://myaccount.google.com)를 방문해 계정 설정을 업데이트한다.

'Personal info개인 정보' 섹션으로 이동해 화면의 안내에 따라 앞서 언급한 지침에 맞춰 연락처 정보를 업데이트한다.

'Security보안' 섹션으로 이동하면 'Security Checkup보안 검사' 및 추가 보안 설정을 확인할 수 있다(그림 7-17 참고).

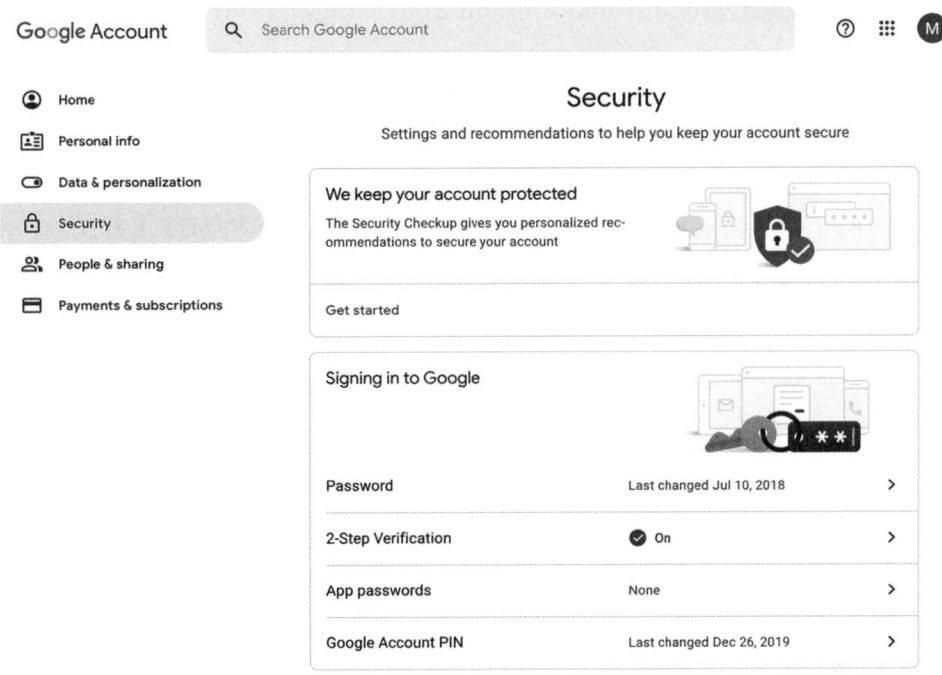

그림 7-17. Google Cloud 보안 검사 및 보안 설정

'Security Checkup보안 검사'을 클릭하고 화면의 안내에 따라 발견된 문제를 해결한다.

'Security^{보안}' 섹션으로 돌아가서 '2-Step Verification^{2단계 인증}' 버튼을 클릭한다. 음성 통화, SMS, 인증 애플리케이션(예: 가상 MFA 장치), 보안 키(물리적 MFA 장치와 같음)[10]를 활성화하는 옵션을 확인할 수 있고 MFA를 활성화할 수 있다. 화면의 안내에 따라 MFA 옵션의 전부 또는 일부를 사용 설정한다.

주요 내용

여러 서비스 제공자 계정을 활용해 6장의 권한 모델 개념을 확장했다. 개발 단계별 하나의 계정을 사용해 리소스를 분리하고 격리하는 방법을 제안했다. 이를 통해 계정 간 접근을 분리함으로써 추가적인 보호 계층과 함께 권한 모델을 효과적으로 활용할 수 있도록 했다.

마지막으로, 계정을 보호하기 위한 일반적인 원칙을 정리했다. 강력한 비밀번호 사용, MFA 활성화 등 기본적인 보안 수칙을 준수해 원치 않는 사용자가 서비스 제공자 계정에 접근하는 위험을 줄이는 방법을 살펴봤다. 또한, 연락처 정보를 최신 상태로 유지하고 그룹 이메일 주소를 활용해 비밀번호 복구 상황에 대비하는 방법도 소개했다.

7장의 내용은 Serverless Framework나 서버리스 기술 자체의 구현과 직접적으로 연결되진 않지만, 서비스 제공자 계정을 보호하는 것은 서버리스 애플리케이션의 보안을 유지하는 데 핵심적인 요소다. 이후의 장들에서는 전체 서버리스 애플리케이션의 보안을 강화하고 위험을 줄이기 위해 서비스 제공자 인프라를 어떻게 보호할 수 있는지 더 중점적으로 다루겠다.

---

10 '2단계 인증에 보안 키 사용하기.' Google 계정 도움말. https://support.google.com/accounts/answer/6103523

CHAPTER

08

시크릿 관리

8장에서는 서비스 제공자가 제공하는 도구를 활용해 시크릿을 보호하는 방법을 살펴보겠다. 먼저 AWS에서 제공하는 다양한 시크릿 암호화 방식을 검토한 뒤, 암호화 수준과 편의성 간 균형을 고려해 적절한 접근 방식을 선택한다. 이후 같은 방식을 Azure와 Google Cloud에서는 어떻게 적용할 수 있을지도 확인한다.

서비스 제공자는 시크릿을 암호화할 수 있는 다양한 방법을 제공한다. 8장에서는 AWS에서 제공하는 암호화 방식을 살펴보고, 암호화 수준과 편의성 간 균형을 고려해 적절한 접근 방식을 선택한다. 이어서 같은 방식을 Azure와 Google Cloud에서는 어떻게 적용할 수 있을지도 확인한다.

시크릿 관리의 중요성

Serverless 함수는 외부 서비스와 연동될 수 있으며, 이때 계정 인증과 세션 확인을 위해 사용자 이름과 비밀번호, API 키 또는 시크릿 키가 필요할 수 있다. 예를 들어, 애플리케이션이 신용카드 결제를 처리해야 하는 경우, 결제 API는 API 요청을 수락하기 위해 계정별 고유한 API 키를 요구할 수 있다. 만약 누군가 이 API 키에 접근하게 되면 무단으로 결제를 처리할 수 있으며, 이는 재정적 손실, 고객 불만, 또는 브랜드 이미지 손상으로 이어질 수 있다. 따라서 이러한 위험을 줄이기 위해 API 키 같은 시크릿을 안전하게 보호하는 추가 조치가 필요하다.

시크릿 보호

앞서 살펴본 시나리오처럼 시크릿이 악용되는 일을 막기 위해서는 실수로라도 시크릿이 노출되는 일이 없어야 한다. 이를 위해 시크릿은 가능한 모든 방법을 동원해 보호해야 한다. 비즈니스 차원의 절차와 애플리케이션 내 소프트웨어 보호 체계를 함께 마련해야 한다.

비즈니스 프로세스는 IT, 정보 보안, 사이버 보안 부서가 담당할 수도 있고, 조직 규모가 작다면 애플리케이션 팀이 맡을 수도 있다. 누가 담당하든 시크릿 보호를 위한 프로세스를 갖추는 것은 필수이며, 복잡할 필요는 없다. 예를 들어, 비밀번호 관리자를 사용해 모든 시크릿을 저장하고 접근 권한을 제한하는 식으로도 충분하다. 어떤 조직에서는 비밀번호를 종이에 적어 금고에 보관하고, 금고 비밀번호에 대한 접근을 제한하는 방식도 쓴다. 디지털과 물리적 매체라는 차이는 있지만, 두 경우 모두 보호 프로세스라는 점에서는 같다. 어떤 방식이든 일관되게 적용하고 정기적으로 재평가하는 것이 중요하다.

소프트웨어 보호 프로세스는 소프트웨어 개발팀과 비즈니스 프로세스를 담당하는 팀이 함께 책임지는 경우가 많다. 개발자는 시크릿을 안전하게 다루는 소프트웨어를 만들어야 하고, 비즈니스 프로세스 팀은 관련 프로세스를 수립하고 감사를 수행하는 역할을 맡을 수 있다. 시크릿 보호를 위한 소프트웨어 보호 프로세스를 개발하는 방법과 각 서비스 제공자가 이를 구현하는 방법에 대한 일반적인 원칙을 살펴보겠다.

일반적인 원칙

일반적으로 소스 코드에 시크릿(예: 사용자 이름, 비밀번호 또는 키)을 포함하지 않아야 한다. Serverless 구성을 할 때 시크릿을 보호하기 위한 일반적인 방법은 다음과 같다.

- 환경 변수를 참조한다.

- 시크릿 값을 저장하는 서비스 제공자의 서비스를 참조한다.
- Serverless 구성 파일에서 암호화된 값을 사용한다.

소스 코드에 저장하고 싶지 않은 정보는 환경 변수로 관리하는 것이 좋다. 예를 들어, 결제 게이트웨이에 액세스하기 위해 환경 변수에서 API 키를 불러오는 방식이 있다(예제 8-1 참고).

예제 8-1. API 키가 포함된 환경 변수를 참조하는 예제

```
const { API_KEY } = process.env;
console.log('API_KEY:', API_KEY.replace(/\w/g, '*'));
```

결제 벤더의 API 키는 Node.js 함수에서 참조할 수 있도록 'apiKey'라는 이름의 환경 변수에 저장할 수 있다. 이 환경 변수를 정의하고 함수에서 접근할 수 있도록 Serverless 구성 파일을 업데이트해야 한다(예제 8-2 참고).

예제 8-2. Serverless 구성에서 환경 변수를 정의하는 예제

```
functions:
  chargeCC:
    handler: src/functions/chargeCC.handler
    events:
      - http:
          method: post
          path: chargeCC
    environment:
      API_KEY: 40d5263a-0952-4fa2-94c6-882b92523e5c
```

Serverless 구성 파일에 API 키를 정의하면 외부에서 해당 키가 존재한다는 사실 자체를 인지할 수 있다. 구성 파일이 코드 리포지터리에 포함되면 시크릿은 더 이상 안전하게 보호되지 않을 수 있다.[1] API 키를 함수 소스 코드에서 Serverless 구성 파일로 옮기

---

1 실수로 API 키를 GitHub 또는 다른 git 리포지터리에 커밋한 경우 리포지터리에서 안전하게 제거할 수 있다. 'GitHub에서 민감한 데이터 및 일반 텍스트 시크릿 제거하기.' 미겔 A. 카예스. Secjuice. 2020년 3월 1일. www.secjuice.com/github-complete-cleaning-sensitive-secrets

면 보안 패치나 소프트웨어 업데이트가 줄어들 수 있지만, 구성 파일에 시크릿 값을 직접 저장하는 것은 여전히 위험하다. Serverless 구성 파일에 'apiKey' 값을 저장하지 않고 참조하는 방식으로 처리해야 한다.

Serverless 구성을 배포하는 CI/CD 파이프라인에서 API 키가 포함된 환경 변수를 정의할 수 있다(예제 8-3 참고).

예제 8-3. Serverless 구성에서 환경 변수를 참조하는 예제

```
functions:
  chargeCC:
    handler: src/functions/chargeCC.handler
    events:
      - http:
          method: post
          path: chargeCC
    environment:
      API_KEY: ${env:API_KEY}
```

CI/CD 파이프라인은 접근 권한을 제한하고 환경 변수 노출 위험을 줄이기 위해 보안 조치(예: 최신 소프트웨어, 호스트 기반 방화벽)를 적용해야 한다.

API 키를 저장하는 서비스 제공자의 도구를 참조해 시크릿 저장 위치를 중앙에서 관리할 수 있다. AWS, Azure, Google Cloud 섹션에서 관련 예제를 살펴본다. IAM 권한을 활용해 누가 또는 어떤 함수가 해당 값에 접근할 수 있을지를 제어할 수 있다.

앞서 설명한 세 가지 시크릿 보호 방식과 함께 암호화를 병행할 수 있다. 암호화를 적용하면 CI/CD 서버, 함수 또는 개발자로 인해 비밀 API 키가 노출될 위험을 더욱 줄일 수 있다. 환경 변수가 외부에 노출되더라도 실제 API 키가 아니라 암호화된 값만 공개된다. 이 값을 실제 키로 사용하려면 수신자가 복호화를 수행해야 한다. 더 강력한 암호화 기법을 사용하면 시크릿을 더 잘 보호할 수 있다는 점을 기억하자.[2,3]

---

2 'SSL 암호화 크래킹은 인간의 능력을 넘어선 것이다.' 플라비오 마틴(Flavio Martins). Digicert. 2014년 8월 21일. www.digicert.com/blog/cost-crack-256-bit-ssl-encryption

3 '암호화 101: 암호화를 깨는 방법.' 바질리오스 히오리스(Vasilios Hioureas). MalwareBytes Labs. 2018년 3월 6일. https://www.malwarebytes.com/blog/news/2018/03/encryption-101-how-to-break-encryption

복호화 과정에서 보안상의 취약점을 피하려면 자체 구현한 알고리듬보다는 검증된 공개 알고리듬을 사용하는 것이 바람직하다. 가능하다면 클라우드 서비스 제공자가 제공하는 암호화/복호화 라이브러리를 사용하는 것도 좋은 방법이다.

이제 각 서비스 제공자의 기능을 활용해 시크릿을 보호하는 방법을 살펴본다.

AWS

AWS에서는 SSM^{SyStems Manager} Parameter Store[4], Secrets Manager[5], Key Management Service[6]를 개별적으로 또는 조합해 시크릿을 관리할 수 있다. SSM Parameter Store를 사용하면 값을 저장할 때 평문(즉, 암호화되지 않은 상태) 또는 암호문(즉, 암호화된 상태)으로 저장할 수 있다. Serverless 구성 파일이나 Lambda 함수 코드에서 이를 참조할 수 있다. Secrets Manager를 사용하면 미사용 시 암호문으로 값을 저장할 수 있으며, 마찬가지로 Serverless 구성 파일이나 Lambda 함수 코드에서 참조할 수 있다. KMS는 AWS에서 생성하는 고유 암호화 키인 고객 마스터 키^{CMK, Customer Master Key}를 사용해 데이터를 암호화하거나 복호화하는 데 사용할 수 있다. SSM Parameter Store와 Secrets Manager는 모두 KMS를 기반으로 값을 암호화하고 복호화한다. 이 세 가지 서비스는 AWS 환경에서 시크릿을 안전하게 관리하는 데 유용하게 활용할 수 있다.

시나리오: AWS SSM Parameter Store 사용

SSM Parameter Store를 사용해 시크릿을 평문과 암호문으로 저장하는 방법을 살펴본다. AWS Management Console을 사용해 파라미터를 'String'(즉, 평문)(그림 8-1 참고) 또는 'SecureString'(즉, 암호문)으로 생성할 수 있다(그림 8-2, 그림 8-3 참고).

---

[4] 'AWS Systems Manager Parameter Store.' AWS Systems Manager 사용자 가이드. Amazon Web Services. https://docs.aws.amazon.com/systems-manager/latest/userguide/systems-manager-parameter-store.html

[5] 'AWS Secrets Manager' AWS Secrets Manager 사용자 가이드. Amazon Web Services. https://docs.aws.amazon.com/secretsmanager/latest/userguide/intro.html

[6] 'AWS Key Management Service' AWS Key Management Service 개발자 가이드. Amazon Web Service. https://docs.aws.amazon.com/kms/latest/developerguide/overview.html

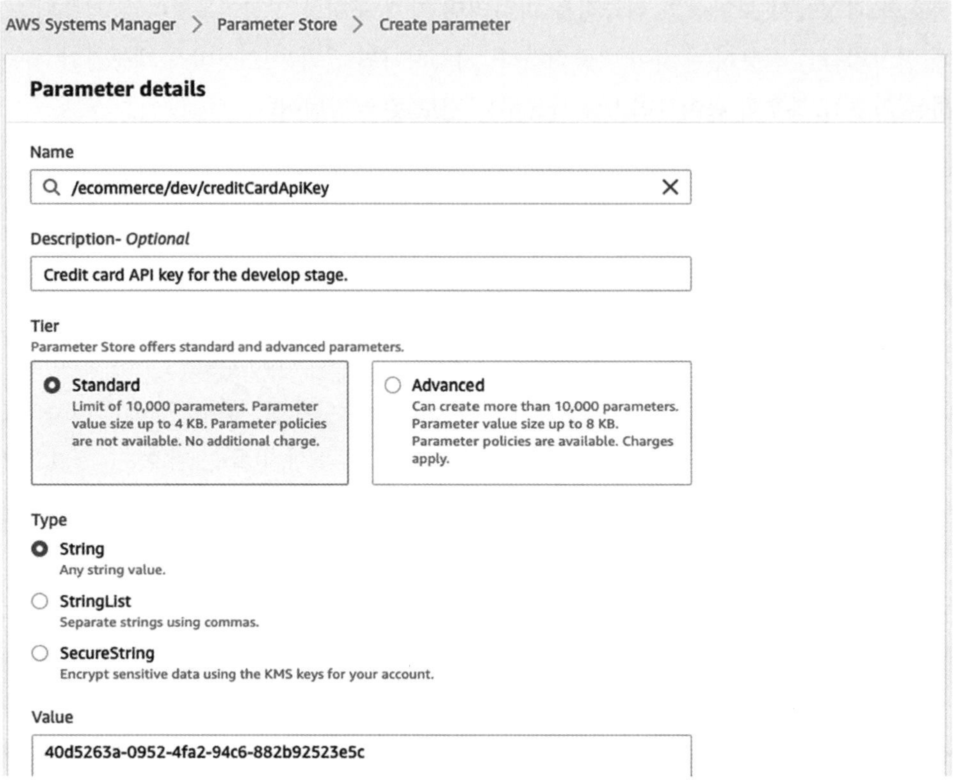

그림 8-1. AWS SSM String(평문) 파라미터 생성 예제

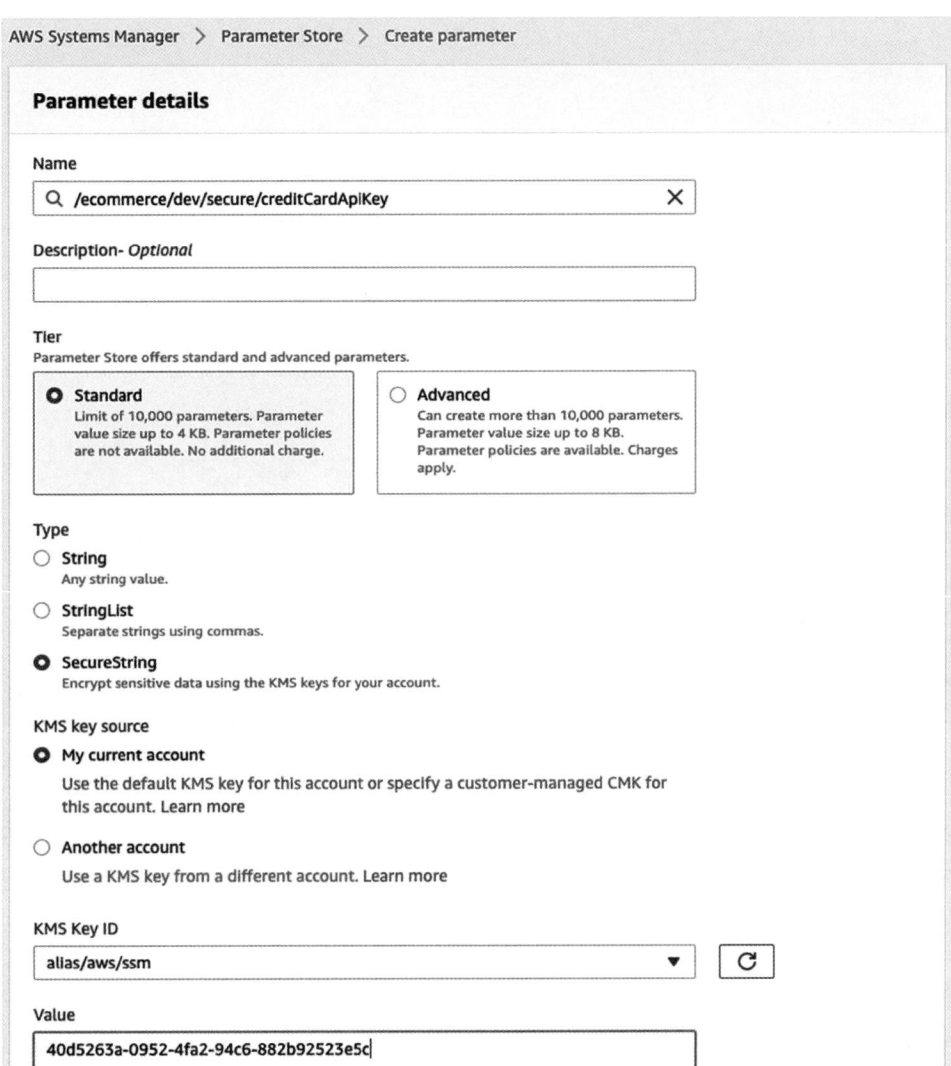

그림 8-2. AWS SSM SecureString(암호문) 파라미터 생성 예제-1

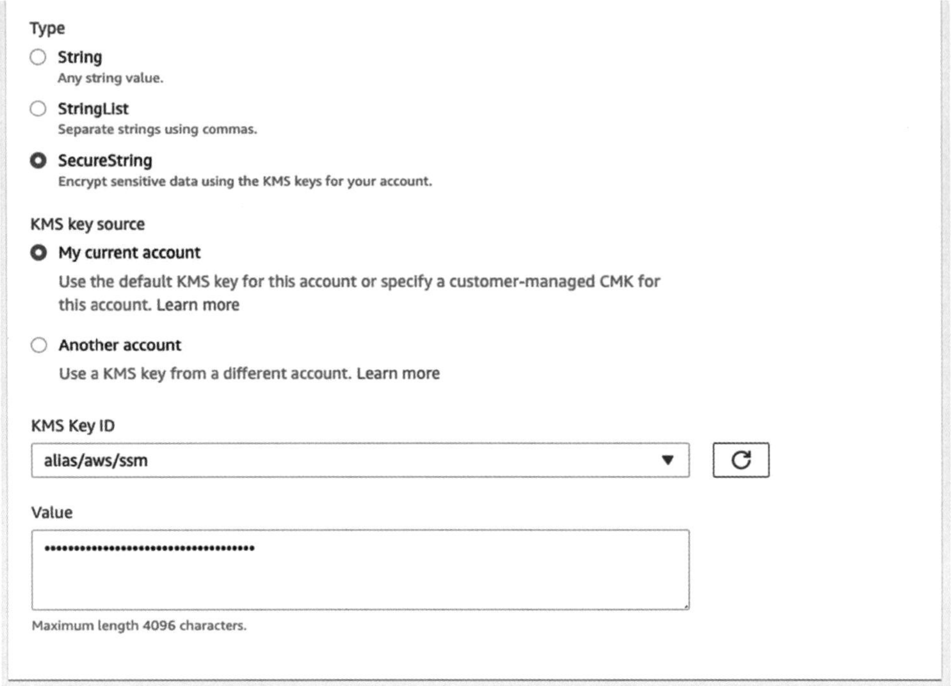

Type
○ **String**
　Any string value.
○ **StringList**
　Separate strings using commas.
● **SecureString**
　Encrypt sensitive data using the KMS keys for your account.

KMS key source
● **My current account**
　Use the default KMS key for this account or specify a customer-managed CMK for this account. Learn more
○ **Another account**
　Use a KMS key from a different account. Learn more

KMS Key ID
[alias/aws/ssm ▼] ↻

Value
[••••••••••••••••••••••••••••••••••]

Maximum length 4096 characters.

그림 8-3. AWS SSM SecureString(암호문) 파라미터 생성 예제-2

String 파라미터는 저장, 전송, 처리 여부에 관계없이 평문으로 저장된다. SecureString 파라미터는 저장되거나 전송될 때는 암호화된 상태로 저장되며, 처리 중일 때는 지정된 KMS 키로 복호화돼 평문으로 변환된다.

String 파라미터(예제 8-4 참고) 또는 SecureString 파라미터(예제 8-5 참고)를 참조하도록 Serverless 구성을 업데이트할 수 있다.

예제 8-4. Serverless 구성에서 AWS SSM String Parameter를 참조하는 예제

```
custom:
  ssmPath: /ecommerce/${self:provider.stage}/creditCardApiKey
functions:
  chargeCC:
    handler: src/functions/chargeCC.handler
      events:
        - http:
            method: post
```

```
        path: chargeCC
    environment:
      API_KEY: ${ssm:${self:custom.ssmPath} }
```

예제 8-5. Serverless 구성에서 AWS SSM SecureString Parameter를 참조하는 예제

```
custom:
  ssmPath: /ecommerce/${self:provider.stage}/secure/creditCardApiKey
functions:
  chargeCC:
    handler: src/functions/chargeCC.handler
    events:
      - http:
          method: post
          path: chargeCC
    environment:
      API_KEY: ${ssm:${self:custom.ssmSecure}~true}
```

두 접근 방식 모두 파라미터 값은 복호화된 평문으로 Lambda 함수 환경 변수에 전달된다(그림 8-4 참고).

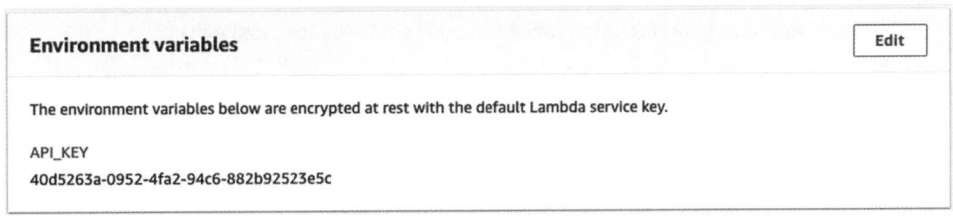

그림 8-4. 평문 시크릿을 포함하는 AWS Lambda 환경 변수의 예시

Lambda 함수 구성에 접근하거나 실행 중 환경 변수를 출력할 수 있는 사람은 누구나 해당 환경 변수에 포함된 API 키를 탈취할 수 있다. 이런 위험을 줄이기 위해 Lambda 함수는 실행 시점에 SSM Parameter Store에서 시크릿 값을 동적으로 조회하도록 설정할 수 있다. 예제 8-6은 Lambda 함수에 SSM 파라미터 이름을 지정하기 위한 Serverless 구성의 예를 보여 준다. (예제 8-6에는 Lambda 함수가 SSM 파라미터에 액세스할 수 있도록 적절한 IAM 권한이 있으며 6장에서 살펴본 함수별 Serverless IAM 역할

플러그인을 사용한다.) 예제 8-7은 SSM 파라미터 이름을 사용해 SSM SecureSring 파라미터를 가져오는 예를 보여 준다. 'WithDecryption' 값을 'true'로 설정하면 SSM SecureString 파라미터를 가져오고, 'false'로 설정하면 SSM String 파라미터를 가져온다.

예제 8-6. SSM 파라미터 이름을 사용하도록 Serverless 구성 업데이트

```
custom:
  arnPrefix: arn:aws:ssm:${self:provider.region}:*:parameter
  ssmPath: /ecommerce/${self:provider.stage}/secure/creditCardApiKey
functions:
  chargeCC:
    handler: src/functions/chargeCC.handler
    events:
      - http:
          method: post
          path: chargeCC
    environment:
      PARAMETER_NAME: /ecommerce/${self:provider.stage}/secret/creditCardApiKey
    iamRoleStatements:
      - Effect: Allow
        Action: ssm:GetParameter
        Resource: ${self:custom.arnPrefix}${self:custom.ssmPath}
plugins:
  - serverless-iam-roles-per-function
```

예제 8-7. Lambda 함수에서 SSM SecureString 파라미터 가져오기 예제

```
const AWS = require('aws-sdk');
const ssm = new AWS.SSM();
const { PARAMETER_NAME } = process.env;
const params = {
  Name: PARAMETER_NAME,
  WithDecryption: true
};
module.exports.handler = (event, context, callback) => {
  return ssm
```

```
      .getParameter(params)
      .promise()
      .then((data) => {
        const apiKey = data.Parameter.Value;
        console.log(
          'apiKey:',
          apiKey.replace(/\w/g, '*'),
        );
        callback(null, {
          statusCode: 200,
          body: 'Success'
        });
      })
      .catch((err) => {
        console.error(err);
        callback(null, {
          statusCode: 500,
          body: 'Error'
        });
      });
};
```

이제 SSM 파라미터가 변경될 때마다 Serverless 구성 파일을 수정하거나 애플리케이션을 다시 배포할 필요가 없다. Lambda 함수는 실행 시점마다 최신 파라미터 값을 SSM에서 동적으로 불러온다. 이때 시크릿 값은 AWS에서 관리하는 KMS 키를 사용해 암호화되므로 SSM SecureString 파라미터를 사용하는 것이 바람직하다.

시나리오: AWS KMS 사용

KMS 키를 사용해 시크릿을 암호화하는 방법을 살펴보겠다. AWS Management Console을 사용해 안내에 따라 CMK를 생성한다(그림 8-5 참고).

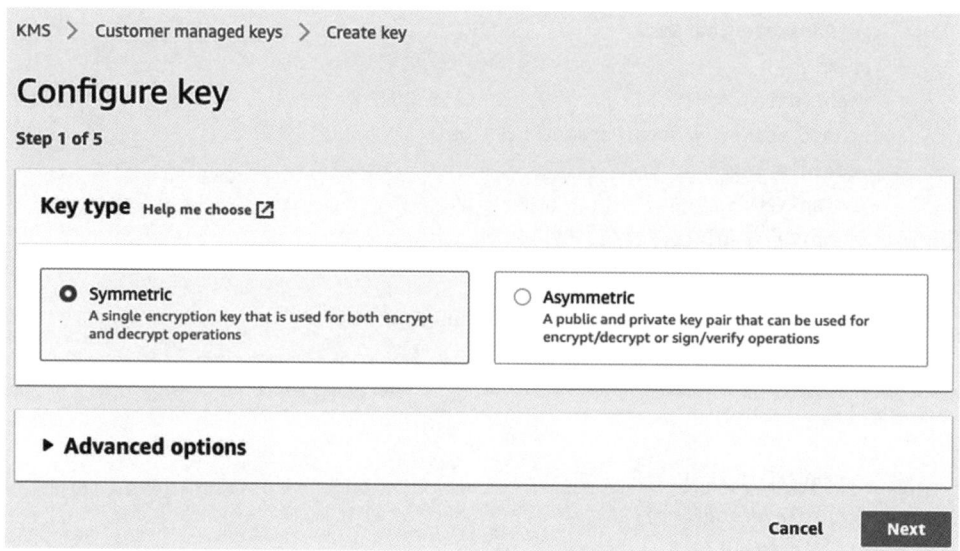

그림 8-5. 고객 관리 키 생성 예시

KMS CMK 섹션(그림 8-6 참고)의 키 ID를 사용해 API 키를 암호화한다.

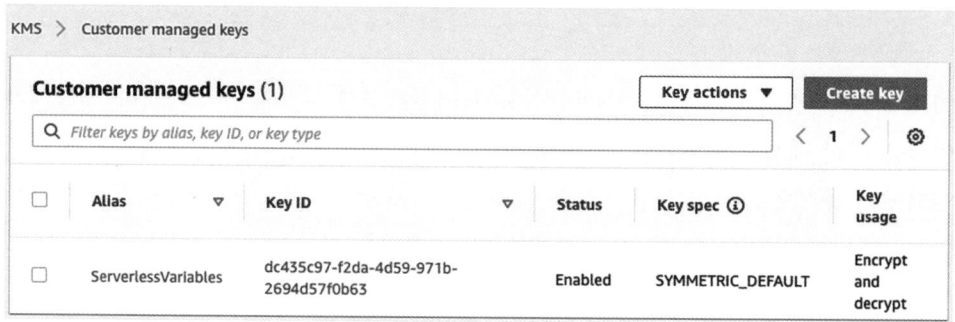

그림 8-6. 고객 관리 키 ID 예시

AWS CLI를 사용해 API 키를 암호화하고(예제 8-8 참고), 암호문이 포함된 JSON 객체를 반환한다(예제 8-9 참고).

예제 8-8. AWS CLI를 사용한 API 키 암호화 예시

```
aws2 kms encrypt \
--key-id dc435c97-f2da-4d59-971b-2694d57f0b63 \
```

```
--plaintext 40d5263a-0952-4fa2-94c6-882b92523e5c \
--region us-east-1
```

예제 8-9. 암호화 출력 예시

```
{
    "CiphertextBlob": "AQICAHgC7mTtcEJQ1Y3mcIte25SbVsB/yZnL7UzG0fzWgHVJoAFS
xCxpGJ6cyeLQl9J7s7+bAAAAgzCBgAYJKoZIhvcNAQcGoHMwcQIBADBsBgkqhkiG9w0BBw
EwHgYJYIZIAWUDBAEuMBEEDP78crOWYO1h6P0U8QIBEIA/VIZuslMvhwB9M8KE7ONKaqoY
mQUgRwQivT63SZuA2BOifQg7uvbN2QgNEHo3VC0HfJKO+mS+bFXWHC1qJtiB",
    "KeyId": "arn:aws:kms:us-east-1:123456789012:key/dc435c97-f2da-4d59-
971b-2694d57f0b63"
}
```

Serverless 구성 파일을 수정해 암호화된 값을 직접 사용할 수 있다(예제 8-10 참고). 이때 Lambda 함수는 KMS를 통해 복호화할 수 있도록 적절한 IAM 권한을 갖추고 있어야 하며, 6장에서 다룬 함수별 Serverless IAM 역할 플러그인을 사용해 역할이 부여된다.

예제 8-10. Serverless 구성 파일에서 암호문 지정하기

```
functions:
  chargeCC:
    handler: src/functions/chargeCC.handler
    events:
      - http:
          method: POST
          path: chargeCC
    environment:
      ENCRYPTED_API_KEY: |
AQICAHgC7mTtcEJQ1Y3mcIte25SbVsB/yZnL7UzG0fzWgHVJoAFSxCxpGJ6cyeLQl9J7s7+bAAA
AgzCBgAYJKoZIhvcNAQcGoHMwcQIBADBsBgkqhkiG9w0BBwEwHgYJYIZIAWUDBAEuMBEEDP78cr
OWYO1h6P0U8QIBEIA/VIZuslMvhwB9M8KE7ONKaqoYmQUgRwQivT63SZuA2BOifQg7uvbN2QgNE
Ho3VC0HfJKO+mS+bFXWHC1qJtiB
    iamRoleStatements:
      - Effect: Allow
        Action: kms:Decrypt
        Resource: arn:aws:kms:${self:provider.region}:*:key/*
plugins:
```

```
  - serverless-iam-roles-per-function
```

Lambda 함수가 실행되는 동안 KMS를 사용해 암호문을 복호화한다(예제 8-11 참고).

예제 8-11. 암호문 환경 변수 복호화하기

```
const AWS = require('aws-sdk');
const kms = new AWS.KMS();
const { ENCRYPTED_API_KEY } = process.env;
const params = {
  CiphertextBlob: ENCRYPTED_API_KEY
};
module.exports.handler = (event, context, callback) => {
  return kms
    .decrypt(params)
    .promise()
    .then((data) => {
      const apiKey = data.Plaintext;
      console.log(
        'apiKey:',
        apiKey.replace(/\w/g, '*')
      );
      callback(null, {
        statusCode: 200,
        body: 'Success'
      });
    })
    .catch((err) => {
      console.error(err);
      callback(null, {
        statusCode: 500,
        body: 'Error'
      });
    });
};
```

암호화된 값을 포함하는 파라미터를 생성해 KMS 암호화/복호화 방식을 SSM과 통합하거나, 암호문이 포함된 시크릿을 생성해 Secrets Manager와 연동할 수 있다.

이 방식은 가장 안전한 접근처럼 보일 수 있지만 구현이 번거롭고 비용도 많이 든다. 예를 들어, CMK를 생성하는 데 비용이 발생하고 API 키를 암호화한 후 이를 Serverless 구성 파일에 저장하고 배포해야 한다. Lambda 함수는 실행 시점에 해당 키를 복호화해야 하며 CMK나 API 키가 변경되면 이 모든 과정을 다시 반영해야 한다.

시나리오: AWS Secrets Manager 사용

이번에는 AWS Secrets Manager를 사용해 시크릿을 암호화해 저장하는 방법을 살펴본다. AWS Management Console에서 새 시크릿을 생성해 저장할 수 있다(그림 8-7, 그림 8-8 참고).

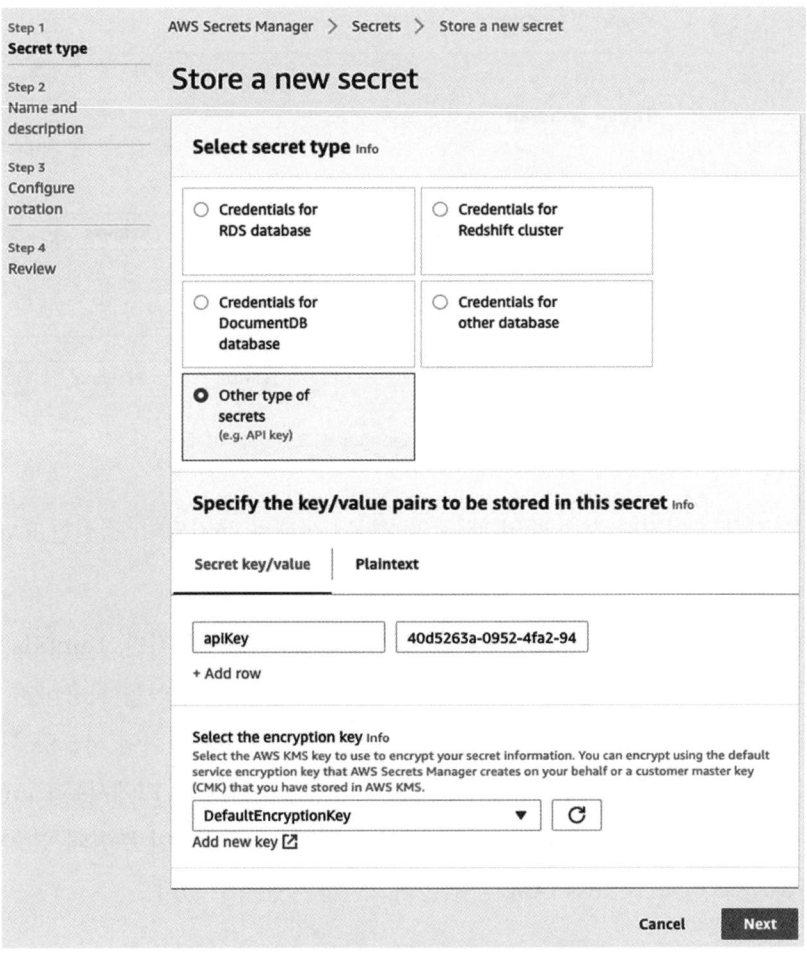

그림 8-7. AWS Secrets Manager 시크릿 생성 예제-1

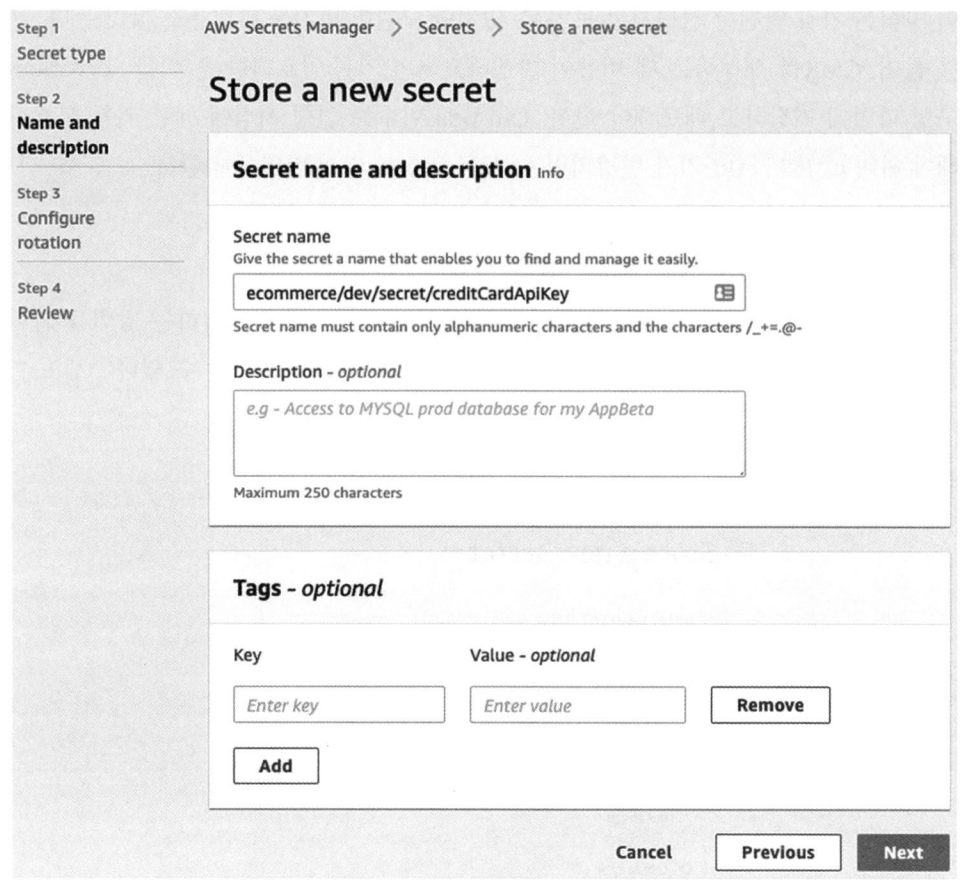

그림 8-8. AWS Secrets Manager 시크릿 생성 예제-2

시크릿은 저장 중이거나 전송 중일 때는 암호화된 상태로 유지되며, 적절한 KMS 키를 사용할 경우 평문으로 복호화된다.

Serverless 구성 파일에서 시크릿을 참조하도록 설정할 수는 있지만, Lambda 함수의 환경 변수에 시크릿이 평문으로 전달되기 때문에 보안상 이 방식은 사용하지 않는다(SSM 예제에서 설명한 대로). 따라서 Lambda 함수가 실행되는 시점에 시크릿을 동적으로 가져오는 방식에 집중한다(예제 8-12, 예제 8-13 참고). 예제 8-12에서는 Lambda 함수가 KMS 복호화 기능에 액세스할 수 있도록 적절한 IAM 권한이 부여돼 있으며, 6장에서 다룬 함수별 Serverless IAM 역할 플러그인을 사용하고 있다.

예제 8-12. Secrets Manager 시크릿 식별자를 사용하도록 Serverless 구성 업데이트하기

```yaml
custom:
  arnPrefix: arn:aws:secretsmanager:${self:provider.region}:*:secret
  smPath: ecommerce/${self:provider.stage}/secret/creditCardApiKey
functions:
  chargeCC:
    handler: src/functions/chargeCC.handler
    events:
      - http:
          method: post
          path: chargeCC
    environment:
      SECRET_ID: ${self:custom.smPath}
    iamRoleStatements:
      - Effect: Allow
        Action: secretsmanager:GetSecretValue
        Resource: ${self:custom.arnPrefix}:${self:custom.smPath}*
plugins:
  - serverless-iam-roles-per-function
```

예제 8-13. Lambda 함수에서 Secrets Manager 시크릿 가져오기

```javascript
const AWS = require('aws-sdk');
const secretsmanager = new AWS.SecretsManager();
const { SECRET_ID } = process.env;
const params = { SecretId: SECRET_ID };
module.exports.handler = (event, context, callback) => {
  return secretsmanager
    .getSecretValue(params)
    .promise()
    .then((data) => {
      const secret = JSON.parse(data.SecretString);
      const apiKey = secret.apiKey;

        console.log(
          'apiKey:',
          apiKey.replace(/\w/g, '*')
        );
        callback(null, {
```

```
      statusCode: 200,
      body: 'Success'
    });
  })
  .catch((err) => {
    console.error(err);
    callback(null, {
      statusCode: 500,
      body: 'Error'
    });
  });
};
```

Lambda 함수는 실행될 때마다 최신 시크릿 값을 동적으로 가져온다.

이 방식은 모든 시나리오에서 보안성과 편의성 사이에서 균형을 잘 유지하는 접근법이다. 내부적으로는 여전히 KMS 암호화 키를 사용하지만, 암호화와 복호화는 Secrets Manager가 자동으로 처리한다. 따라서 Serverless 구성 파일에 KMS로 암호화된 값을 직접 저장하지 않아도 되며, 대신 Secrets Manager의 시크릿 ID만 참조하면 된다. 시크릿이 Secrets Manager에서 업데이트되더라도 Serverless 구성을 수정하거나 다시 배포할 필요가 없다. 이 접근 방식은 KMS 암호화의 보안 이점과 SSM 파라미터 참조 방식의 편리함을 모두 제공한다.

Azure

앞서 살펴본 AWS Secrets Manager는 암호화와 편의성 사이에서 좋은 균형을 제공했다. 따라서 유사한 기능을 제공하는 Azure Key Vault[7] 기능을 사용하는 데 중점을 두고 살펴본다.

Azure Key Vault 서비스는 시크릿 관리, 키 관리, 인증서 관리, 하드웨어 보안 모듈을 제공한다. 시크릿 관리 기능을 사용하면 평문 값을 저장할 수 있으며, 해당 값은 저장

---

[7] 'Azure Key Vault 정보' Azure 키 볼트 설명서. Microsoft. https://learn.microsoft.com/ko-kr/azure/key-vault/general/overview

중일 때는 암호화되고 사용 시에는 복호화된다. 키 관리를 통해 데이터 암복호화에 사용할 수 있는 암호화 키를 생성할 수 있고, 인증서 관리를 통해 네트워크 보안에 필요한 인증서를 관리할 수 있다. 또한, 하드웨어 보안 모듈을 활용하면 암호화 하드웨어로 시크릿을 보호할 수 있다. 이번 절에서는 시크릿 관리 기능에 중점을 두고 살펴본다.

먼저 새 Key Vault를 생성한다(그림 8-9 참고). Key Vault를 생성할 위치로 사용할 구독과 리소스 그룹을 지정한다. 이 예제에서는 Key Vault를 구독 내 다른 리소스와 분리해 관리하고자 별도의 리소스 그룹을 새로 만든다.

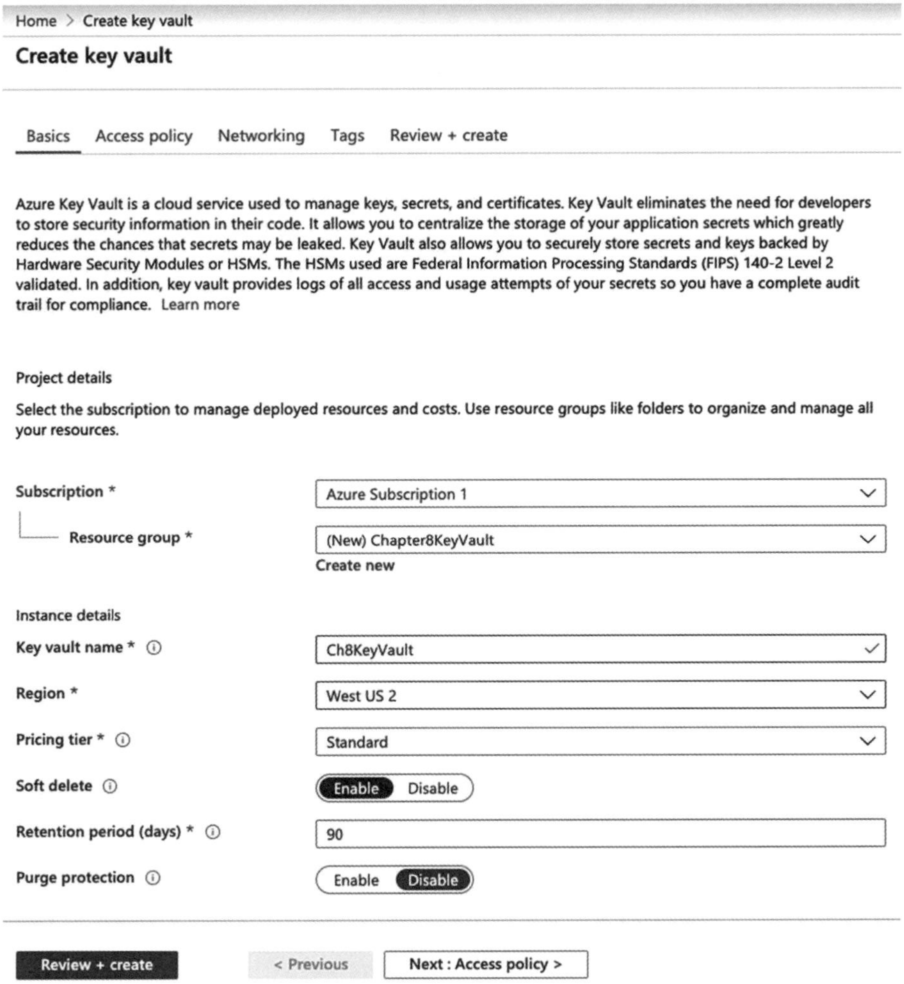

그림 8-9. Azure Key Vault 생성 예제

API 키에 대한 새 시크릿을 생성한다(그림 8-10 참고).

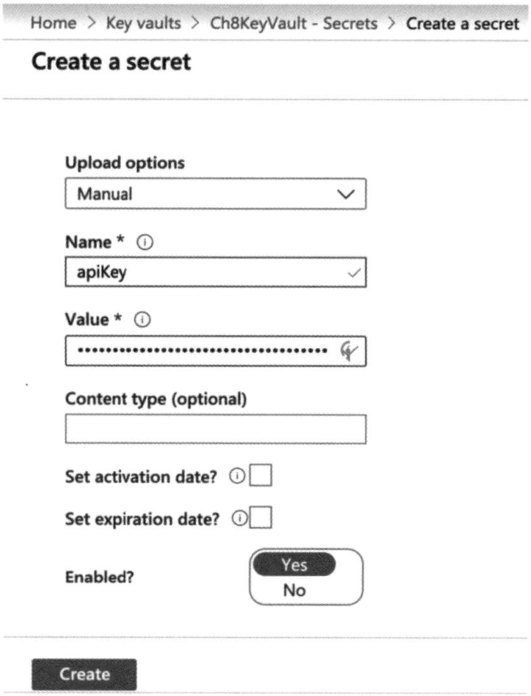

그림 8-10. Azure Key Vault에서 시크릿 생성 예제

이제 Azure Function에서 시크릿을 조회할 차례다. Serverless 구성 파일에 Key Vault 정보가 포함된 환경 변수를 정의한다(예제 8-14 참고). Azure Key Vault에서 시크릿에 액세스할 때 환경 변수를 참조한다(예제 8-15 참고).

예제 8-14. Serverless 구성에서 시크릿 이름 정의

```
provider:
  name: azure
  region: West US 2
  runtime: nodejs10.x
  environment:
    KEY_VAULT: Ch8KeyVault
    SECRET_NAME: apiKey
```

예제 8-15. Azure 함수에서 Key Vault 시크릿 액세스

```javascript
const { DefaultAzureCredential } = require('@azure/identity');
const { SecretClient } = require('@azure/keyvault-secrets');
const { KEY_VAULT, SECRET_NAME } = process.env;
const credential = new DefaultAzureCredential();
const url = `https://${KEY_VAULT}.vault.azure.net`;
const client = new SecretClient(url, credential);
module.exports.handler = async (context, req) => {
    try {
        const secret = await client.getSecret(SECRET_NAME);
        let apiKey = secret.value;
        context.log('apiKey:', apiKey.replace(/\w/g, '*'));
        context.res = {
            status: 200,
            body: 'Success'
        };
    } catch (e) {
        context.log(e);
        context.res = {
            status: 500,
            body: 'Error'
        };
    }
};
```

Serverless 구성을 배포한 후 Azure Function 실행 시 오류가 발생할 수 있다. Azure Function은 현재 시크릿에 액세스할 수 있는 권한이 없기 때문이다. Azure Function이 시크릿을 조회할 수 있도록 Key Vault에 해당 리소스 그룹에 대한 액세스 정책을 추가해야 한다(그림 8-11 참고). Serverless 구성은 자동으로 리소스 그룹을 생성한다.

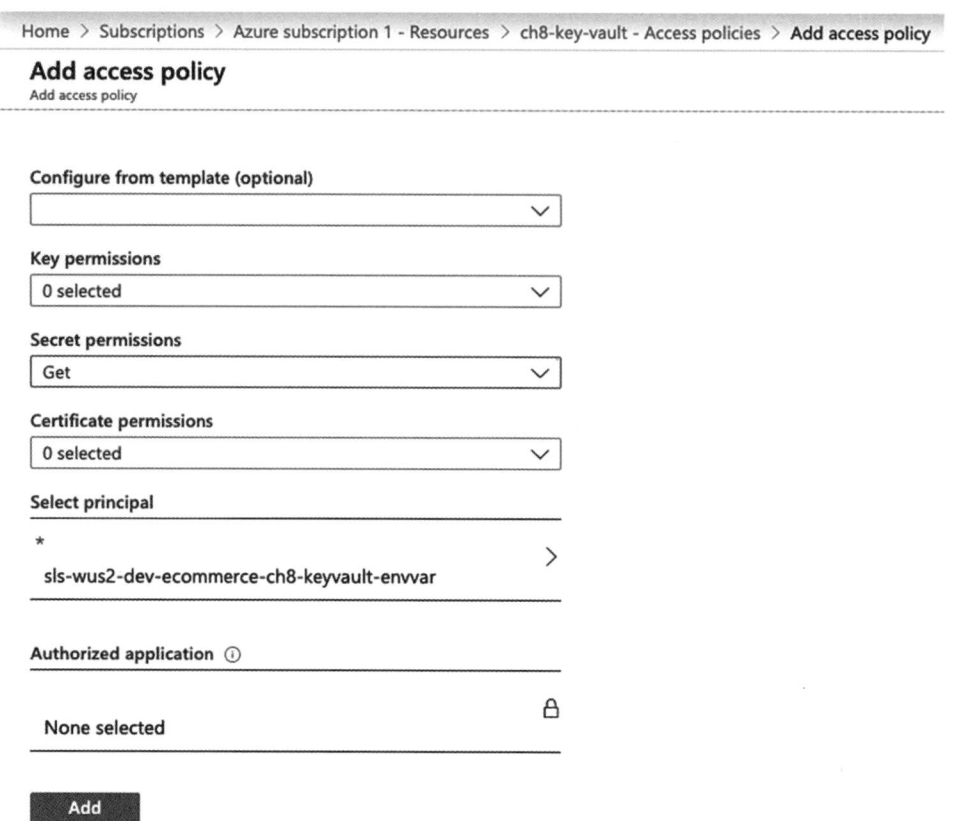

그림 8-11. Azure Key Vault에서 액세스 정책 만들기

Azure Function은 실행될 때마다 최신 시크릿 값을 동적으로 가져온다.

Google Cloud

앞서 언급했듯이 AWS Secrets Manager는 암호화와 편의성 사이에서 적절한 균형을 제공한다. 따라서 유사한 기능을 제공하는 Google Cloud 시크릿 관리[8] 기능을 사용하는 데 중점을 두고 살펴본다.

---

8 'Secret Manager,' Google. https://cloud.google.com/secret-manager

Google Cloud에서는 Secret Manager[9], Berglas[10], HashiCorp Vault[11]를 통해 시크릿 관리 기능을 제공한다. Secret Manager를 사용하면 평문 값을 저장할 수 있고, 해당 값은 저장 중일 때는 자동으로 암호화되며, 사용 시에는 복호화된다. Berglas에서는 암호화와 복호화를 위해 Google Cloud KMS를 활용하고, 암호화된 데이터를 Google Cloud Storage 또는 Secret Manager에 저장한다. HashiCorp Vault는 Secret Manager와 유사하며 추가 기능(예: 신원 기반 액세스)을 제공한다. 이번 절에서는 Secret Manager에 중점을 두고 살펴본다.

먼저 Secret Manager API를 활성화한다(그림 8-12 참고).

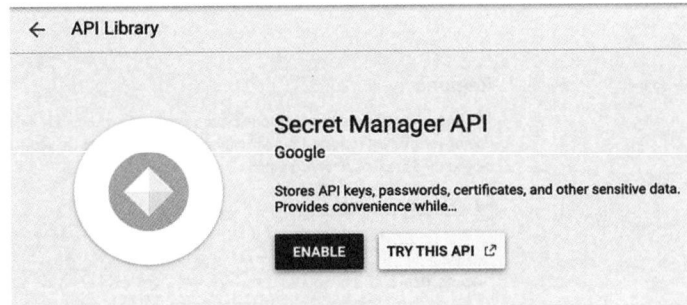

그림 8-12. Secret Manager API 활성화 예제

이제 API 키에 대한 새 시크릿을 만들 수 있다(그림 8-13 참고).

---

9 'Secret Manager,' Google. https://cloud.google.com/secret-manager
10 'Berglas,' GitHub. https://github.com/GoogleCloudPlatform/berglas
11 'Vault,' HashiCorp. www.vaultproject.io

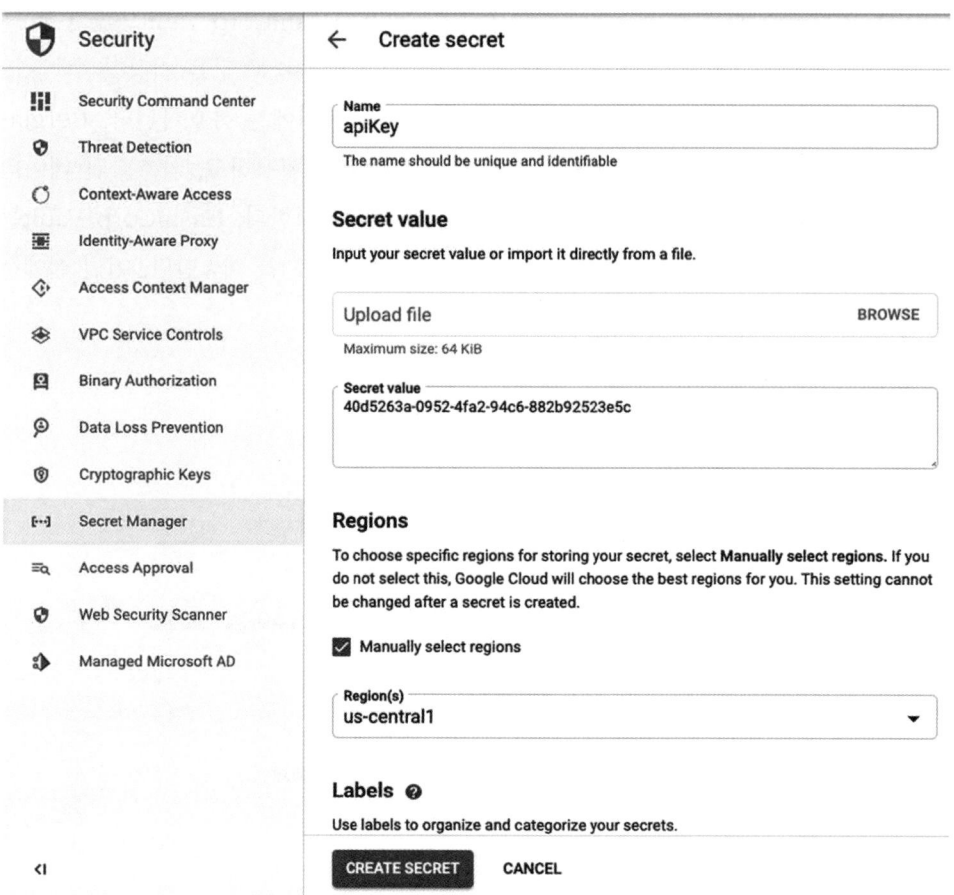

그림 8-13. Google Cloud Secret Manager에서 새 시크릿 생성 예제

시크릿 이름을 가져오기 위해 시크릿 세부 정보를 확인한다(그림 8-14 참고). Serverless 구성에서 이 시크릿 이름을 사용한다.

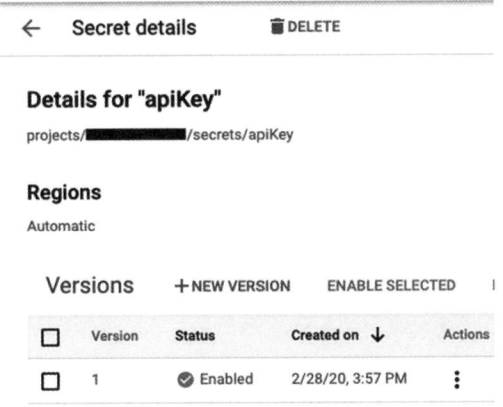

그림 8-14. Google Cloud Secret Manager의 시크릿 이름 예제

이제 Cloud Function에서 시크릿을 가져오려 한다. Serverless 구성 파일에 Secret Manager 정보를 포함하는 환경 변수를 정의한다(예제 8-16 참고). Secret Manager에서 시크릿에 액세스할 때 환경 변수를 참조한다(예제 8-17 참고).

예제 8-16. Serverless 구성에서 시크릿 이름을 정의하는 예제

```
functions:
  first:
    handler: chargeCC
    events:
      - http: path
    environment:
      SECRET_NAME: projects/123456789012/secrets/apiKey/versions/latest
```

예제 8-17. Cloud Function에서 Secret Manager 시크릿에 액세스하는 예제

```
const { SecretManagerServiceClient } = require(
  '@google-cloud/secret- manager');
const client = new SecretManagerServiceClient();
const { SECRET_NAME } = process.env;
exports.chargeCC = async (request, response) => {
  try {
    const [version] = await client.accessSecretVersion({
      name: SECRET_NAME
```

```
    });
    const apiKey = version.payload.data.toString('utf8');
    console.log('apiKey:', apiKey.replace(/\w/g, '*'));
    response.status(200).send('Success');
  } catch (e) {
    console.error(e);
    response.status(500).send('Error');
  }
};
```

Serverless 구성을 배포한 후 Cloud Function 실행 중 오류가 발생할 수 있다. 이는 현재 Cloud Function이 시크릿에 접근할 수 있는 권한이 없기 때문이다. Cloud Function의 서비스 계정이 시크릿에 접근할 수 있도록 하려면 IAM 정책을 추가해야 한다. Google Cloud는 Cloud Function이 사용할 기본 서비스 계정을 자동으로 생성한다.

해당 서비스 계정은 Cloud Function 상세 화면에서 확인할 수 있다(그림 8-15 참고).

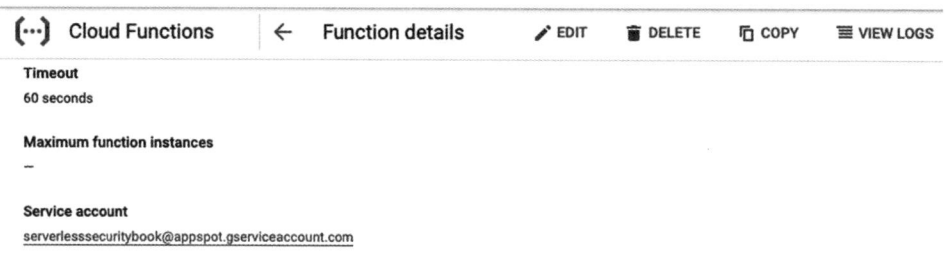

그림 8-15. Cloud Function 서비스 계정 획득 예시

서비스 계정이 Secret Manager의 시크릿에 접근할 수 있도록 IAM 정책을 생성한다(그림 8-16 참고). 서비스 계정에 'Secret Manager Secret Access' 권한을 부여한다.

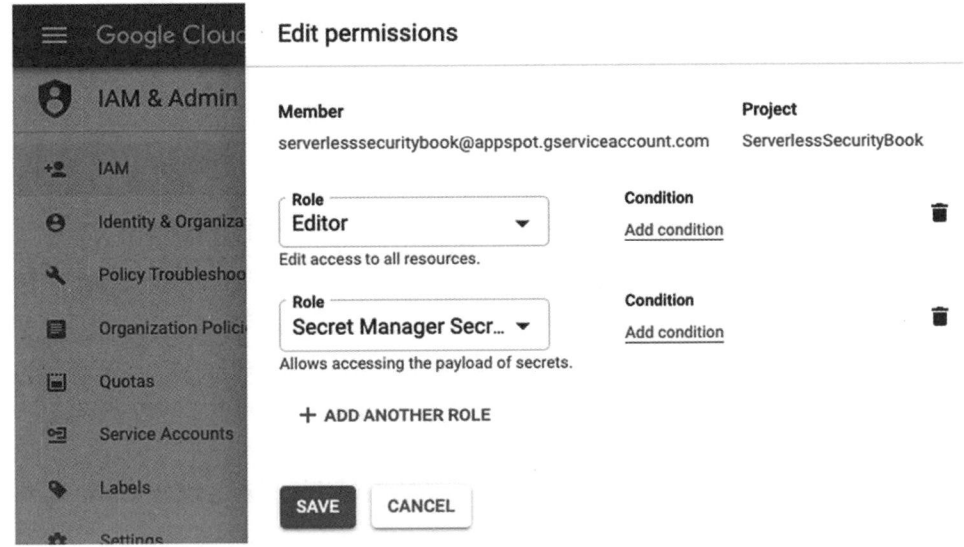

그림 8-16. Secret Manager 및 서비스 계정에 대한 IAM 권한 정의 예시

Cloud Function이 실행될 때마다 최신 시크릿 값을 동적으로 조회한다.

주요 내용

시크릿에는 실수로 노출될 경우 비즈니스에 심각한 영향을 줄 수 있는 정보가 포함될 수 있으므로 이를 어떻게 보호해야 하는지가 매우 중요하다는 점을 살펴봤다. 시크릿 보호의 첫 번째 단계는 해당 정보를 함수 코드에서 제거하는 것이다. 다음 단계는 시크릿을 안전하게 별도 위치에 저장하고 보호하는 것이다.

Serverless 구성 파일에 시크릿을 저장하는 것만으로는 충분하지 않다는 사실을 확인했다. 구성 파일은 리포지터리에 저장될 수 있고, 이 경우 시크릿이 외부에 노출될 위험이 생긴다. 따라서 시크릿을 보다 안전하게 저장하고 관리할 수 있는 방법을 찾아야 한다.

AWS에서 시크릿을 보호하기 위한 세 가지 접근 방식, 즉 SSM, KMS, Secrets Manager를 살펴봤다. SSM은 시크릿을 얻는 여러 방법을 제공했지만, SecureString 파라미터를 사용하고 Lambda 함수 코드에서 이를 복호화하는 방식이 가장 적절했다. KMS는 시크릿을 암호화한 뒤, 이를 Serverless 구성의 환경 변수에 저장하고 Lambda 함수 내에서 복호화하는 방식이었다. Secrets Manager는 CMK를 사용해 시크릿을 저장 중일 때 암호화하고, Lambda 함수에서 해당 값을 복호화할 수 있었다. 이들 중 보안성과 편의성 사이의 균형이 가장 잘 맞는 접근 방식으로 Secrets Manager를 선택했다.

Azure Key Vault의 시크릿과 Google Cloud Secret Manager를 살펴본 이유는 두 서비스가 AWS Secrets Manager와 유사한 접근 방식을 제공하기 때문이다. 이들 서비스는 시크릿을 저장 중에 안전하게 암호화하고, 함수 내에서 복호화할 수 있는 기능을 제공한다는 점에서 공통적이었다. Azure와 Google Cloud가 제공하는 기타 시크릿 관리 방식도 간단히 함께 살펴봤다.

어떤 접근 방식을 선택하든 고객과 비즈니스의 요구 사항을 충족하면서 보안성과 편의성 간에 적절한 균형을 제공하는 것이 중요하다.

CHAPTER 09

인증 및 권한 부여

9장에서는 인증$^{\text{AuthN, AutheNtication}}$과 권한 부여$^{\text{AuthZ, AuthoriZation}}$의 개념을 정의한다. 서버리스 애플리케이션에서 이 두 가지를 구현하는 다양한 접근 방식을 살펴보고, 각각의 방식이 적용될 수 있는 위치와 그에 따른 보안상 고려 사항을 함께 다룬다. 마지막으로, 인증 및 권한 부여 구현을 지원하는 AWS, Azure, Google Cloud의 서비스와 기능들을 살펴본다.

인증 및 권한 부여

인증과 권한 부여는 개념적으로 유사하지만 수행하는 역할은 다르다. 인증은 액세스를 요청하는 사람이나 시스템이 실제 주장하는 주체가 맞는지를 확인하는 과정이다. 권한 부여는 해당 사용자가 특정 리소스에 접근하거나 작업을 수행할 수 있는지를 결정한다. 예를 들어, 사용자는 먼저 사용자 이름과 비밀번호로 인증을 수행하고, 이후에는 계정 프로필 페이지를 조회하고 수정할 권한만 가진 경우, 다른 페이지에는 접근하거나 수정할 수 없다. 인증만 있고 권한 부여가 없는 경우, 사용자는 모든 작업을 수행할 수 있게 되며, 반대로 권한 부여만 있고 인증이 없다면 리소스 접근을 효과적으로 통제할 수 없다.

인증은 서버리스 인프라를 무단 사용자로부터 보호하는 데 사용된다. 일반적으로는 사용자 세션을 생성하기 전에 사용자 이름과 비밀번호를 입력하는 방식의 인증을 떠올릴 수 있다. 하지만 서버리스 환경에서는 서버리스 함수가 상태를 유지하지 않기 때문에 이와 같은 인증 패러다임이 다소 달라진다. 서버리스 컴퓨팅 리소스는 일시적으로 실행되며 수명이 매우 짧다. 반면, 기존 웹사이트는 장시간 온라인 상태를 유지하는 서버를 기반으로 한다. 또한, 클라우드 제공자가 서버리스 리소스를 어떻게 관리하는지에 대해 사용자 측에서 제어할 수 있는 권한이 거의 없다. 그 결과 캐싱caching이나 세션 관리 같은 기능은 기본적으로 제공되지 않거나, 설정이 까다로울 수 있다. 따라서 서버리스 환경에 적합한 검증된 인증 메커니즘을 채택하는 것이 필요하다.

인증된 사용자라 하더라도 서버리스 인프라의 보호된 기능에 임의로 접근하지 못하도록 권한 부여를 통해 통제해야 한다. 일반적으로 관리자 계정은 계정 생성 및 삭제와 같은 고급 기능에 접근할 수 있고, 일반 사용자는 계정 프로필 수정 등 제한된 기능에만 접근할 수 있도록 설정한다. 각 서버리스 함수와 기능별로 권한을 설정해 해당 기능이 허용된 권한을 가진 사용자에 의해서만 실행되도록 구성한다.

AWS, Azure, Google Cloud에서 제공하는 기능을 활용해 일반적인 인증 및 권한 부여 방식을 살펴보겠다.

인증 및 권한 부여의 중요성

OWASP Top 10[1]과 서버리스 환경에 대한 해석[2]에서는 웹 애플리케이션과 서버리스 기술 모두에서 두 번째로 심각한 보안 위험으로 취약한 인증[3]을 꼽고 있다. 취약한 인증이란 인증 없이 리소스(예: 함수)에 접근이 가능하거나, 인증이 우회되거나, 스푸핑spoofing될 수 있는 상황을 의미한다. 인증을 제대로 구현하지 않으면 예기치 않은 보안

---

1 'OWASP Top 10 2017.' OWASP. 2017. https://owasp.org/www-project-top-ten/OWASP_Top_Ten_2017/ 한글 버전의 OWASP Top 10 2017은 다음 링크(https://owasp.org/www-project-top-ten/#div-translation_efforts)에서 확인할 수 있고, 최신 버전의 OWASP Top 10 2021은 다음 링크(https://owasp.org/Top10/)에서 확인할 수 있다.

2 'OWASP Top 10 (2017): 서버리스에 대한 해석.' OWASP. 2017. https://github.com/OWASP/Serverless-Top-10-Project/raw/master/OWASP-Top-10-Serverless-Interpretation-en.pdf

3 'A2:2017-취약한 인증.' OWASP Top 10 2017. OWASP. 2017. https://owasp.org/www-project-top-ten/OWASP_Top_Ten_2017/Top_10-2017_A2-Broken_Authentication.html

사고로 이어질 수 있다.

고객 환불을 처리하는 함수가 있다고 가정해 보자. 청구 부서에서는 특정 이메일 주소로 메일을 보내면 환불이 승인되는 방식의 프로세스를 요청했다. 이 이메일 주소가 환불 처리용 서버리스 함수를 트리거하게 되며, 동시에 해당 이메일 주소가 인증 수단 역할을 하게 된다. 그런데 누군가가 이 이메일 주소와, 환불 요청에 사용되는 이메일 콘텐츠의 형식을 알게 된다면 인증 절차는 쉽게 우회될 수 있다. 또 다른 일반적인 상황은 서버리스 함수를 트리거하는 웹훅이 연동된 메시징 플랫폼(예: Slack[4])을 사용하는 경우다.[5]

권한 부여를 구현하면 인증이 우회됐을 때에도 추가적인 보호 계층을 제공할 수 있다. 서버리스 함수가 발신자의 이메일 주소와 환불 금액을 확인해 인증을 수행한다고 가정해 보자. 잘못된 이메일 주소에서 온 요청은 거부하고, 실제 거래 금액보다 큰 환불 요청이 들어오면 이를 차단할 수 있다. 이처럼 서버리스 시스템에서 권한 부여를 구현하면 인증이 실패하거나 우회됐을 경우에도 피해를 최소화할 수 있다.

일반적인 원칙

인증과 권한 부여를 구현할 수 있는 다양한 방식과 각각에 적합한 시나리오, 그리고 적용 시 고려해야 할 보안 관행들을 살펴보겠다.

사용자 이름과 비밀번호

개인이 사용자 이름과 비밀번호를 입력하는 방식은 일반적인 인증 방법이다. 서버리스 애플리케이션은 사용자 이름과 비밀번호를 안전하게 전송할 수 있는 방법을 제공해야 한다(예제 9-1 참고).

예제 9-1. 웹 로그인 양식에서 전송된 사용자 이름 및 비밀번호

```
POST /login HTTP/1.1
Host: myapp.com
Content-Type: application/x-www-form-urlencoded
```

---

4 Slack은 슬랙 테크놀로지스(Slack Technologies)의 등록 상표다.
5 'Incoming Webhooks를 사용해 메시지 보내기.' Slack, https://api.slack.com/messaging/webhooks

```
username=myusername&password=mypassword
```

애플리케이션은 사용자 데이터베이스나 별도의 인증 시스템을 통해 자격 증명을 검증하고, 인증이 성공하거나 실패한 경우에 따라 적절히 응답한다.

사용자 이름과 비밀번호 방식은 시스템이 아니라 사람을 인증하는 데 유용하다. 일반적으로 사용자는 웹 로그인 양식에 사용자 이름과 비밀번호를 입력하고, 서버리스 애플리케이션은 이를 기반으로 인증을 수행한다. 반면 시스템이 사용자 이름과 비밀번호를 직접 제공하는 방식은 해당 정보가 어딘가에 저장돼야 하고 우발적인 노출 위험이 크기 때문에 권장되지 않는다.

사용자 이름과 비밀번호를 사용할 때는 다음과 같은 보안 수칙을 고려해야 한다.

- 강력한 비밀번호 또는 암호 요구[6]
- 특정 작업(예: 사용자 이름, 이메일, 비밀번호 변경, 민감한 데이터 액세스 또는 변경)에는 최소한 2단계 또는 다중 인증 적용
- 비밀번호를 데이터베이스에 저장하기 전 해시^{hash} 및 솔트^{salt} 처리
- HTTPS를 사용해 사용자 이름과 비밀번호 전송

다음 절에서 다루는 대부분의 인증 방식은 사용자 이름과 비밀번호에 기반한다.

API 키

API 키는 인증과 권한 부여에 사용되는 정적인 값이다. 시스템이 다른 시스템에 접근할 때 사용하는 비밀번호와 유사한 역할을 한다. 각 기능별로 서로 다른 API 키를 부여함으로써 권한을 구분할 수 있다.

---

6 'NIST 특별 간행물 800-63B: 디지털 ID 가이드라인.' 미국 국립표준기술연구소(National Institute of Standards and Technology). 2017년 6월. https://pages.nist.gov/800-63-3/sp800-63b.html

인증 또는 권한 부여에 API 키를 사용하려면 HTTP(S) 요청의 헤더나 요청 본문에 포함시킬 수 있다. 예를 들어, 헤더에는 범용 고유 식별자$^{UUID, Universally\ Unique\ IDentifier}$ 형식의 API 키가 포함될 수 있고, JSON 요청 본문에는 SHA-256 형식의 API 키가 포함될 수 있다(예제 9-2 참고).

예제 9-2. HTTP 헤더와 본문에서 API 키 사용

```
POST /api/authentication HTTP/1.1
Host: ecommerce.com
key1: 4fff3782-999b-4666-90b3-4f04700da00e

{ "apikey": "2413FB3709B05939F04CF2E92F7D0897FC2596F9AD0B8A9EA855C7BFEBA
AE892" }
```

요청 헤더에 포함된 API 키는 인증에 사용할 수 있으며, 올바른 키가 포함된 모든 요청은 인증된다. 요청 본문에 포함된 API 키는 권한 부여에 활용돼, 키 값에 따라 액세스를 허용하거나 거부할 수 있다. 사용 사례와 요구되는 보안 수준에 따라 하나의 API 키를 인증과 권한 부여에 모두 사용할 수도 있고, 역할별로 여러 개의 API 키를 사용할 수도 있다.

API 키는 시스템 간 인증이나 외부 액세스 권한 부여에 특히 유용하다. 시스템 간 인증은 두 개의 서버나 서비스가 정보를 교환할 때 사용되며, 서버리스 환경에서는 두 개의 서버리스 리소스가 서로 통신하는 상황을 의미한다. 외부 액세스는 외부 당사자(예: 고객)가 시스템에 쿼리를 보내기 위해 API에 접근할 수 있도록 권한을 부여하는 경우를 말한다. 이 외에도 다양한 활용 시나리오가 있지만, 여기서는 다음으로 다른 인증 메커니즘들을 살펴보겠다.

API 키를 사용할 때는 다음과 같은 보안 수칙을 고려해야 한다.

- SHA-2[7] 또는 UUID[8]와 같은 검증된 알고리듬을 사용해 API 키를 생성한다.

---

[7] '미국 보안 해시 알고리듬(SHA 및 HMAC-SHA).' D. 이스트레이크(D. Eastlake), 3rd. RFC: 4634. 2006년 7월. https://tools.ietf.org/html/rfc4634

[8] 'UUID URN 네임스페이스.' 리치(P. Leach). RFC: 4122. IETF. 2005년 7월. https://tools.ietf.org/html/rfc4122

- MD5[9]나 SHA-1[10]처럼 보안이 취약해 쉽게 깨질 수 있는 해시 알고리듬은 사용하지 않는다.[11]
- API 키를 60~90일마다 또는 1년에 한 번씩 주기적으로 교체(즉, 변경)한다.
- 기능 또는 마이크로서비스 그룹마다 하나 또는 여러 개의 Serverless 구성에 걸쳐 서로 다른 API 키를 사용한다.
- API 키를 안전한 위치에 저장한다.
- 저장 중이거나 전송 중일 때 키를 암호화한다. 8장의 시크릿 보호 개념을 활용할 수 있다.

API 키는 오랜 기간 동안 정적(변경되지 않음)으로 유지되기 때문에 이를 노리는 공격자에게는 시간이 유리하게 작용할 수 있다. 따라서 API 키를 언제, 어디서 사용하는지, 얼마나 오래 활성 상태로 둘 것인지에 대해 신중하게 관리해야 한다.

JWT

인증 수단으로 JWT JSON Web Token[12]를 사용할 수 있다. JWT는 두 당사자 간에 '클레임 claim' 정보를 교환하는 데 사용된다. 클레임에는 당사자 중 한 명(일반적으로 사용자)과 다른 엔티티 entity와의 관계에 대한 정보가 포함된다. 클레임에는 사용자의 식별자, 이름, 추가 정보(예: 사용자 유형)가 포함될 수 있다. 양 당사자는 클레임을 JSON 객체로 인코딩해 정보를 교환한다. 데이터는 메시지 인증 코드 MAC, Message Authentication Code[13]로 데이터에 서명한 다음, 보안 암호화 알고리듬(예: RSA 또는 ECDSA)을 사용해 공개-개인 키 쌍으로 암호화해 안전하게 전송된다.[14] JWT는 헤더, 사용자 클레임이 포함된 페이로드, 서명의 세 부분으로 구성된다(예제 9-3 참고).

---

9 'MD5 메시지 다이제스트 알고리듬.' 리베스트(R. Rivest). RFC: 1321. IETF. April 1992. https://tools.ietf.org/html/rfc1321
10 '미국 보안 해시 알고리듬 1 (SHA).' D. 이스트레이크, 3rd. RFC: 3174. IETF. 9월 2001. https://tools.ietf.org/html/rfc3174
11 'MD5 및 기타 해시 함수를 깨는 방법.' 왕샤오원과 유홍보(Xiaoyun Wang and Hongbo Yu). 산동대학교(Shandong University), Jinan 250100, 중국. http://merlot.usc.edu/csac-f06/papers/Wang05a.pdf
12 'JSON Web Token (JWT).' M. 존스(M. Jones). RFC: 7519. IETF. 2015년 5월. https://tools.ietf.org/html/rfc7519 그리고 'Introduction to JSON Web Tokens.' JWT.io. https://jwt.io/introduction
13 'JSON Web Signature (JWS).' M. 존스. RFC: 7515. IETF. 2015년 5월. https://tools.ietf.org/html/rfc7515
14 'JSON Web Encryption (JWE).' M. 존스. RFC: 7516. IETF. 2015년 5월. https://tools.ietf.org/html/rfc7516

예제 9-3. JWT 부분의 예시

```
# 헤더 (알고리듬 및 유형)
{
  ''alg'': ''HS512'',
  ''typ'': ''JWT''
}
# 페이로드 (데이터)
{
  ''sub'': ''da618d53-4dbe-4871-8aab-a77ef4fa155d'',
  ''name'': ''Mike Streets''
}
# 시그니처
HMACSHA512(
  base64UrlEncode(header) + ''.'' +
  base64UrlEncode(payload),
  my-512-bit-secret
)
```

세 부분은 Base64로 인코딩되고[15] 서명을 적용하고 마침표로 연결된다(예제 9-4 참고).[16]

예제 9-4. 인코딩된 JWT 예시

```
# 모든 문자가 한 줄에 있다.
# 텍스트 줄 바꿈이 없다.
eyJhbGciOiJIUzUxMiIsInR5cCI6IkpXVCJ9.eyJzdWIiOiJkYTYxOGQ1My00ZGJlLTQ4NzEtO
GFhYi1hNzdlZjRmYTE1NWQiLCJuYW1lIjoiTWlrZSBTdHJlZXRzIn0.z-_xQHuNLP-dYx2SjWM
fRBkayDc5_LDXsahYyGYdhviH7JVORi8bdtb6sYAoYswmiaNvaUaILGzCuON8R1Q9Iw
```

---

15 'Base16, Base32 및 Base64 데이터 인코딩.' S. Josefsson. RFC: 4648. IETF. 2006년 10월. https://tools.ietf.org/html/rfc4648

16 인코딩된 메시지를 생성하기 위해 JWT.io 디버거를 사용했다. https://jwt.io/#debugger-io? token=eyJhbGciOiJIUzUxMiIsIn R5cCI6IkpXVCJ9.eyJzdWIiOiJkYTYxOGQ1My00ZGJlLTQ4NzEtO GFhYi1hNzdlZjRmYTE1NWQiLCJuYW1lIjoiTWlrZSBTdHJl ZXRzIn0.z-_xQHuNLP-dYx2SjWMfRBkay Dc5_LDXsahYyGYdhviH7JVORi8bdtb6sYAoYswmiaNvaUaILGzCuON8R1Q9Iw

메시지의 일부가 변경되면 서명이 무효화되고 데이터는 더 이상 신뢰할 수 없게 된다.[17]

사용자가 시스템에 성공적으로 로그인하면 시스템은 사용자에게 JWT를 발급한다. 사용자 또는 웹 애플리케이션은 이 JWT를 안전하게 저장해야 한다. 이후 사용자는 보호된 페이지에 접근할 때 해당 JWT를 요청 헤더에 포함해 전송한다(예제 9-5 참고).

예제 9-5. JWT 권한 부여 헤더의 예(모두 한 줄로)

```
# 모든 문자가 한 줄에 있다.
# 텍스트 줄 바꿈이 없다.
Authorization: Bearer eyJhbGciOiJIUzUxMiIsInR5cCI6IkpXVCJ9.eyJzdWIiOiJkYTY
xOGQ1My00ZGJlLTQ4NzEtOGFhYi1hNzdlZjRmYTE1NWQiLCJuYW1lIjoiTWlrZSBTdHJlZXRzI
n0.z-_xQHuNLP-dYx2SjWMfRBkayDc5_LDXsahYyGYdhviH7JVORi8bdtb6sYAoYswmiaNvaUa
ILGzCuON8R1Q9Iw
```

JWT는 권한 부여와 정보 교환에 모두 유용하게 사용된다. 앞서 설명했듯이 사용자가 먼저 인증을 수행하면 인증 서버는 JWT를 발급하고, 사용자는 이 토큰을 활용해 보호된 API나 웹 페이지에 접근을 요청한다. 해당 리소스는 JWT를 검증한 후 접근을 허용한다. 또한, JWT는 정보 교환에도 적합하다. 발신자가 공개/개인 키 쌍으로 토큰에 서명하고, 수신자가 동일한 키 쌍으로 이를 검증할 수 있기 때문에 신뢰할 수 있는 방식으로 데이터를 교환할 수 있다.

JWT를 사용할 때는 다음과 같은 보안 수칙을 고려해야 한다.

- 보안상의 이유로 로컬 저장소보다 브라우저의 세션 저장소를 사용한다.[18]

- 토큰을 필요 이상으로 오래 보관하지 않는다.

---

17 인코딩된 메시지를 수정하면 서명이 무효화되는 것을 볼 수 있다. https://jwt.io/#debugger-io?token=eyJhbGciOiJIUzUxMiIsInR5cCI6IkpXVCJ9.eyJzdWIiOiJkYTYxO GQ1My00ZGJlLTQ4NzEtOGFhYi1hNzdlZjRmYTE1NWQiLCJuYW1lIjoiTWlrZSBTdHJlZXRzIn0.z-_xQH uNLP-dYx2SjWMfRBkayDc5_LDXsahYyGYdhviH7JVORi8bdtb6sYAoYswmiaUaILGzCuON8R1Q 9Iw

18 'HTML5 보안.' OWASP 치트 시트 시리즈 프로젝트. OWASP. https://cheatsheetseries.owasp.org/cheatsheets/HTML5_Security_Cheat_Sheet.html#local-storage

- JWT에 사용된 알고리듬이 예상한 알고리듬과 일치하는지 검증하고, 'none' 알고리듬을 허용하지 않는다.[19]
- 보안 키를 사용해 다른 사용자가 토큰을 수정하거나 생성하지 못하도록 방지한다.[20]
- 액세스 권한을 부여하기 전에 모든 클레임의 유효성을 검증한다.[21]
- 페이로드에 'exp' 클레임을 포함시켜 토큰 만료 시간을 설정한다.
- 헤더의 'typ' 속성을 활용해 상황에 따라 다양한 유형의 토큰을 구분해 사용할 수 있도록 한다.

JWT는 사용자에게 권한을 부여하기 위한 간단한 방법을 제공하지만, API 키처럼 공격자에게는 '시간'이라는 이점을 줄 수 있다. 따라서 토큰의 유효 기간을 제한하고 스푸핑을 어렵게 만들기 위한 조치를 신중하게 취해야 한다.

Open Authorization

인증과 권한 부여를 위해 OAuth^{Open Authorization}[22, 23]를 사용할 수 있다. OAuth를 사용하면 사용자가 자신의 리소스 접근 권한을 권한 부여 서버를 통해 제3자에게 위임할 수 있다. 예를 들어, 사용자가 Share2Much(가상의 소셜 네트워킹 사이트)에 저장된 사진을 Pics2Paper(가상의 사진 인쇄 사이트)에서 인쇄한다고 가정해 보자. 이 시나리오에서는 소셜 네트워킹 사이트가 OAuth 2.0을 지원한다고 가정한다.

Pics2Paper가 Share2Much의 사진을 연동해 사용할지 여부를 결정한다. Pics2Paper는 Share2Much에 클라이언트 ID와 클라이언트 시크릿을 요청하고, Share2Much는

---

19 'JSON Web Token(JWT) 해킹.' 루드라 프라탑(Rudra Pratap). Medium. https://medium.com/101-writeups/hacking-json-web-token-jwt-233fe6c862e6
20 'JWT 모범 사례 초안 살펴보기.' 세바스찬 페이로트(Sebastian Peyrott). Auth0 Blog. 2018년 4월 11일. https://auth0.com/blog/a-look-at-the-latest-draft-for-jwt-bcp/
21 'JWT 모범 사례 초안 살펴보기.'
22 'The OAuth 1.0 Protocol.' E. 해머-라하브(E. Hammer-Lahav), Ed. RFC: 5849. IETF. 2010년 4월. https://tools.ietf.org/html/rfc5849
23 'The OAuth 2.0 권한 부여 프레임워크.' D. 하트(D. Hardt), Ed. RFC: 6749. IETF. 2012년 10월. https://tools.ietf.org/html/rfc6749

OAuth 2.0 요청을 처리할 수 있는 인증 URL을 제공한다. 사용자가 Share2Much의 사진을 인쇄하려고 할 때 Pics2Paper는 이 인증 URL을 사용한다.

사용자가 실제로 인쇄를 요청하면 Pics2Paper는 리디렉션 주소(또는 URI), 클라이언트 ID, 인증 코드 요청 등의 추가 정보와 함께 Share2Much 권한 부여 URL로 사용자를 리디렉션한다(예제 9-6 참고).

예제 9-6. OAuth 2.0 권한 요청 예시

```
GET /auth?response_type=code&client_id=0123456789&redirect_uri=https://
pics2paper.com/oauth/callback HTTP/1.1
Host: share2much.com
```

Share2Much는 요청을 수신하고 사용자에게 로그인을 요청한다. 이 과정이 바로 인증 단계다. 로그인에 성공하면 Share2Much는 Pics2Paper가 사용자의 사진에 접근할 수 있도록 권한을 부여할지를 사용자에게 확인한다. 사용자가 권한을 부여하면 Share2Much는 인증 코드를 생성하고 사용자를 다시 Pics2Paper로 리디렉션한다(예제 9-7 참고).

예제 9-7. 인증 코드를 사용한 OAuth 2.0 리디렉션 예시

```
GET /oauth/callback&code=98765 HTTP/1.1
Host: pics2paper.com
```

Pics2Paper는 인증 코드를 사용해 Share2Much에 액세스 토큰을 요청한다(예제 9-8 참고).

예제 9-8. OAuth 2.0 액세스 토큰 요청 예시

```
POST/oauth/token HTTP/1.1
Host: share2much.com

{
  "grant_type": "authorization-code",
  "client_id": "0123456789",
```

```
  "client_secret": "abcdefghijklmn",
  "code": "98765",
  "redirect_uri": "https://pics2paper.com/oauth/callback"
}
```

클라이언트 ID, 클라이언트 시크릿 및 권한 부여 코드가 해당 레코드와 일치하면 Share2Much가 액세스 토큰으로 응답한다(예제 9-9 참고).

예제 9-9. OAuth 2.0 액세스 토큰 획득 예시

```
HTTP/1.1 302 Found
Server: share2much.com

{
  "access_token": "pqrstuvwxyz",
  "refresh_token": "azbycxdweu"
}
```

이제 사용자는 소셜 네트워킹 사이트의 인증을 사용해 Share2Much에서 사진에 액세스하고 Pics2Paper에서 사진을 인쇄할 수 있다.[24]

OAuth는 제3자 사이트에서 사용자의 데이터를 가져오려는 경우에 유용하다. 서버리스 애플리케이션은 인증 사이트의 정보가 필요할 수 있다. 예를 들어, 소셜 네트워킹 사이트는 사용자의 프로필, 연결, 활동 등에 대한 정보를 제공할 수 있으며, 사용자가 수동으로 정보를 제공하는 것보다 더 효율적일 수 있다.

OAuth를 사용할 때는 다음과 같은 보안 수칙을 고려해야 한다.

- 권한 부여 서버는 허용된 리디렉션 URI 목록을 명시해야 하며, 클라이언트는 요청 시 해당 리디렉션 URI를 함께 전달해야 한다.[25]

---

[24] 이 YouTube 동영상에는 OAuth 2.0 인증에 대한 단계별 설명이 잘 나와 있다. 'OAuth2.0 – Part 4.' 데이비드 라이스(David Rice). 2010년 7월 13일. www.youtube.com/watch?v=0PvQcLzVGF0

[25] 'OAuth 2.0 보안 모범 사례: draft-ietf-oauth-security-topics-05.' T. 로더스테드(T. Lodderstedt), Ed. 인터넷 초안. IETF. 2018년 3월 18일. https://datatracker.ietf.org/doc/html/draft-ietf-oauth-security-topics-05

- 리디렉션 URI는 오픈 리디렉션을 통해 사용자를 악의적인 웹사이트로 유도하지 않도록 해야 한다.[26]
- 초기 인증 응답 이후에는 인증 코드를 다시 사용하는 것을 허용하지 않아야 한다.[27]
- 액세스 토큰은 최소 권한 원칙에 따라 필요한 범위 내에서만 권한을 부여해야 한다.[28]
- 토큰은 만료되도록 설정하고, 일정 시간이 지난 후 사용자에게 다시 인증을 요청해야 한다.

OAuth는 사용자 정보를 보유한 웹사이트로부터 데이터를 간단히 받아오는 데 유용하다. 하지만 JWT와 마찬가지로 액세스 토큰의 유효 기간은 반드시 제한해야 한다. 특히 액세스 토큰은 과도한 권한을 포함하는 경우가 많기 때문에 공격자가 사용자를 악의적인 사이트로 리디렉션하거나 원하지 않는 기능에 접근하는 위험을 방지해야 한다.

OpenID Connect

OIDC^{OpenID Connect}는 OAuth 2.0 및 JWT를 기반으로 인증 및 권한 부여 기능을 제공한다.[29] 사용자는 OAuth 2.0 권한 부여 서버 역할을 하는 자격 증명 서비스 제공자^{IdP, Identity Provider}를 통해 로그인한다.

로그인에 성공하면 사용자는 IdP 로그인 세션을 사용해 다른 웹사이트에도 로그인할 수 있다. 이러한 웹사이트는 IdP로부터 받은 인증 정보를 신뢰하고 로그인 처리를 허용한다. 예를 들어, 사용자가 구글 계정에 먼저 로그인한 후 Share2Much에 로그인할 수 있다면, 이때 구글이 IdP 역할을 수행하는 것이다.

---

26 'OAuth 2.0 보안 모범 사례: draft-ietf-oauth-security-topics-05.' T. 로더스테드. 인터넷 초안. IETF. 2018년 3월 18일. https://datatracker.ietf.org/doc/html/draft-ietf-oauth-security-topics-05

27 'OAuth 2.0 보안 모범 사례: draft-ietf-oauth-security-topics-14.' T. 로더스테드. 인터넷 초안. IETF. 2020년 2월 10일. https://datatracker.ietf.org/doc/html/draft-ietf-oauth-security-topics-14

28 'OAuth 2.0 보안 모범 사례: draft-ietf-oauth-security-topics-14.' T. 로더스테드. 인터넷 초안. IETF. 2020년 2월 10일. https://datatracker.ietf.org/doc/html/draft-ietf-oauth-security-topics-14

29 '정오표 세트 1을 통합한 OpenID Connect Core 1.0.' N. 사키무라 외(N. Sakimura et al). OpenID. 2014년 11월 8일. https://openid.net/specs/openid-connect-core-1_0.html

Share2Much와 IdP(이 예에서는 Google)는 OAuth 2.0에 대해 설명한 것과 유사한 방식으로 설정, 로그인, 권한 부여 프로세스를 따른다. 다만 한 가지 차이점은 IdP가 추가 토큰인 ID 토큰을 제공할 수 있다는 것이다. 이 토큰을 통해 Share2Much는 사용자 계정이나 프로필 정보에 접근할 수 있으며, ID 토큰은 JWT 형식으로 제공된다. Share2Much는 사용자에게 로그인을 요청할 필요 없이 이 토큰에 접근해 인증 정보를 활용할 수 있다.

OIDC는 외부 리소스를 통해 인증을 수행하고자 할 때 유용하다. 서버리스 애플리케이션은 기술적 또는 비즈니스적인 이유로 자체 인증을 구현하지 않을 수도 있다. 이 경우 서드파티 로그인을 사용하는 것이 사용자 정의 인증을 직접 구현하는 것보다 더 안전할 수 있으며, 기업 입장에서도 애플리케이션 개발에 더 많은 리소스를 집중할 수 있다.

OIDC를 사용할 때는 다음과 같은 보안 수칙을 고려해야 한다.

- 신뢰할 수 있는 평판 좋은 IdP를 사용한다.
- 일정 시간이 지난 후 액세스 토큰과 JWT를 만료 처리하고, 사용자가 IdP를 통해 다시 인증하도록 요구한다.
- 애플리케이션에서 OIDC 계정을 연결하는 경우, 계정 연결 전에 사용자의 재인증을 요구해야 한다.[30]
- 원하는 비밀번호 정책을 준수하도록 IdP를 구성하거나, 해당 정책을 지원하는 IdP를 선택한다.[31]
- 2단계 인증 또는 MFA를 지원하는 IdP를 선택하거나 직접 구성한다.

OIDC는 인증 기능을 제공하는 외부 서비스를 활용함으로써 인증 절차를 간소화할 수 있다. 하지만 OAuth 2.0 및 JWT와 마찬가지로 액세스 토큰과 ID 토큰의 유효 기간은 제한해야 한다. 또한, 악의적인 공격자가 IdP를 통해 애플리케이션에 접근하지 못하도

---

30 'OpenID 보안 모범 사례.' PauAmma. OpenID Wiki. http://wiki.openid.net/w/page/12995200/OpenID%20Security%20Practices

31 'OpenID 보안 모범 사례.' PauAmma. OpenID Wiki. http://wiki.openid.net/w/page/12995200/OpenID%20Security%20Practices

록 강력한 계정 보안 기능을 제공하는 IdP를 선택하는 것이 중요하다.

SAML

SAML[32]은 OIDC와 유사한 방식으로 인증과 권한 부여에 사용될 수 있다. SAML은 JSON 대신 XML을 사용한다. 앞서 OIDC 섹션에서 사용된 Share2Much 예제를 이 SAML 시나리오에도 동일하게 적용할 수 있다.

Share2Much는 IdP의 로그인을 수락할지 여부를 결정하고, 서명 인증서, 클라이언트 ID, 콜백 URI, 기타 구성 정보가 포함된 XML 메타데이터를 IdP에서 가져온다(예제 9-10 참고).

예제 9-10. SAML 자격 증명 서비스 제공자 메타데이터 문서 예시

```
<?xml version='1.0' encoding='UTF-8'?>
<md:EntityDescriptor entityID='http://idp.com/nc357exkzcJJ31fp5VB9'
xmlns:md='urn:oasis:names:tc:SAML:2.0:metadata'>
  <md:IDPSSODescriptor WantAuthnRequestsSigned='false' protocolSupport
  Enumeration='urn:oasis:names:tc:SAML:2.0:protocol'>
    <md:KeyDescriptor use='signing'>
      <ds:KeyInfo xmlns:ds='http://www.w3.org/2000/09/xmldsig#'>
        <ds:X509Data>
          <ds:X509Certificate>MIIDpDCCAo...v7kaH
          </ds:X509Certificate>
        </ds:X509Data>
      </ds:KeyInfo>
    </md:KeyDescriptor>
    <md:NameIDFormat> urn:oasis:names:tc:SAML:1.1:nameid-format:
    emailAddress</md:NameIDFormat>
    <NameIDFormat> urn:oasis:names:tc:SAML:2.0:nameid-format:
    persistent</NameIDFormat>
    <NameIDFormat> urn:oasis:names:tc:SAML:2.0:nameid-format:
    transient</NameIDFormat>
    <md:SingleSignOnService Binding='urn:oasis:names:tc:SAML:2.0:
    bindings:HTTP-POST' Location='https://idp.com/app/
    share2much/1fpexBknc5zc957/sso/saml'/>
```

---

32 'Security Assertion Markup Language (SAML) 2.0 프로파일 OAuth 2.0 클라이언트 인증 및 권한 부여.' B. 캠벨(B. Campbell) RFC: 7522. IETF. 2015년 5월. https://tools.ietf.org/html/rfc7522

```
  <md:SingleSignOnService Binding='urn:oasis:names:tc:SAML:2.0:
  bindings:HTTP-Redirect' Location='https://idp.com/app/
  share2much/1fpexBknc5zc957/sso/saml'/>
 </md:IDPSSODescriptor>
</md:EntityDescriptor>
```

IdP와 Share2Much는 다양한 방식으로 연동할 수 있다. 한 가지 방식은 사용자가 먼저 IdP에 로그인한 후 Share2Much 애플리케이션에 접근하는 것이고, 다른 방식은 사용자가 먼저 Share2Much를 방문한 후, 로그인 과정에서 IdP로 리디렉션되는 것이다. 사용자가 IdP에서 인증에 성공하면, Share2Much에 대한 접근 권한이 부여된다. 이 전체 흐름은 데이터가 XML 문서로 전송된다는 점을 제외하면 OAuth 2.0의 인증 방식과 유사하다.

SAML은 외부 리소스를 통해 인증을 수행하고자 할 때 유용하며 많은 기업과 IdP는 조직 내 페더레이션 ID 및 싱글 사인온[SSO, Single Sign-On] 구현을 위해 SAML을 광범위하게 사용하고 있다.

SAML을 사용할 때는 다음과 같은 보안 수칙을 고려해야 한다.

- 평판이 좋은 IdP를 사용한다.
- SSO에 SAML을 사용하는 경우 애플리케이션은 사용자 이름 로그인, 비밀번호 재설정, 이메일 주소 변경을 자체적으로 처리하지 말고 IdP에 위임해야 한다.[33]
- 일정 시간이 지나면 액세스 토큰을 만료시키고, 사용자가 IdP를 통해 다시 인증하도록 요구한다.
- SHA-2 알고리듬을 기반으로 하는 강력한 X.509v3 인증서를 선택해 SAML XML 메타데이터를 검증한다.
- 모든 SAML 통신을 TLS v1.2를 통해 전송한다.[34]

---

33 '모범 사례 및 자주 묻는 질문.' OneLogin Developers. https://developers.onelogin.com/saml/best-practices-and-faqs
34 'SAML 보안 모범 사례.' SecureAuth Documentation. https://docs.secureauth.com/0903/en/saml-security-best-practices.html

- SAML 인증 요청에는 서명을 적용하고, IdP에서 이를 검증하도록 구성해야 한다.[35]
- 자체 비밀번호 정책을 준수하도록 IdP를 구성하거나 해당 정책을 지원하는 IdP를 선택한다.

특히 많은 웹 애플리케이션을 사용하는 기업 환경에서는 SAML이 인증을 간소화하는 데 효과적이다. OIDC와 마찬가지로 액세스 토큰의 유효 기간은 반드시 제한해야 한다. 또한, 악의적인 공격자가 IdP를 악용해 애플리케이션에 접근하는 위험을 줄이기 위해 강력한 계정 보안 기능을 제공하는 IdP를 선택해야 한다.

AWS

AWS는 다음 서비스, 즉 Amazon API Gateway, Amazon Cognito, AppSync, IAM Identity Providers를 통해 인증 및 권한 부여 기능을 제공한다. 각 서비스는 서로 다른 사용 사례를 지원한다.

Amazon API Gateway를 사용하면 다양한 인증 및 권한 부여 방법을 사용할 수 있다.[36]

- 리소스 정책을 사용해 AWS 계정, 소스 IP 주소 또는 요청이 VPC에서 시작됐는지 여부에 따라 액세스를 제한한다.
- Lambda 함수가 트리거되기 전에 권한을 검증하기 위해 권한 부여자^{authorizer}를 사용한다.
- 권한 부여 및 인증에 Amazon Cognito 사용자 풀^{pool}을 사용한다.

특정 AWS 계정만이 API Gateway를 통해 함수를 실행할 수 있도록 리소스 정책을 사용해 해당 계정을 허용 목록에 추가할 수 있다(예제 9-11 참고).

---

35 'SAML 보안 모범 사례.' SecureAuth Documentation. https://docs.secureauth.com/0903/en/saml-security-best-practices.html

36 'API Gateway의 REST API에 대한 액세스 제어 및 관리.' Amazon API Gateway 개발자 가이드. Amazon Web Services. https://docs.aws.amazon.com/apigateway/latest/developerguide/apigateway-control-access-to-api.html

예제 9-11. API Gateway AWS 계정 화이트리스트 템플릿

```
{
  "Version": "2012-10-17",
  "Statement": [{
    "Effect": "Allow",
    "Principal": {
      "AWS": [
        "arn:aws:iam::{{awsAcctId}}:root",
        "arn:aws:iam::{{awsAcctId}}:user/{{otherAwsUser}}",
        "arn:aws:iam::{{awsAcctId}}:role/{{otherAwsRole}}"
      ]
    },
    "Action": "execute-api:Invoke",
    "Resource": [
      "execute-api:/{{stage}}/{{httpVerb}}/{{resourcePath}}"
    ]
  }]
}
```

특정 IP 주소가 API Gateway를 통해 기능을 호출할 수 있도록 하려면 리소스 정책을 사용해 해당 IP를 화이트리스트^{whitelist} 및 블랙리스트^{blacklist}에 등록할 수 있다(예제 9-12 참고).

예제 9-12. API Gateway IP 주소 화이트리스트 및 블랙리스트 템플릿

```
{
  "Version": "2012-10-17",
  "Statement": [{
    "Effect": "Allow",
    "Principal": "*",
    "Action": "execute-api:Invoke",
    "Resource": [
      "execute-api:/{{stage}}/{{httpVerb}}/{{resourcePath}}"
    ]
  },
  {
    "Effect": "Deny",
    "Principal": "*",
```

```
      "Action": "execute-api:Invoke",
      "Resource": [
        "execute-api:/{{stage}}/{{httpVerb}}/{{resourcePath}}"
      ],
      "Condition": {
        "IpAddress": {
          "aws:SourceIp": [
            "{{sourceIpOrCIDRBlock}}",
            "{{sourceIpOrCIDRBlock}}"
          ]
        }
      }
    }
  ]
}
```

API Gateway를 통해 Lambda 함수를 호출할 수 있도록 VPC에 권한을 부여하려면 리소스 정책을 사용해 해당 VPC를 허용 목록에 추가해야 한다(예제 9-13 참고).

예제 9-13. API Gateway VPC 화이트리스트 템플릿

```
{
  "Version": "2012-10-17",
  "Statement": [{
      "Effect": "Deny",
      "Principal": "*",
      "Action": "execute-api:Invoke",
      "Resource": [
        "execute-api:/{{stage}}/{{httpVerb}}/{{resourcePath}}"
      ],
      "Condition": {
        "StringNotEquals": {
          "aws:sourceVpc": "{{vpcID}}"
        }
      }
    },
    {
      "Effect": "Allow",
      "Principal": "*",
```

```
      "Action": "execute-api:Invoke",
      "Resource": [
        "execute-api:/{{stage}}/{{httpVerb}}/{{resourcePath}}"
      ]
    }
  ]
}
```

JWT를 사용해 API Gateway를 통한 Lambda 함수 실행을 허용하려면, 사용자 지정 권한 부여자 Lambda 함수를 생성하고, API Gateway가 대상 Lambda 함수를 호출하기 전에 해당 JWT를 검증하도록 구성해야 한다. 이 권한 부여자 Lambda 함수는 JWT의 유효성을 검증하는 역할을 수행한다(예제 9-14 참고).

예제 9-14. Lambda JWT 사용자 지정 권한 부여 오픈 소스 예제[37]

```
const jwt = require('jsonwebtoken');

console.log('Loading jwtAuthorizer');

exports.handler = function (event, context, callback) {
  console.log(
    'Received event',
    JSON.stringify(event, null, 2)
  );

  // 인증 토큰에서 'Bearer' 접두사를 제거한다.
  const token = event.authorizationToken.replace(/Bearer /g, '');

  // 일부가 필요한 경우를 대비해 이벤트에서 모든 API 옵션을 구문 분석한다.
  const apiOptions = getApiOptions(event);
  console.log(
    'API Options',
    JSON.stringify(apiOptions, null, 2)
  );
```

---

[37] Copyright 2017 니코 코블러(Niko Kobler). 이 코드는 MIT 라이선스 정책에 따라 라이선스가 부여된다. https://github.com/serverlessbuch/jwtAuthorizr/blob/master/index.js

```javascript
    // 토큰의 내용을 확인하기 위한 구성 데이터와 토큰의 서명을 확인하기 위한 공개 키
    const config = {
      audience: process.env.TOKEN_AUDIENCE,
      issuer: process.env.TOKEN_ISSUER,
    };
    const secret = process.env.TOKEN_SECRET;

    // publicKey 및 구성으로 토큰을 확인하고 적절한 AWS 정책 문서를 반환한다.
    jwt.verify(token, secret, config, (err, verified) => {
      if (err) {
        console.error('JWT Error', err, err.stack);
        callback(
          null,
          denyPolicy('anonymous', event.methodArn),
        );
      } else {
        callback(
          null,
          allowPolicy(verified.sub, event.methodArn),
        );
      }
    });

};

const getApiOptions = function (event) {
  const apiOptions = {};
  const tmp = event.methodArn.split(':');
  const apiGatewayArnTmp = tmp[5].split('/');
  apiOptions.awsAccountId = tmp[4];
  apiOptions.region = tmp[3];
  apiOptions.restApiId = apiGatewayArnTmp[0];
  apiOptions.stageName = apiGatewayArnTmp[1];
  return apiOptions;
};

const denyPolicy = function (principalId, resource) {
  return generatePolicy(principalId, 'Deny', resource);
};

const allowPolicy = function (principalId, resource) {
```

```
    return generatePolicy(principalId, 'Allow', resource);
};

const generatePolicy = function (
  principalId,
  effect,
  resource
) {
  const authResponse = {};
  authResponse.principalId = principalId;
  if (effect && resource) {
    const policyDocument = {};
    // '2012-10-17'이 기본 버전이다.
    policyDocument.Version = '2012-10-17';
    policyDocument.Statement = [];
    const statementOne = {};
    // 'execute-api:Invoke'가 기본 작업이다.
    statementOne.Action = 'execute-api:Invoke';
    statementOne.Effect = effect;
    statementOne.Resource = resource;
    policyDocument.Statement[0] = statementOne;
    authResponse.policyDocument = policyDocument;
  }
  return authResponse;
};
```

Serverless 구성에서 사용자 지정 권한 부여자 함수를 정의한 후, 이를 사용하도록 연결된 다른 Lambda 함수를 함께 구성해야 한다(예제 9-15 참고).

예제 9-15. 사용자 지정 권한 부여 함수 사용 예제

```
functions:
  authorizer:
    handler: src/authorizer.handler
  protectedFunction:
    handler: src/protectedFunction.handler
    events:
      - http:
          path: protected
```

```
            method: post
            authorizer: ${self:custom.authorizerClient}
              name: authorizer
              resultTtlInSeconds: 0
              identitySource: method.request.header.ACCESS_TOKEN
```

AWS는 인증 및 권한 부여를 위해 Amazon Cognito 서비스를 제공한다. Cognito는 OAuth 2.0, SAML, OIDC를 지원한다. Cognito User Pools, 소셜 IdP[38](예: Google, Facebook[39], Amazon), SAML IdP[40](예: Microsoft Active Directory 및 Shibboleth[41]), OIDC IdP[42](예: Salesforce[43] 및 Ping Identity[44])를 사용할 수 있다. Cognito 사용자 풀을 생성하고 이를 사용하는 Lambda 함수가 필요한 경우, Serverless 구성에서 해당 사용자 풀을 지정해야 한다(예제 9-16 참고).

예제 9-16. Serverless 구성에서 Amazon Cognito User Pool 사용

```
functions:
  postAuthentication:
    handler: postAuthentication.handler
    events:
      - cognitoUserPool:
          pool: Chapter09UserPool
          trigger: PostAuthentication
```

애플리케이션이 API Gateway 대신 AppSync를 사용하는 경우, AppSync는 인증 및 권한 부여를 위해 사용자 지정 API 키, AWS IAM, OIDC, Amazon Cognito 사용자

---

38 '사용자 풀에 소셜 자격 증명 서비스 제공자 추가.' Amazon Cognito 개발자 가이드. Amazon Web Services. https://docs.aws.amazon.com/cognito/latest/developerguide/cognito-user-pools-social-idp.html

39 Facebook은 페이스북(Facebook, Inc.)의 등록 상표다.

40 '사용자 풀에 SAML 자격 증명 서비스 제공자 추가.' Amazon Cognito 개발자 가이드. Amazon Web Services. https://docs.aws.amazon.com/cognito/latest/developerguide/cognito-user-pools-saml-idp.html

41 Shibboleth는 Internet2의 등록 상표다.

42 '사용자 풀에 OIDC 자격 증명 서비스 제공자 추가.' Amazon Cognito 개발자 가이드. Amazon Web Services. https://docs.aws.amazon.com/cognito/latest/developerguide/cognito-user-pools-oidc-idp.html

43 Salesforce는 세일즈포스닷컴(Salesforce.com, Inc.)의 등록 상표다.

44 Ping Identity는 핑 아이덴티티(Ping Identity Corporation)의 등록 상표다.

풀을 지원한다.[45]

함수를 트리거하기 전에 모든 요청이 AppSync API 키를 사용해 권한을 검증하도록 요구할 수 있다. 이 기능을 활성화하려면 Serverless 구성을 업데이트해 API 키를 자동으로 생성하고, 해당 함수가 이 키를 사용하도록 설정하면 된다(예제 9-17 참고).[46]

예제 9-17. API Gateway Serverless 구성에서 API 키 활성화 예시

```
provider:
  apiKeys:
    - authz # 키 이름, API Gateway에서 키 값 자동 생성
functions:
  myFunction:
    handler: myFunction.handler
    events:
      - http:
        path: myFunctionNeedsAnApiKey.
          method: get
          private: true
```

API Gateway가 Lambda 함수 실행을 허용하려면 HTTP 요청 헤더에 API 키가 포함돼 있어야 한다(예제 9-18 참고).

예제 9-18. HTTP 요청에 API 키를 포함하는 예시

```
GET /login HTTP/1.1
Host: myapp.com
Content-Type: application/x-www-form-urlencoded
x-api-key: myAutoGeneratedApiKey
```

다양한 AWS 인증 및 권한 부여 기능은 기술 및 비즈니스 요구 사항에 맞는 방식을 선택할 수 있도록 지원한다.

---

45 'AWS AppSync의 보안.' AppSync 개발자 가이드. Amazon Web Services. https://docs.aws.amazon.com/appsync/latest/devguide/security.html

46 'API Gateway.' Serverless Docs. https://serverless.com/framework/docs/providers/aws/events/apigateway/#setting-api-keys-for-your-rest-api

Azure

Azure는 다음 서비스, 즉 Azure Functions, Azure API Management, Azure App Service를 통해 인증 및 권한 부여를 제공한다. 각 서비스는 서로 다른 사용 사례를 지원한다.

Azure Functions를 사용하면 권한 부여 키(API 키와 유사)를 사용해 함수 실행 및 권한 수준을 인증할 수 있다.[47] 함수의 권한 부여 레벨을 사용하도록 구성된 함수는 실행하기 전에 HTTP 요청에 일치하는 API 키가 있어야 한다. 관리자 권한 레벨을 사용하도록 설정된 함수는 실행하기 전에 HTTP 요청에 마스터 관리자 키가 있어야 하며, 관리자 레벨의 권한을 갖게 된다. 관리자 권한 키는 신중하게 사용해야 한다. 함수는 익명 권한 레벨을 가질 수 있으며, 키 없이도 트리거 될 수 있다. Serverless 구성에서 원하는 권한 레벨을 지정한다(예제 9-19 참고).

예제 9-19. 다양한 Azure Functions 권한 레벨을 사용한 Serverless 구성 예시

```
anonymousAuthLevel:
  handler: src/handlers/anonymousAuthLevel.handler
  events:
    - http: true
      x-azure-settings:
        methods:
          - GET
        authLevel: anonymous
functionAuthLevel:
  handler: src/handlers/functionAuthLevel.handler
  events:
    - http: true
      x-azure-settings:
        methods:
          - GET
        authLevel: function
adminAuthLevel:
  handler: src/handlers/adminAuthLevel.handler
```

---

47 'Azure Functions HTTP 트리거.' Azure Functions 문서. Microsoft. https://docs.microsoft.com/en-us/azure/azure-functions/functions-bindings-http-webhook-trigger?tabs=javascript#authorization-keys

```
events:
  - http: true
    x-azure-settings:
      methods:
        - GET
      authLevel: admin
```

Azure API Management는 API Gateway처럼 동작해 Azure Functions를 호출하도록 구성할 수 있다. API Management 정책을 사용해 함수가 트리거되는 방식을 제한할 수 있다.[48] 액세스 제한 정책을 사용해 JWT 검증, IP 주소별로 액세스를 제한, 호출 속도 제한, 할당량을 설정할 수 있다. 인증 정책을 통해 요청을 다양한 방식으로 인증할 수 있다. 기본 인증(예: 사용자 이름 및 비밀번호)을 사용할 수 있다. 클라이언트 인증서를 수락할 수 있다. 또는 Azure Active Directory의 액세스 토큰을 통해 백엔드 서비스(예: Microsoft Graph, Azure Resource Manager, Azure Key Vault, Azure Service Bus, Azure Blob Storage 또는 Azure SQL)를 사용할 수 있다. Serverless 구성을 배포한 후 API Management 액세스 정책을 정의할 수 있다(그림 9-1, 그림 9-2 참고).

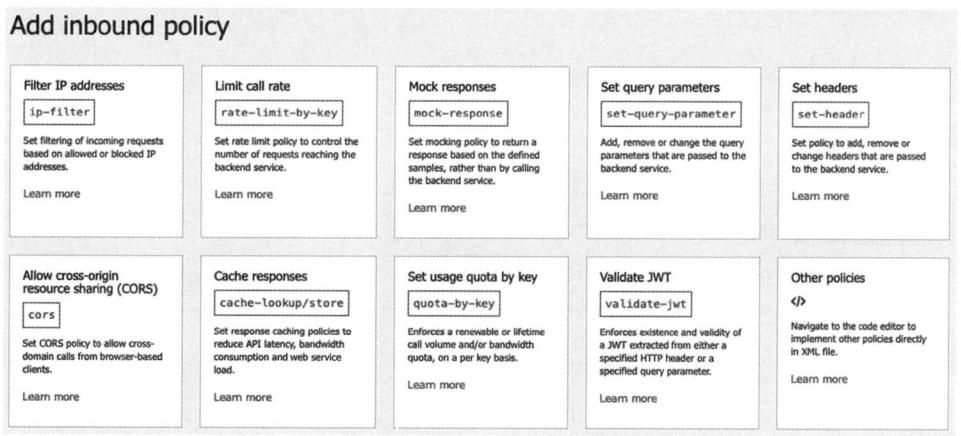

그림 9-1. Azure API Management 액세스 정책 정의 예시

---

48 'API Management 정책.' API Management 문서. Microsoft. https://docs.microsoft.com/en-us/azure/api-management/api-management-policies

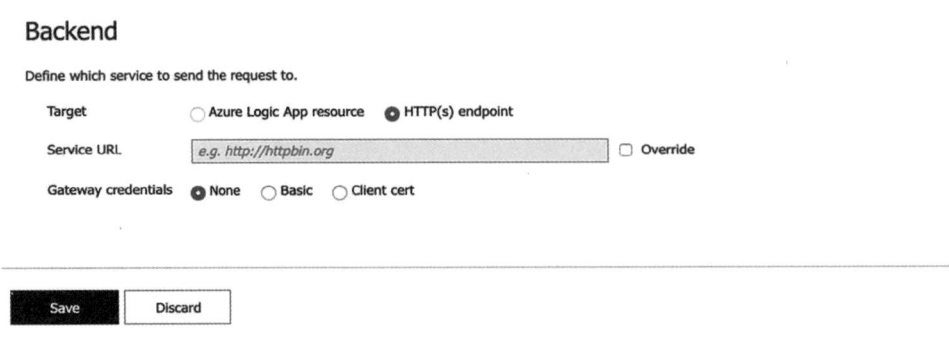

그림 9-2. Azure API Management 백엔드 정책 정의 예시

Azure App Service를 사용하면 인증 및 권한 부여를 위해 OAuth 2.0 또는 OIDC를 사용할 수 있다(그림 9-3 참고). 애플리케이션을 Azure Active Directory 및 소셜 IdP(예: Microsoft, Facebook, Google, Twitter[49])와 연동할 수 있다. 이 책을 쓰는 시점에는 Serverless 구성을 배포한 후 App Service 인증을 수동으로 구성해야 한다.

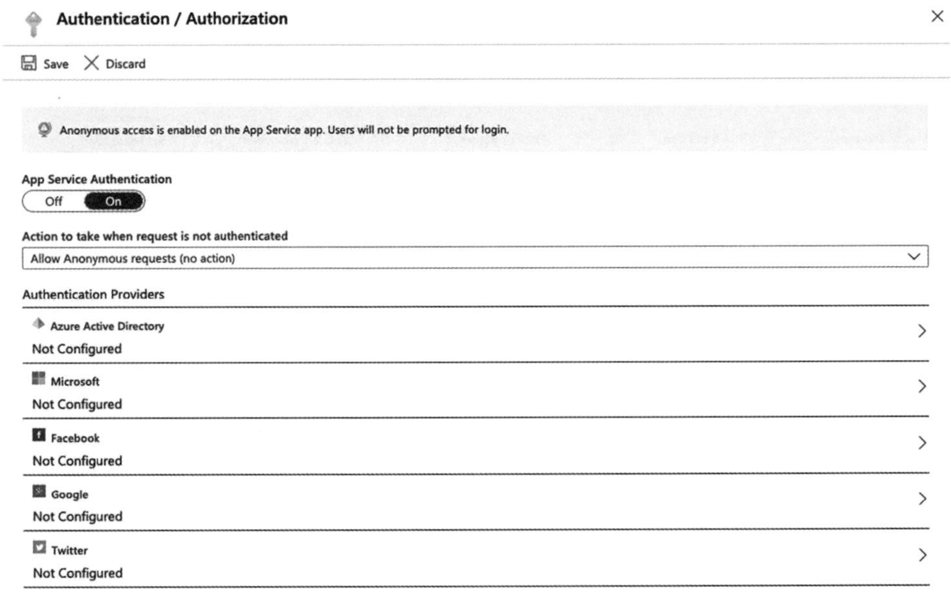

그림 9-3. Azure App Service 인증 및 권한 부여의 예

---

49 Twitter는 트위터(Twitter, Inc.)의 등록 상표다.

Azure는 다양한 인증 및 권한 부여 기능을 제공해, 기술적·비즈니스적 요구 사항에 맞는 적절한 방식을 선택할 수 있도록 지원한다.

Google Cloud

Google Cloud는 다음과 같은 기능 및 서비스, 즉 서비스 계정,[50] Google Cloud Endpoints, Identity Platform을 통해 인증 및 권한 부여를 제공한다. 각 서비스는 서로 다른 사용 사례를 지원한다.

서비스 계정을 사용해 Google Cloud Function이 다른 Google Cloud 리소스에 액세스하도록 허용할 수 있다. Cloud Function 코드에서 대상 Google Cloud 리소스(예: Google Cloud Storage)에 대한 클라이언트를 생성해 접근하게 된다(예제 9-20 참고). 해당 리소스에 대한 접근을 허용하려면 서비스 계정에 필요한 IAM 권한을 부여해야 한다. 전체 구성 예제는 8장의 Google Cloud Secret Manager 코드에서 확인할 수 있다.

예제 9-20. Google Cloud Function 코드에서 Google Cloud Storage 클라이언트를 인스턴스화하는 예시

```
const {Storage} = require('@google-cloud/storage');
const storage = new Storage();
```

Google Cloud Endpoints를 사용하면 다음과 같은 인증 및 권한 부여 솔루션, 즉 API 키, Firebase 인증, Auth0[51], Google ID 토큰 인증, Okta[52], 사용자 지정 OAuth 2.0 IdP, 서비스 계정(Google Cloud 서비스 간 인증용)을 사용할 수 있다. 이 책에서는 Cloud Endpoints를 Cloud Function을 트리거하는 API Gateway로 사용한다. 이 책을 작성하는 시점에는 Cloud Endpoints는 Serverless Framework에서 지원되지 않으며 Google Cloud SDK를 사용한다.[53]

Google Cloud Identity를 사용하면 Google을 SAML IdP로 구성해 애플리케이션과

---

50 'Google에서 인증.' Google Cloud 시작하기. Google Cloud. https://cloud.google.com/docs/authentication
51 Auth0은 오스제로(Auth0, Inc.)의 등록 상표다.
52 Okta는 옥타(Okta, Inc.)의 등록 상표다.
53 '클라우드 함수용 엔드포인트 시작하기.' Cloud Endpoints 문서. Google. https://cloud.google.com/endpoints/docs/openapi/get-started-cloud-functions

통합할 수 있다. 이 책에서는 서버리스 웹 애플리케이션이 SAML을 지원하도록 구성하고, Google Cloud Identity를 통해 사용자가 로그인할 수 있도록 설정한다.[54] 이 책을 작성하는 시점에 Serverless Framework는 Cloud Identity를 지원하지 않는다.

Google Cloud는 다양한 인증 및 권한 부여 기능을 제공하며, 이를 통해 기술적 · 비즈니스적 요구 사항에 맞는 적절한 방식을 유연하게 선택할 수 있다.

주요 내용

9장은 인증과 권한 부여의 차이점을 설명하는 것으로 시작했다. 인증은 애플리케이션이 특정 사용자나 시스템이 실제로 주장하는 주체가 맞는지를 확인하는 절차이고, 권한 부여는 인증된 주체가 특정 리소스에 접근하거나 작업을 수행할 수 있는지를 판단하는 절차다. 우리는 인증과 권한 부여를 구현하기 위한 다양한 접근 방식을 검토했다.

애플리케이션에서는 사용자 이름과 비밀번호, API 키, OpenID Connect, SAML 등의 방식으로 인증을 구현할 수 있다. 이러한 방법은 상황에 따라 하나 이상 함께 사용할 수 있다. 일반적으로 웹 브라우저 기반 인증에는 사용자 이름/비밀번호, OpenID Connect, SAML이 사용되고, 시스템 간 통신에서는 API 키를 활용한다. API 키는 브라우저 세션 인증에는 일반적으로 사용되지 않는다. 인증은 보호할 리소스나 민감한 작업이 존재할 때 필요하며, 이를 통해 익명 사용자에 대한 접근을 제한할 수 있다.

API 키, JWT, OpenID Connect, SAML을 사용해 애플리케이션에서 인증을 구현할 수 있다. API 키 값을 사용해 권한 레벨(읽기 전용, 제한된 권한 또는 에스컬레이션된 권한)을 결정할 수 있다. JWT는 인증 결과를 웹 브라우저에 안전하게 저장하고, 백엔드 함수가 사용자의 권한을 확인할 수 있도록 돕는다. OpenID Connect와 SAML은 인증과 권한 부여 기능을 함께 제공하며, 이를 통해 인증 과정을 IdP에 위임할 수 있다. 두 방식 모두 사용자는 IdP를 통해 먼저 인증해야 하며, 인증이 완료되면 IdP는 사용자에게 어떤 권한이 있는지를 애플리케이션에 전달한다. OpenID Connect는 JWT를 사용해 액

---

54 '사용자 지정 SAML 애플리케이션 설정하기.' Cloud 자격 증명 도움말. https://support.google.com/cloudidentity/answer/6087519?hl=en&ref_topic=7558947

세스 토큰을 생성하고, SAML은 XML 기반 문서를 사용한다. 어떤 권한 부여 방식을 사용하든 함수는 요청을 처리하기 전에 반드시 액세스 토큰의 유효성을 검증해야 한다.

AWS, Azure, Google Cloud는 인증과 권한 부여를 구현하는 데 유용한 여러 서비스와 기능을 제공한다. 이들 중 하나 이상을 직접 활용하거나, 공식 문서에 언급된 타사 서비스를 사용할 수도 있다.[55] 인증과 권한 부여는 애플리케이션 코드에서의 입력 유효성 검사 외에 가장 중요한 보안 방어선이기 때문에 서버리스 애플리케이션에서는 이를 신중하게 설계하고 철저히 검토하는 데 충분한 노력을 기울여야 한다.

---

55 AWS, Azure, Google Cloud의 문서에서 참조하는 타사 서비스만 언급된다.

CHAPTER 10

민감 데이터 보호

10장에서는 민감 데이터를 보호하기 위한 몇 가지 핵심 원칙을 살펴본다. 민감 데이터는 비밀은 아니지만 다른 데이터와 결합됐을 때 위험을 초래할 수 있는 정보로 간주된다. 예를 들어, 운전면허증, 생년월일, 병력 medical history 정보 등이 이에 해당한다. 이러한 원칙을 클라우드 서비스 제공자의 서비스와 애플리케이션 구축에 사용되는 소프트웨어 및 구성에 어떻게 적용할 수 있는지를 다룬다.

중요 데이터 보호의 중요성

OWASP Top Ten[1]과 서버리스에 대한 해석[2]에서는 각각 민감 데이터 노출[3]과 보안 구성 오류[4]를 주요 보안 위험으로 꼽고 있다. 민감 데이터 노출은 중요한 정보(예: 개인 식별 정보 PII, Personally Identifiable Information, 신용카드 번호, 비밀번호 등)가 실수로 노출될 수

---

1 'OWASP Top Ten 2017.' OWASP. 2017. https://owasp.org/www-project-top-ten/OWASP_Top_Ten_2017/
2 'OWASP Top 10 (2017): 서버리스에 대한 해석.' OWASP. 2017. https://github.com/OWASP/Serverless-Top-10-Project/raw/master/OWASP-Top-10-Serverless-Interpretation-en.pdf
3 'A3:2017-민감 데이터 노출.' OWASP Top Ten 2017. OWASP. https://owasp.org/www-project-top-ten/OWASP_Top_Ten_2017/Top_10-2017_A3-Sensitive_Data_Exposure
4 'A6:2017-보안 구성 오류.' OWASP Top Ten 2017. OWASP. https://owasp.org/www-project-top-ten/OWASP_Top_Ten_2017/Top_10-2017_A6-Security_Misconfiguration

있는 위험이다. 2018년 유럽연합EU, European Union 일반 데이터 보호 규정GDPR, General Data Protection Regulation과 2020년 미국 캘리포니아 소비자 개인 정보 보호법CCPA, California Consumer Privacy Act이 도입됨에 따라 이러한 위험은 더욱 중요해지고 있다. 보안 구성 오류는 애플리케이션과 그 리소스에 대한 보안 설정을 적절히 구성하지 않거나, 유지 관리에 실패할 때 발생할 수 있는 위험이다. 안전하지 않은 설정이나 구식 보안 구성으로 인해 공격자가 애플리케이션 또는 그 리소스에 비인가 접근을 시도할 수 있다.

애플리케이션이 신용카드 정보를 데이터베이스에 평문으로 저장하고 있다고 가정해 보자. 해당 데이터베이스에는 보안 설정이 제대로 적용됐을 수도 있지만, 그것이 취약점이 알려진 서버에서 실행되고 있다면 문제가 된다. 악의적인 공격자가 이 취약점을 악용해 전체 데이터베이스를 다운로드하면 공격자는 모든 신용카드 정보를 손에 넣을 수 있게 된다.[5]

데이터를 보호하기 위해 신용카드 번호를 암호화했을 수도 있다. 하지만 약한 암호화 알고리듬을 사용했거나, 키 길이가 너무 짧거나, 암호화 키 자체를 제대로 보호하지 못했을 수도 있다. 컴퓨팅 성능의 발전과 보안 연구의 결과로 일부 알고리듬은 더 이상 안전하지 않은 것으로 밝혀져 암호화된 데이터도 위험에 노출될 수 있다. 따라서 검증된 최신 알고리듬(예: AES, SHA, RSA, HMA 등)을 사용하는 것이 중요하다.[6] 암호화를 적용했다 하더라도 민감 데이터에 접근하는 과정에서 실수로 데이터가 노출될 수 있다. 예를 들어, 애플리케이션이 HTTPS 대신 HTTP로 데이터를 전송하면 해당 데이터는 인터넷에서 누구나 가로챌 수 있는 상태로 전송될 수 있다.

보안 구성이 미흡하거나 취약한 설정이 적용될 수 있기 때문에 어떤 데이터를 보호해야 하는지 평가하고 저장하거나 전송할 때 데이터를 보호하는 방법을 결정해야 한다.

---

5 '금융 회사, 개방형 데이터베이스를 통해 425GB의 회사 및 고객 데이터 유출.' 찰리 오스본(Charlie Osborne). ZDNet. 2020년 3월 17일. www.zdnet.com/article/financial-apps-leak-425gb-in-company-data-through-open-database

6 'CMVP 승인 보안 기능: ISO/IEC 24759에 대한 CMVP 검증 기관 업데이트.' NIST 특별 간행물 800-140C. 미국 국립 표준 기술 연구소. 2020년 3월. https://doi.org/10.6028/NIST.SP.800-140C

민감 데이터 보호

민감 데이터를 보호하기 위한 일반적인 원칙들과 클라우드 서비스 제공자의 다양한 서비스에 어떻게 적용할 수 있는지 살펴본다.

일반적인 원칙

서버리스 애플리케이션에서 데이터를 보호하기 위해 고려해야 할 주요 요소는 다음과 같다.

- 디폴트 설정
- 디폴트 계정
- 암호화
- 로깅
- 그 외 여러 항목

10장에서는 이러한 요소들을 하나씩 살펴본다.

디폴트 설정

서비스, 리소스, 애플리케이션에는 디폴트 설정이 제공된다. 디폴트 설정을 사용하면 별다른 추가 구성 없이도 바로 사용할 수 있는 경우가 많다. 하지만 때로는 이러한 기본값이 보안 관점에서는 적절하지 않을 수 있다. 예를 들어, 실수로 객체 스토리지를 퍼블릭 액세스 상태로 설정하면, 인터넷에 있는 누구나 해당 데이터에 접근할 수 있게 된다. 따라서 사용하는 클라우드 서비스 제공자의 서비스 및 리소스에 대해 모든 설정을 의도적으로 구성해야 하며, 애플리케이션 코드에서 사용하는 프레임워크나 소프트웨어 패키지에 대해서도 설정을 꼼꼼히 검토하고 구성해야 한다.

디폴트 계정

서버리스 기술을 사용하면 관리할 서버가 없고, 공급업체에서 기본적으로 제공하는 디폴트 계정도 존재하지 않는 장점이 있다. 그러나 일반적으로 알려진 계정 자격 증명을 서버리스 애플리케이션에 도입하는 것은 여전히 보안상 취약점을 유발할 수 있다. 서버리스 애플리케이션은 완전 관리형 데이터베이스 서버와 연동할 수 있다(기술적으로는 서버리스가 아니지만, 서버리스 기술과 유사하게 관리 및 유지 보수 부담을 덜어 준다). 이러한 데이터베이스를 설정할 때 조직 내에서 흔히 사용하는 공통 비밀번호를 설정할 수도 있는데, 이 경우 사용자 이름과 비밀번호를 아는 사람은 누구나 접근할 수 있어서 사실상 디폴트 계정을 만든 것과 다르지 않다. 시스템 테스트를 위해 개발자나 테스터가 생성하는 임시 사용자 계정도 마찬가지다. 애플리케이션을 프로덕션 환경에 배포하면서 이러한 계정을 비활성화하거나 삭제하지 않고 그대로 두는 경우가 종종 있다. 특히 개발 환경이 클라우드에 배포된 상태라면, 해당 자격 증명을 아는 누구라도 인터넷을 통해 애플리케이션에 접근할 수 있게 된다. 서버리스 애플리케이션에서는 어떤 종류의 계정이든 반드시 고유한 사용자 이름과 비밀번호를 사용하고, 이 정보를 안전하게 보관해야 하며, 액세스가 제한된 비밀번호 관리 도구를 활용하는 것이 바람직하다.

암호화

데이터가 저장되거나 전송될 때는 암호화를 적용하는 것이 중요하다. 스토리지나 데이터베이스에 저장된 데이터는 기본적으로 자동 암호화되지 않을 수도 있다. 다행히도 HTTPS를 통해 전송되는 데이터는 전송 중 자동으로 암호화된다. 이는 서버리스 함수를 생성하고 Serverless Framework로 배포할 때 기본적으로 적용된다. 하지만 웹 애플리케이션이 서버리스 함수가 아닌 다른 서비스에 요청을 보내는 경우에는 여전히 HTTP를 사용할 수 있다. 요즘은 로컬 개발 환경이 아닌 이상, HTTP 연결은 사용하지 않는 것이 바람직하다. 따라서 애플리케이션이 데이터를 어떻게 저장하고 전송하는지 점검해서 적절한 보안 조치가 적용돼 있는지 확인해야 한다.

모든 데이터를 반드시 보호해야 하는 것은 아니다. 예를 들어, 운전면허증 번호는 민감한 데이터일 수 있지만, 단순한 이름 정보는 그렇지 않을 수도 있다. 민감 데이터를 보호할 때는 더 강력한 조치가 필요하다. 디폴트 암호화를 활용하되 추가 보호가 필요한 경우 암호화 키를 사용해 수동으로 데이터를 암호화할 수 있다(8장 참고). 클라우드 서비스 제공자는 저장된 데이터를 위한 기본 암호화 기능을 설정 옵션으로 제공하며, 이를 통해 보안 구성의 복잡성과 관리 부담을 줄일 수 있다. 이러한 기본 암호화는 누군가 클라우드 제공자의 하드웨어를 훔치는 등의 물리적 공격에 대해 사용자를 보호하는 데 유용하다. 그러나 디폴트 암호화는 누군가가 클라우드 서비스 제공자의 정상적인 액세스 방법을 사용할 때 데이터를 보호하지 못한다. 수동 암호화 방식은 데이터를 열람하려는 사용자가 복호화를 위해 별도로 암호화 키에 접근해야 하기 때문에 실질적인 데이터 보호 효과를 제공할 수 있다.

데이터를 적절한 위치에서 보호하는 것뿐만 아니라 그 보호 방식이 실제로 효과적인지도 보장할 수 있어야 한다. 과거에는 업계 전반에서 데이터베이스에 비밀번호 해시를 저장할 때 MD5 알고리듬을 널리 사용했다. 그러나 MD5는 이미 보안상 충분하지 않다는 점이 입증됐다.[7] SHA-1 알고리듬도 부적절한 보호 기능을 제공하는 것으로 밝혀졌다.[8] 따라서 NIST 특별 간행물 800-140C에서 정의한 알고리듬과 같은 최신 알고리듬 사용을 고려해야 한다.[9]

키 관리

8장에서는 키를 사용해 시크릿을 보호하는 방법에 대해 살펴봤다. 시크릿과 데이터를 보호하려면 키가 필요할 뿐만 아니라 키를 관리할 방법도 필요하다. 이를 안전하게 관리할 수 있는 체계도 함께 마련해야 한다.

비밀 키는 사용 기간이 길어질수록 노출되거나 해독될 가능성이 높아진다. 따라서 비밀 키를 주기적으로 변경(또는 교체)하는 것이 좋다. 키를 교체하면 키 유출로 인한 보안 사고 위험을 크게 줄일 수 있다.

또한, 비밀 키에 대한 접근 권한도 최소화해야 한다. 접근 권한을 가진 사람이 많아질수록 실수로 키가 노출될 가능성도 높아진다. 최소한 관리자로 액세스를 제한해야 한다. 하지만 정보 접근은 업무상 필요한 최소한의 인원과 프로젝트에 관여하지 않는 예비 관

---

[7] 'MD5 메시지 다이제스트 및 HMAC-MD5 알고리듬에 대한 업데이트된 보안 고려 사항.' S. 터너(S. Turner), RFC: 6151. IETF. 2011년 3월. https://tools.ietf.org/html/rfc6151

[8] '암호화 알고리듬 및 키 길이의 사용 전환.' E. 바커 & A. 로진스키(E. Barker & A. Roginsky), NIST 특별 간행물 800-131A, 개정 2. NIST. 2019년 3월. https://doi.org/10.6028/NIST.SP.800-131Ar2

[9] 'CMVP 승인 보안 기능: ISO/IEC 24759에 대한 CMVP 검증 기관 업데이트.' 킴 샤퍼(Kim Schaffer), NIST 특별 간행물 800-140C. 2020년 3월. https://doi.org/10.6028/NIST.SP.800-140C

리자 정도로만 제한하는 것이 좋다.

클라우드 서비스 제공자는 키 관리 서비스를 제공하며, 자동 로테이션, 서비스 제공자 관리 키, 사용자 지정 키와 같은 다양한 기능도 함께 제공한다. 서비스 제공자가 관리하는 비밀 키를 사용하면 암호화 및 복호화를 손쉽게 구현할 수 있지만, IAM 권한을 통해 키에 대한 접근을 적절히 제한해야 한다. 가능하다면 자동 로테이션 기능을 활용하는 것이 바람직하다. 반면, 사용자 지정 비밀 키를 사용할 경우 보안 암호화와 키 교체 작업을 직접 관리해야 하는 부담이 있지만, 원하는 수준의 보안을 구현하기 위한 더 높은 통제권을 확보할 수 있다. 키 관리 전략을 수립할 때는 비즈니스 요구 사항과 기술적 요건을 함께 고려해야 한다.

데이터 수명

민감 데이터는 필요한 기간만 보관하는 것을 고려해야 한다. 일부 민감 데이터(예: 비밀번호 해시)는 무기한 보관할 수도 있다. 하지만 다른 데이터는 수명이 짧을 수 있으며(예: 신용카드 번호 및 확인 코드) 즉시 삭제해야 할 수도 있다. 데이터를 저장할 수 있는 기간은 개인 정보 처리 방침에 따라 제한될 수 있다. 민감 데이터는 임시 저장소(예: 서버리스 함수의 임시 폴더)나 영구 저장소(예: 데이터베이스)에 저장할 수 있으며, 아예 저장하지 않는 방식도 선택할 수 있다. 어떤 저장 방식을 택할지는 요구 사항에 따라 달라진다.

일회성 처리(예: 단일 신용카드 결제 또는 2단계 인증을 위한 일회용 비밀번호)가 필요한 경우에는 데이터를 저장하지 않는 방안을 고려해야 한다. 애플리케이션이 결제를 처리하거나 사용자가 로그인한 후에는 해당 데이터가 더 이상 필요하지 않다.

데이터를 한 형식에서 다른 형식으로 변환할 때는 임시 저장소를 사용하는 것이 좋다. 예를 들어, 암호화된 파일을 서버리스 함수 컨테이너의 '/tmp' 폴더에 다운로드한 뒤, 내용을 복호화하고 읽은 다음 파일을 삭제할 수 있다. 복호화된 데이터가 나중에 유용할 수는 있지만, 해당 함수는 작업을 완료하는 데만 그 데이터를 사용하며, 이후 다시 처리할 필요는 없다.

데이터를 반복적으로 사용하거나 처리해야 하는 경우에는 영구 저장소 사용을 고려해야 한다. 이때 데이터를 얼마나 오래 보관할지에 대한 기준도 정해야 한다. 예를 들어,

개인 정보 처리 방침이나 개인 정보 보호법에서 정한 기간만 사용자의 지리적 위치 데이터를 보관하고, 그 기간이 지나면 삭제해야 할 수 있다. 또 다른 예로, 고객이 자동 결제에 등록한 경우에는 암호화된 신용카드 번호를 보관할 수 있다.[10] 애플리케이션은 이러한 두 가지 유형의 데이터를 여러 번 처리할 수 있기 때문에 영구 저장도 합리적이다. 하지만 신용카드가 만료되거나 사용자가 자동 결제를 취소하는 등 해당 용도가 끝나면 애플리케이션은 해당 데이터를 삭제해야 한다.

함수 코드에서 전역 변수를 사용할 때는 주의해야 한다. 서버리스 함수는 컨테이너 안에서 실행되며, 특히 자주 호출될 경우 예상보다 오랜 시간 유지될 수 있다. 상수가 아닌 전역 변수는 민감 데이터를 포함할 수 있고, 다음 함수 호출까지 그 값이 유지될 수 있기 때문에 선언을 피하는 것이 좋다.

클라우드 서비스 제공자의 서비스에는 데이터에 수명을 할당하는 기능이 있다. 데이터는 기본적으로 영구적으로 저장되지만, 수명(또는 만료) 기능을 활성화하면 설정된 수명이 지난 데이터 항목은 클라우드 서비스 제공자가 자동으로 삭제할 수 있다. 세션 내에서 데이터를 어떻게 처리할지 데이터가 세션 간에 어떻게 유지될 수 있는지 어떻게 저장할지를 충분히 고려해야 한다.

캐싱

민감 데이터는 캐싱하지 않는 것이 좋다. 웹 브라우저, 클라우드 서비스 제공자의 배포 네트워크, API 게이트웨이 등은 캐싱 기능을 제공한다. 캐싱은 동일한 데이터를 가진 리소스를 호출할 때 응답 시간을 줄이는 데 유용하지만, 의도하지 않은 수신자에게 캐싱된 데이터가 노출될 수 있다. 따라서 어떤 데이터를 캐싱할지 신중하게 선택해야 한다.

오랜 기간 변하지 않는 데이터에 대해서는 캐싱을 활성화하는 것을 고려해 볼 수 있다. 예를 들어, 객체 스토리지에 저장된 미디어 파일이나 정적 데이터를 반환하는 함수에는 캐싱을 허용할 수 있다. 반면, 동적 데이터(즉, 함수 호출 간에 변경될 수 있는 데이터)나 민감 데이터는 오래된 데이터가 반환되거나 의도하지 않은 사용자에게 노출될 수 있으므로 캐싱해서는 안 된다.

---

10 이 예시는 애플리케이션이 결제 게이트웨이인 경우 설명하기 위한 것이다. 그렇지 않은 경우 결제 게이트웨이를 사용해 신용 카드 결제를 처리하고 결제 방법의 고유 식별자만 데이터베이스에 저장해야 한다.

소프트웨어 업데이트

서버리스 기술의 장점 중 하나는 우리가 사용하는 인프라와 리소스를 클라우드 서비스 제공자가 완전히 관리해 준다는 점이다. 더 이상 애플리케이션을 구성하는 컴포넌트를 직접 유지 보수할 필요는 없다. 하지만 우리가 최신 상태로 관리해야 할 소프트웨어는 여전히 존재한다(3장 참조).

공유 책임 모델에 따라 우리는 애플리케이션 코드를 유지 관리하고 원하는 런타임을 선택할 책임이 있다. 서버리스 함수에 Node.js를 런타임으로 선택했기 때문에 서비스 제공자가 여러 런타임을 지원하는 경우 어떤 버전을 사용할지 결정하는 것도 우리의 책임이다. 또한, 서버리스 함수나 웹 애플리케이션 코드에서 사용할 npm 패키지를 선택했기 때문에 해당 패키지들을 취약점이 없도록 최신 상태로 유지해야 한다. 웹 애플리케이션에 사용할 프레임워크를 선택한 경우, 이를 올바르게 구성할 책임도 있다. 소프트웨어를 최신 상태로 유지하지 않거나 제대로 구성하지 않으면 애플리케이션이 취약해지고, 의도치 않게 민감한 정보가 노출될 수 있다.

로깅

애플리케이션은 다양한 목적으로 로그를 생성할 수 있다. 디버그^{debug}, 정보, 경고 또는 오류 로그 항목이 생성되며, 이러한 로그는 시스템 상태를 파악하거나 문제를 해결하는 데 유용하게 쓰일 수 있다. 하지만 실수로 민감 데이터를 로그에 기록할 위험이 있다.

민감 데이터가 로그에 기록되는 방식은 다양하다. 예를 들어, 개발자가 문제를 디버깅하는 과정에서 민감한 값을 임시로 로그에 출력했고, 그 임시 수정 코드가 실수로 코드 리포지터리에 커밋되는 경우가 있다. 이런 경우 해당 데이터가 로그에 영구적으로 남게 된다. 또한, 애플리케이션 코드는 모든 입력 값이나 데이터 변환 과정을 로그에 기록하면서 문제 해결을 돕고자 할 수 있다. 하지만 로그를 남기기 전에 민감 데이터를 제거하지 않은 채 로깅 기능을 사용할 수도 있다. 애플리케이션이 어떤 이유로든 민감 데이터를 기록하지 않도록 예방 조치를 반드시 마련해야 한다.

민감 데이터를 로그에 기록하는 위험을 줄이기 위해 취할 수 있는 몇 가지 모범 사례가 있다. 웹 브라우저에 직접 로그를 출력하지 않고, 전용 로깅 시스템이나 플랫폼으로 로그를 전송해 사용자에게 노출되는 정보를 최소화할 수 있다. 로깅 기능을 강화해 민감한 데이터 패턴을 탐지하고, 해당 항목을 제거하거나 난독화하는 방법도 있다. 디버그 로그는 비활성화하고, 경고나 오류와 같은 특정 수준의 로그만 기록하도록 설정할 수 있다. 코드 내 로깅 여부를 점검하기 위해 코드 리뷰 프로세스를 개선하는 것도 좋은 방법이다. 애플리케이션이 민감 데이터를 로그에 기록한 경우에는 해당 로그 항목을 수동으로 삭제하거나, 보존 기간이 지난 로그가 자동으로 삭제되도록 설정할 수 있다.

소스 코드

소스 코드source code에서도 민감 데이터가 노출될 수 있다. 서버리스 함수는 해당 함수를 실행하는 데 필요한 파일들을 포함한다. 하지만 배포 시 설정 방식에 따라 실제로 필요하지 않은 파일까지 컨테이너에 포함될 수 있다. 이러한 불필요한 파일에 환경 변수 파일처럼 민감 데이터가 포함될 수 있다. 또는 개발자가 실수로 민감 데이터가 포함된 코드를 커밋해 코드 리포지터리에 반영할 수도 있다. 이 경우, 해당 리포지터리에 접근할 수 있는 사람은 누구나 민감 데이터에 접근할 수 있다. 이와 비슷하게, 실수로 민감 데이터를 npm 저장소에 게시하는 경우도 발생할 수 있다. 서버리스 함수, 소스 코드 리포지터리(그리고 npm) 저장소 어디에도 민감 데이터가 포함되지 않도록 반드시 사전 조치를 취해야 한다.

서버리스 함수에 배포되는 파일을 제한하기 위해 'serverless-webpack' Serverless 플러그인을 사용할 수 있다.[11] 이 플러그인을 사용하면 서버리스 함수가 올바르게 실행되는 데 필요한 파일만 패키징할 수 있다.

리포지터리가 제공하는 기능을 활용해 시크릿이 포함된 커밋을 방지할 수 있다. git과 npm 같은 리포지터리는 저장하려고 할 때 추적 대상에서 제외할 파일을 지정하는 기능을 지원한다. 예를 들어, '.env'라는 파일을 추적 대상에서 제외할 파일에 추가하면 해당 파일을 리포지터리에 저장하지 않는다.[12] git은 작업(예: 커밋)을 수행하기 전에 스크립트를 실행할 수 있는 훅을 제공한다. 사전 커밋 훅pre-commit hook을 설정하면, 커밋 대상 파일에 민감 데이터가 포함돼 있는지 검사하고, 발견될 경우 커밋을 차단할 수 있다.

---

11 '서버리스 웹팩 플러그인.' 니콜라 페두치/프랭크 슈미트(Nicola Peduzzi/Frank Schmid). GitHub. https://github.com/serverless-heaven/serverless-webpack

12 git에서는 일반적으로 '.gitignore' 파일을 사용해 추적 대상에서 제외할 파일을 지정한다. – 옮긴이

어떤 방법을 사용하든 서버리스 함수나 저장소에 민감 데이터가 저장되지 않도록 사전에 위험을 줄이는 조치를 취해야 한다.

보안 및 취약성 스캐너

보안 결함과 취약성을 수동으로 찾는 것은 부담스럽고 오랜 시간이 걸리는 작업이다. 이러한 평가 과정을 자동화해 주는 소프트웨어를 사용하면 시간을 절약할 수 있을 뿐 아니라 사람이 놓치기 쉬운 문제까지도 탐지할 수 있다. 이러한 도구나 서비스를 일반적으로 '보안 및 취약성 스캐너'라고 부른다. 이들은 주로 기존 서버나 데스크톱 환경에서 패치되지 않은 소프트웨어, 알려진 취약점, 보안 구성 오류 등을 찾는 데 사용된다. 일부 도구는 클라우드 환경에서도 동일한 기능을 수행할 수 있도록 지원한다.[13]

이러한 도구는 클라우드 서비스 제공자 계정에 액세스할 수 있도록 권한을 부여하면 자동 검사를 수행한다. 일반적으로 다음과 같은 항목을 검사한다.

- 공개로 설정된 객체 스토리지 탐지
- IAM 권한 및 비밀번호 정책 감사
- 사용하지 않는 리전에서의 활동 감지
- 보안 설정 변경 사항 확인
- 구성 설정 감사
- MFA가 활성화되지 않은 사용자 및 액세스 자격 증명이 만료된 사용자 확인

공급업체에서는 보안 점검을 위해 서비스(유료 및 무료)와 무료 및 오픈 소스 도구를 제공한다. 서비스에는 감사 규칙을 지속적으로 갱신하고 실시간 감사하는 기능이 있다. 오픈 소스 도구를 통해 유사한 효과를 얻을 수 있지만, 설정 및 유지 관리에 더 많은 노력이 들 수 있다. 서비스 기반 도구를 선택하든 수동으로 도구를 실행하길 선호하든 클라우드 서비스 제공자 환경을 점검하기 위한 반복 가능한 절차를 수립하고 이를 정기적

---

13 'AWS 보안 스캔 및 구성 모니터링은 어떻게 수행하는가?' 찬단 쿠마르(Chandan Kumar), Geekflare, 2018년 9월 10일. https://geekflare.com/aws-vulnerability-scanner

으로 수행해야 한다.

보안 헤더

HTTP 응답에 포함되는 정보인 보안 헤더는 HTTP 통신 중 발생할 수 있는 알려진 보안 위협으로부터 보호하는 설정을 담고 있다.[14] 이러한 헤더는 전통적인 서버 기반 애플리케이션에서만 사용된다고 오해할 수 있지만, 서버리스 애플리케이션에도 여전히 중요한 역할을 한다. 이들 헤더를 활성화하면 민감 데이터의 리디렉션이나 가로채기를 방지하는 데 도움이 된다.

일반적으로 서버리스 함수는 백엔드 서버 역할을 하고, 객체 스토리지는 정적 웹 애플리케이션 파일을 제공한다. 이 두 서비스를 모두 활용하며, 각각으로부터 HTTP 응답을 받는다. HTTP 이벤트에 의해 트리거된 서버리스 함수는 응답 시 HTTP 헤더를 전송하고, 객체 스토리지 역시 파일 접근 시 자체적으로 헤더를 포함해 응답한다. 서버리스 함수 코드, 객체 스토리지 설정, 웹 애플리케이션 파일을 생성하는 데 사용한 웹 애플리케이션 프레임워크에서 전송할 헤더를 정의할 수 있다. 서버리스 애플리케이션의 보안을 강화하기 위해 어떤 HTTP 헤더(및 해당 값)를 전송할지 식별하는 것을 고려해야 한다.

AWS

앞에서 소개한 일반적인 원칙들이 AWS 기반 서버리스 애플리케이션에 어떻게 적용되는지를 살펴보겠다.

Amazon S3

Serverless Framework는 Serverless 구성을 배포할 때 S3 버킷을 생성하며, 배포 파일을 저장할 버킷으로 설정한다. 필요에 따라 Serverless 설정 파일에서 버킷을 생성하도록 지정할 수 있다. S3의 디폴트 설정은 환경이나 계정 정책에 따라 달라질 수 있다.

---

14 'OWASP 보안 헤더 프로젝트.' OWASP. https://owasp.org/www-project-secure-headers

Serverless 구성을 처음 배포할 때 Serverless Framework는 배포 버킷을 생성한다. 기본적으로 AES-256 암호화를 사용하도록 설정, 태그 추가, 버킷 소유자가 객체 및 권한을 읽고 쓸 수 있도록 허용하는 액세스 통제 목록을 추가하며, 안전하지 않은 전송을 거부하는 버킷 정책을 추가한다. 또한, AWS는 AWS SDK와 공개 API[15]를 사용할 때 외부 요청을 암호화하며, S3를 지원하기 위해 사용하는 소프트웨어를 유지 보수한다.[16] 이러한 설정은 Serverless Framework가 퍼블릭 액세스 없이 파일을 업로드하기 때문에 해당 목적에 맞게 사용하는 한 이러한 기본 설정만으로도 충분하다. 다만, 이 배포 버킷에는 다른 용도의 데이터를 추가해서는 안 된다. 필요에 따라 배포 버킷을 수동으로 생성해 Serverless 구성에서 사용할 수 있다(예제 10-1 참고).

예제 10-1. Serverless 구성에서 배포 버킷을 참조하는 예제

```
provider:
  deploymentBucket:
    name: myDeploymentBucket
```

Serverless Framework로 S3 버킷을 생성할 때, Serverless 구성 파일에 S3 설정을 추가해야 한다. 예제 10 2에 제시된 최소 설정을 사용하면 Serverless Framework는 데이터에 태그를 지정하고 버킷 소유자가 객체를 읽고 쓸 수 있도록 허용한 권한과 액세스 통제 목록^{ACL, Access Control List}을 추가한다.

예제 10-2. Serverless 구성의 최소 S3 설정

```
resources:
  Resources:
    DataS3Bucket:
      Type: AWS::S3::Bucket
      Properties:
        BucketName: ${self:service}-${self:provider.stage}-data
```

---

15 'Amazon S3의 인프라 보안.' Amazon S3 개발자 가이드. Amazon Web Services. https://docs.aws.amazon.com/AmazonS3/latest/dev/network-isolation.html

16 'Amazon S3의 구성 및 취약성 분석.' Amazon S3 개발자 가이드. Amazon Web Services. https://docs.aws.amazon.com/AmazonS3/latest/dev/vulnerability-analysis-and-management.html

Serverless 구성 파일에 모든 보안 관련 설정을 명시적으로 정의하는 것을 고려해야 한다. 디폴트 설정만 사용하더라도 직접 설정 값을 정의하면 Serverless Framework 가 S3 버킷을 생성할 때 어떤 설정이 적용될지 명확히 알 수 있다(예제 10-3 참고).[17] Serverless Framework가 디폴트 값을 설정하는 항목은 굳이 따로 정의하지 않아도 된다.

예제 10-3. Serverless 구성에서 업데이트된 S3 설정 예시

```
resources:
  Resources:
    DataS3Bucket:
      Type: AWS::S3::Bucket
      Properties:
        # 모든 속성 목록은
        # AWS CloudFormation 참조
        # https://docs.aws.amazon.com/AWSCloudFormation/
        # latest/UserGuide/aws-properties-s3-bucket.html
        AccelerateConfiguration:
          AccelerationStatus: Enabled
        AccessControl: Private
        BucketEncryption:
          ServerSideEncryptionConfiguration:
            - ServerSideEncryptionByDefault:
                SSEAlgorithm: AES256
        BucketName: ${self:service}-${self:provider.stage}-data
        LifecycleConfiguration:
          Rules:
            - ExpirationInDays: 90
              Status: Enabled
        PublicAccessBlockConfiguration:
          BlockPublicAcls: true
          BlockPublicPolicy: true
          IgnorePublicAcls: true
          RestrictPublicBuckets: true
        VersioningConfiguration:
          Status: Enabled
```

---

[17] 'AWS::S3::Bucket,' AWS CloudFormation, Amazon Web Services, https://docs.aws.amazon.com/AWSCloudFormation/latest/UserGuide/aws-properties-s3-bucket.html

이러한 S3 설정은 다음과 같은 기능을 제공한다.

- 업로드 성능 최적화
- 버킷 소유자만 버킷을 수정할 수 있도록 액세스 제어 설정
- 디폴트 암호화를 AES-256으로 설정
- 90일 후 데이터 만료 및 자동 삭제
- 모든 퍼블릭 액세스 차단
- 객체를 업데이트할 때 이전 버전의 데이터 유지

이러한 설정은 디폴트 설정, 암호화, 중요 데이터 수명과 같은 주제를 포함한다.

Serverless 구성에 다음 설정을 추가하면 캐싱 및 보안 헤더를 처리할 수 있다.

- WebsiteConfiguration
- CorsConfiguration

이 설정들은 선택적으로 적용 가능한 항목이며, 각 설정은 비즈니스 및 기술적 요구 사항에 따라 달라질 수 있기 때문에 앞에서 소개한 예제에서는 생략했다. 모든 상황에 적합한 단일 설정은 존재하지 않는다.

AWS Lambda

디폴트 Lambda 설정은 저장 중이거나 전송 중인 데이터를 보호하기 위한 별도의 보안 구성을 포함하진 않지만, 디폴트 값 자체가 곧바로 위험하다는 의미는 아니다. 이벤트 소스를 명시적으로 정의하지 않으면 해당 함수는 외부에서 트리거될 수 없다. 함수는 코드에서 명시한 응답만 반환하며, 경우에 따라 빈 응답이 될 수도 있다. 코드에서 지정하지 않는 한 외부 리소스에 접근하지 않으며, 환경 변수나 소스 코드에 민감 데이터가 포함돼 있지 않다면 해당 데이터를 보유하지도 않는다.

AWS는 서비스 이용자를 대신해 보안의 일부를 처리한다. Lambda가 수신하는 데이터[18]를 자동으로 암호화하고, API Gateway는 모든 HTTP 요청을 HTTPS로 자동 리디렉션한다. 하지만 애플리케이션 코드에서는 여전히 HTTPS 요청만 사용하도록 명확히 구현해야 한다. 모든 이벤트 트리거는 AWS 내부 네트워크를 통해 전달되며 보안 프로토콜을 기반으로 전송한다.[19] 또한, Lambda를 지원하는 데 사용하는 소프트웨어를 정기적으로 유지 보수한다.[20] 하지만 여전히 사용자가 직접 구성해야 할 몇 가지 항목들이 있다.

Lambda 함수에는 적용 가능한 보안 설정을 최대한 활성화해야 한다. 함수 코드가 외부 리소스에 요청을 보낼 때는 대상이 HTTP만 지원하는 경우를 제외하고는 항상 HTTPS를 사용해야 한다. 암호화를 통해 시크릿을 보호하고 민감 데이터는 환경 변수에 포함하지 않도록 해야 한다(8장 참고). npm 로깅 패키지(예: debug[21] 및 Winston[22])를 사용할 때는 민감 데이터가 로그에 포함되지 않도록 주의해야 한다. 로그 보존 기간을 정의해 CloudWatch에 저장된 로그를 자동으로 삭제할 수 있다(예제 10-4 참고). HTTP(S) 응답에 보안 헤더를 적절히 추가할 수 있다(예제 10-5 참고).

예제 10-4. Serverless 구성에서 CloudWatch 로그 보존 활성화 예시

```
provider:
  logRetentionInDays: 1
```

예제 10-5. 보안 헤더로 응답하는 Lambda 함수 예시

```
'use strict';
const headers = {
  'Strict-Transport-Security': 'max-age=63072000;' +
```

---

18 'AWS Lambda의 데이터 보호.' AWS Lambda 개발자 가이드. Amazon Web Services. https://docs.aws.amazon.com/lambda/latest/dg/security-dataprotection.html

19 'AWS Lambda의 인프라 보안.' AWS Lambda 개발자 가이드. Amazon Web Services. https://docs.aws.amazon.com/lambda/latest/dg/security-infrastructure.html

20 'AWS Lambda의 구성 및 취약성 분석.' AWS Lambda 개발자 가이드. Amazon Web Services. https://docs.aws.amazon.com/lambda/latest/dg/security-configuration.html

21 'debug.' npm. www.npmjs.com/package/debug

22 'winston.' npm. www.npmjs.com/package/winston

```
      ' includeSubdomains; preload',
    'Content-Security-Policy':
      "default-src 'none'; img-src 'self';"+
      " script-src 'self'; style-src 'self';" +
      " object-src 'none'",
    'X-Content-Type-Options': 'nosniff',
    'X-Frame-Options': 'DENY',
    'X-XSS-Protection': '1; mode=block',
    'Referrer-Policy': 'same-origin'

};
module.exports.handler = (event, content, callback) => {
  callback(null, {
    statusCode: 200,
    headers
  });
};
```

또한, 환경 변수에 대한 암호화를 적용해 보안을 한층 더 강화할 수 있다(예제 10-6 참고).

예제 10-6. Serverless 구성에서 미사용 환경 변수 암호화를 활성화하는 예제

```
custom:
  keyPrefix: arn:aws:kms:us-east-1:123456789012:key
  keyId: dc435c97-f2da-4d59-971b-2694d57f0b63
functions:
  myFunction:
    handler: myFunction.handler
    awsKmsKeyArn: ${self:custom.keyPrefix}/${self:custom.keyId}
    environment:
      SECRET_NAME: encryptedAtRestButNotInUse
```

Lambda 함수가 항상 HTTPS를 사용하고, 코드나 환경 변수에 민감 데이터가 포함되지 않으며, 적절한 보안 응답 헤더를 전송할 수 있도록 관련 설정을 철저히 관리해야 한다.

Amazon DynamoDB

Serverless Framework로 DynamoDB 테이블을 생성하려면, Serverless 구성 파

일에 관련 설정을 추가해야 한다. 최소 설정(예제 10-7 참고)을 사용하면 Serverless Framework에서 AWS가 관리하는 암호화 키를 사용해 디폴트 암호화를 활성화한다.[23] AWS는 AWS SDK 및 API 호출을 사용할 때 서비스[24] 외부로 DynamoDB 데이터를 전송할 때 자동으로 암호화한다.[25] 또한, DynamoDB 서비스를 구성하는 인프라 소프트웨어 역시 AWS가 주기적으로 유지 관리한다.[26]

예제 10-7. Serverless 구성의 최소 DynamoDB 설정

```
resources:
  Resources:
    DataTable:
      Type: AWS::DynamoDB::Table
      Properties:
        AttributeDefinitions:
          - AttributeName: Id
            AttributeType: S
        KeySchema:
          - AttributeName: Id
            KeyType: HASH
        ProvisionedThroughput:
          ReadCapacityUnits: 1
          WriteCapacityUnits: 1
        TableName: ${self:service}-${self:provider.region}-data
```

CMK를 사용하도록 암호화를 변경하고 TTL^{Time-To-Live} 설정을 추가해 데이터가 일정 시간이 지나면 자동으로 만료되도록 설정할 수도 있다(예제 10-8 참고). TTL은 각 항목에 지정된 특정 필드를 기준으로 작동하며, 해당 필드에는 만료 시각이 저장된다. 현재 시간이 이 값보다 커지면, DynamoDB는 해당 항목을 자동으로 삭제한다.

---

23 'DynamoDB 저장 데이터 암호화.' Amazon DynamoDB 개발자 가이드. Amazon Web Services. https://docs.aws.amazon.com/amazondynamodb/latest/developerguide/EncryptionAtRest.html
24 '인터네트워크 트래픽 보호.' Amazon DynamoDB 개발자 가이드. Amazon Web Services. https://docs.aws.amazon.com/amazondynamodb/latest/developerguide/inter-network-traffic-privacy.html
25 'Amazon DynamoDB의 인프라 보안.' Amazon DynamoDB 개발자 가이드. Amazon Web Services. https://docs.aws.amazon.com/amazondynamodb/latest/developerguide/network-isolation.html
26 'Amazon DynamoDB의 구성 및 취약성 분석.' DynamoDB 개발자 가이드. Amazon Web Services. https://docs.aws.amazon.com/amazondynamodb/latest/developerguide/configuration-vulnerability.html

예제 10-8. Serverless 구성에서 업데이트된 DynamoDB 설정 예시

```
resources:
  Resources:
    DataTable:
      Type: AWS::DynamoDB::Table
      Properties:
        # 모든 속성 리스트는
        # AWS CloudFormation 레퍼런스 참고
        # https://docs.aws.amazon.com/AWSCloudFormation/latest/UserGuide/aws-resource-dynamodb-table.html
        AttributeDefinitions:
          - AttributeName: Id
            AttributeType: S
        KeySchema:
          - AttributeName: Id
            KeyType: HASH
        ProvisionedThroughput:
          ReadCapacityUnits: 1
          WriteCapacityUnits: 1
        SSESpecification:
          KMSMasterKeyId: arn:aws:kms:us-east-1:123456789012:key/dc435c97-f2da-4d59-971b-2694d57f0b63
          SSEEnabled: true
          SSEType: KMS
        TableName: ${self:service}-${self:provider.region}-data
        TimeToLiveSpecification:
          AttributeName: Ttl
          Enabled: true
```

민감 데이터는 데이터베이스에 저장하기 전에 비밀 키 또는 CMK를 사용해 암호화하는 것이 좋다. 이렇게 하면 설령 데이터가 외부에 유출되더라도 키 없이는 복호화할 수 없어 보안이 한층 강화된다.

Amazon API Gateway

API Gateway는 기본적으로 HTTPS 엔드포인트를 사용하며, HTTP 요청이 들어오면 이를 자동으로 HTTPS로 리디렉션한다. 민감 데이터를 보다 안전하게 보호하려면

CORS를 활성화하고, 캐시 설정을 조정하는 것이 좋다.

기본적으로는 CORS가 비활성화돼 있으며, 각 HTTP(S) 엔드포인트에 대해 개별적으로 활성화해야 한다(예제 10-9 참고). 또한, 캐시 정책을 설정해 캐시를 활성화하거나 비활성화할 수도 있다.

예제 10-9. Serverless 구성에서 CORS를 활성화하는 예제

```
functions:
  myFunction:
    handler: myFunction.handler
    events:
      - http: # 기본적으로 HTTPS를 사용한다.
    path: myFunction
    method: get
    cors:
      origin: 'myservice.com'
      maxAge: 600
      allowCredentials: false
      cacheControl: |
        max-age=600, s-maxage=600,
        proxy-revalidate, private
sensitiveData:
  handler: sensitiveData.handler
  events:
    - http:
      path: sensitiveData
      method: get
      cors:
        origin: 'myservice.com'
        maxAge: 600
        allowCredentials: false
        cacheControl: 'no-cache, no-store, no-transform'
```

API Gateway 로깅을 활성화할 수 있는 옵션이 있다(예제 10-10 참고). 전체 실행 데이터 로깅은 모든 HTTP(S) 요청을 기록하며, 요청 내에서 수신된 민감 데이터를 기록한다는 것을 의미하기 때문에 전체 실행 데이터 로깅을 비활성화하는 것을 고려해야 한다.

예제 10-10. Serverless 구성에서 API Gateway 로깅 활성화 예시

```
provider:
  logs:
    restApi:
      accessLogging: true
      format: 'requestId: $context.requestId'
      executionLogging: true
      level: INFO
      fullExecutionData: false
```

민감 데이터가 의도하지 않은 수신자에게 노출되는 것을 방지하려면 전체 HTTP(S) 요청을 로깅하지 않고 API Gateway에 CORS 설정도 함께 구성해야 한다.

AWS Trusted Advisor

Trusted Advisor 서비스는 비용 최적화, 성능, 보안, 결함 허용성, 서비스 제한의 다섯 가지 핵심 영역에 대해 AWS 리소스와 서비스 상태를 자동으로 점검해 준다.[27] 핵심 보안 점검과 서비스 제한 점검은 무료로 제공되며, 여기에는 다음과 같은 서버리스 환경 관련 항목도 포함된다.

- S3 버킷의 IAM 권한
- IAM 사용자, 그룹, 정책, 역할
- IAM 인스턴스 프로필
- 서버 인증서
- DynamoDB 읽기 및 쓰기 용량
- 키네시스 스트림Kinesis Streams 샤드shard
- SES 일일 전송 할당량

---

27 'AWS Trusted Advisor.' Amazon Web Services. https://aws.amazon.com/premiumsupport/technology/trusted-advisor/

유료 또는 무료 티어를 사용하는 경우 이 외에도 더 많은 점검 항목과 아키텍처 개선 가이드, 다양한 추가 혜택이 제공된다.[28]

Azure

이제 앞에서 소개한 일반적인 보안 원칙이 Azure 기반의 서버리스 애플리케이션에는 어떻게 적용되는지 살펴보자. 이어지는 절들에서 설명된 Azure 기능은 이 책을 작성한 시점을 기준으로 사용 가능한 기능을 바탕으로 한다.

Azure Functions

AWS Lambda 함수와 마찬가지로, Azure Functions도 저장되거나 전송 중인 데이터를 보호하기 위한 설정을 기본적으로 제공하지 않는다. 그러나 디폴트 값이라고 해서 곧바로 위험한 것은 아니며, Azure는 일부 보안 책임을 직접 수행한다. Azure는 Azure Functions 및 전체 Azure 클라우드 서비스로 전송되는 데이터를 자동으로 암호화한다.[29] HTTP를 사용해 Azure Functions를 트리거할 때 API Management는 '404 리소스를 찾을 수 없음' 응답을 반환한다. Azure Functions을 지원하는 데 사용하는 소프트웨어[30]를 정기적으로 유지 관리하지만, 모든 보안 요소가 자동으로 관리되는 것은 아니며 여전히 사용자가 직접 구성해야 할 부분이 있다.

AWS 섹션에 언급된 것과 동일한 보안 수칙(HTTPS 요청, 시크릿 보호(8장 참고), 민감 데이터 로깅 방지 및 보안 헤더 추가)을 적용해야 한다(예제 10-11 참고).

예제 10-11. 보안 헤더로 응답하는 Azure 함수의 예제

```
'use strict';
const headers = {
  'Strict-Transport-Security': 'max-age=63072000;' +
      ' includeSubdomains; preload',
```

---

28 'AWS Support 플랜 비교.' AWS Support. Amazon Web Services. https://aws.amazon.com/premiumsupport/plans/
29 'Azure 암호화 개요.' Azure 보안 기본 문서. Microsoft. https://docs.microsoft.com/ko-kr/azure/security/fundamentals/encryption-overview
30 'Azure 인프라 모니터링.' Azure 보안 기본 문서. Microsoft. https://docs.microsoft.com/en-us/azure/security/fundamentals/infrastructure-monitoring

```
  'Content-Security-Policy':
    "default-src 'none'; img-src 'self';" +
    " script-src 'self'; style-src 'self';" +
    " object-src 'none'",
  'X-Content-Type-Options': 'nosniff',
  'X-Frame-Options': 'DENY',
  'X-XSS-Protection': '1; mode=block',
  'Referrer-Policy': 'same-origin'
};
module.exports.handler = async (context, req) => {
  context.res = {
    status: 200,
    headers
  };
};
```

Serverless Framework가 함수를 배포할 때 함수 코드를 암호화하지 않고, ZIP 파일로 압축한 뒤 업로드한다. 함수 코드를 Azure Blob Storage에 ZIP 파일 형태로 저장한 후, CMK를 사용해 해당 파일을 암호화할 수 있다. 이후 Azure Functions에서 이 암호화된 ZIP 파일을 참조하도록 구성할 수 있으며, 이러한 방식은 Serverless Framework에서도 적용할 수 있다(예제 10-12 참고).[31]

예제 10-12. 저장소에서 Azure Function 코드를 로드하는 Serverless 구성 예제

```
deploy:
  runFromBlobUrl: true
```

Azure Functions에서는 HTTPS를 사용하고, 코드나 환경 변수에 민감 데이터를 포함하지 않으며, 적절한 보안 응답 헤더를 전송할 수 있도록 관련 설정을 철저히 관리해야 한다.

---

31 '고객 관리형 키를 사용한 저장된 데이터 암호화.' Azure Functions 문서. Microsoft. https://learn.microsoft.com/en-us/azure/azure-functions/configure-encrypt-at-rest-using-cmk

Azure Blob Storage

Serverless Framework는 Serverless 구성을 배포할 때 Azure Blob Storage 계정을 자동으로 생성하지만, 추가적인 스토리지 계정은 지원하지 않기 때문에 사용자가 직접 수동으로 생성해야 한다. 마이크로소프트 관리 키[32]를 사용해 256비트 AES 암호화를 디폴트로 사용하도록 설정하고 비공개로 설정한다(즉, 퍼블릭 액세스 없음). 하지만 기본적으로 보안 전송(HTTPS), CORS 정의, 소프트 삭제 관련 설정은 적용되지 않으며 마이크로소프트에서 권장하는 기타 많은 설정도 적용되지 않는다.[33] Serverless Framework는 이러한 보안 설정을 구성할 수 있는 기능을 제공하지 않기 때문에 필요한 경우 사용자가 직접 외부에서 수동으로 활성화해야 한다.

Azure Cosmos DB

Serverless Framework는 Azure Cosmos DB 데이터베이스 생성을 지원하지 않기 때문에 사용자가 직접 수동으로 생성해야 한다. 이때 마이크로소프트에서 제공하는 보안 권장 사항을 따르는 것이 중요하다.[34] 다행히 마이크로소프트는 디폴트로 암호화를 사용하도록 설정한다.[35] 마이크로소프트에서 관리하는 키 대신 고객 마스터 키를 사용할 수 있는 옵션이 있다. 또한, 개인 키를 사용해 데이터를 수동으로 암호화하고 복호화할 수 있다. Serverless Framework 외부에서 원하는 수준의 보안을 수동으로 구현하고, 데이터베이스에 쓰기 전에 비밀 키 또는 CMK로 암호화해 민감 데이터를 보호하는 것을 고려해야 한다.

Azure API Management

Serverless Framework는 API Management를 사용해 API 생성을 지원한다. 이를 통

---

32 '저장된 데이터에 대한 Azure 스토리지 암호화.' Azure 스토리지 문서. https://docs.microsoft.com/en-us/azure/storage/common/storage-service-encryption

33 'Blob 스토리지에 대한 보안 권장 사항.' Azure 스토리지 문서. Microsoft. https://docs.microsoft.com/en-us/azure/storage/blobs/security-recommendations

34 'Azure Cosmos DB의 데이터베이스 보안 개요.' Azure Cosmos DB 문서. Microsoft. https://docs.microsoft.com/en-us/azure/cosmos-db/database-security

35 'Azure Cosmos DB의 데이터 암호화.' Azure Cosmos DB 문서. https://docs.microsoft.com/en-us/azure/cosmos-db/database-encryption-at-rest

해 프로토콜(예: HTTPS)을 지정하고, CORS를 활성화하고, 요청에 API 키, JWT 유효성 검증, 헤더 유효성 검증 또는 IP 유효성 검증이 필요한지 여부를 지정할 수 있다(예제 10-13 참고).

예제 10-13. API Management 보안 설정 활성화의 오픈 소스 예시[36]

```
provider:
  apim:
    apis:
      - name: products-api
        subscriptionRequired: false
        displayName: Products API
        description: The Products REST API
        protocols:
          - https
        path: products
        tags:
          - tag1
        authorization: none
        backends:
          - name: products-backend
            url: api/products
        cors:
          allowCredentials: false
          allowedOrigins:
            - "*"
          allowedMethods:
            - GET
            - POST
            - DELETE
          allowedHeaders:
            - "*"
          exposeHeaders:
            - "*"
```

---

[36] Copyright 2016 Serverless. 이 코드는 MIT 라이선스에 따라 라이선스가 부여된다. https://github.com/serverless/serverless-azure-functions/blob/master/docs/examples/apim.md

HTTP는 디폴트로 허용되기 때문에 HTTPS를 활성화하고 HTTP는 비활성화해야 한다. 또한, CORS 설정은 허용할 도메인, HTTP 메서드, 요청 헤더를 구체적으로 제한하는 것이 바람직하다. 보안을 강화하려면 필요한 경우 API 구독 키 기능을 활성화하는 것도 고려할 수 있다.[37]

API Management는 네트워크 격리 및 터널링, 로깅, 인증 및 권한 부여, 마이크로소프트 관리 키를 사용한 저장 데이터 암호화, 전송 중인 데이터 암호화, 소프트웨어의 지속적인 보안 업데이트 및 유지 보수 같은 보안 제어 기능을 기본적으로 제공한다.[38]

Azure Security Center

Azure Security Center(현재는 Microsoft Defender for Cloud)는 애플리케이션의 보안 상태를 개선하는 데 도움이 되는 Azure 서비스다. 이 서비스는 보안 모범 사례와 일반적인 보안 구성 오류를 기반으로 보안 권장 사항을 제공한다.[39] 이 센터를 사용해 Azure 보안 제어를 기반으로 조직 보안 정책을 만들고 관리할 수 있다. 보안 위협(예: 무차별 대입 공격)을 탐지하고 보호하는 기능을 제공한다. 무료 티어는 지속적인 평가 및 보안 권장 사항과 Azure App Services(Serverless Framework에서 Azure Functions 배포하는 데 사용)의 보안 점수를 제공한다.[40] Azure App Services 및 Azure Storage 계정에서 위협 보호를 사용하려면 표준 티어로 업그레이드하는 것을 고려할 수 있다.

Google Cloud

마지막으로, 앞에서 설명한 일반적인 보안 원칙들이 Google Cloud의 서버리스 애플리케이션에는 어떻게 적용되는지를 살펴보겠다.

---

37 'Azure API Management 구독.' API 관리 문서. Microsoft. https://docs.microsoft.com/en-us/azure/api-management/api-management-subscriptions

38 'API Management 보안 제어.' API 관리 문서. https://docs.microsoft.com/en-us/azure/api-management/api-management-security-controls

39 '클라우드용 Microsoft Defender란?' Azure 보안 센터 문서. Microsoft. https://docs.microsoft.com/en-us/azure/security-center/security-center-intro

40 '클라우드용 Microsoft Defender 가격.' Microsoft. https://azure.microsoft.com/en-us/pricing/details/security-center/

Cloud Function

AWS Lambda 함수와 마찬가지로 Google Cloud Function은 저장 중이거나 전송 중인 데이터에 대한 보안 설정을 기본적으로 제공하지 않는다. 하지만 이는 곧바로 위험하다는 의미는 아니며, Google Cloud는 일부 보안 기능을 자동으로 제공한다. Cloud Function 및 모든 Google Cloud 서비스로 전송되는 데이터는 자동으로 암호화된다.[41] Google Function은 HTTPS 요청을 지원하지만, 기본적으로 HTTP 요청도 허용되므로 애플리케이션 코드에서는 항상 HTTPS만 사용되도록 구현해야 한다. Google Cloud를 지원하기 위해 사용하는 소프트웨어[42]를 정기적으로 유지 관리하지만, 여전히 사용자가 직접 구성해야 하는 보안 항목들이 존재한다.

AWS 섹션에서 언급한 것과 동일한 보안 수칙(HTTPS 요청, 시크릿 보호(8장 참고), 중요 데이터 로깅 방지, 보안 헤더 추가 등)을 적용해야 한다(예제 10-14 참고).

예제 10-14. 보안 헤더로 응답하는 Google 함수의 예시

```
exports.http = (request, response) => {
  console.log('request', request);
  console.log()
  response.set(
    'Access-Control-Allow-Origin',
    'https://mydomain.com',
  );
  response.set('Access-Control-Allow-Credentials', 'true');
  response.set(
    'Strict-Transport-Security',
    'max-age=63072000; includeSubdomains; preload'
  );
  response.set(
  'Content-Security-Policy',
  "default-src 'none'; " +
  "img-src 'self'; " +
  "script-src 'self'; " +
  "style-src 'self'; " +
```

---

[41] 'Google Cloud의 전송 시 암호화.' Google Cloud Encryption Whitepaper. Google Cloud. https://cloud.google.com/security/encryption-in-transit/resources/encryption-in-transit-whitepaper.pdf

[42] 'Google Cloud 보안 쇼케이스.' Google. https://cloud.google.com/security/showcase

```
    "object-src 'none'");
  response.set('X-Content-Type-Options', 'nosniff');
  response.set('X-Frame-Options', 'DENY');
  response.set('X-XSS-Protection', '1; mode=block');
  response.set('Referrer-Policy', 'same-origin');
  response.status(200).send();
};
```

Google Cloud Logging의 로그 보관 기간 짧은데, 기본적으로 30일이다.[43] gcloud CLI를 사용해 로그 보관 기간을 지정할 수 있다(예제 10-15 참고).[44]

예제 10-15. Google Cloud 로그 보관 구성 예시

```
gcloud beta logging buckets update _Default \
--location=global --retention-days=30
```

Google Cloud Function에서는 HTTPS를 사용하고, 코드 및 환경 변수에 민감 데이터가 포함되지 않도록 하며, 보안 응답 헤더를 전송하고 로그 보관 기간도 적절히 구성할 수 있도록 설정해야 한다.

Cloud Storage

Serverless Framework는 Serverless 구성을 배포할 때 Cloud Storage 버킷을 자동으로 생성하며, 이 버킷은 배포 파일을 저장하는 용도로 사용된다. 기본적으로 구글이 관리하는 키를 사용해 암호화가 활성화되며, Google Cloud 프로젝트의 소유자, 편집자, 조회 권한자에게만 접근이 허용되는 보안 액세스 제어가 적용된다. 하지만 삭제 또는 수정을 방지하기 위한 보관 정책, 데이터 수명 주기 규칙, 이벤트 기반 보류(즉, '삭제하지 않음' 설정)는 활성화되지 않는다.[45] 이 책을 작성하는 시점에는 Serverless Framework에서 이러한 보안 설정을 지원하지 않기 때문에 필요한 경우 외부에서 수동으로 설정을 활성화해야 한다.

---

43 '할당량 및 한도.' 관리 도구. Google. https://cloud.google.com/logging/quotas
44 '로그 저장.' 관리 도구. Google. https://cloud.google.com/logging/docs/storage#custom-retention
45 '보관 정책 및 버킷 잠금.' 클라우드 스토리지 문서. Google. https://cloud.google.com/storage/docs/bucket-lock

Serverless Framework를 사용하면 원하는 보안 설정을 적용한 상태로 Cloud Storage 버킷을 배포하도록 선택할 수 있다. Serverless Framework는 Google Cloud Deployment Manager 구성을 지원하며, Google Cloud 문서에서는 이를 위한 배포 구성 예시를 제공하고 있다.[46]

Cloud Database

앞에서 언급했듯이 Serverless Framework는 Google Cloud Deployment Manager 구성을 지원한다. 이 구성을 활용하면 Serverless Framework를 통해 Google Cloud Firestore 또는 Firebase Realtime Database 데이터베이스를 생성할 수 있다.

Google Cloud는 Cloud Firestore에 저장되는 데이터를 자동으로 암호화한다.[47] 민감 데이터를 데이터베이스에 쓰기 전에 비밀 키나 CMK로 암호화해 보호하는 것을 권장한다.

Security Command Center

Security Command Center는 Google Cloud에서 제공하는 보안 서비스로, 애플리케이션의 선반석인 보안 상태를 모니터링하고 강화하는 데 활용할 수 있다. 이 서비스는 민감 데이터의 실수로 인한 노출을 방지하고, 로그 감사, 액세스 제어 설정 모니터링, 웹 취약점 탐지 등의 기능을 제공한다.[48] 이 서비스는 무료이지만 Google Cloud 조직 리소스 내에서만 활성화할 수 있다(6장 참고). 보안 상태를 개선하기 위해 Security Command Center를 사용하는 것도 고려할 수 있다.[49]

---

46 'Cloud Foundation 툴킷의 예제 템플릿.' Google Cloud 배포 관리자 문서. Google. https://cloud.google.com/deployment-manager/docs/reference/cloud-foundation-toolkit

47 '서버 측 암호화.' Cloud Firestore 문서. Google. https://cloud.google.com/firestore/docs/server-side-encryption

48 'Security Command Center.' Google. https://cloud.google.com/security-command-center

49 'Google Cloud 보안 기본 가이드.' Google Cloud 백서. Google Cloud. 2022년 12월. https://services.google.com/fh/files/misc/google-cloud-security-foundations-guide.pdf

주요 내용

10장에서는 민감 데이터 노출과 잘못된 보안 구성을 줄이기 위한 주요 보안 원칙들을 살펴봤다. 암호화, 키 관리, 민감 데이터의 수명 관리, 소프트웨어 업데이트, 보안 및 취약성 스캐너, 보안 헤더 설정 등을 통해 애플리케이션의 전반적인 보안 상태를 강화할 수 있다. 또한, 디폴트 설정 및 계정을 재구성하고, 캐싱과 로깅을 신중히 관리하며, 코드 및 설정 소스를 안전하게 보호함으로써 민감 데이터가 실수로 노출되는 위험을 줄여야 한다. 어떤 데이터가 민감한지 식별하고, 노출 가능성이 있는 경로를 점검한 뒤, 이에 맞는 보호 조치를 선택해 구현하는 과정이 중요하다. 마지막으로, 이러한 원칙들을 AWS, Azure, Google Cloud 환경에서 어떻게 적용할 수 있는지를 구체적으로 살펴보며 10장을 마무리했다.

CHAPTER 11

모니터링, 감사, 경고

11장에서는 모니터링, 감사, 경고에 대해 다룬다. 모니터링은 애플리케이션을 평가하는 데 사용하는 프로세스와 도구를 의미하고, 감사는 원하는 설정에서 벗어난 부분을 찾아내는 과정이다. 경고는 모니터링 또는 감사 결과가 발생했을 때, 알림notification을 생성하고 전달하는 과정을 말한다. 11장에서는 모니터링, 감사, 경고를 구현하는 데 사용할 수 있는 클라우드 서비스 제공자의 서비스를 검토한다.

모니터링, 감사, 경고의 중요성

OWASP Top Ten[1]과 서버리스에 대한 해석[2]에서는 불충분한 로깅 및 모니터링[3]이 보안 위험으로 포함돼 있다. 로깅을 통해 애플리케이션은 다양한 로그 레벨의 로그 레코드를 생성해 애플리케이션의 상태를 기록할 수 있다. 디버그debug 로그는 일반적인 로깅보다 훨씬 더 많은 정보와 세부 데이터를 제공한다. 정보information 로그는 실행에 대

---

1 'OWASP Top 10 (2017).' OWASP. 2017. https://owasp.org/www-project-top-ten/OWASP_Top_Ten_2017/
2 'OWASP Top 10 (2017): 서버리스에 대한 해석.' OWASP. 2017. https://github.com/OWASP/Serverless-Top-10-Project/raw/master/OWASP-Top-10-Serverless-Interpretation-en.pdf
3 'A10:2017-불충분한 로깅 및 모니터링.' 2017년 OWASP Top 10. OWASP Foundation. 2017. https://owasp.org/www-project-top-ten/OWASP_Top_Ten_2017/Top_10-2017_A10-Insufficient_Logging%252526Monitoring

한 기록을 제공한다. 경고^{warning} 로그는 프로세스가 정상적으로 실행되지는 않았지만 실패하지 않은 경우를 알려 준다. 에러^{error} 로그는 프로세스가 적절하게 실행되지 않아 복구할 수 없을 경우를 알려 준다. 일부 로깅 도구는 이보다 더 세분되거나 단순한 로그 레벨을 제공하기도 한다. 이렇게 구분된 각 로그 레벨은 모니터링 시스템에서 유용하게 활용될 수 있다.

로그 레벨은 개발 또는 운영 단계에 따라 활성화되며, 이를 기반으로 애플리케이션을 모니터링할 수 있다. 대부분의 경우 디버그 로그는 운영 단계가 아닌 개발 단계에서 활성화된다. 디버그 로그는 상세한 정보(예: 변수 값)를 제공하기 때문에 애플리케이션 오류를 해결하는 데 활용할 수 있다. 디버그 로그를 모니터링하면 코드를 운영 환경에 배포하기 전에 잠재적인 문제를 조기에 발견할 수 있다. 정보 로그는 시스템이 정상적이고 최적의 조건에서 어떻게 작동하는지를 평가하는 데 사용된다. 이를 모니터링하면 시스템이 정상적으로 작동할 때의 패턴을 파악할 수 있으며, 해당 패턴에서 벗어나기 시작하면 성능 저하와 같은 이상 징후를 감지할 수 있다. 경고 로그는 시스템 성능 저하에 대한 정보를 캡처하는 데 유용하다. 이러한 로그를 모니터링하면 소프트웨어 변경 이후 결함이 발생한 시점이나 타사 서비스(예: 신용카드 판매자 API)에 문제가 발생한 시점을 식별할 수 있다. 에러 로그는 애플리케이션의 정상적인 작동을 방해하는 오류 정보를 기록한다. 이를 모니터링하면 적절한 팀에 경고를 전달해 장애 상황에 빠르게 대응할 수 있다. 일반적으로 운영 환경에서는 정보, 경고, 에러 로그가 주로 기록된다.

로그가 생성되지 않으면 장애나 악의적인 활동을 탐지할 수 없다. 예를 들어, 악의적인 공격자가 다크 웹에서 수많은 신용카드 정보를 구매한 뒤 이를 이용해 결제를 시도한다고 가정해 보자. 이러한 신용카드 결제 실패는 경고 또는 에러 로그로 기록될 수 있으며, 이 로그가 기록되지 않으면 모니터링 시스템은 실패 건수의 증가나 관련된 사용자의 식별 정보를 파악할 수 없다. 이 상황을 지원 팀에 알리지 못하면 공격자는 도난당한 신용카드 번호로 실제 구매를 시도하고 성공할 수 있다. 대응 팀이 이런 악의적인 활동을 신속하게 탐지하고 차단하지 못하면, 기업은 금전적 피해를 입을 수 있고 고객의 신뢰를 잃게 된다.

애플리케이션 외부에서 발생하는 악의적인 활동을 식별하기 위해 시스템 감사를 수행한다. 감사는 애플리케이션과 인프라가 예상한 구성을 유지하고 있는지를 확인하는 일종의 모니터링으로 볼 수 있다. 감사를 수행하지 않으면, 악의적인 공격자가 보안 설정을 약화시키거나 애플리케이션을 장악할 수 있는 기회를 얻게 된다. 예를 들어, 고객이 업로드한 이미지를 비공개 스토리지 버킷에 저장하도록 돼 있지만, 공격자가 이 버킷을 수정할 수 있는 충분한 권한을 획득했다고 가정해 보자. 이 경우 공격자는 버킷 설정을 퍼블릭 액세스로 변경할 수 있으며, 그렇게 되면 원래 비공개였던 모든 고객 이미지가 인터넷을 통해 누구나 접근할 수 있는 상태가 된다. 만약 감사가 제대로 이뤄졌다면, 너무 많은 이미지가 노출되기 전에 해당 변경 사항을 탐지하고 대응할 수 있었을 것이다. 반대로, 정기적 또는 지속적인 감사가 없었다면, 변경 사항을 파악하지 못하고 버킷 설정을 비공개로 되돌려 노출을 최소화하는 것도 불가능했을 것이다.

모니터링

모니터링은 서버리스 애플리케이션의 상태를 평가하는 데 사용할 수 있다. 이를 통해 애플리케이션이 정상적으로 작동할 때 어떤 방식으로 동작하는지를 이해할 수 있다. 함수 실행 시간, 로깅, 스토리지 사용량, API 게이트웨이의 상태 코드, 데이터베이스의 읽기 및 쓰기 요청, 비용 등 다양한 측정 지표를 통해 애플리케이션의 동작 패턴을 확인할 수 있다. 서버리스 애플리케이션을 지속적으로 모니터링하면 성능이 저하되거나 장애가 발생한 시점을 식별할 수 있다. 애플리케이션 모니터링에 도움이 되는 일반적인 원칙과 주요 클라우드 서비스 제공자가 제공하는 관련 기능들을 살펴보겠다.

일반적인 원칙

애플리케이션을 모니터링하는 방법은 애플리케이션의 설계, 비즈니스 및 보안 요구 사항, 예산에 따라 달라질 수 있다. 하지만 모니터링 솔루션을 구현할 때 고려해야 할 몇 가지 일반적인 원칙이 있다.

비용

회사의 재무 상태는 조직의 성공 여부를 좌우할 수 있으며, 서버리스 애플리케이션의 개발과 운영에 대한 지속적인 투자를 받을 수 있을지를 결정하는 요소이기도 하다. 따라서 모니터링에서 가장 먼저 고려해야 할 항목은 비용billing이다. 클라우드 서비스 제공자 계정의 비용 상태를 정확히 모니터링해야 한다.

서버리스 애플리케이션은 일반적인 서버 기반 애플리케이션에 비해 비용 절감 효과가 크기 때문에 많은 인기를 얻고 있다. 클라우드 서비스 제공자는 일반적으로 사용량과 스토리지 기반으로 요금을 청구하거나 일정 범위 내에서 애플리케이션을 무료로 실행할 수 있는 무료 티어를 제공한다. 하지만 애플리케이션의 인기가 높아지고 사용자 수가 증가하면 그에 따라 비용도 증가할 수 있다. 뿐만 아니라, 사용자 증가 외에도 다양한 이유로 비용이 급증할 수 있다. 예를 들어, 비효율적인 프로세스가 자주 실행되거나, 클라우드 서비스 제공자의 요금 정책이 변경되거나, 순환 실행 버그가 발생하거나, 그 외 여러 예상치 못한 이유가 있을 수 있다. 서버리스 환경에서는 비용을 낮게 유지하는 것을 목표로 해야 하며, 비용이 증가했을 때 그 원인을 면밀히 분석하고 대응하는 노력이 필요하다.

공격자가 실행 시간이 오래 걸리는 서버리스 함수에 수천 개의 요청을 보내는 DDoS 공격을 시도할 경우, 애플리케이션이 이러한 공격에 취약할 수 있다.

이 서버리스 함수는 요청 입력을 받아 GraphQL 쿼리를 생성하며, GraphQL 구성에서는 쿼리 내에 추가 쿼리를 포함할 수 있는데, 이를 중첩 쿼리nesting query라고 한다. 공격자는 여러 단계의 중첩이 포함된 GraphQL 쿼리를 유도하는 입력을 보낸다. 중첩 쿼리로 인해 GraphQL 응답이 함수가 반환 응답을 보내도록 하는 데 몇 초가 걸릴 수 있다 (최대 허용 실행 시간까지).[4] 이 한 번의 함수 실행만으로도 많은 비용이 발생할 수 있으며, 공격자가 동시에 여러 함수를 전송한다면 애플리케이션이 응답하지 않게 되고, 비용이 급격히 증가할 수 있다. 비용을 모니터링하면 이러한 이상 징후를 조기에 발견하고, 비용이 집중적으로 발생하는 영역에서 애플리케이션을 최적화하는 방법을 찾을 수 있다.[5]

---

4 이 익스플로잇에 대해 OWASP AppSec 캘리포니아 2019 콘퍼런스에서 알게 됐다. '서버리스 및 GraphQL 애플리케이션에 대한 공격자의 관점.' 아비 바르가브(Abhay Bhargav). AppSec California 2019. OWASP. www.youtube.com/watch?v=wCRkmeLYhYQ

5 모니터링 외에도 비용 한도를 구현해 비용이 지정된 금액을 초과하지 않도록 할 수 있다. 한도를 구현하는 것은 양날의 검도도 같다. DDoS 공격과 같은 과도한 사용량을 제한할 수 있지만, 애플리케이션의 사용자 활동이 비정상적으로 급증하는 경우 자체적으로 DoS를 일으킬 수도 있다.

HTTP 상태 코드

서버리스 웹사이트를 호스팅하기 위해 HTTP 이벤트 또는 객체 저장소를 트리거 방식으로 사용하고, 그 과정에서 API 게이트웨이를 함께 활용할 수 있다. 어떤 경우든 공통적으로 HTTP 에러를 모니터링하는 것이 중요하다. 특히 400번대와 500번대에 해당하는 HTTP 에러 코드를 지속적으로 관찰해야 한다. 이러한 상태 코드를 모니터링하면 애플리케이션에서 발생할 수 있는 잠재적인 문제를 조기에 인지할 수 있다.

각 HTTP 상태 코드는 특정 오류를 나타내며, 이러한 코드의 양이 증가하면 무엇이 문제인지 파악하는 데 도움이 된다. 예를 들어, '401 Unauthorized^{권한 없음}' 코드가 증가하거나 크게 급증하면, 악의적인 공격자가 보호된 엔드포인트를 무차별 대입하려고 시도하거나, 인증 방법에 에러가 있거나, 누군가 새로운 엔드포인트를 발견하려고 시도하고 있음을 나타낼 수 있다. '500 Internal Server Error^{내부 서버 에러}' 코드가 여러 번 발생하면, 최신 버전의 소프트웨어에 새로운 버그가 있거나, 누군가 잘못된 함수 입력을 제출했거나, 함수가 올바르게 구성 또는 배포되지 않았음을 의미할 수 있다. 누군가 보호된 페이지를 찾고 있다는 것을 암시하는 '404 Not Found^{찾을 수 없음}' 코드가 다수 발견될 수 있다. API 게이트웨이와 객체 저장소의 상태 코드를 모니터링하면, 이러한 문제를 더 심각해지기 전에 식별하고 해결할 수 있다.

로그 집계

애플리케이션은 다양한 위치에 로그를 저장할 수 있다. 함수, 객체 스토리지, 스토리지 버킷, API 게이트웨이, 데이터베이스는 구성된 위치에 로그를 저장한다. 로그 저장소는 리소스별로 로그를 분리할 수 있다. 또는 여러 위치에 로그를 생성하기 때문에 관련 로그를 모두 확인하는 것이 다소 번거로울 수 있다. 로그 집계 서비스를 사용하면 모든 로그를 하나의 뷰 페이지에서 편리하게 볼 수 있다.

클라우드 서비스 제공자는 일부 로그 집계 기능을 제공하지만, 타사 서비스를 사용하는 것도 고려할 수 있다. 타사 서비스만의 검색 기능, 필터링, 분석 기능이 있을 수 있다. 또한, 추가 사용자 지정 기능을 지원할 수도 있다. 게다가 경고 기능과 통합될 수도 있다. 애플리케이션 상태를 평가하고, 문제 해결을 수행하고, 비즈니스, 보안, 개인 정보 보호 요구 사항을 해결하는 데 필요한 로그 가시성과 기능을 제공하는 로그 집계 도구를 선택해야 한다.

서비스 중단

계획된 서비스 중단은 클라우드 서비스 제공자가 정기적인 유지 보수, 시스템 업그레이드 또는 보안 문제 해결을 위해 미리 정해 놓은 이벤트다. 이러한 계획된 중단 일정을 미리 파악하고 있으면, 애플리케이션 사용자에게 사전에 안내할 수 있고, 애플리케이션이 중단에 대비할 수 있도록 필요한 준비를 할 수 있다. 반대로 이러한 정보를 알지 못하면, 대응 팀은 애플리케이션이 '예기치 않게' 중단된 것으로 인식해 긴급 알림을 받고 불필요한 내용을 하게 될 수 있다.

또한, 예기치 않은 중단도 모니터링해야 한다. 클라우드 서비스 제공자가 아무리 훌륭하고 신뢰할 수 있다고 해도 예기치 않은 장애와 서비스 저하를 경험할 수 있다. 클라우드 서비스 제공자는 일반적으로 클라우드 상태 웹사이트나 기타 수단을 통해 업데이트를 제공한다. 서비스 제공자의 상태를 정확하게 모니터링하면 애플리케이션 사용자에게 중단에 대한 알림을 제공할 수 있다.

서비스 제공자가 서비스 중단 상태를 신속하게 전송할 수 있지만, 중단이 발생한 지 몇 분이 지났을 수도 있다. 따라서 애플리케이션의 상태를 평가하기 위해 자체 모니터링을 수행해야 한다. 모니터링을 통해 동작의 변화(예: 수많은 HTTP 상태 에러, 지연 시간 증가, 함수 시간 초과 횟수 증가 등)를 발견해야 한다. 서비스 제공자보다 일찍 잠재적인 서비스 중단을 탐지하거나 자체 유발 문제(즉, 서비스 제공자에 의한 것이 아님)를 식별할 수 있다.

사용률 및 지표

애플리케이션의 성능을 파악하기 위해 사용률과 지표를 모니터링해야 한다. 서버리스 함수, 객체 스토리지, 로깅, API 게이트웨이, 데이터베이스, 기타 클라우드 서비스 제공자의 서비스 사용률과 지표를 모니터링해 상태를 체크할 수 있다.

일반적으로 중앙 처리 장치(CPU, Central Processing Unit)와 메모리 사용률은 시스템 성능과 밀접한 관련이 있으며, 이러한 개념은 서버리스 함수에도 동일하게 적용된다. 함수는 경량 운영체제를 실행하는 가상화된 컴퓨터인 컨테이너 내에서 실행되며, 각 함수에 할당할 메모리를 선택할 수 있는 옵션이 있다. CPU는 클라우드 서비스 제공자가 자동으로 할당하며, 일반적으로 더 많은 메모리를 할당할수록 더 성능이 좋은 CPU가 함께 제공된다. 각 함수의 사용률 패턴을 모니터링하면 메모리 할당이 과도한지 또는 부족한지를 판단할 수 있다. CPU 사용률이 높게 나타나는 경우 해당 함수를 최적화할지 아니면 메모리 할당을 늘릴지 결정해야 한다. 또한, CPU 사용률이 급격히 증가하는 특정 함수가 익스플로잇(예: 정규 표현식 서비스 거부 공격)에 취약하다는 사실을 발견할 수도 있다. 이처럼 많은 CPU, 메모리 또는 실행 시간을 사용하는 공격은 서비스 중단이나 과도한 비용을 유발할 수 있다. 모니터링 데이터를 기반으로 각 함수에 가장 적절한 CPU와 메모리 조합을 찾아낼 수 있으며, 궁극적으로 비용 절감에도 도움이 된다(할당량이 많을수록 가격이 높다). 서버리스 함수의 사용률을 지속적으로 모니터링하면 리소스를 효율적으로 조정하고 성능 저하를 조기에 감지하며, 서비스 거부 공격과 같은 이상 징후를 탐지할 수 있다.

스토리지 사용량도 모니터링의 중요한 대상이다. 데이터베이스, 객체 저장소, 로깅 시스템은 모두 스토리지를 사용하며, 이로 인해 애플리케이션의 성능과 비용에 직접적인 영향을 줄 수 있다. 예를 들어, 데이터베이스 테이블에 데이터가 지나치게 많아지면 쿼리나 조회 작업에 소요되는 시간이 증가할 수 있다. 또한, 사용하지 않거나 오래된 데이터를 데이터베이스나 객체 저장소에 계속 보관하면, 특히 무료 티어 한도를 초과하게 될 경우 비용이 크게 증가할 수 있다. 데이터 보존 요건이 있는 경우에는 해당 데이터를 더 저렴한 스토리지 계층으로 옮겨 아카이빙archiving하는 것도 하나의 방법이다. 스토리지 크기와 비용을 가능한 한 최적화된 상태로 유지하려면, 관련 메트릭을 지속적으로 모니터링해야 한다.

성능 지표를 모니터링해 애플리케이션이 사용하는 서비스가 어떻게 작동하는지 평가한다. 데이터베이스 성능에서 제한 및 에러를 관찰할 수 있으며, 애플리케이션이 읽기-쓰기 용량을 초과하고 있음을 나타낼 수 있다.[6] 스트림 레코드의 제한을 볼 수 있으며, 일반적인 활동량을 나타낼 수 있다.[7] HTTP 상태 코드를 모니터링하는 것 외에도 API 게

---

6 'DynamoDB 지표 및 차원.' Amazon DynamoDB 개발자 가이드. Amazon Web Services. https://docs.aws.amazon.com/amazondynamodb/latest/developerguide/metrics-dimensions.html

7 'CloudWatch 지표를 사용해 Kinesis Data Firehose 모니터링.' Amazon Kinesis Data Firehose 개발자 가이드. https://docs.aws.amazon.com/firehose/latest/dev/monitoring-with-cloudwatch-metrics.html

이트웨이에 캐싱 및 지연 시간 문제가 있는지 평가할 수 있다.[8] 애플리케이션의 성능에 대한 통찰을 제공하는 지표를 모니터링하면 성능 문제가 발생했을 때 대응할 수 있다.

타사 솔루션

클라우드 서비스 제공자가 기본적으로 제공하는 모니터링 솔루션에만 의존하지 말고, 타사 솔루션third-party solution을 함께 사용하는 것을 고려할 수도 있다. 클라우드 서비스 제공자 자체에 성능 저하나 장애가 발생하면, 그 제공자의 모니터링 솔루션 역시 영향을 받을 수 있다. 반면, 클라우드 서비스 제공자와 독립적으로 구축된 타사 솔루션을 사용하면, 서버리스 애플리케이션이나 인프라에 문제가 생기더라도 모니터링 도구는 영향을 받지 않으므로 모니터링의 안정성이 크게 향상된다. 또한, 타사 솔루션은 사용 중인 클라우드 서비스 제공자가 기본적으로 제공하지 않는 기능이나 외부 시스템과의 통합 기능을 지원하는 경우도 많다.

타사 솔루션은 서비스 또는 소프트웨어 형태로 제공될 수 있다. 서비스를 사용하는 경우, 추가 리소스를 직접 구성하거나 유지 관리할 필요가 없으며, 연속적이거나 실시간으로 애플리케이션 상태를 모니터링하는 기능을 제공할 수 있다. 반면, 소프트웨어는 사용자가 직접 설치하고 구성해야 하며, 수동으로 실행하거나 실시간 기능을 직접 설정해야 할 수도 있다. 비즈니스 및 기술 요구 사항에 따라 이 두 가지 방식 중 하나만 선택하거나, 필요에 따라 둘 다 병행해 사용할 수도 있다.

타사 서비스를 사용하는 경우, 해당 서비스가 현재 사용 중인 클라우드 서비스 제공자의 환경에 접근할 수 있도록 권한을 부여해야 할 수도 있다. 이때 타사 엔티티에 가장 낮은 수준의 IAM 정책과 역할만을 부여하도록 주의해야 한다. 데이터 유출이나 사이버 보안 침해가 발생할 경우, 악의적인 행위자가 AWS 계정에 접근할 수 있게 될 수도 있다. 특히 리소스 수정이나 삭제가 가능한 IAM 정책과 역할이 부여돼 있을 경우, 공격자는 애플리케이션 및 인프라 구성에 비정상적인 변경을 일으킬 수 있다.

타사 소프트웨어를 사용할 때에도 접근 권한을 부여해야 할 수 있다. 누군가 해당 소프트웨어나 그 소프트웨어에서 사용하는 자격 증명에 접근할 수 있다면, 타사 서비스를

---

8 'Amazon API Gateway 차원 및 지표.' Amazon API Gateway 개발자 가이드. AWS. https://docs.aws.amazon.com/apigateway/latest/developerguide/api-gateway-metrics-and-dimensions.html

사용하는 경우와 유사한 보안 위험이 발생할 수 있다. 수동으로 소프트웨어를 실행하는 경우에는 실행 전후에 자격 증명을 각각 활성화 및 비활성화하는 방안을 고려해야 한다. 또한, 지속적으로 실행되는 모니터링 솔루션을 개발하는 경우에는 자격 증명을 주기적으로 갱신하는 것을 고려해야 하며, 이는 서비스 사용 시에도 동일하게 적용된다. 타사 소프트웨어를 도입할 때는 기대할 수 있는 이점과 잠재적인 보안 위험을 함께 비교 검토해야 한다.

AWS

다양한 AWS 기능을 활용해 애플리케이션과 인프라를 모니터링하는 방법을 다루겠다.

계정 설정

비용, 운영, 보안과 관련된 연락을 받을 수 있도록 각각의 용도에 맞는 대체 연락처를 설정하고 최신 상태로 유지해야 한다. 이때 각 항목별로 별도의 이메일 리스트를 사용하는 것이 좋다. 이렇게 하면 관련된 알림을 정확한 담당자 그룹이 받을 수 있다. 무료 티어 사용량 경고를 받으려면 비용 환경 설정에서 알림 기능을 활성화해야 한다. 이를 통해 무료 티어 범위를 초과하는 사용이 발생할 경우, 빠르게 인지하고 대응함으로써 불필요한 비용 발생을 사전에 방지할 수 있다.

AWS Billing and Cost Management

AWS Billing and Cost Management는 사용량과 비용을 모니터링하는 데 도움이 되는 다양한 기능을 제공한다.[9] 이 서비스는 비용 대시보드, AWS Budgets, AWS Cost Explorer, AWS Cost and Usage Report, AWS Cost Categories 기능을 포함한다.

비용 대시보드는 현재까지 발생한 비용에 대한 간단한 개요를 제공하며, 가장 많은 비용이 발생한 서비스 항목을 빠르게 파악하고, AWS 무료 티어 내에 있는지 또는 이를 초과했는지 여부를 평가하는 데 사용할 수 있다.

---

9 '사용량 및 비용 모니터링.' AWS Billing and Cost Management 사용자 가이드. AWS. https://docs.aws.amazon.com/awsaccountbilling/latest/aboutv2/monitoring-costs.html

AWS Budgets을 사용하면 비용, 사용량, 예약, 절약 계획에 따라 예산을 책정할 수 있다. 서버리스 환경에서는 비용 및 사용량 예산이 가장 적합하다. 애플리케이션 로그를 검색하기 위해 Elasticsearch[10](AWS 관리형 로그 집계 서비스)를 사용하기로 결정한 경우 예약 예산 항목을 설정하는 것도 고려할 수 있다.

비용(실제 또는 예상) 및 사용량이 예산을 초과할 때 알림이 발생하도록 구성해야 한다. 이메일 주소와 SNS 토픽으로 알림을 보낼 수 있다. 이러한 알림은 비용 관련 담당자가 포함된 이메일 리스트나 티켓팅ticketing 시스템으로 전달돼야 한다.

AWS Cost Explorer를 사용하면 사용 비용 데이터를 그룹화하고 필터링할 수 있다. 사용 비용의 패턴을 확인하고 비용 최적화가 필요한 서비스를 식별할 수 있다.

AWS Cost and Usage Report를 사용하면 시간별 또는 일별 비용에 대한 CSV 내보내기를 생성할 수 있다. 이러한 CSV 파일을 사용해 비즈니스 요구 사항에 맞게 보고서를 조정할 수 있다. 보고서의 크기가 커지더라도 특정 리소스의 추세를 파악하기 위해 추가 세부 정보를 제공하도록 보고서를 구성해야 한다.

Amazon CloudWatch

CloudWatch는 다양한 모니터링 기능을 제공한다. CloudWatch 대시보드를 사용하면 차트, 카운트, 쿼리 결과가 포함된 맞춤형 대시보드를 만들 수 있다. CloudWatch 지표를 사용하면 서비스(예: DynamoDB, S3)에 대한 비용, 사용량, 지표를 모니터링할 수 있다. CloudWatch Alarms을 사용하면 CloudWatch 지표가 지정된 임곗값을 초과하거나 다시 돌아올 때 SNS를 통해 알림을 보낼 수 있다. 로그를 CloudWatch Log Groups에 저장하고 해당 로그를 쿼리하거나 로그 애그리게이터aggregator로 전달할 수 있다. 또한, CloudWatch Log Insights를 사용해 로그 그룹을 쿼리할 수도 있다. CloudWatch Events를 사용하면 이벤트 소스를 구성해 Lambda 함수, SQS 큐, SNS 토픽, Kinesis 스트림 등 다양한 대상 리소스를 트리거할 수 있다. 이를 통해 다양한 소스에서 발생하는 이벤트를 모니터링하고 자동 대응할 수 있다. CloudWatch ServiceLens는 AWS X-Ray를 기반으로 로그, 지표, X-Ray 추적, 배포 카나리아 데이터를 통합해 마이크로

---

10 Elasticsearch는 엘라스틱서치 BV(Elasticsearch BV)의 등록 상표다.

서비스 환경에 적합한 포괄적인 모니터링 솔루션을 제공한다. 각 Serverless 구성 파일을 하나의 마이크로서비스로 간주할 수 있기 때문에 이 기능은 특히 서버리스 아키텍처에서 유용하게 활용될 수 있다. CloudWatch Synthetics를 사용하면 애플리케이션을 모니터링할 수 있다. API 엔드포인트의 가용성을 확인하고 애플리케이션이 정상적으로 작동하는지 확인하기 위해 워크플로^{workflow}를 수행하도록 할 수 있다. 엔드포인트가 응답을 멈추거나 워크플로가 완료되지 않을 때 알림을 받을 수 있다.

AWS X-Ray

AWS X-Ray를 사용하면 서버리스 환경에서 이벤트와 함수 실행 간의 흐름을 연결할 수 있다. 서버리스 애플리케이션은 수많은 독립적인 구성 요소로 이뤄져 있어, 이들이 서로 어떻게 연결되는지를 추적하기 어렵다. 각 Lambda 함수는 독립적으로 실행되며, 다양한 이벤트에 의해 트리거될 수 있다. 마찬가지로 DynamoDB 테이블, API Gateway, SQS 큐, SNS 토픽 등도 각각 독립적으로 작동한다. X-Ray를 사용하면 이러한 이벤트들을 따라가며 실행 경로를 시각적으로 추적할 수 있다. 예를 들어, 사용자가 API Gateway에서 호스팅되는 URL에 요청을 보내면, 이 요청은 Lambda 함수로 전달된다. 해당 함수는 이벤트를 SNS 토픽으로 전송하고, 이 토픽은 메시지를 SQS 큐로 전달한 뒤 큐는 다시 또 다른 Lambda 함수를 트리거한다. X-Ray를 활용하면 이 전체 경로를 따라가며 추적할 수 있다. 또한, X-Ray는 서비스 맵을 통해 실행 경로를 시각화할 수 있으며, 추적 데이터를 기반으로 지연 시간, 에러 응답 코드, 타임스탬프, 그 외 추가 정보를 함께 표시할 수 있다.

AWS Personal Health Dashboard

애플리케이션이 사용하는 AWS 서비스에서 성능 저하나 중단이 발생했을 때, 해당 영향 여부를 Personal Health Dashboard를 통해 확인할 수 있다. 이 대시보드를 사용하면 과거 서비스 문제 이력을 확인하고, 그 문제가 실제로 애플리케이션에 영향을 미쳤는지 여부를 판단할 수 있다.

Amazon S3

여러 가지 방법으로 S3 버킷을 모니터링할 수 있다.[11] 서버 액세스 로그를 활성화하면 버킷에 대한 요청을 로그 형태로 기록할 수 있으며, 이 로그를 통해 액세스 패턴이나 이상 징후를 식별할 수 있다. S3의 내장 관리 기능을 사용하면 스토리지 용량, 요청 수, 데이터 전송량, 복제 상태 등을 모니터링하고 관련 정보를 시각화할 수 있도록 CloudWatch 지표를 활성화할 수 있다. 또한, S3 분석 기능을 활용하면 자동으로 액세스 패턴을 평가하고 데이터의 생명주기에 따른 보관 전략을 제안받을 수 있다. CloudWatch Logs 외에도 애플리케이션 로그 저장소로 S3를 활용할 수 있다. S3는 CloudWatch Logs보다 스토리지 비용이 더 저렴하기 때문에 일반적으로 더 낮은 비용으로 장기간에 걸쳐 대용량 로그를 저장하는 데 유리하다.

Amazon Elasticsearch Service

Elasticsearch Service를 사용하면 애플리케이션 로그, CloudWatch 지표, 기타 관련 데이터를 집계할 수 있다. 관련 애플리케이션 데이터를 한 곳에 모아 두면 검색, 쿼리, 모니터링을 수행할 수 있다. 예를 들어, 애플리케이션 에러 로그의 증가를 에러 지표와 연관시켜 애플리케이션 성능 저하를 모니터링할 수 있다. 데이터를 시각화하기 위해 키바나[Kibana12]와 같은 오픈 소스 프로그램을 사용할 수 있고, 다른 도구와 통합하기 위해 로그스태시[Logstash13]를 사용할 수 있다.

AWS Lambda

Lambda 대시보드, CloudWatch 지표, AWS X-Ray를 사용해 AWS Lambda 함수를 모니터링할 수 있다.[14]

---

11 'Amazon S3 모니터링.' 아마존 S3 개발자 가이드. AWS. https://docs.aws.amazon.com/AmazonS3/latest/dev/monitoring-overview.html
12 Kibana는 엘라스틱서치 BV의 등록 상표다.
13 Logstash는 엘라스틱서치 BV의 등록 상표다.
14 'Lambda 애플리케이션 모니터링 및 문제 해결.' AWS Lambda 개발자 가이드. AWS. https://docs.aws.amazon.com/lambda/latest/dg/lambda-monitoring.html

Lambda 대시보드에는 Lambda의 전반적인 성능을 모니터링하기 위해 볼 수 있는 그래프가 내장돼 있다. 이러한 그래프는 해당 AWS 계정에 성능 문제(예: 허용된 최대 함수 호출 수에 근접)가 있는지 판단하는 데 도움이 될 수 있으나 개별 함수에 대한 문제는 확인할 수 없다.

CloudWatch 지표를 활용해 개별 함수에 대한 지표를 모니터링할 수 있다. 함수 지표를 사용해 각 함수의 잠재적인 성능 문제를 식별할 수 있다. 예를 들어, Lambda 함수의 지속 시간을 모니터링하고 Serverless 구성을 업데이트해 실행 시간을 일반적인 지속 시간과 일치하도록 제한할 수 있다. 또한, 지표가 지정된 임곗값을 초과할 때 알려 주도록 CloudWatch Alarms을 설정할 수도 있다.

AWS X-Ray를 활용해 Lambda를 트리거하고 실행하는 이벤트와 실행에 따른 후속 이벤트, Lambda 실행 또는 리턴을 추적할 수 있다. 실행 경로를 추적하면 에러를 정확히 찾아낼 수 있다.

Amazon DynamoDB

DynamoDB 대시보드와 CloudWatch 지표를 사용해 DynamoDB 테이블을 모니터링할 수 있다.[15] 대시보드는 CloudWatch Alarms과 DynamoDB 용량 제한의 사용률 상태를 제공한다. AWS CloudWatch 지표를 사용해 DynamoDB 지표를 모니터링할 수 있다. 이러한 지표에 기반해 알람을 설정하면 테이블의 용량이 초과되거나 에러가 과도하게 발생하는 시점을 식별할 수 있고, 이에 따라 프로비저닝 설정을 적절히 조정할 수 있다.

Azure

다양한 Azure 기능을 활용해 애플리케이션 및 인프라를 모니터링하는 방법을 소개하겠다.

---

15 '모니터링 도구.' Amazon DynamoDB 개발자 가이드. AWS. https://docs.aws.amazon.com/amazondynamodb/latest/developerguide/monitoring-automated-manual.html

계정 설정

마이크로소프트 계정 보안 설정으로 이동해 보안 경고를 받을 대체 이메일 주소를 지정해야 한다. 각 보안 항목별로 이메일 그룹을 설정하면 해당 경고를 적절한 담당자 또는 팀이 빠르게 수신할 수 있다. 이러한 구성은 보안 알림을 정확하고 신속하게 전달받는 데 도움이 된다.

Azure Cost Management + Billing

Cost Management + Billing을 사용하면 예산을 만들고, 비용 분석을 수행하고, Azure Advisor의 권장 사항을 사용해 비용을 최적화할 수 있다. 비용이 예산의 비율 또는 금액 임곗값을 초과할 때 범위에 대한 예산을 설정하고 이메일 경고를 구성할 수 있다. 비용 분석은 서비스, 위치, 구독별 비용을 그래프로 표시하고 이를 예산과 비교한다. Azure Advisor는 사용하지 않는 리소스를 제거하고, Blob Storage 생명 주기 관리를 활성화해 오래되고 사용하지 않는 데이터를 삭제하거나 아카이브할 수 있는 권장 사항을 제공한다.

Azure Monitor

Azure Monitor를 사용하면 로그 및 성능 지표를 한 위치에서 중앙 집중화해 모니터링할 수 있다. Microsoft AD 감사 로그, 활동 로그, 리소스 로그, 플랫폼 지표, Azure Data Collector API를 통해 리포팅된 모든 데이터를 수집한다. 이러한 다양한 데이터 소스는 지표 또는 로그로 그룹화된다. 지표를 사용해 애플리케이션 성능에 액세스할 수 있다. 로그 데이터에는 AD 로그인 활동, 서비스 상태, 리소스 구성 변경, 리소스 작업 로그에 대한 정보가 포함돼 있다. 'General Principles 일반 원칙' 섹션에서 다룬 것과 같이 Azure Log Analytics의 데이터 소스를 사용해 로그 데이터를 쿼리하면 비정상적인 동작을 찾을 수 있다. Azure Application Insights에서 이러한 데이터 소스를 사용해 애플리케이션 사용 성능 및 예외를 파악할 수 있다. Azure Metrics Explorer에서 지표를 쿼리하는 데 사용할 수 있다. Azure 대시보드에서 사용해 데이터를 시각화할 수 있다. 마지막으로, Azure 통합 문서에서 대화형 보고서를 만드는 데 사용할 수 있다.

Azure Service Health

Azure Service Health를 사용하면 성능 저하나 서비스 중단이 Azure 서비스에 어떤 영향을 미치고 있는지를 확인할 수 있다. 이 서비스는 현재의 서비스 상태와 Azure 리소스에 영향을 주는 모든 중단에 대한 세부 정보를 대시보드에 보여 준다.

Azure Sentinel

Azure Sentinel은 인공지능을 사용해 여러 마이크로소프트 소스(예: Microsoft 365, Azure AD, Microsoft Cloud App Security)의 데이터를 분석하는 클라우드 기반 보안 정보 및 이벤트 관리$^{SIEM,\ Security\ Information\ and\ Event\ Management}$다. REST API 및 기본 제공 데이터 커넥터를 활용해 다양한 외부 데이터 소스로부터 데이터를 수집할 수 있다. Azure Sentinel은 이상 징후 및 잠재적인 보안 위협을 탐지하면 자동으로 경고를 생성한다. 경고가 발생하면 대응 작업을 자동화하기 위한 플레이북^{playbook}을 설정해 사전에 정의된 워크플로를 실행할 수 있다.

Google Cloud

애플리케이션과 인프라를 모니터링하기 위해 다양한 Google Cloud 기능을 활용하는 방법을 다룬다.

계정 설정

보안 관련 알림을 받으려면 보안 이메일 그룹을 사용하는 것을 고려해야 하며, 해당 그룹에 누가 포함돼 있는지 주의해야 한다. 구글 계정이 개인용인 경우 누군가 해당 이메일 주소를 사용해 비밀번호를 복구할 수 있다. G Suite 및 Google Cloud Identity 조직은 추가 기능을 제공해 이러한 위험을 줄이는 데 도움을 준다.

Billing과 비용 관리

Billing 기능을 사용해 비용을 검토할 수 있다. 이 기능은 대시보드, 보고서, 내보내기, 비용 내역, 가격 목록, 예산 생성 기능을 제공한다. 비용을 검토하고, 어떤 서비스와 리소스가 가장 비용이 많이 들고, 조사 및 최적화가 필요한지 파악할 수 있다. 예산 기능을 사용하면 특정 프로젝트나 서비스에 대해 원하는 월별 비용 한도를 설정하고, 해당 비용이 사전에 지정한 임곗값을 초과할 경우 자동으로 알림을 받을 수 있다. 알림은 적절한 비용 관련 담당자가 포함된 이메일 그룹으로 전송되도록 결제 프로필에 등록해 둘 수 있다. Billing은 비용 최적화를 위한 권장 사항도 제공한다.

IAM & Admin

'Privacy & Security' 설정을 업데이트하면 EU 일반 데이터 보호 규정의 요구 사항에 따라, EU 대표 연락처와 데이터 보호 책임자의 이메일 그룹을 지정할 수 있다.

Google Cloud의 운영 제품군

Google Cloud의 운영 제품군은 애플리케이션과 인프라를 모니터링하는 데 도움이 되는 서비스를 제공한다. 로그를 Cloud Logging API로 전송하면 이 로그를 Logs Router로 전달한다. Logs Router에서 규칙을 지정해 어떤 로그를 수락하거나 삭제하고, 어떤 로그를 내보내기에 포함할지 결정한다. 로그를 Logging 스토리지, Cloud Storage, BigQuery, Pub/Sub에 저장해 외부 시스템으로 전송할 수 있다. Error Reporting을 사용해 로그를 분석하고, 에러를 알릴 수 있다. Cloud Trace와 Cloud Profiler를 사용하면 각각 지연 시간 통계와 리소스 소비 프로필을 얻을 수 있어 성능 문제를 찾는 데 도움이 된다. Cloud Debugger를 사용하면 애플리케이션에 영향을 주지 않고 프로덕션 문제를 조사할 수 있다. Cloud Monitoring을 사용하면 애플리케이션 엔드포인트의 상태를 확인해 애플리케이션과 애플리케이션 API가 실행 중인지 확인할 수 있다. 또한, Cloud Monitoring은 메타데이터, 이벤트, 지표를 수집해 대시보드에서 데이터를 시각화하고 경고를 전송한다. Service Monitoring을 사용해 App Engine 서버리스 애플리케이션의 문제를 탐지할 수 있다. 서비스 레벨 객체를 정의해 적절한 App Engine 운영 및 성능 데이터를 모니터링하고, 문제를 식별하고, 서비스 그래프를 생성하고, 관련 경고를 생성함으로써 이를 수행한다. 다양한 서비스를 활용해 낮은 수준의 문제부터 전체 애플리케이션까지 모니터링할 수 있다.

감사

감사를 통해 서버리스 애플리케이션과 인프라를 올바르게 구성했는지 확인할 수 있다. 애플리케이션이 발전함에 따라 설정과 리소스가 변경됐음을 나중에 확인하게 되는 경우가 많다. 이상적으로는 모든 설정과 리소스가 사전에 정의된 상태를 유지해야 하지만, 현실적으로는 사용되지 않는 리소스가 여전히 실행 중이거나 불필요한 설정이 활성화된 상태로 남아 있을 수 있고, 심지어 보안 설정이 원치 않게 변경됐을 가능성도 있다. 감사를 통해 보안 상태에 영향을 미칠 수 있는 비정상적인 동작과 잠재적인 약점을 발견할 수 있다. 애플리케이션과 인프라를 감사하는 데 도움이 될 수 있는 일반적인 원칙과 서비스 제공자별 기능을 검토하겠다.

일반적인 원칙

애플리케이션을 감사하는 방법은 애플리케이션의 설계, 비즈니스 및 보안 요구 사항, 예산에 따라 달라질 수 있다. 하지만 감사 솔루션을 구현할 때 고려할 수 있는 몇 가지 일반적인 원칙이 있다.

권한 부여 시도

서버리스 애플리케이션과 인프라에서 실패한 권한 부여 시도를 모니터링하는 것을 고려해야 한다. 누군가 클라우드 서비스 제공자 계정을 탈취해 비즈니스와 애플리케이션을 위험에 빠뜨릴 수 있으므로 애플리케이션은 의심스러운 활동을 찾아 해당 사용자 계정을 잠그는 방식으로 사용자를 보호해야 한다.

구성 설정

애플리케이션과 인프라는 다양한 구성 설정을 기반으로 작동한다. 이들 설정 중 일부는 변경해도 큰 문제가 되지 않을 수 있지만, 다른 일부는 보안이나 운영에 중대한 영향을 미칠 수 있다. 예를 들어, 로그인 실패 허용 횟수를 제한하고, 로그인 시도 간 최소 대기 시간을 요구하는 애플리케이션 파라미터가 있다. 이 설정을 수정해 허용 횟수를 크게 늘리거나 재시도 대기 시간을 0으로 줄이면, 누군가 로그인 자격 증명에 대해 무작위

대입 공격을 시도할 가능성이 높아진다. 따라서 구성 설정이 승인된 기준과 일치하는지 여부를 지속적으로 확인하고, 중요한 보안 관련 설정이 변경될 경우 이를 모니터링하는 것이 중요하다. 변경 사항이 사전에 검토되거나 자동 감지 시스템에 의해 즉시 확인되도록 구성해서 설정 변경이 보안 위협으로 이어지지 않도록 해야 한다.

인프라 변경 사항

서버리스 애플리케이션을 구축하고 운영하고 있더라도 클라우드 서비스 제공자는 계정 내 리소스를 서버리스에만 한정하지 않는다. 그 결과, 인프라에는 사용되지 않는 리소스가 활성화된 상태로 남아 있을 수 있다. 예를 들어, 개발자가 테스트용으로 생성한 리소스를 제거하지 않고 방치했거나, 악의적인 사용자가 가상 머신을 활용해 디지털 화폐를 채굴할 수 있다. 리소스가 의도치 않게 수정되거나 삭제되는 상황도 고려해야 한다. 누군가 서버리스 데이터베이스의 프로비저닝 용량을 과도하게 늘려 월별 비용이 급증하거나, 악의적인 사용자가 사용자 데이터 레코드를 삭제하는 상황이 발생할 수 있다. 따라서 인프라가 새롭게 추가되거나 변경되거나 삭제될 때, 이를 지속적으로 모니터링하는 것이 중요하다. 또한, 새로운 인프라가 생성된 경우 해당 리소스의 구성 상태가 사전에 정의된 기준과 일치하는지도 함께 검토해야 한다.

권한

6장에서는 IAM 원칙과 이를 구현할 수 있는 방법에 대해 살펴봤다. IAM 정책 및 설정은 처음 구현한 후에 변경되기 시작할 수 있다. 애플리케이션이 발전하고, 팀원이 바뀌고, 개발/비즈니스/보안 요구 사항이 변경됨에 따라 IAM 권한을 업데이트해야 한다. 변화하는 환경으로 인해 IAM 권한을 업데이트해야 하거나 개인이 더 이상 필요하지 않은 리소스에 액세스할 수 있는 가능성이 생긴다. 최소한의 권한을 유지하고, 사용 중인 리소스와 권한을 평가하고, 적절하게 사용자의 액세스를 제거하기 위해 IAM 권한 감사를 고려해야 한다.

사용자 및 자격 증명

클라우드 서비스 제공자 계정에 액세스할 수 있는 사용자 및 자격 증명을 감사하는 것을 고려해야 한다. 이러한 진입점은 읽기, 쓰기, 삭제 권한을 제공하며, 악의적인 사용자가 액세스할 경우 악영향을 미칠 수 있다. 사용자가 팀에 합류하거나 퇴사할 때 사용자 계정을 확인하고, 적절하게 사용자 계정을 생성하고 삭제해야 한다. 사용자가 일정 기간 동안 비활성 상태인 경우(예: 30일) 사용자 계정을 비활성화하는 것을 고려해야 한다. 사용자가 클라우드 서비스 제공자 계정에 액세스할 수 있는 다른 진입점을 제공하는 자격 증명(예: 액세스 키)을 만들었을 수 있다. 마지막으로 사용한 시간과 사용 기간을 검토해야 한다. 마지막으로 사용한 기간이 길고(예: 2주) 지정된 기간(예: 90일)을 초과해 생성된 경우, 비활성화하는 것을 고려해야 한다. 애플리케이션에서 사용하는 자격 증명에도 적용된다. 사용자가 마지막으로 비밀번호를 변경한 시간을 확인하고 지정된 기간(예: 90일)보다 오래된 경우, 비밀번호 변경을 요구해야 한다. 사용자가 MFA를 활성화했는지 확인하고, 활성화하지 않은 경우 보호 계층을 추가하기 위해 활성화하도록 요구해야 한다. 사용자 계정이 최신 상태인지, 자격 증명의 유효 기간이 짧은지 정기적으로 점검하면, 악의적인 행위자가 클라우드 계정에 접근하는 데 사용할 수 있는 위험을 효과적으로 줄일 수 있다.

비정상적인 활동 및 행동

애플리케이션, 사용자, 외부 통합은 일반적으로 일정한 행동 패턴을 보인다. 예를 들어, 동일한 지역에 배치돼 주간 교대 근무를 하는 팀이라면, 한밤중에 다른 국가에서 대규모 워크로드workload를 수행하는 것은 일반적인 상황이라고 보기 어렵다. 따라서 팀원이 거주하지 않는 국가나 지역에서 발생한 액세스는 의심해 볼 필요가 있다. 또한, 보안, 모니터링, 감사, 경고 기능을 비활성화하려는 API 호출이 발생하는 경우에도 주의해야 한다. 이러한 비정상적인 활동이 있는지를 감사함으로써 비즈니스나 애플리케이션에 부정적인 영향을 줄 수 있는 위협을 조기에 식별할 수 있다.

이 주제는 비정상적인 활동을 모니터링해야 신속하게 대응할 수 있기 때문에 논리적으로는 모니터링 항목에 적합할 수 있다. 그러나 이 주제는 감사 항목에서 다룬다. 감사는 일반적으로 규정 준수를 확인하기 위한 사전적 절차이고, 반면 모니터링은 이벤트 발생 이후에 대응하는 과정이기 때문이다. 보안 모니터링을 통해 보안 위협에 대응할 수 있지만, 일부 감사 확인 없이는 위협을 식별할 수 없다고 주장할 수 있다. 또한, 모니터링 항목은 주로 운영 모니터링에 중점을 두는 반면, 감사 항목은 주로 보안 규정 준수에 중점을 둔다. 여기서는 보안 모니터링에 대한 주제를 논의하는 것이 가장 적절해 보인다.

알려진 취약성

애플리케이션 코드와 리소스에 알려진 보안 취약성이 존재하는지 정기적으로 감사하는 것이 중요하다. 시간이 지나면서 애플리케이션과 인프라가 점점 복잡해지고 발전함에 따라 보안 커뮤니티에서는 해당 구성에 영향을 줄 수 있는 새로운 취약성을 지속적으로 발견하게 된다. 다행히 서버리스 리소스를 사용할 경우, 많은 취약성 모니터링 작업은 클라우드 서비스 제공자에게 위임된다. 하지만 구성상의 취약성은 여전히 사용자 책임으로 남아 있다. 예를 들어, 과거에는 안전하다고 여겨졌던 설정이 오늘날에는 보안 취약점으로 간주될 수 있다. 또한, 애플리케이션 코드에서 사용하는 패키지 중에는 보안 연구자에 의해 보고된 알려진 보안 취약성이 포함돼 있을 수 있다. 이러한 취약성을 방치하면, 애플리케이션과 인프라가 보안 리포트에 명시된 공격 벡터에 노출될 위험이 생긴다. 따라서 알려진 보안 취약성에 대한 정기적인 감사는 현재 보안 상태를 유지하고 위협을 사전에 차단하는 데 매우 중요하다.

타사 솔루션

클라우드 서비스 제공자의 기본 감사 기능을 보완하고 강화하기 위해, 타사 솔루션을 도입하는 방안을 고려할 수 있다. 이러한 솔루션은 다양한 감사 프레임워크, 보안 요구 사항 정의, 업계 모범 사례를 지원하며, 제공되는 보고 형식이나 기능 또한 기존 솔루션과 차별화될 수 있다. 이러한 솔루션은 비즈니스 및 개발 프로세스를 지원하는 서비스와 통합할 수 있다. 타사 솔루션과 그 추가 기능은 도입을 검토해 볼 만한 가치가 있다.

타사 솔루션은 서비스 또는 소프트웨어일 수 있다. 서비스의 장점은, 필요한 기능을 제공하면서도 유지 보수 부담을 줄일 수 있다는 점이다. 하지만 보안 조사 결과가 클라우드 서비스 제공자 계정 외부에 저장될 위험이 있다. 타사 서비스에서 데이터 침해나 사이버 보안 사고가 발생하면, 해당 서비스를 사용하는 조직의 약점이 외부에 노출될 수 있다. 따라서 보안 조사 결과는 가능한 한 빨리 처리하는 것이 좋다. 소프트웨어를 사용하는 경우에는 부담이 더 크지만, 결과를 저장하는 위치를 직접 통제할 수 있다. 예를 들어, 내부 프로세스를 통해 데이터를 저장하거나, 완화 대책 초안을 작성한 뒤 조사 결과를 즉시 삭제할 수 있다. 비즈니스 및 기술 요구 사항에 따라 두 가지 방식 중 하나를 선택하거나 두 가지 모두 사용할 수 있다.

모니터링 솔루션의 IAM 권한에 대한 내용은 감사 솔루션에도 적용된다.

AWS

다양한 AWS 기능을 활용해 애플리케이션과 인프라를 감사하는 방법을 다룬다.

AWS Config

AWS Config를 사용하면 AWS 리소스의 변경 사항을 지속적으로 감사하고 모니터링할 수 있다. Config는 AWS 리소스를 자동으로 식별하고, 각 리소스의 현재 구성 상태를 캡처한다. 리소스가 추가, 수정, 또는 삭제될 때마다 Config는 누가, 언제, 어떤 변경을 수행했는지에 대한 상세 내역을 기록한다. 리소스에 대해 유효성 검사를 수행하는 구성 규칙을 정의할 수 있으며, Config는 이러한 규칙을 기준으로 리소스가 준수하지 않을 경우 알림을 발생시킨다. 또한, 감사를 통해 발견된 문제를 해결할 수 있도록 수정 작업을 지원하는 기능도 함께 제공한다. Config는 AWS CloudTrail과 통합할 수 있어 리소스 구성을 변경하기 위해 수행된 API 호출의 이력도 함께 추적할 수 있다. Config를 통해 리소스를 지속적으로 감시하면, 리소스가 원하는 구성 상태를 유지하고 있는지를 확인할 수 있으며, 동시에 비즈니스 요구 사항 및 법적 규정 준수 여부도 검토할 수 있다.

AWS CloudTrail

CloudTrail을 사용하면 AWS에서 발생하는 데이터 작업과 관리 작업을 감사 및 모니터링할 수 있다. 서버리스 리소스(예: S3, Lambda, KMS)에 대한 API 호출을 캡처하고, 요청에 대한 자세한 정보(예: IAM 역할, 시간, IP 주소)를 기록한다. 또한, 리소스를 생성, 수정, 삭제하는 작업을 캡처하고, 해당 작업에 대한 자세한 정보도 기록한다. 비즈니스 정책 및 법적 규정을 준수하기 위해 모든 AWS region에서 CloudTrail을 활성화해 비정상적인 활동을 식별하고, 감사 기록을 S3와 CloudWatch에 저장하는 것을 고려해야 한다.

Amazon Macie

Amazon Macie는 S3 데이터를 분석, 분류, 보호하는 서비스다. Macie는 머신러닝 machine learning을 사용해 액세스 권한을 부여한 S3 버킷을 분석한다. S3 객체를 분석한 후 민감도에 따라 데이터를 분류한다. 사용자가 대량의 민감한 데이터를 다운로드하는 등 의심스러운 사용자 활동을 모니터링할 수 있다. 애플리케이션이 S3에 민감한 데이터를 저장하고, 법적 규정이나 비즈니스 요구 사항에 따라 해당 데이터를 보호해야 하는 경우 Macie 사용을 고려해야 한다.

AWS IAM Access Analyzer

IAM Access Analyzer는 AWS IAM의 기능 중 하나다. 이 기능을 활성화하면 IAM 권한을 지속적으로 모니터링할 수 있다. 정책을 생성하거나 수정할 때마다 Access Analyzer는 IAM 역할, S3 버킷, KMS 키, SQS 큐, Lambda 함수와 같은 리소스에 대한 IAM 권한을 평가한다. 그 결과, 보안상 문제가 될 수 있는 권한이나 정책에 대한 분석 결과를 제공하며, 해당 서비스의 마지막 사용 시간도 함께 표시한다. 이러한 결과를 바탕으로 보안을 약화시킬 수 있는 정책 변경을 수정하고, 더 이상 사용하지 않는 리소스에 대한 사용자 액세스를 제거할 수 있다. IAM Access Analyzer는 최소 권한 원칙을 구현한 IAM 정책과 역할을 구성하는 데 유용한 도구이므로 사용을 고려할 만하다.

Amazon GuardDuty

GuardDuty는 CloudTrail과 Amazon VPC Flow 및 도메인 이름 시스템 DNS, Domain Name System 로그에서 사용자 활동과 API 요청 데이터를 분석해 지속적인 보안 모니터링을 제공한다. 비정상적이고 의심스러운 행동을 식별하고, 가능한 위협에 대한 조사 결과를 보고한다. GuardDuty를 CloudWatch Events 및 Lambda와 통합해 보안 위협 조사 결과를 자동으로 수정할 수 있다. 보안 위협에 신속하게 대응하기 위해 GuardDuty 사용을 고려해야 한다.

AWS Security Hub

Security Hub를 사용하면 보안 조사 결과를 한 곳에 모을 수 있다. Amazon Guard Duty, Amazon Inspector, Amazon Macie, 여러 AWS 파트너 솔루션과 함께 작동한

다. 검토, 분석, 대응이 용이하도록 그룹화 및 우선순위가 지정된 표준화된 형식으로 결과를 보고한다. 자동화된 문제 해결을 위해 CloudWatch Events, Lambda, AWS Step Functions를 사용할 수 있다. 보안 조사 결과를 보다 효율적으로 검토하고 대응할 수 있도록 Security Hub를 사용해 보안 조사 결과를 한 곳에 통합하는 것도 고려해야 한다.

Azure

다양한 Azure 기능을 활용해 애플리케이션 및 인프라를 감사하는 방법을 다룬다.

Azure Policy

Azure Policy는 정책 및 규정 준수 데이터를 통합하는 데 도움이 된다. 조사 결과를 감사(즉, 규정 준수 또는 비준수 기록)하거나 적용(즉, 구성 설정 허용 또는 금지)하도록 정책을 구성할 수 있다. 규정 위반 결과를 수동으로 검토하거나 대량 수정 기능을 사용해 리소스가 자동으로 규정을 준수하도록 설정할 수 있다.

Azure Security Center

Azure Security Center는 Azure 리소스를 감사한다. 모범 사례, 일반적인 잘못된 구성, 보안 정책, 규제 요구 사항에 대해 리소스를 검사한다. 조사 결과를 점수로 통합하고, 발견한 문제를 해결하기 위한 권장 사항 목록을 제공한다. 또한, Security Center는 분석 기능과 머신러닝을 사용해 잠재적인 위협을 감지하고, 이를 해결하기 위한 권장 사항을 제공한다. 관리 개선을 위해 결과를 Security Monitor로 보낼 수 있다.

Azure Advisor

Azure Advisor는 Azure 리소스 및 사용 데이터를 분석하고, 가용성, 보안, 성능, 비용을 개선하기 위한 권장 사항을 제공한다. 권장 사항 목록을 하나의 인터페이스에 통합한다.

Google Cloud

다양한 Google Cloud 기능을 활용해 애플리케이션 및 인프라를 감사하는 방법을 소개하겠다.

Cloud Audit Logs

IAM 및 Admin 섹션에 있는 Cloud Audit Logs를 사용해 비정상적이고 의심스러운 활동을 탐지할 수 있다. 사용자가 리소스에서 데이터 읽기, 데이터 쓰기, 구글 슈퍼 관리자[16]가 작업을 수행할 때 감사 로그를 캡처하도록 감사 구성을 지정할 수 있다.

IAM & Admin

IAM을 사용하면 조직 단위로 Google Cloud을 사용할 때 Access Transparency^{액세스투명성}를 활성화하고 역할 기반 지원 패키지를 사용할 수 있다. Audit Logs는 팀원이 수행하는 작업을 캡처하는 반면, Access Transparency는 구글 직원이 콘텐츠에 액세스할 때 로그를 캡처한다.

Cloud Asset Inventory

Cloud Asset Inventory는 리소스와 IAM 정책에 대한 메타데이터를 수집해 카탈로그를 생성한다. Cloud SDK의 CLI 도구를 사용하면 이러한 메타데이터를 조회하고 조작할 수 있다. 쿼리를 통해 특정 리소스나 IAM 정책을 검색할 수 있고, 리소스 및 정책의 메타데이터와 변경 이력을 내보내거나 변경 사항을 모니터링할 수 있다. 리소스 및 정책의 현재 상태를 감사하면, 해당 항목들이 예상한 대로 또는 의도한 방식으로 변경됐는지 확인할 수 있다. 누군가 리소스나 IAM 정책을 수정할 경우 이를 모니터링해 알림을 받을 수 있도록 구성할 수 있다. 또한, IAM 정책을 분석함으로써 누가 어떤 리소스에 액세스할 수 있는지에 대한 권한 구조를 감사할 수 있다.

---

16 이러한 사용자는 자신의 권한을 사용해 서비스 이용자의 계정 및 데이터에 액세스하는 구글 직원들일 것이다.

Data Catalog

Data Catalog를 사용하면 데이터를 검색하고, 메타데이터를 기반으로 데이터를 구성할 수 있다. 이 서비스는 Data Catalog API를 통해 BigQuery, Pub/Sub, Cloud Storage뿐 아니라 Google Cloud 외부의 데이터 소스로부터도 메타데이터를 수집할 수 있다. 수집된 메타데이터를 검색하면, 애플리케이션에서 어떤 유형의 데이터가 사용되고 있는지 파악할 수 있다. 이러한 기능을 통해 여러 위치에 중복된 데이터가 존재하거나, 예상하지 못한 위치에 데이터가 잘못 저장된 경우도 식별할 수 있다.

Cloud DLP

Cloud DLP$^{Data\ Loss\ Prevention}$를 사용하면 데이터를 스캔하고 설정된 분류 규칙에 따라 자동으로 분류할 수 있다. Cloud Storage, BigQuery, Datastore에 저장된 데이터를 스캔해 민감 데이터가 포함돼 있는지를 식별할 수 있다. 분석 결과는 BigQuery, Security Command Center, Data Catalog로 전송해 검토 및 후속 조치에 활용할 수 있다. 이를 통해 민감 데이터가 예상하지 못한 위치에 저장돼 있는 문제를 파악할 수 있으며, 필요할 경우 이메일 또는 Pub/Sub를 통해 경고 알림을 전송할 수도 있다.

Security Command Center

Cloud DLP 및 Cloud Audit Logs와 통합되며, 규정 준수 보고서를 생성해 감사 기능을 중앙에서 통합 관리할 수 있도록 해준다. 이 기능은 공개적으로 노출된 리소스, 안전하지 않은 IAM 구성, 부적절한 방화벽 설정, 규정 준수 기준 미달 항목 등을 식별해 보안 구성 오류 및 취약성을 파악하는 데 도움을 준다. Security Command Center는 Cloud Logging 로그에서 비정상적이고 의심스러운 활동을 모니터링하고, 웹 애플리케이션의 취약성에 대한 보안 스캔을 수행해 위협을 탐지한다. 대시보드를 통해 이러한 모든 결과를 한 곳에서 확인할 수 있으며, 분석 결과에 따라 적절한 권장 수정 조치를 적용할 수 있다.

경고

경고를 사용하면 모니터링 및 감사 솔루션으로부터 발생한 중요한 결과에 대해 실시간 알림을 받을 수 있다. 경고를 모니터링 및 감사와 별도로 다루는 이유는 모니터링과 감사만으로는 알림이 자동으로 전달되지 않을 수 있기 때문이다. 모니터링이나 감사는 수동 또는 자동 방식으로 수행될 수 있다. 수동 솔루션에서는 사람이 직접 결과를 검토하기 때문에 별도의 경고가 필요하지 않을 수 있다. 하지만 자동화된 시스템에서는 결과가 자동으로 생성되더라도 사람이 제때 이를 인지하지 못하면 대응이 지연될 수 있으므로 경고 기능이 필수적이다. 따라서 경고는 하나의 독립된 구성 요소로 간주해야 하며, 대응 팀이 적시에 관련된 알림을 받을 수 있도록 적절히 구성돼야 한다. 경고를 효과적으로 구성하는 데 도움이 되는 일반적인 원칙과 클라우드 서비스 제공자별 기능을 함께 살펴보겠다.

일반적인 원칙

경고를 구성하는 방식은 애플리케이션의 설계, 보안 및 비즈니스 요구 사항, 예산에 따라 달라질 수 있다. 하지만 경고 솔루션을 구현할 때 적용할 수 있는 몇 가지 일반적인 원칙이 있다.

보안 관련 알림

조직은 보안 관련 이벤트에 대응할 수 있는 팀을 갖춰야 한다. 전담 보안팀이든 개발자 중심의 소규모 팀이든 보안 이벤트 대응을 책임질 수 있는 담당자를 명확히 지정해야 한다. 또한, 보안 이벤트에 대응할 책임이 있는 인원으로 구성된 보안 이메일 그룹을 설정하는 것이 좋다.

이 그룹을 설정한 후에는 클라우드 서비스 제공자 계정과 타사 모니터링 및 경고 도구를 구성해 보안 관련 알림이 해당 이메일 그룹으로 전달되도록 설정해야 한다. 이렇게 하면 보안 담당자가 신속하고 정확하게 대응할 수 있다. 이 그룹에서 수신할 수 있는 알림 유형에는 예정된 지원 중단, 알려진 취약성, 비정상적이고 의심스러운 활동이 포함된다.

운영 알림

보안 이메일 그룹과는 별도로 운영 알림 및 시스템 경고를 수신할 수 있는 전용 이메일 그룹도 필요하다. 시스템에서 에러가 발생하거나 예정된 서비스 중단이 예고된 경우, 이에 신속하게 대응할 수 있는 운영 전담 팀이 있어야 한다. 이러한 전담 팀이 없다면 누적된 에러나 공지된 공급 중단으로 인해 애플리케이션이 중단되는 사태가 발생할 수 있다.

이메일 그룹을 사용하는 것 외에도 서비스 제공자 및 타사 도구를 사용할 수 있다. 서비스 제공자는 이메일 주소와 휴대폰으로 경고를 보내거나 사용자 지정 알림을 수행하는 서버리스 함수를 트리거할 수 있는 알림 기능을 갖추고 있다. 타사 도구에서는 조직이 갖고 있는 프로세스, 워크플로, 기본 설정을 보다 효과적으로 지원할 수 있는 알림 옵션(예: SMS, 전화 통화, 모바일 애플리케이션 푸시 알림, 인스턴트 메시지 알림)을 추가할 수 있다. 클라우드 서비스 제공자의 도구를 사용하든 타사 시스템을 사용하든 적절한 수준의 정보를 정확한 개인에게 신속하게 경고하도록 알림을 구성해야 한다.

상세도 설정

알림의 상세도 설정은 단순한 수치 조정이 아니라 때로는 경험과 감각이 필요한 작업이다. 이 설정은 보낼 알림의 수, 알림의 유형, 전송 빈도, 알림에 포함할 정보의 양을 정의한다. 알림이 지나치게 상세하면 수신자가 반복되는 메시지에 익숙해져 경고를 무시할 수 있고, 반대로 너무 간략하면 중요한 상황에서 필요한 정보를 놓칠 위험이 있다.

대응팀은 처음에는 알림에 적절히 대응하지만, 시간이 지남에 따라 너무 많은 알림을 받거나 알림의 심각도(또는 중요도)가 관련이 없거나 중요하지 않은 것처럼 보이면 점차 반응하지 않게 된다. '양치기 소년'의 이야기는 불필요하거나 과도한 알림이 진짜 중요한 경고의 신뢰도를 떨어뜨릴 수 있다는 교훈을 준다.[17] 따라서 대응팀이 조치를 취해야 할 때 알림을 보내야 하며, 이러한 알림에는 적절한 수준의 긴급성이 포함돼야 한다. 이렇게 하면 긴급도가 낮은 알림으로 인해 한밤중에 팀원이 깨어나는 상황을 줄일 수

---

17 이 이야기는 '늑대야! 늑대!'라고 거짓으로 외치며 울었던 한 소년의 이야기다. 다른 사람들이 소년을 구하러 왔지만 늑대는 발견하지 못했다. 이런 일이 여러 번 일어났다. 결국 모두가 소년의 말을 듣지 않았다. 어느 날 진짜 늑대가 나타났지만 아무도 소년을 구하러 오지 않았다. 이 이야기는 미국 의회도서관에서 읽을 수 있다. '양치기 소년과 늑대.' 어린이를 위한 이솝 우화. 기원전 620–560년경. www.read.gov/aesop/043.html

있다.

로그 및 감사 기록의 상세도와 알림의 상세도는 구분해서 생각해야 한다. 로그와 감사 기록에는 더 많은 세부 정보를 기록해야 이후 유의미한 알림을 생성할 수 있는 충분한 기반 정보가 확보된다. 예를 들어, 애플리케이션이 에러를 전혀 기록하지 않거나 불충분하게 기록할 경우, 해당 에러에 대한 알림을 전송할 수 없다. 마찬가지로 감사 시스템이 다양한 유형의 활동을 캡처하지 않으면, 악의적인 행위를 탐지할 수 없다. 로그를 여러 로그 레벨에서 생성하지 않으면, 애플리케이션의 동작이 정상적인 패턴에서 벗어났을 때 그 이상을 감지하고 알림으로 연결하기 어렵다. 로그와 감사 기록이 상세할수록 이상 징후가 발생했을 때 관련 알림이 전송될 가능성은 높아지지만, 10장에서 설명한 것처럼 민감한 정보를 로그에 기록하지 않도록 주의해야 한다.

알림 대상

경고 알림을 어떤 방식으로 어디로 보낼지 평가해야 한다. 메시지 큐, 개별 이메일 주소, 이메일 그룹, 타사 서비스, 혹은 이 모든 방식의 조합으로 경고를 전달하도록 구성할 수 있다. 대응팀이 경고를 제때 수신하고 실제로 알림을 확인할 수 있도록 대상 채널을 신중하게 설정해야 한다. 만약 경고가 제때 전달되지 않으면 그 결과로 서비스 중단이나 보안 사고로 이어질 수 있다. 또한, 수신자가 알림을 확인하지 않으면 알림을 놓치거나 혹은 다른 팀원이 검토할 것이라고 착각하는 상황이 생길 수 있다. 경고의 심각도에 따라 일정 시간이 지나도 문제가 해결되지 않은 경우 해당 사용자나 담당자에게 후속 알림을 수동으로 전송하는 것도 좋은 방법이다. 어떤 방식으로 경고 알림을 전달하기로 결정하든 그 알림이 실제로 검토되고 조치로 이어졌는지 확인하는 절차가 반드시 필요하다.

타사 솔루션

타사 경고 솔루션도 타사 모니터링 및 감사 솔루션과 마찬가지로 강력한 부가 기능을 제공할 수 있다. 예를 들어, 전화 및 문자 메시지 시스템, 티켓팅 시스템, 고객 지원 도구, 모바일 애플리케이션, 인스턴트 메시징 플랫폼 등과 쉽게 통합할 수 있다. 또한, 웹훅, API, 기타 통합 기능은 경고를 트리거하기만 하면 되며, 클라우드 서비스 제공자 계정에 직접 액세스할 필요가 없어 IAM 권한 문제를 피할 수 있다. 일부 솔루션은 대응 팀이 알림을 얼마나 빠르게 처리하는지를 분석할 수 있는 리포팅 기능도 제공하며, 애플리케이션이나 인프라가 복구됐을 때 자동으로 경고를 종료하는 기능을 지원할 수도 있다. 타사 솔루션(서비스 또는 소프트웨어)을 사용하는 것이 클라우드 서비스 제공자의 경고 시스템보다 매력적인 이유 중 하나는 클라우드 서비스 제공자의 자체 서비스에 장애가 발생하더라도 알림의 신뢰성을 유지할 수 있다는 점이다.

AWS

다양한 AWS 기능을 활용해 모니터링 이벤트 및 감사 결과에 대한 경고를 보내는 방법을 다루겠다. AWS 모니터링 및 감사 서비스는 경고 알림을 전송하기 위해 다음 서비스와 어떤 방식으로든 통합한다.

Amazon SNS

Amazon SNS를 사용하면 DynamoDB, CloudWatch Alarms, CloudWatch Events, CloudTrail, Config, Elasticsearch 등으로부터 알림을 받을 수 있다. 이러한 알림을 Lambda 함수, SQS 큐 또는 웹훅으로 전달해 적절한 대응 팀에 알림을 보낼 수 있다. Amazon SES를 사용해 이메일 그룹으로 이메일을 보내는 Lambda 함수를 사용할 수 있다. SQS 큐를 사용해 SNS 알림 메시지를 저장하고, 프로그래밍 방식으로 처리할 수 있다. 웹훅을 사용해 다른 애플리케이션이나 타사 서비스로 알림을 보낼 수 있다. 다양한 Lambda 함수, SQS 큐, 웹훅은 SNS 토픽을 구독할 수 있다. 이를 통해 다양한 방법으로 경고에 응답할 수 있다.

Amazon CloudWatch Alarms, CloudWatch Events, Event Bridge

일부 AWS 서비스는 자체적으로 경고 및 알림 전송 기능을 지원하지 않는다. 이때 CloudWatch Alarms, CloudWatch Events, EventBridge를 활용하면 이러한 부족한 기능을 보완할 수 있다. CloudWatch Alarms는 CloudWatch 지표가 사전에 정의한 임곗값을 초과하거나 정상 범위로 복귀할 때 SNS 토픽에 메시지를 게시하도록 구성할 수 있다. 이를 통해 서버리스 리소스를 지속적으로 모니터링하고 자동화된 대응을 연계할 수 있다. CloudWatch Events 및 EventBridge를 사용하면, 특정 이벤트 발생 시 다음과 같은 작업, 즉 Lambda 함수 실행, Step Functions 상태 전이, SNS 토픽 또는 SQS 큐로 메시지 게시, Kinesis 스트림으로 데이터 전송, Systems Manager 작업 실행, CloudTrail 기반 이벤트 대응 등을 자동으로 트리거할 수 있다. 이러한 기능을 활용하면 CloudTrail 로그에서 탐지된 비정상적인 활동에 효과적으로 대응할 수 있다. 결과적으로, CloudWatch Alarms, Events, EventBridge를 통해 지속적인 모니터링과 감사 기능을 구현할 수 있다.

Azure

모니터링 이벤트 및 감사 결과에 대한 경고를 받기 위해 다양한 Azure 기능을 활용하는 방법을 다루겠다.

Azure Monitor

지표가 임곗값을 초과할 때 경고를 보내도록 Azure Monitor를 구성할 수 있다. 중앙 집중화된 위치에서 모든 경고를 검토, 승인, 쿼리할 수 있다. 여기에는 경고 유형(지표 또는 로그), 경고 정보, 심각도(정보, 경고 등)가 표시된다. 또한, Azure Alert Management REST API를 사용해 Azure Resource Graph 및 외부 시스템에서 경고를 쿼리할 수 있다.

경고를 만드는 것 외에도 경고를 받을 때 자동화된 작업을 구성할 수 있다. 자동화된 작업은 웹훅을 호출하거나, Azure Workbook을 시작하거나, Azure Function을 트리거하거나, Azure Logic Apps를 시작할 수 있다. 경고를 통해 워크플로를 개선할 수 있다.

Azure Monitor를 외부 모니터링 및 경고 시스템(예: 보안 정보 및 이벤트 관리[SIEM] 시스템)과 통합할 수 있다. Azure Event Hubs, Azure Partner 통합 또는 Azure REST API를 사용해 외부 시스템과 통합할 수 있다.

Azure Service Health

Azure Service Health는 이메일, SMS, 푸시 알림을 통해 자동으로 경고를 보내기 때문에 Azure 서비스 중단에 대응할 수 있다.

Google Cloud

모니터링 이벤트 및 감사 결과에 대한 경고를 하기 위해 다양한 Google Cloud 기능을 활용하는 방법을 다루겠다.

Google Cloud 운영 제품군

Google Cloud 운영 제품군의 서비스는 이메일, Google Cloud 콘솔 모바일 애플리케이션, SMS, Pub/Sub, 웹훅을 통한 경고 전송을 지원한다. 웹훅과 Pub/Sub 토픽을 사용해 타사 서비스에 경고를 보낼 수 있다.

Security Command Center

Security Command Center는 Gmail, SMS, Pub/Sub, Cloud Function을 통해 경고를 전송한다.

Cloud Pub/Sub

모니터링 및 감사에 사용할 수 있는 많은 서비스가 Pub/Sub 토픽에 경고 전송을 지원한다. 이러한 서비스 중 일부에는 Budget 경고, Cloud Monitoring, Security Command Center, 운영 제품군이 포함된다. Pub/Sub는 경고를 수신하고, 사용자 알림을 만들고 워크플로에 통합할 수 있는 여러 대상(예: Cloud Function, App Engine, Firebase)에 알림을 배포할 수 있다.

Cloud Function

모니터링 및 감사 서비스가 Cloud Function에 대한 경고 전송을 지원하든, Pub/Sub에서 Cloud Function을 트리거하든, 이를 사용해 경고를 전송할 수 있다. Cloud Function은 SDK, API 또는 사용자 지정 로직을 사용해 다양한 유형의 알림 기능 및 타사 솔루션에 경고를 보낼 수 있다.

주요 내용

11장에서는 모니터링, 감사, 경고가 무엇이며 서로 어떻게 관련돼 있는지 살펴봤다. 모니터링을 통해 애플리케이션이 얼마나 잘 작동하는지를 평가할 수 있으며, 성능 문제와 에러를 탐지할 수 있다. 감사는 잠재적인 보안 문제와 법적 규정 및 비즈니스 요구 사항 미준수(또는 위반)를 식별하는 데 사용된다. 감사 항목에서 보안 모니터링을 설명한 이유는 보안 문제가 일반적으로 보안 정책 또는 모범 사례를 준수하지 않아서 발생하는 경우가 많기 때문이다. 이러한 의미에서 보안 모니터링은 지속적인 감사에 비유할 수 있다. 경고를 사용하면 모니터링 및 감사에서 성능 문제, 의심스러운 활동, 규정 미준수를 감지할 때 알림을 받을 수 있다. 이메일, SMS, 푸시 알림, 타사 솔루션(예: 인스턴트 메시지 및 티켓팅 시스템)을 통해 알림을 보내도록 경고를 구성할 수 있다. 모니터링 및 감사 시스템은 경고 기능을 제공하거나 제공하지 않을 수 있으며, 경고 프로세스를 시작할 수 있는 서비스에 결과를 전달할 수도 있다. 모니터링, 감사, 경고는 애플리케이션의 작동 방식을 이해하고, 성능 및 보안 문제를 찾아 해결하는 데 서로 연관돼 있고 필수적이다.

각 주제에 대한 일반적인 원칙을 다뤘다. 이러한 일반적인 원칙은 모니터링, 감사, 경고 솔루션을 구현할 때 고려해야 할 항목과 사례를 제공한다. 고려해야 할 추가 요소(비즈니스 및 기술 요구 사항, 비용 및 일정, 워크플로 같은)가 많이 있지만 일반 원칙이 출발점이다. 솔루션을 구현하는 데 활용할 수 있는 다양한 AWS, Azure, Google Cloud 서비스를 검토해 일반 원칙을 준수했다. 일부 서비스는 기본 기능을 제공하고, 다른 서비스는 고급 기능(예: 머신러닝 및 인공지능)을 제공한다. 기본 서비스 또는 고급 서비스 중 어떤 서비스를 선택할지는 여러 가지 요인에 따라 달라진다. 궁극적으로는 애플리케이션에 문제가 발생하는 시점을 탐지하고, 보안 상태가 약화되는 시점을 탐지해 적절한 담당자에게 알림을 보낼 수 있어야 한다.

CHAPTER 12

추가 고려 사항

12장에서는 프로젝트에서 고려해야 할 추가적인 주제를 검토한다. 이러한 주제는 Serverless Framework와 사이버 보안 개념을 사용하는 프로젝트의 상황을 기반으로 한다. 검토할 주제는 특별한 순서가 없으며, 이전 장들의 주요 메시지에 집중하는 것을 방해하지 않으면서 추가 생각을 공유하기 위해 마지막 두 번째[1] 장으로 미뤘다.

보안과 기타 요구 사항의 균형

프로젝트를 진행하다 보면 보안 엔지니어, 소프트웨어 개발자, 최종 사용자 간에 의견이 충돌할 수 있다. 개발자와 사용자는 보안 요구 사항과 절차를 지나치게 복잡하고 불편하게 느낄 수 있고, 보안 엔지니어는 '누구도 신뢰할 수 없다'는 생각에 지나치게 복잡한 절차를 만들 수 있다. 결국 개발자나 사용자는 보안 정책을 우회할 방법을 찾게 될 것이다. 보안 정책과 절차를 계속 늘리기보다는 액세스를 균형 있게 조율할 수 있는 방식을 고민해야 한다.

보안 엔지니어의 목표는 보안 위협으로부터 애플리케이션과 비즈니스를 보호하는 데

---

[1] 끝에서 두 번째

있다. 공격이나 침해로 인해 발생할 피해보다 더 많은 비용을 보안에 쓰는 일은 피해야 한다. 예를 들어, 5달러짜리 자산을 보호하기 위해 100만 달러를 들이는 것은 적절하지 않다. 반대로, 보안 사고가 발생할 경우 회사에 10억 달러의 피해를 줄 수 있는 위험이라면, 이를 해결하기 위해 100만 달러를 투자하는 것은 바람직하다. 사용자에게 과도하게 복잡한 비밀번호 보안을 요구하는 것도 피해야 한다. 예를 들어, 다중 인증이 활성화된 상태에서 최소 12개의 혼합 문자를 요구해도 비슷한 결과를 얻을 수 있는데, 최소 64개의 혼합 문자가 포함된 비밀번호를 요구해서는 안 된다. 또는 민감 데이터(예: 결제 정보, 주민등록번호, 우편 주소 등)를 저장하지 않는 애플리케이션에 패스워드리스 인증 passwordless authentication[2]을 추가하는 것을 고려할 수 있다. 보안이 많다고 해서 반드시 더 좋은 것은 아니며, 오히려 더 간단한 프로세스가 더 높은 보안을 제공하는 경우도 있다.

CI/CD

수동으로 하다 보면 빠뜨릴 수 있는 검사를 자동화하기 위해 CI/CD 파이프라인 도입을 고려해야 한다. CI/CD 파이프라인을 사용하면 소스 코드를 자동으로 점검하고, 모든 검사를 통과한 경우에만 배포할 수 있다. 소스 코드가 승인, 병합, 배포되기 전에 자동화된 소스 코드 검사를 통과하도록 요구할 수 있다. 소스 코드 검사 유형에는 단위 테스트, 코드 커버리지, 정적 코드 분석[3], 동적 애플리케이션 보안 테스트DAST, Dynamic Application Security Test, 패키지 및 종속성 취약성 검사 등이 있다.[4] 체크리스트나 수동 검토는 도움이 되지만, 사람이 잊어버릴 가능성은 항상 있다. 자동화된 검사를 통과하고 소스 코드를 배포할 준비가 되면 CI/CD 파이프라인에서 자동으로 비프로덕션nonproduction 환경에 배포해야 한다. 이렇게 하면 배포 프로세스를 테스트하는 데 도움이 된다. 또한, 애플리케이션을 사용해 문제를 찾아내고 인터랙티브 애플리케이션 보안 테스트IAST, Interactive Application Security Test를 수행할 수 있는 환경을 제공한다. CI/CD 파이프라인이 있으면 반복 가능한 프로세스를 제공하고, 적절한 자동화된 검사를 통해 보안 상태를

---

2 패스워드리스 인증은 사용자가 이메일 주소나 전화번호를 제공하는 단일 인증 방식이다. 사용자는 로그인 프로세스를 완료하는 일회용 비밀번호(예: 6자리 코드 또는 보안 링크)를 받는다.
3 린팅(linting) 및 정적 애플리케이션 보안 테스트(SAST, Static Application Security Test)라고도 한다.
4 npm은 종속성에서 알려진 취약성을 검사할 수 있는 npm 감사 기능을 제공한다.

개선할 수 있다.

CI/CD 파이프라인을 보호하고 유지하는 것을 잊지 말아야 한다. 일부 CI/CD 파이프라인은 전용 서버, 컨테이너 오케스트레이션 소프트웨어 또는 타사 솔루션을 사용한다. 최신 운영체제 업데이트, 배포 소프트웨어 업데이트, 보안 설정을 통해 전용 서버와 컨테이너를 최신 상태로 유지해야 한다. 소스 코드를 배포하기로 선택한 경우, CI/CD 파이프라인은 AWS, Azure, Google Cloud에 배포하기 위해 자격 증명이 필요하다. 8장에서 설명한 대로 이러한 자격 증명을 보호하기 위한 조치를 취하고, 6장에서 설명한 대로 최소 권한으로 설정해야 한다. 악의적인 사용자가 CI/CD 환경에 액세스하는 데 성공한 경우, 해당 사용자는 모든 평문 시크릿(예: 비밀번호 및 AWS 액세스 키)을 획득할 수 있으며, 데이터 및 애플리케이션을 제거할 수 있는 삭제 프로세스를 트리거할 수 있다. CI/CD 파이프라인을 잠재적인 위협으로부터 보호해야 하는 자산으로 인식해야 한다.

소스 관리

대부분의 소프트웨어 프로젝트는 어떤 형태로든 소스 관리 도구를 사용한다. 하지만 이러한 도구로 생성된 리포지터리를 어떻게 보호해야 하는지는 널리 알려져 있지 않다. 소스 관리 도구와 리포지터리는 보안을 고려해 설정해야 한다.

다음과 같은 보안 수칙은 소스 코드를 안전하게 보호하는 데 도움이 된다.

- 전송 중인 데이터에는 종단 간 암호화(예: SSH)를 사용한다.
- 사용자 계정을 통해 서버나 서비스에 대한 액세스를 제한한다.
- 가능하면 2단계 또는 MFA를 사용하도록 설정한다.
- 비대칭 키를 사용해 커밋에 전자 서명을 한다.
- 소스 관리 소프트웨어(및 소스 관리 소프트웨어를 호스팅하는 서버)를 최신 상태로 유지한다.

- 커밋하기 전에 훅을 사용해 소스 코드에 민감한 정보가 포함돼 있는지 확인한다.[5]
- 리포지터리를 암호화하는 것을 고려한다.
- 원치 않는 파일과 시크릿이 포함된 파일(예: 환경 파일)을 커밋하지 않으려면 ignore files 기능을 사용한다.

이러한 수칙을 따르면 악의적인 사용자가 코드를 탈취하거나 수정하는 것을 방지하는 데 도움이 된다.

Serverless Framework 플러그인

Serverless Framework 플러그인은 애플리케이션 소프트웨어를 배포할 때 Serverless Framework의 활용도를 높이는 데 도움이 된다. 배포를 최적화하거나 보안을 강화하거나 기능을 확장하려면 플러그인을 사용하는 것이 도움이 될 수 있다. 이러한 플러그인은 Serverless Plugins Directory[6] 또는 Serverless GitHub에서 확인할 수 있다.[7]

사용하려는 플러그인을 찾았다면 반드시 그 소스 코드를 검토하는 것이 좋다. 대부분의 플러그인은 오픈 소스로 제공되므로 자유롭게 코드를 확인할 수 있다. 하지만 오픈 소스라고 해도 작성자 외에는 실제로 코드를 면밀히 검사한 사람이 없을 수도 있다. 보안 상태를 약화시키는 플러그인을 설치하게 될 수도 있다. 예를 들어, 자바스크립트 'eval' 명령을 사용하는 플러그인이 있을 수 있는데, 이 명령은 파일 시스템에 새 파일을 생성하는 등의 동작을 할 수 있다.[8] 플러그인은 Serverless 구성을 배포할 때 사용하는 것과 동일한 권한으로 실행되기 때문에 플러그인의 동작 방식을 정확히 이해하는 것이 중요하다. 플러그인에 악성 명령이 하드코딩돼 있다면 원하지 않는 변경이 발생할 수 있다.

사용자 지정 플러그인을 직접 만들어야 할 수도 있다. 신뢰할 수 있는 npm 패키지를

---

5 저자의 글 중 하나에서 사전 커밋 깃 훅을 사용하는 방법을 설명한다. 'GitHub에서 민감한 데이터 및 평문 시크릿 제거하기.' 미겔 A. 카예스. Secjuice. 2020년 3월 1일. www.secjuice.com/github-complete-cleaning-sensitive-secrets

6 'Serverless Framework 플러그인.' Serverless, Inc. www.serverless.com/plugins

7 '플러그인.' Serverless. GitHub. https://github.com/serverless/plugins

8 '안전하지 않은 서버리스 플러그인: 소스 코드를 검사해야 하는 이유.' 미겔 A. 카예스. Secjuice. 2020년 3월 29일. www.secjuice.com/insecure-serverless-plugins-why-you-should-inspect-the-source-code

사용한다면 사용자 지정 플러그인은 악성 코드로 인한 위험을 줄이는 데 도움이 된다. 이 플러그인은 로컬에서 실행할 수 있으며, npm이나 Serverless Plugins Directory에 굳이 게시하지 않아도 프로젝트 내에서 사용할 수 있다. 비공개 플러그인은 애플리케이션 배포를 개선하거나 정책 기반 데이터 검증을 수행하는 데 활용할 수 있다. 사용자 지정 플러그인은 유용하지만, 개발과 유지 관리를 위해 일정 수준의 시간 투자가 필요하다.

Serverless 구성 크기

Serverless 구성을 가능한 한 작게 유지하고, 구성 요소별로 나눠 사용하는 방식을 고려해야 한다. 다음 항목별로 각각 별도의 Serverless 구성을 사용하는 것이 좋다.

- 데이터베이스
- 객체 저장소
- 함수 그룹(또는 마이크로서비스)
- 애플리케이션 구성 요소

Serverless 구성을 작게 유지하면 보안 공격 표면이 줄어든다. 예를 들어, 프로젝트에 Amazon API Gateway에서 이벤트를 수신하는 AWS Lambda 함수 그룹이 있을 수 있다. 이 중 하나의 Lambda 함수에 결함이 있는 로직이 있어 API Gateway로 과도한 요청을 보내게 된다. 그 결과 API Gateway가 과부하 상태에 이르고 요청을 스로틀링하기 시작하며, 결국 모든 요청 수락을 중단하고 다른 Lambda 함수들도 더 이상 트리거되지 않는다. 이는 실수로 API Gateway에 DoS 공격을 일으켜 전체 기능 접근이 차단된 사례다. 만약 애플리케이션의 모든 Lambda 함수가 하나의 Serverless 구성 파일에 포함돼 있었다면, 애플리케이션 전체가 DoS 영향을 받았을 것이다.

또 다른 예로는, 특정 함수를 삭제하려다 실수로 데이터베이스까지 삭제하는 경우가 있다. 데이터베이스와 Lambda 함수를 각각 별도의 Serverless 구성으로 분리해 두면 함수를 추가, 수정, 삭제할 때 데이터베이스를 실수로 변경하는 일을 막을 수 있다. 리소스를 분리해 두면 구성 파일을 수정할 때 더 신중하게 작업하게 돼 실수를 줄일 수 있다.

함수 최적화

11장에서 함수 모니터링에 대해 설명했다. 함수를 처음 개발할 때 모니터링 데이터와 테스트 결과를 활용하면 초기 단계에서 최적화할 수 있다. 함수는 처음 만들 때뿐만 아니라 운영 중에도 주기적으로 최적화를 수행해야 한다.

비효율적인 함수는 성능 저하, 비용 증가, 보안 취약점 등 여러 측면에 부정적인 영향을 줄 수 있다. 예를 들어, 비효율적인 코드나 과도한 패키지 크기, 동기 방식으로 오래 실행되는 함수는 전체 애플리케이션의 응답 속도를 늦추고, 지연을 유발할 수 있다. 실행 시간이 길어질수록 비용도 증가한다. 또한, CPU나 메모리 설정이 적절하지 않으면, 실행 시간이 늘어나거나 반대로 과도하게 자원을 할당할 경우 불필요한 비용이 발생할 수 있다. 만약 실행 시간이 길어지는 입력 값을 반복적으로 보낼 수 있다면, 이를 악용해 동일한 함수에 대량의 요청을 보내는 DoS 공격으로 이어질 수도 있다. 따라서 함수는 가능한 한 효율적으로 실행되도록 주기적인 최적화가 필요하다.

함수를 최적화하기 위해 다음과 같은 조치를 취할 수 있다

- 함수의 작업 범위를 특정 작업으로 제한한다.
- 입력은 여러 이벤트 소스가 아닌 하나의 이벤트 소스에서만 받아야 한다.
- 함수는 하나의 리소스에 대해 하나의 작업만 수행하도록 제한하는 것이 좋다(예: 하나의 데이터베이스 테이블에만 데이터 쓰기).
- 테스트 데이터를 생성하거나 모니터링 데이터를 활용해 최적의 CPU 및 메모리 설정 값을 찾는다.
- 함수가 실행을 완료할 수 있는 최단 실행 시간 제한을 설정한다.
- 패키징 도구(예: webpack[9])를 사용해 함수 패키지 크기를 줄인다.
- 전역 변수를 사용하거나 임시 파일 시스템에 데이터를 쓰면 함수 간 상태가 유지돼 예기치 않은 동작이 발생할 수 있으므로 이를 피해야 한다.

---

9 webpack은 OpenJS 재단의 등록 상표다.

함수를 작게 유지하고 최적화하면 애플리케이션 성능이 향상되고, 비용이 절감되며, DoS 공격에 대한 애플리케이션의 복원력이 높아진다.

결함 트리

서비스 중단 상황에 대비해야 한다. 11장에서 DoS 공격과 서비스 중단 가능성에 대해 살펴봤듯이 타사 시스템 통합, 함수 입력 값의 예상치 못한 변화, 만료된 SSL 인증서 등 다양한 원인으로 서비스가 중단될 수 있다.

결함 트리를 만들어 두면 어떤 지점에서 문제가 발생할 수 있는지 미리 파악할 수 있고, 이를 바탕으로 적절한 대응책을 마련할 수 있다.

다음은 몇 가지 실패 시나리오와 이를 완화할 수 있는 방법이다.

- 고객에게 청구서를 전송하는 데 사용되는 함수를 트리거하는 타이머 서비스가 중단될 수 있다. 이 경우 동일한 클라우드 서비스 제공자의 다른 리전에 백업 타이머 서비스를 설정하거나, 다른 클라우드 서비스 제공자의 타이머 서비스를 백업용으로 설정하거나, 간단한 백업용 타이머 역할을 수행할 수 있는 소형 서버를 구성할 수 있다.
- 가격 데이터 입력 형식이 갑자기 변경돼 숫자가 아닌 문자열 형태로 가격이 전달될 수 있다. 입력 값 검증을 유연하게 구성해 숫자가 포함된 문자열도 허용하고, 자동으로 숫자로 변환하도록 설정하면 문제를 완화할 수 있다.
- 타사 통합 서비스가 데이터 제공을 중단하거나 입력을 거부할 수 있다. 이때는 미처리된 데이터 레코드와 시스템 이벤트를 추적해 통합이 정상으로 복구됐을 때 재처리를 시도할 수 있다.

장애에 대한 계획을 세우고 이러한 장애가 애플리케이션 및 보안 상태에 어떤 영향을 줄 수 있는지 충분히 고려해야 한다.

주요 내용

12장에서는 서버리스 환경을 사용하는 프로젝트 상황을 바탕으로 몇 가지 추가적인 고려 사항을 살펴봤다. 먼저, 보안과 다른 요구 사항 사이의 균형이 중요하다는 점을 강조했다. 비즈니스 가치를 넘는 과도한 보안은 개발자와 최종 사용자에게 불필요한 부담을 줄 수 있으며, 간단한 접근만으로도 충분한 보호를 달성할 수 있음을 기억해야 한다. 이어서 CI/CD 파이프라인과 소스 관리 같은 개발 활동이 보안에 미치는 영향에 대해 설명했고, Serverless 구성 파일과 플러그인 사용 시 고려해야 할 최적화 및 보안 이슈를 짚었다. 또한, 함수 최적화 방법과 결함 트리를 통한 잠재적 장애 식별의 중요성도 다뤘다. 12장에서 다룬 주제들은 모두 보안 평가에 포함할 만한 중요한 요소다.

CHAPTER 13

위험 평가 마무리

13장에서는 2장에서 시작한 위험 평가를 마무리하고, 그 결과를 비즈니스 이해관계자에게 효과적으로 전달하는 방법을 살펴보겠다.

모든 결과 수집

2장에서는 위험 평가를 어떻게 준비해야 하는지를 살펴봤다. 2장은 서버리스 애플리케이션의 보안 문제를 해결하기 위한 토대를 마련했다는 점에서 기술적 내용을 다룬 첫 장이기도 하다. 문서를 검토하고, 소스 코드를 분석하고, 아키텍처를 파악하고, 애플리케이션을 직접 사용해 보며, 위협을 정량화하는 과정을 거쳐 위험 평가를 수행할 준비가 갖춰졌다. 애플리케이션과 프로젝트의 고유한 특성을 이해하지 못한 채 접근하면, 실제 보안 문제를 해결하지 못하고 단순히 일반적인 모범 사례만 제시하는 데 그칠 수 있다. 2장 이후의 장들에서는 이러한 위험 평가를 바탕으로 각 보안 주제를 평가할 수 있는 구체적인 방법들을 소개했다.

각 장의 주제를 바탕으로 잠재적인 보안 문제들을 발견했을 것이다. 보안 엔지니어 5명으로 구성된 팀이 각각 2개 장씩 맡아 조사를 수행한다고 가정해 보자. 각 엔지니어가 각 장마다 10건의 조사 결과를 식별했다면 이 팀은 총 100건의 보안 관련 결과를 찾아

낸 셈이다. 이렇게 수집된 모든 결과는 관리하기 쉬운 형식으로 통합할 필요가 있다. 자산 유형을 기준으로 분류하는 방법(예: 표 2-5 참고) 외에도 마이크로서비스 단위, 시스템 기능, 또는 보안 주제(각 장의 제목 등)를 기준으로 분류할 수 있다. 결과를 적절히 그룹화하면 각 항목에 대해 심각도나 위험 수준에 따라 우선순위를 정하는 작업이 훨씬 수월해진다.

조사 결과 스코어링

모든 조사 결과를 그룹화하고 정리한 후에는 각 그룹 내에서 어떤 항목이 더 심각한지 식별할 수 있다. 마이크로서비스별로 정리한 경우 결제 처리 마이크로서비스에서는 하나의 결과는 심각도가 높고 나머지는 낮다고 볼 수 있다. 예를 들어, 마이너스 결제 금액이 전송되면 예기치 않은 환불이 발생하는 함수를 발견했는데, 이 문제는 매출 손실로 이어질 수 있으므로 심각도가 높다고 판단할 수 있다. 알림 마이크로서비스에서는 잘못된 수신자에게 결제 알림 이메일이 발송될 수 있는 문제를 발견했고, 이는 해당 마이크로서비스 내에서 가장 심각한 문제일 수 있다. 이런 식으로 각 마이크로서비스를 계속 평가해 나가면서 마이크로서비스별로 가장 심각한 문제부터 가장 덜 심각한 문제까지 정리할 수 있다.

마이크로서비스 간에도 가장 심각한 결과를 비교해 볼 수 있다. 앞에서 든 가상의 사례에서 가장 심각한 문제는 결제 처리 마이크로서비스에서 예기치 않은 환불이 발생하고, 알림 마이크로서비스에서 잘못된 과금 알림이 발송되는 것이다. 이 중 예기치 않은 환불은 직접적인 수익 손실로 이어질 수 있기 때문에 더 심각한 결과로 평가할 수 있다. 반면, 잘못된 알림은 사과 이메일을 보내거나 고객의 문의에 응답함으로써 비교적 쉽게 해결할 수 있으므로 심각도가 상대적으로 낮다. 이러한 판단을 바탕으로 두 번째 결과의 심각도를 낮춰 평가할 수 있으며, 이 경우 해당 마이크로서비스 내 다른 결과들의 상대적 심각도도 함께 조정될 수 있다. 이렇게 각 그룹 간의 결과를 비교하면 전체 조사 결과에 대한 이해도를 높이는 데 도움이 된다.

비즈니스 영향 평가

표 2-5에서와 같이 결과를 사용해 위험 평가를 추가 작성해야 한다. 표 2-5는 위협, 완화 대책, 위험 수준을 간결하게 설명하는 데 도움이 된다. 여기서 심각도는 곧 위험 수준은 아니지만, 위험 수준을 정의하는 기준이 된다. 표 2-6의 위험 매트릭스는 가능성과 영향을 기준으로 위험 수준을 명확히 설명하는 데 유용하다. 이때 영향과 심각도는 유사한 개념으로 사용된다. 위험 수준이 정의되면, 이제 그 위험이 비즈니스에 미치는 영향을 정량화하는 작업을 시작할 수 있다.

위험 평가 표에 새로운 열을 추가해 각 위험이 비즈니스에 어떤 영향을 미치는지 명시하고 그 내용을 비즈니스 관점에서 이해할 수 있는 언어로 전달해야 한다. 또한, 누군가 이 위험을 실제로 악용했을 때 발생하는 피해 비용과 이를 보호하거나 완화하기 위해 필요한 비용을 비교해 볼 필요가 있다.

주문을 처리하는 기능과 환불을 처리하는 기능이 있다고 가정해 보자. 그리고 이 두 가지 기능이 DoS 공격에 취약한 것이 가장 큰 위험이라고 가정해 보자. 표 13-1과 같이 위험 평가 양식을 활용하면 이러한 두 가지 위험을 비교하고 평가할 수 있다.

표 13-1. 업데이트된 위험 평가 샘플

마이크로서비스	위협	완화 대책	위험	비즈니스 영향
주문 처리	새로운 주문을 처리할 수 없음	속도 제한 추가 및 시뮬레이션된 DoS 공격으로 테스트	높음	시간당 5만 달러의 수익 손실. DoS 테스트에 5만 달러. 속도 제한을 추가에 40시간 소요. 해결하는 데 2개월 소요
결제 처리	3개월 이내 주문에 대한 예상치 못한 환불 처리	입력 값 검증 개선 및 환불 처리를 위한 승인 요구	높음	1억 달러 환불 손실. 입력 값 검증 및 비즈니스 승인 추가에 60시간 소요. 해결하는 데 2주 소요

주문 처리와 결제 처리 기능의 리스크가 매우 유사하다고 가정해 보자. 앞서 설명한 바와 같이 이 위험을 해결하는 데 약 3개월이 소요될 것으로 예상된다. 만약 이 기간 동안 지속적으로 DoS 공격을 받는다면 시간당 5만 달러 기준으로 총 손실은 1억 달러를 초과하게 된다. 결과적으로 두 위협이 초래할 수 있는 금전적 손실은 사실상 동일하다. 주문 처리 위험을 더 높게 평가한 이유는 지난 3개월 동안의 모든 거래를 환불하기 위해

정교한 입력 값을 구성하는 것보다 DoS 공격을 수행하는 데 필요한 기술 수준이 훨씬 낮기 때문이다. 이러한 판단 근거를 포함해 가능한 한 신중하게 조사 결과를 정리하고, 비즈니스 이해관계자들에게 설득력 있게 전달해야 한다.

이해관계자는 궁극적으로 어떤 위험을 해결하고 어떤 위험을 수용할지(즉, 현재로서는 수정하지 않을지) 결정한다. 또한, 위험을 해결하기 위한 우선순위를 정의한다. 예를 들어, 이해관계자는 주문 처리 위험보다 결제 처리 위험을 더 우선시할 수 있다. 어떤 위험을 해결하기 위해 2개월을 기다리는 것보다 가장 중요한 위험을 2주 이내에 먼저 해결하는 것이 더 낫다고 판단할 수도 있다. 결제 처리 위험이 다른 위험에 비해 발생 가능성은 낮지만, DoS 공격이 3개월 동안 지속될 가능성도 낮기 때문에 결과적으로 비즈니스에 미치는 재정적 영향은 더 클 수 있다. 이해관계자 및 구현 팀과 협력해 이해관계자가 정한 우선순위와 예산을 충족할 수 있는 일정을 충분히 고려해야 한다.

주요 내용

이론적으로 최종 위험 평가를 준비하는 일은 비교적 단순할 수 있다. 이 시점까지 보안 담당자(및 보안 팀)는 서버리스 애플리케이션의 다양한 보안 측면을 상당한 주의를 기울여 조사해 왔을 것이다. 이 책에서는 위험 평가를 위한 방법론을 소개하고 다양한 보안 주제를 다뤘으며 AWS, Azure, Google Cloud에서 활용 가능한 서비스를 검토하고, 그에 대한 권장 사항도 제시했다. 물론 보안 환경, 기능, 위협은 계속해서 진화하고 있다. 그렇기에 이 책의 각 장은 서버리스 보안에 대한 개요와 함께 이를 평가하고 개선할 수 있는 실질적인 가이드를 제공하는 데 중점을 뒀다. 이 책에서 제시한 내용을 바탕으로 이해관계자에게 전달할 수 있는 포괄적인 위험 평가를 수행할 수 있다. 또한, 보안 담당자(및 보안 팀)의 경험과 지식, 그리고 비즈니스 및 기술적 요구 사항에 대한 이해를 결합해 적절한 평가와 대응 방안을 수립할 수 있다. 궁극적인 목표는 보안 위험이 비즈니스에 미치는 영향을 이해관계자에게 효과적으로 전달하는 것이다. 이 정보를 기반으로 이해관계자는 정보에 입각한 의사결정을 내릴 수 있으며, 어떤 위험을 해결할지, 얼마의 예산을 배정할지, 언제까지 해결할지를 결정할 수 있다.

APPENDIX

축약어 목록

이 부록에는 이 책 전반에서 사용된 축약어가 정리돼 있다.

축약어	정의
AD	Active Directory (액티브 디렉터리)
AES	Advanced Encryption Standard (고급 암호화 표준)
ALB	Application Load Balancers (애플리케이션 로드 밸런서)
AMQP	Advanced Message Queueing Protocol (고급 메시지 큐잉 프로토콜)
API	Application Programming Interface (애플리케이션 프로그래밍 인터페이스)
ARN	Amazon Resource Name (아마존 리소스 이름)
AuthN	Authentication (인증)
AuthZ	Authorization (권한 부여)
AWS	Amazon Web Services (아마존 웹 서비스)
blob	Binary Large Object (대용량 이진 객체)
CaaS	Container as a Service (서비스형 컨테이너)
CCPA	California Consumer Privacy Act (캘리포니아 소비자 개인 정보 보호법)
CD	Continuous Delivery (지속적 배포)
CDN	Content Delivery Network (콘텐츠 전송 네트워크)
CERT	Computer Emergency Response Team (침해 사고 대응팀)
CI	Continuous Integration (지속적 통합)

축약어	정의
CIA	Confidentiality, Integrity, and Availability (기밀성, 무결성, 가용성)
CLI	Command-Line Interface (명령줄 인터페이스)
CMK	Customer Master Key (고객 마스터 키)
CORS	Cross-Origin Resource Sharing (교차 출처 리소스 공유)
CPU	Central Processing Unit (중앙처리장치)
CRON	Command Run On (정기 명령 실행)
CSA	Cloud Security Alliance (클라우드 보안 연합)
CVE	Common Vulnerabilities and Exposures (공통 취약점 및 노출)
DAST	Dynamic Application Security Testing (동적 애플리케이션 보안 테스트)
DDoS	Distributed Denial of Service (분산 서비스 거부)
DLP	Data Loss Prevention (데이터 유출 방지)
DNS	Domain Name System (도메인 이름 시스템)
DoS	Denial of Service (서비스 거부)
ECDSA	Elliptic Curve Digital Signature Algorithm (타원 곡선 디지털 서명 알고리듬)
EOL	End of Life (지원 종료)
EU	European Union (유럽 연합)
FaaS	Function as a Service (서비스형 함수)
FBI	Federal Bureau of Investigation (미국 연방수사국)
GCP	Google Cloud Platform (구글 클라우드 플랫폼)
GDPR	General Data Protection Regulation (EU 일반 데이터 보호 규정)
HMAC	Hash-based Message Authentication Code (해시 기반 메시지 인증 코드)
HTTP	HyperText Transfer Protocol (하이퍼텍스트 전송 프로토콜)
HTTP(S)	HyperText Transfer Protocol or HyperText Transfer Protocol Secure (하이퍼텍스트 전송 프로토콜 또는 보안 하이퍼텍스트 전송 프로토콜)
HTTPS	HyperText Transfer Protocol Secure (보안 하이퍼텍스트 전송 프로토콜)
IaaS	Infrastructure as a Service (서비스형 인프라)
IAM	Identity and Access Management (신원 및 접근 관리)
IAST	Interactive Application Security Testing (인터랙티브 애플리케이션 보안 테스트)
IC3	Internet Crime Complaint Center (인터넷 범죄 신고 센터)
ID	Identifier (식별자)
IdP	Identity Provider (자격 증명 서비스 제공자)

축약어	정의
IoT	Internet of Things (사물인터넷)
IT	Information Technology (정보 기술)
JS	JavaScript (자바스크립트)
JSON	JavaScript Object Notation (자바스크립트 객체 표기법)
JWE	JSON Web Encryption (JSON 웹 암호화)
JWS	JSON Web Signature (JSON 웹 서명)
JWT	JavaScript Object Notation Web Token (JSON 웹 토큰)
KMS	Key Management System (키 관리 시스템)
MAC	Message Authentication Code (메시지 인증 코드)
MFA	Multi-Factor Authentication (다중 요소 인증)
NCSC	National Computer Security Conference (국립 컴퓨터 보안 회의)
NLB	Network Load Balancer (네트워크 로드 밸런서)
NoSQL	Not Only Structured Query Language (비관계형 데이터베이스)
NVD	National Vulnerability Database (국가 취약점 데이터베이스)
OAuth	Open Authorization (개방형 인가(권한 부여))
OIDC	OpenID Connect (오픈아이디 커넥트)
OS	Operating System (운영체제)
OU	Organizational Unit (조직 단위)
OWASP	Open Web Application Security Project (국제 웹 애플리케이션 보안 프로젝트)
PaaS	Platform as a Service (서비스형 플랫폼)
PII	Personally Identifiable Information (개인 식별 정보)
PoLP	Principle of Least Privilege (최소 권한의 원칙)
RAIDs	Redundant Arrays of Independent Disks (이중화 독립 디스크 배열)
RBAC	Role-Based Access Control (역할 기반 접근 제어)
ReDoS	Regular Expression Denial of Service (정규 표현식 서비스 거부)
REST	Representational State Transfer (표현 상태 전달)
RSA	Rivest-Shamir-Adleman (RSA 알고리듬)
S3	Simple Storage Service (단순 저장 서비스)
SaaS	Software as a Service (서비스형 소프트웨어)
SAML	Security Assertion Markup Language (보안 주체 표시 마크업 언어)
SAST	Static Application Security Testing (정적 애플리케이션 보안 테스트)

축약어	정의
SDK	Software Development Kit (소프트웨어 개발 키트)
SEI	Software Engineering Institute (소프트웨어 공학 연구소)
SES	Simple Email Service (단순 이메일 서비스)
SHA	Secure Hash Algorithm (보안 해시 알고리듬)
SHA-2	Secure Hash Algorithm 2 (보안 해시 알고리듬 2)
sls	Serverless (서버리스)
SMS	Simple Messaging Service (단문 메시지 서비스)
SNS	Simple Notification Service (단순 알림 서비스)
SQL	Structured Query Language (구조화 질의 언어)
SQS	Simple Queue Service (단순 대기열 서비스)
SSH	Secure Shell (보안 셸)
SSM	Systems Manager (시스템 관리자)
SSO	Single Sign-On (싱글 사인온)
URI	Uniform Resource Identifier (통합 자원 식별자)
URL	Uniform Resource Locator (통합 자원 위치 지정자)
US	United States (미국)
UUID	Universally Unique Identifier (범용 고유 식별자)
VPC	Virtual Private Cloud (가상 사설 클라우드)
XML	Extensible Markup Language (확장 가능한 마크업 언어)
XSS	Cross-Site Scripting (교차 사이트 스크립팅)
YAML	Yet Another Markup Language (또 다른 마크업 언어)
YML	Yet Another Markup Language (또 다른 마크업 언어)

APPENDIX **B**

설정 가이드

부록 B에서는 서버리스 작업에 필요한 항목을 설정하는 방법을 알아보겠다.

소프트웨어 설치

2장에서 설명했듯이 이 책에서는 Node.js와 Serverless Framework에 중점을 둔다.

Node.js 및 npm 설치하기

1. 다음 링크(https://nodejs.org/en/download/)에 접속한다.
2. 사용 중인 OS 및 Node.js 버전에 맞는 설치 프로그램을 다운로드한다(이 책을 쓰는 시점에 버전 10 이상 권장).
3. 설치 파일을 실행하고 안내에 따라 설치한다.
4. 터미널을 연다.
5. 다음 명령을 입력하고 버전 정보가 반환되는지 확인한다.

```
node -v
```

6. 다음 명령을 입력하고 버전 정보가 반환되는지 확인한다.

    ```
    npm -v
    ```

Serverless Framework 설치하기

1. 터미널을 연다.

2. 다음 명령을 입력해 전역 npm 패키지 디렉터리를 구성한다.

    ```
    mkdir ~/.npm-packages
    npm config set prefix "${HOME}/.npm-packages"
    ```

3. 다음 명령을 입력해 Serverless Framework 를 전역 설치한다.

    ```
    npm install -g serverless
    ```

4. 자세한 내용은 Serverless Framework '시작하기' 문서(https://serverless.com/framework/docs/getting-started/)를 참고한다.

Python 설정하기(AWS CLI에서 필요)

1. 다음 링크(www.python.org/downloads/)에 접속한다.

2. 사용 중인 OS 및 Node.js 버전에 맞는 설치 프로그램을 다운로드한다(이 책을 쓰는 시점에 버전 3.5 이상 권장).

3. 설치 파일을 실행하고 안내에 따라 설치한다.

4. 터미널을 연다.

5. 다음 명령을 입력하고 버전 정보가 반환되는지 확인한다.

```
python3 --version
```

AWS CLI 설정하기

1. AWS CLI 버전 1 또는 2 중 어떤 것이 필요한지 결정한다(잘 모르겠다면 버전 2를 설치한다).

2. 버전 1 설치:

    a. Python 3을 설치한다.

    b. 다음 명령을 입력한다.

    ```
    python3 -m pip install awscli --upgrade --user
    ```

    c. 자세한 내용은 AWS CLI 버전 1 설치 가이드(https://docs.aws.amazon.com/cli/latest/userguide/install-cliv1.html)를 참고한다.

3. 버전 2 설치:

    a. 설치 가이드(https://docs.aws.amazon.com/cli/latest/userguide/install-cliv2.html)를 방문한다.

    b. 안내에 따라 설치한다.

Microsoft Azure CLI 설정하기

1. 설치 가이드(https://docs.microsoft.com/en-us/cli/azure/install-azure-cli)를 방문한다.

2. 안내에 따라 설치한다.

Google Cloud SDK 및 CLI 설정하기

1. 설치 가이드(https://cloud.google.com/sdk/docs/install-sdk)를 방문한다.
2. 안내에 따라 설치한다.

Serverless Framework에서 클라우드 서비스 제공자 구성하기

Serverless Framework는 클라우드 서비스 제공자를 구성하는 데 도움이 되는 설정 가이드를 제공한다.

AWS 구성하기

1. 설정 가이드(www.serverless.com/framework/docs/providers/aws/guide/credentials/)를 방문한다.
2. 안내에 따라 설정한다.

Azure 구성하기

1. 설정 가이드(www.serverless.com/framework/docs/providers/azure/guide/credentials/)를 방문한다.
2. 안내에 따라 설정한다.

Google Cloud 구성하기

1. 설정 가이드(https://www.serverless.com/framework/docs/providers/google/guide/credentials/)를 방문한다.
2. 안내에 따라 설정한다.

APPENDIX C

연습 문제 검토

부록 C에서는 앞에서 다룬 연습 문제들을 다시 검토하겠다.

연습 2-1: 문서 검토 수행하기

지침:

각 다이어그램을 검토해 애플리케이션이 작동하는 방식을 이해하고, 구성 요소 간의 관계를 식별한다.

팀에 문의할 후속 질문 리스트를 포함해 보안적으로 주의가 필요한 영역을 정리한 문서를 작성한다.

답변:

강조할 수 있는 몇 가지 우려되는 사항은 다음과 같다.

- 공급자 서버가 Amazon VPC에 접근할 수 있는 근거는 무엇인가?
- 공급자 서버가 Amazon VPC 내에서 Lambda 함수를 예상치 않게 트리거할 수 있는가?

- 모바일 애플리케이션은 API에 대한 인증을 어떻게 수행하는가?
- API는 모바일 애플리케이션의 권한 부여를 어떻게 검증하는가?
- 타사 API에 어떻게 인증하는가?
- 공급자가 사용하는 Amazon VPC의 외부에 계정 관련 Lambda 함수와 DynamoDB 테이블이 존재하는가?
- 모바일 애플리케이션이 DynamoDB 테이블에 다른 계정의 데이터를 쿼리할 수 있는가?
- 모바일 애플리케이션은 판매자와 구매자 모두를 위한 것인가?
- 판매자와 공급자의 차이점은 무엇인가?
- 공급자가 주문 처리를 수행할 때 판매자는 상품을 어떻게 나열하는가?
- 공급자가 주문 처리할 수 없는 상품을 판매자가 재고에 추가할 수 있는가?

이 외에도 검토해 볼 수 있는 질문은 더 많을 수 있다.

연습 3-1: 런타임 선택

지침:

모든 결과를 평가하고 개발자가 사용해야 하는 패키지를 추천한다.

답변:

이 책을 작성할 당시 Node.js 8 버전은 Node.js 10보다 더 많은 알려진 취약성을 갖고 있었다. 또한, 최신 Node.js 8 버전은 최신 Node.js 10보다 더 많은 알려진 취약성을 갖고 있었다.

이 때문에 보안상 Node.js 10을 사용하는 것이 더 적절하다. 또한, Node.js 8은 2019년 12월 31일부로 지원이 종료됐지만, Node.js 10은 여전히 지원되고 있다는 점도 중요한 고려 요소다.

이 책을 작성하는 시점에 가장 최근 릴리스인 Python 2와 Python 3에는 알려진 취약성 수가 매우 비슷했다. 이점만 본다면 두 버전 모두 사용할 수 있다. 하지만 릴리스 일정과 지원 종료 여부를 함께 고려해야 한다. Python 2는 2020년 1월 1일에, Python 3.4는 2019년 3월 18일에, Python 3.5는 2019년 11월 1일에 각각 지원이 종료됐으며, Python 3.6은 2021년 12월까지 지원된다. 따라서 Python 3.6 이상의 버전을 사용하는 것이 바람직하며, 공식 지원 종료 일정이 발표되기 전까지는 Python 3.5도 일시적으로 사용할 수 있다.

연습 3-2: 패키지 평가하기

지침:

모든 결과를 평가하고 개발자가 사용해야 하는 패키지를 추천한다.

답변:

이 글을 작성할 당시에는 다음과 같은 분석 결과가 확인됐을 것이다.

1. 'got' 패키지

    - 종속성 그래프의 노드 30개와 링크 37개
    - Snyk 및 npm audit에 따른 취약성 없음
    - 업데이트가 중단된 npm 패키지 포함
    - 피어 종속성으로 'request'가 있음

2. 'http-request' 패키지

    - 종속성 그래프의 노드 9개와 링크 8개
    - Snyk 및 npm audit에 따른 취약성 없음
    - 종속성 그래프에 있는 업데이트 중단된 npm 패키지 포함

3. 'request' 패키지

- 종속성 그래프의 노드 48개와 링크 60개
- Snyk 기준 1개의 취약성 존재
- npm audit 기준 보통 수준 취약성 7개와 높은 수준 취약성 3개
- 업데이트 중단된 npm 패키지 포함

4. 'request-promise' 패키지
    - 종속성 그래프의 노드 8개와 링크 7개
    - Snyk 및 npm audit에 따른 취약성 없음
    - 업데이트 중단된 npm 패키지 포함
    - 피어 종속성으로 'request'가 있음

이러한 조사 결과에 따라, 의존성 그래프가 가장 크고 취약성이 가장 많은 'request' 패키지는 사용하지 않는 것이 좋다. 또한, 이 패키지는 2020년 2월 11일부로 공식적으로 사용 중단됐다. 의존성 그래프가 더 작고 알려진 취약점이 없는 'http-request' 패키지를 권장한다.

찾아보기

ㄱ

가상 사설 클라우드　132
가용성　030, 034
감사　307, 323
개발 단계 레벨　182
개발자 도구　048
결함 트리　345
경고　307
경고 로그　308
계정　184
계정 검토　046
계정 하이재킹　146
고객 마스터 키　223
공격 표면　053, 054, 058, 115
교차 출처 리소스 공유　108
국가가 후원하는 공격자　052
권한 부여　247
기밀성　028, 034

ㄴ

내부자 위협　052
네트워크 분석기　047

ㄷ

다크웹　050
단위 테스트　074
데이터 수명　282
동적 애플리케이션 보안 테스트　340
디버그 로그　307

ㄹ

라이브러리　068
런타임　063
런타임 엔진　062

로그 집계　311
리소스 레벨　183
리포지터리　124

ㅁ

마스터 계정　213
매뉴얼　039
메시지 인증 코드　252
모니터링　307
무결성　029, 034
문서 검토　039
민감 데이터　277

ㅂ

발생 가능성　057
백엔드　047
버전 관리　029
범용 고유 식별자　251
보안 아키텍처 다이어그램　040
보안 영역　050
보안 정보 및 이벤트 관리　321
보안 평가　050
복제 및 이중화　030
분산 서비스 거부　032
비용　310
비즈니스 영향 평가　349

ㅅ

사용 사례 다이어그램　040
사용자 계정　148
사용자 지정 섹션　140
사이버 범죄자　052
서비스 거부　032
서비스 계정　147, 148
서비스 제공자 계정　199

소셜 엔지니어링 기법　052
소스 코드 검토　044
소프트웨어 개발 키트　092
소프트웨어 라이브러리　092
소프트웨어 아키텍처 다이어그램　040
스크립트 키디　051
스턱스넷　092
시스템 아키텍처 다이어그램　040
시퀀스 다이어그램　040
시크릿　220
시크릿 키　219
신뢰 경계　050, 058
신원 및 접근 관리　031
싱글 사인온　261

ㅇ

아키텍처 및 디자인 다이어그램　039
알려진 취약성　326
알림　307
암호화　028, 280
애플리케이션 스택　121
애플리케이션 아키텍처 다이어그램　040
애플리케이션 프로그래밍 인터페이스　036
액세스 키　146, 160, 213
액티비티 다이어그램　040
에러 로그　308
엔터프라이즈 아키텍처 다이어그램　040
역할　148, 149
역할 기반 접근 제어　147
역할 레벨　183
역할 할당　148
연결　149
요구 사항 문서　039
위험　056
위험 수준　056, 057
위험 평가　031, 056, 057
위협　031, 055
위협 모델　055, 058
위협 식별　032
위협 행위자　051, 055
유지 보수　030
의존성　068, 069

의존성 트리　069, 070
이벤트 트리거　075
인젝션 공격　074
인증　247
인터랙티브 애플리케이션 보안 테스트　340
인터페이스　091
일회용 비밀번호　213
입력 값 검증　075

ㅈ

자격 증명 서비스 제공자　162
접근 통제　028
정규 표현식 서비스 거부　116
정보 로그　307
정적 코드 분석　073, 340
정적 코드 분석 도구　073
정책　149
제로 트러스트　092
조직 단위　203
조직 레벨　181
중첩 쿼리　310
지속적 배포　071
지속적 통합　071
직무 분리　145

ㅊ

체크섬　029
최소 권한의 원칙　147
추상화　061
취약성　053
취약성 스캐너　286

ㅋ

콘텐츠 전송 네트워크　093
클라우드 컴퓨팅　021
클라우드 컴퓨팅 배치 모델　024
클라우드 컴퓨팅 서비스 모델　022
클래스 다이어그램　040
클레임　252

ㅌ

타이밍 다이어그램 040

ㅍ

패스워드리스 인증 340
퍼블릭 액세스 031
퍼블릭 클라우드 025, 033
프라이빗 클라우드 025, 033
프레임워크 버전 고정 137
프로그래밍 방식 접근 150
프로젝트 레벨 182
프론트엔드 047
플러그인 사용 138

ㅎ

하이브리드 클라우드 026, 033
함수 구성 및 정의 133
함수 최적화 344
핵티비스트 052
협 모델 056
회귀 테스트 074

A

Active Directory 205
AD 162
ALB 096
Amazon API Gateway 093, 262, 294
Amazon CloudFront 093
Amazon CloudWatch 093, 316
Amazon CloudWatch Alarms, CloudWatch Events, Event Bridge 335
Amazon Cognito 094, 268
Amazon DynamoDB 094, 292, 319
Amazon Elasticsearch Service 318
Amazon GuardDuty 328
Amazon Kinesis 094
Amazon Lex 094
Amazon Macie 328
Amazon S3 095, 287, 318
Amazon SES 095
Amazon SNS 095, 335

Amazon SQS 095
API 키 219, 250
API Management 126
ARN 154
attaching 149
AWS 036
AWS 특수 구성 설정 141
AWS Billing and Cost Management 315
AWS Budgets 316
AWS CloudFormation 095
AWS CloudTrail 327
AWS CodeCommit 095
AWS Config 095, 327
AWS Cost and Usage Report 316
AWS Cost Explorer 316
AWS EventBridge 096
AWS IAM Access Analyzer 328
AWS IoT 096
AWS KMS 229
AWS Lambda 290, 318
AWS Lambda 이벤트 트리거 093
AWS Organizations 202, 203, 204
AWS Personal Health Dashboard 317
AWS 'provider' 섹션 129
AWS Secrets Manager 233
AWS Security Hub 328
AWS Trusted Advisor 296
AWS X-Ray 317
Azure 036
Azure AD 163, 205
Azure Advisor 329
Azure API Management 271, 299
Azure Blob Storage 098, 299
Azure Cosmos DB 099, 299
Azure Cost Management + Billing 320
Azure Event Grid 099
Azure Event Hubs 099
Azure Function Binding 097
Azure Functions 297
Azure IoT Hub 099
Azure Key Vault 236, 238
Azure Mobile Apps 099

Azure Monitor   320, 336
Azure Notification Hubs   099
Azure Policy   329
Azure 'provider' 섹션   125
Azure Queue Storage   100
Azure Security Center   301, 329
Azure Sentinel   321
Azure Service Bus   100
Azure Service Health   321, 336
Azure SignalR   100
Azure Table Storage   100

B

Berglas   241
billing   310, 321

C

CaaS   023, 033
CIA 모델   028
CI/CD   071
CI/CD 파이프라인   340
Cloud Asset Inventory   330
Cloud Audit Logs   330
Cloud Database   304
Cloud DLP   331
CloudFormation IAM Role   131
Cloud Function   302, 337
Cloud Logging   104
Cloud Pub/Sub   337
Cloud Storage   303
CMK   229
CORS   117, 295
custom 섹션   122
CVE   063
CVE Details   063

D

Data Catalog   331
Deployment Bucket   130

E

Elastic Load Balancing   096
Environment Variables   127, 130
EOL   066, 067

F

FaaS   023, 033
FaaS의 클라우드 배치 모델   027
Firebase Authentication   102
Firebase Crashlytics   102
Firebase Realtime Database   102
Firebase Remote Config   102
Firebase Test Lab   102
frameworkVersion 섹션   122
functions 섹션   122

G

Google Analytics for Firebase   103
Google Cloud   036
Google Cloud 운영 제품군   337
Google Cloud Endpoints   103
Google Cloud Firestore   103
Google Cloud Function 이벤트 트리거   102
Google Cloud 'provider' 섹션   127
Google Cloud Pub/Sub   104
Google Cloud Scheduler   103
Google Cloud Storage   103
Google Cloud Tasks   104

H

HashiCorp Vault   241

I

IaaS   022, 033
IAM   147, 162
IAM 계정   147
IAM & Admin   330
IAM Role Statements   132

J

JWT 116, 252

K

Key Management Service 223
KMS 236

L

Labels 129
Lambda 통합 방식 107
Lambda Proxy 통합 110, 117
Lambda Proxy 통합 방식 107
layers 섹션 123

M

Memory Size 128, 130
MFA 210, 213
Microsoft Graph 100

N

NLB 096
Node.js 037, 063
NVD 063

O

OAuth 255
OIDC 258
OpenID Connect 162
OU 204
OWASP Top 10 248

P

PaaS 023, 033
package 섹션 123
Parameter Store 223
plugins 섹션 122
PoLP 148, 180
provider 섹션 122

R

RBAC 148, 165, 180
Region 125, 127, 129
resources 섹션 123

S

SaaS 024, 033
SAML 162, 260
Secret Manager 241
Secrets Manager 223, 232, 236
Security Command Center 304, 331, 337
Serverless 구성 파일 122
Serverless Framework 036, 037
Serverless Framework 플러그인 342
service 섹션 122
SSM, SyStems Manager 223

T

Tags and Stack Tags 131
Timeout 128, 130
Tracing 133
TTL 293

X

XSS 117

서버리스 보안

서버리스 환경의 보안 위협과 실무 대응 전략

발행 · 2025년 8월 28일

지은이 · 미겔 A. 카예스
옮긴이 · 한정원

발행인 · 옥경석
펴낸곳 · 에이콘출판 주식회사

주소 · 서울시 양천구 국회대로 287 (목동)
전화 · 02)2653-7600 | **팩스** · 02)2653-0433
홈페이지 · www.acornpub.co.kr | **독자문의** · www.acornpub.co.kr/contact/errata

부사장 · 황영주 | **편집장** · 임채성 | **책임편집** · 강승훈 | **편집** · 임지원, 임승경 | **디자인** · 윤서빈
마케팅 · 노선희 | **홍보** · 박혜경, 백경화 | **관리** · 최하늘, 김희지

함께 만든 사람들
교정 · 교열 · 배규호 | **전산편집** · 공종욱

깊이 있는 콘텐츠로 미래를 준비하는 지식 플랫폼, 에이콘출판사

인스타그램 · instagram.com/acorn_pub
페이스북 · facebook.com/acornpub
유튜브 · youtube.com/@acornpub_official

Copyright ⓒ 에이콘출판 주식회사, 2025, Printed in Korea.
ISBN 979-11-6175-718-6
http://www.acornpub.co.kr/book/9791161757186

책값은 뒤표지에 있습니다.